# LANZHOU STATISTICAL 兰州统计年鉴 YEARBOOK 2014

兰州市统计局
国家统计局兰州调查队 编

中国统计出版社
China Statistics Press

图书在版编目（C I P）数据

兰州统计年鉴. 2014 / 兰州市统计局, 国家统计局兰州调查队编. -- 北京 : 中国统计出版社, 2014.10
ISBN 978-7-5037-7175-0

Ⅰ. ①兰… Ⅱ. ①兰… ②国… Ⅲ. ①统计资料－兰州市－2014－年鉴 Ⅳ. ①C832.741-54

中国版本图书馆 CIP 数据核字(2013)第 181063 号

# 兰州统计年鉴-2014

作　者/兰州市统计局　国家统计局兰州调查队
责任编辑/ 陈越月
装帧设计/ 王继学
出版发行/ 中国统计出版社
地　址/ 北京市丰台区西三环南路甲 6 号　邮政编码/100073
电　话/ 邮购（010）63376909　书店（010）68783171
网　址/ http://csp.stats.gov.cn
印　刷/ 甘肃兴方正彩色数码快印有限公司
经　销/ 新华书店
开　本/ 890mm×1240mm　1/16
字　数/ 900 千字
印　张/ 24.25 印张
版　别/ 2014 年 10 月第 1 版
版　次/ 2014 年 10 月第 1 次印刷
定　价/ 280 元

如有印装差错，由本社发行部调换。

# 《兰州统计年鉴—2014》编辑部

# 编辑说明

一、《兰州统计年鉴—2014》是全面反映兰州市经济和社会发展情况的资料性年刊。本书通过大量翔实可靠的资料，全面系统地记录了2013年兰州市经济发展和社会各方面的数据以及历史年份的重要数据，是各级党政部门以及国内外各界人士认识兰州、了解兰州必备的、不可缺少的综合性工具书。

二、《兰州统计年鉴—2014》分为两个部分。第一部分为特载篇，刊载了2013年全国、甘肃省、兰州市国民经济和社会发展统计公报；第二部分为统计资料篇，分综合、人口、工业、农业、固定资产投资等十五单元，反映了2013年兰州市经济指标及直辖市、省会城市、甘肃省十四个州市主要经济指标。为方便使用，每一部分资料后附有主要指标解释。

三、《兰州统计年鉴—2014》统计范围为兰州市行政辖区内全部经济社会活动计算。

四、《兰州统计年鉴—2014》所有价值指标为现价；发展（增长）速度按可比价计算。

五、《兰州统计年鉴—2014》中2008年GDP及增加值为按2008年经济普查口径调整数据。

六、由于国家核算制度和调查方法的原因，部分行业区域汇总数与全市数据存在一些误差。

七、《兰州统计年鉴—2014》使用符号说明：#表示其中项。

八、由于时间仓促，编辑水平有限，难免有错漏之处，恳请广大读者批评指正。

《兰州统计年鉴—2014》编辑部

2014年10月

# 目　　录

## 统计公报



## 统计资料

### 一、综合



### 二、人口

**三、工业、能源**

## 四、交通运输业



## 五、农业

## 六、固定资产投资、建筑业



## 七、城市建设、环境保护



## 八、商业、物价

**九、财政、金融**

## 十、劳动、工资



## 十一、教育、科技及文化



## 十二、卫生、司法

## 十三、人民生活

十四、市州主要经济指标



十五、全国主要指标对比

# 中华人民共和国
# 2013 年国民经济和社会发展统计公报[1]

中华人民共和国国家统计局

2014 年 2 月 24 日

2013 年，面对错综复杂的国内外形势，党中央、国务院团结带领全国各族人民深入贯彻落实党的十八大精神，坚持稳中求进工作总基调，坚持宏观政策要稳、微观政策要活、社会政策要托底的思路，统筹稳增长、调结构、促改革，探索创新宏观调控方式，经济社会发展稳中有进、稳中向好，实现了良好开局。

## 一、综合

年末全国大陆总人口为 136072 万人，比上年末增加 668 万人，其中城镇常住人口为 73111 万人，占总人口比重为 53.73%，比上年末提高 1.16 个百分点。全年出生人口 1640 万人，出生率为 12.08‰；死亡人口 972 万人，死亡率为 7.16‰；自然增长率为 4.92‰。全国人户分离的人口[2]为 2.89 亿人，其中流动人口[3]为 2.45 亿人。

**表 1　2013 年年末人口数及其构成**

单位：万人

| 指　标 | 年末数 | 比重% |
|---|---|---|
| 全国总人口 | 136072 | 100.0 |
| 其中：城镇 | 73111 | 53.73 |
| 乡村 | 62961 | 46.27 |
| 其中：男性 | 69728 | 51.2 |
| 女性 | 66344 | 48.8 |
| 其中：0-15 岁[4]（含不满 16 周岁） | 23875 | 17.5 |
| 16-59 岁（含不满 60 周岁） | 91954 | 67.6 |
| 60 周岁及以上 | 20243 | 14.9 |
| 其中：65 周岁及以上 | 13161 | 9.7 |

国民经济平稳较快增长。初步核算，全年国内生产总值[5]568845 亿元，比上年增长 7.7%。其中，第一产业增加值 56957 亿元，增长 4.0%；第二产业增加值 249684 亿元，增长 7.8%；第三产业增加值 262204 亿元，增长 8.3%。第一产业增加值占国内生产总值的比重为 10.0%，第二产业增加值比重为 43.9%，第三产业增加值比重为 46.1%，第三产业增加值占比首次超过第二产业。

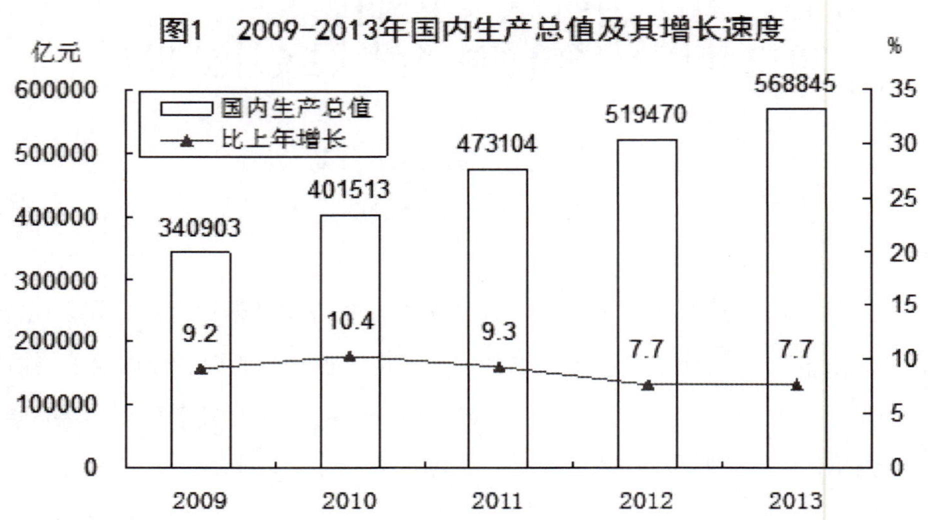


就业持续增加。年末全国就业人员 76977 万人，其中城镇就业人员 38240 万人。全年城镇新增就业 1310 万人。年末城镇登记失业率为 4.05%，略低于上年末的 4.09%。全国农民工[6]总量为 26894 万人，比上年增长 2.4%。其中，外出农民工 16610 万人，增长 1.7%；本地农民工 10284 万人，增长 3.6%。

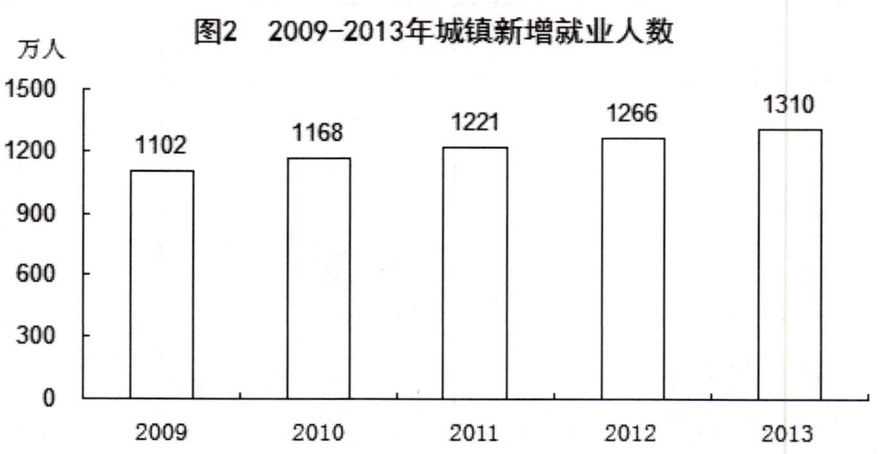


劳动生产率稳步提高。全年国内生产总值与全部就业人员的比率为 66199 元/人（以 2010 年不变价格计算），比上年提高 7.3%。

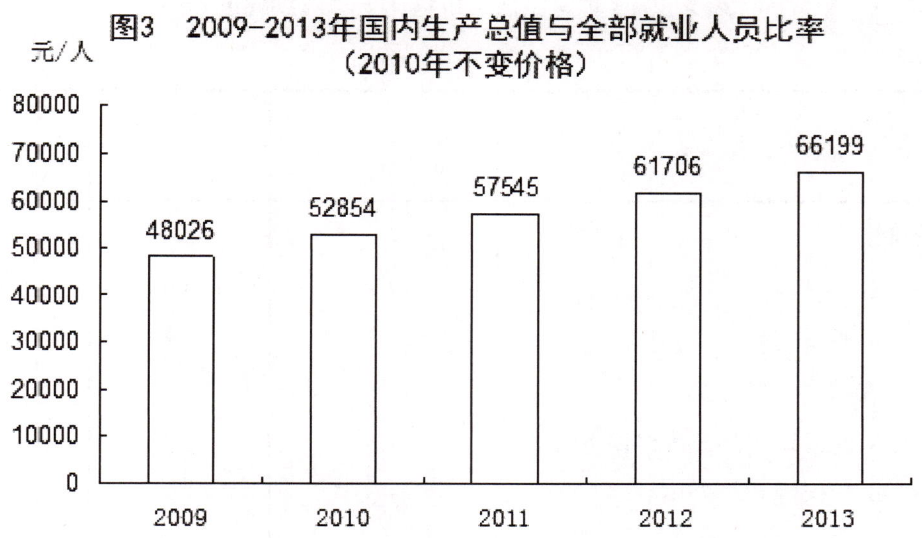


居民消费价格基本稳定。全年居民消费价格比上年上涨2.6%，其中食品价格上涨4.7%。固定资产投资价格上涨0.3%。工业生产者出厂价格下降1.9%。工业生产者购进价格下降2.0%。农产品生产者价格[7]上涨3.2%。

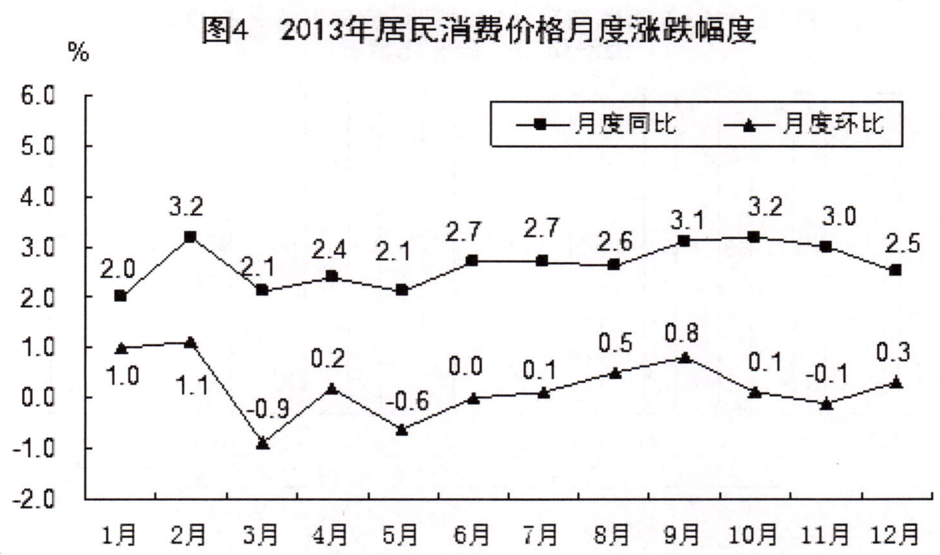

表 2 2013 年居民消费价格比上年涨跌幅度

单位：%

| 指　　标 | 全　国 | | |
|---|---|---|---|
| | | 城　市 | 农　村 |
| 居民消费价格 | 2.6 | 2.6 | 2.8 |
| 其中：食　品 | 4.7 | 4.6 | 4.9 |
| 烟酒及用品 | 0.3 | 0.1 | 0.8 |
| 衣　着 | 2.3 | 2.2 | 2.5 |
| 家庭设备用品及维修服务 | 1.5 | 1.5 | 1.3 |
| 医疗保健和个人用品 | 1.3 | 1.2 | 1.8 |
| 交通和通信 | –0.4 | –0.5 | 0.1 |
| 娱乐教育文化用品及服务 | 1.8 | 1.7 | 1.8 |
| 居　住 | 2.8 | 3.0 | 2.3 |

70 个大中城市新建商品住宅销售价格月环比上涨的城市个数年末为 65 个。

图5　2013年新建商品住宅月环比价格下降、持平、上涨城市个数变化情况

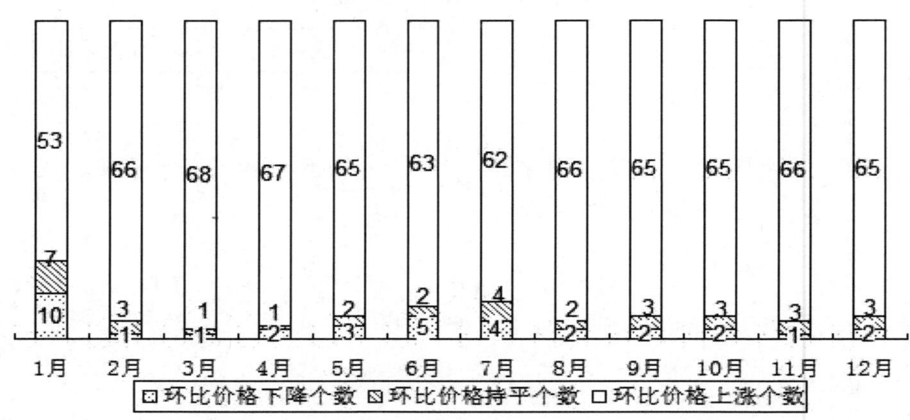


财政收入稳定增长。全年全国公共财政收入[8]129143 亿元，比上年增加 11889 亿元，增长 10.1%；其中税收收入 110497 亿元，增加 9883 亿元，增长 9.8%。

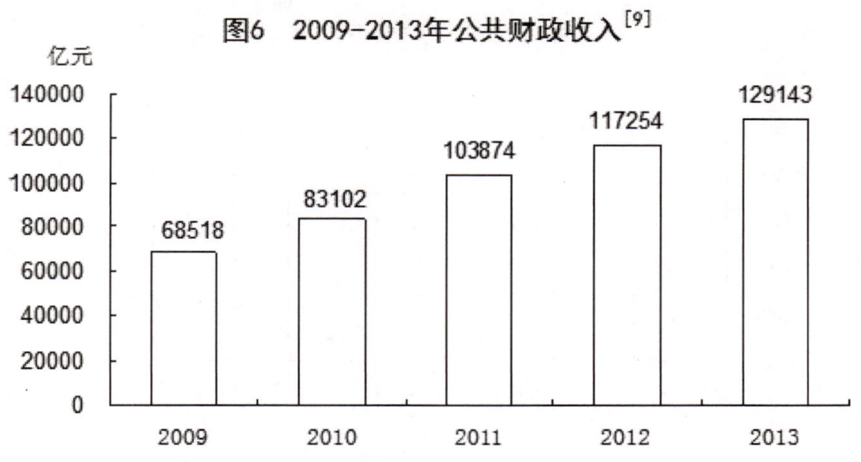


外汇储备继续增加。年末国家外汇储备 38213 亿美元，比上年末增加 5097 亿美元。年末人民币汇率为 1 美元兑 6.0969 元人民币，比上年末升值 3.1%。

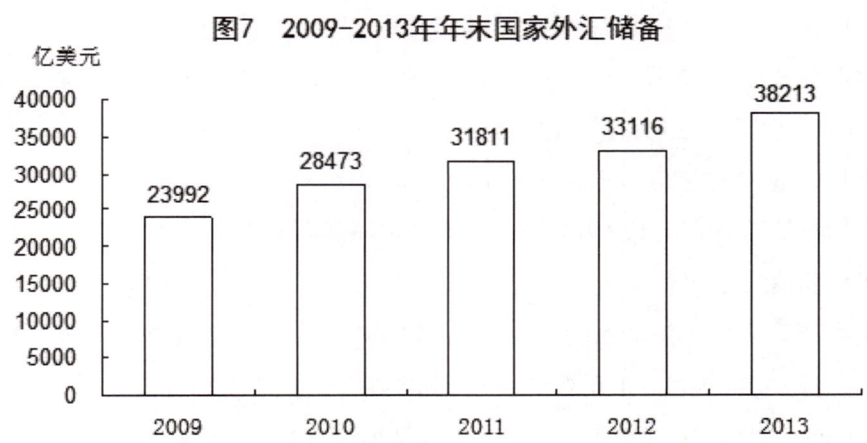


**二、农业**

全年粮食种植面积 11195 万公顷，比上年增加 75 万公顷；棉花种植面积 435 万公顷，减少 34 万公顷；油料种植面积 1408 万公顷，增加 15 万公顷；糖料种植面积 199 万公顷，减少 4 万公顷。

粮食再获丰收。全年粮食产量 60194 万吨，比上年增加 1236 万吨，增产 2.1%。其中，夏粮产量 13189 万吨，增产 1.5%；早稻产量 3407 万吨，增产 2.4%；秋粮产量 43597 万吨，增产 2.3%。其中，主要粮食品种中，稻谷产量 20329 万吨，减产 0.5%；小麦产量 12172 万吨，增产 0.6%；玉米产量 21773 万吨，增产 5.9%。

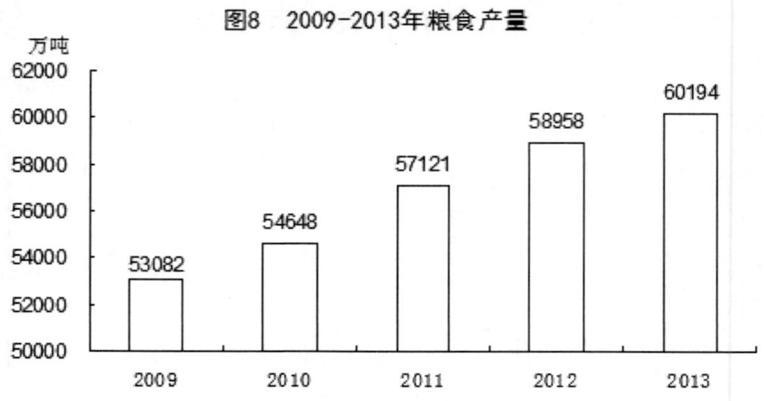


全年棉花产量631万吨，比上年减产7.7%。油料产量3531万吨，增产2.8%。糖料产量13759万吨，增产2.0%。茶叶产量193万吨，增产7.9%。

全年肉类总产量8536万吨，比上年增长1.8%。其中，猪肉产量5493万吨，增长2.8%；牛肉产量673万吨，增长1.7%；羊肉产量408万吨，增长1.8%；禽肉产量1798万吨，下降1.3%。年末生猪存栏47411万头，下降0.4%；生猪出栏71557万头，增长2.5%。禽蛋产量2876万吨，增长0.5%。牛奶产量3531万吨，下降5.7%。

全年水产品产量6172万吨，比上年增长4.5%。其中，养殖水产品产量4547万吨，增长6.0%；捕捞水产品产量1625万吨，增长3.5%。

全年木材产量8367万立方米，比上年增长2.3%。

全年新增有效灌溉面积129万公顷，新增节水灌溉面积211万公顷。

**三、工业和建筑业**

工业生产稳定增长。全年全部工业增加值210689亿元，比上年增长7.6%。规模以上工业增加值增长9.7%。在规模以上工业中，分经济类型看，国有及国有控股企业增长6.9%；集体企业增长4.3%，股份制企业增长11.0%，外商及港澳台商投资企业增长8.3%；私营企业增长12.4%。分门类看，采矿业[10]增长6.4%，制造业增长10.5%，电力、热力、燃气及水生产和供应业增长6.8%。

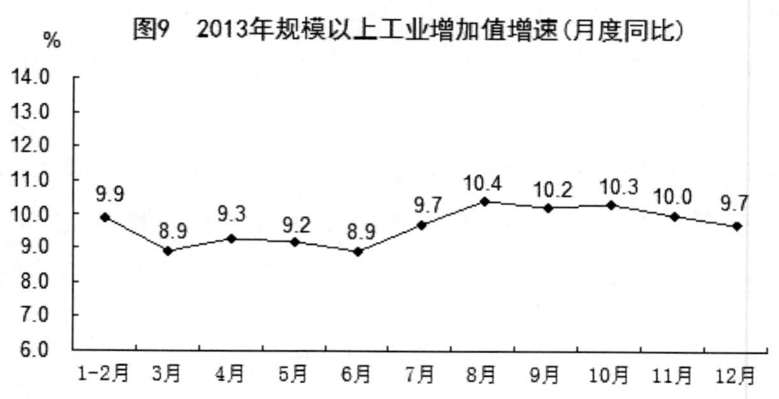

全年规模以上工业中，农副食品加工业增加值比上年增长9.4%，纺织业增长8.7%，通用设备制造业增长9.2%，专用设备制造业增长8.5%，汽车制造业增长14.9%，计算机、通信和其他电子设备制造业增长11.3%，电气机械和器材制造业增长10.9%。六大高耗能行业[11]增加值比上年增长10.1%，其中，非金属矿物制品业增长11.5%，化学原料和化学制品制造业增长12.1%，有色金属冶炼和压延加工业增长14.6%，黑色金属冶炼和压延加工业增长9.9%，电力、热力生产和供应业增长6.2%，石油加工、炼焦和核燃料加工业增长6.1%。高技术制造业增加值比上年增长11.8%。

**表3　2013年主要工业产品产量及其增长速度**

| 产品名称 | 单　位 | 产　量 | 比上年增长% |
|---|---|---|---|
| 纱 | 万吨 | 3200.0 | 7.2 |
| 布 | 亿米 | 882.7 | 4.0 |
| 化学纤维 | 万吨 | 4121.9 | 7.4 |
| 成品糖 | 万吨 | 1589.7 | 12.8 |
| 卷　烟 | 亿支 | 25604.0 | 1.8 |
| 彩色电视机 | 万台 | 12776.1 | –0.4 |
| 其中：液晶电视机 | 万台 | 12290.3 | 4.5 |
| 家用电冰箱 | 万台 | 9261.0 | 9.9 |
| 房间空气调节器 | 万台 | 13057.2 | 5.3 |
| 一次能源生产总量 | 亿吨标准煤 | 34.0 | 2.4 |
| 原　煤 | 亿吨 | 36.8 | 0.8 |
| 原　油 | 亿吨 | 2.09 | 1.8 |
| 天然气[12] | 亿立方米 | 1170.5 | 9.4 |
| 发电量 | 亿千瓦小时 | 53975.9 | 7.5 |
| 其中：火电 | 亿千瓦小时 | 42358.7 | 7.0 |
| 水电 | 亿千瓦小时 | 9116.4 | 5.6 |
| 核电 | 亿千瓦小时 | 1106.3 | 13.6 |
| 粗　钢 | 万吨 | 77904.1 | 7.6 |
| 钢　材[13] | 万吨 | 106762.2 | 11.7 |
| 十种有色金属 | 万吨 | 4054.9 | 9.7 |
| 其中：精炼铜（电解铜） | 万吨 | 649.0 | 12.7 |
| 原铝（电解铝） | 万吨 | 2205.9 | 9.2 |
| 氧化铝 | 万吨 | 4437.2 | 17.7 |

| 产品名称 | 单　位 | 产　量 | 比上年增长% |
|---|---|---|---|
| 水　泥 | 亿吨 | 24.2 | 9.3 |
| 硫　酸（折 100%） | 万吨 | 8122.6 | 3.1 |
| 纯　碱 | 万吨 | 2434.9 | 1.6 |
| 烧　碱（折 100%） | 万吨 | 2859.0 | 6.0 |
| 乙　烯 | 万吨 | 1622.6 | 9.1 |
| 化　肥（折 100%） | 万吨 | 7037.0 | 3.0 |
| 发电机组（发电设备） | 万千瓦 | 12572.8 | –3.3 |
| 汽　车 | 万辆 | 2211.7 | 14.7 |
| 其中：基本型乘用车（轿车） | 万辆 | 1210.4 | 12.4 |
| 大中型拖拉机 | 万台 | 58.7 | 11.4 |
| 集成电路 | 亿块 | 866.5 | 11.2 |
| 程控交换机 | 万线 | 3115.7 | 10.1 |
| 移动通信手持机 | 万台 | 145561.0 | 23.2 |
| 微型计算机设备 | 万台 | 33661.0 | 5.8 |

年末全国发电装机容量 124738 万千瓦，比上年末增长 9.3%。其中，火电装机容量 86238 万千瓦，增长 5.7%；水电装机容量 28002 万千瓦，增长 12.3%；核电装机容量 1461 万千瓦，增长 16.2%；并网风电装机容量 7548 万千瓦，增长 24.5%；并网太阳能发电装机容量 1479 万千瓦，增长 3.4 倍。

全年规模以上工业企业实现利润 62831 亿元，比上年增长 12.2%，其中国有及国有控股企业 15194 亿元，增长 6.4%；集体企业 825 亿元，增长 2.1%，股份制企业 37285 亿元，增长 11.0%，外商及港澳台商投资企业 14599 亿元，增长 15.5%；私营企业 20876 亿元，增长 14.8%。

全年全社会建筑业增加值 38995 亿元，比上年增长 9.5%。全国具有资质等级的总承包和专业承包建筑业企业实现利润 5575 亿元，增长 16.7%，其中国有及国有控股企业 1363 亿元，增长 20.1%。

**图10　2009-2013年建筑业增加值**

## 四、固定资产投资

固定资产投资较快增长。全年全社会固定资产投资447074亿元，比上年增长19.3%，扣除价格因素，实际增长18.9%。其中，固定资产投资（不含农户）436528亿元，增长19.6%；农户投资10547亿元，增长7.2%。东部地区投资[14]179092亿元，比上年增长17.9%；中部地区投资105894亿元，增长22.2%；西部地区投资109228亿元，增长22.8%；东北地区投资47367亿元，增长18.4%。

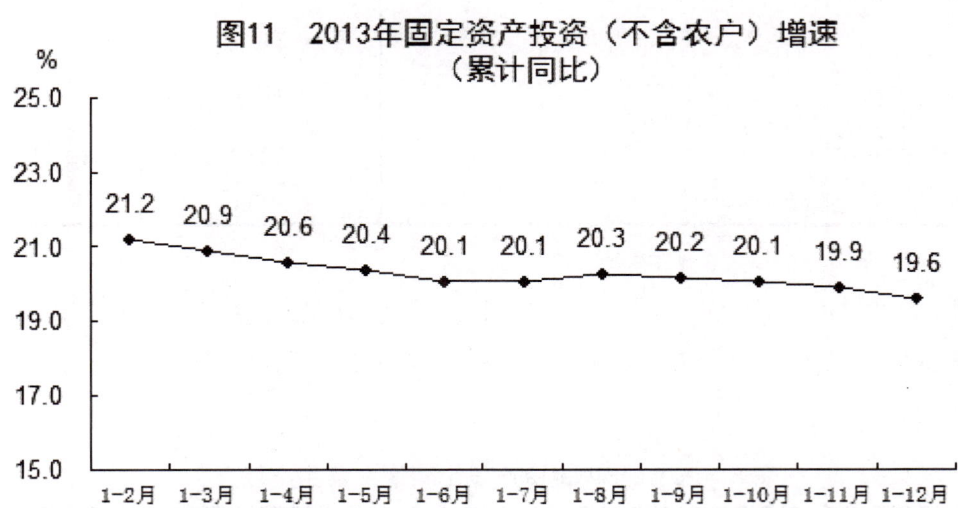


表4 2013年分行业固定资产投资（不含农户）及其增长速度

单位：亿元

| 行业 | 投资额 | 比上年增长% |
|---|---|---|
| 总计 | 436528 | 19.6 |
| 农、林、牧、渔业 | 11611 | 32.4 |
| 采矿业 | 14750 | 10.9 |
| 制造业 | 147370 | 18.5 |
| 电力、热力、燃气及水生产和供应业 | 19744 | 18.4 |
| 建筑业 | 3737 | 1.4 |
| 批发和零售业 | 12695 | 30.0 |
| 交通运输、仓储和邮政业 | 36194 | 17.2 |
| 住宿和餐饮业 | 6001 | 17.5 |
| 信息传输、软件和信息技术服务业 | 3216 | 19.5 |

| 行　　　业 | 投资额 | 比上年增长% |
|---|---|---|
| 金融业 | 1250 | 35.3 |
| 房地产业[15] | 111424 | 20.3 |
| 租赁和商务服务业 | 5922 | 26.1 |
| 科学研究和技术服务业 | 3149 | 27.2 |
| 水利、环境和公共设施管理业 | 37598 | 26.9 |
| 居民服务、修理和其他服务业 | 2037 | 20.8 |
| 教育 | 5486 | 19.1 |
| 卫生和社会工作 | 3184 | 21.7 |
| 文化、体育和娱乐业 | 5251 | 23.0 |
| 公共管理、社会保障和社会组织 | 5908 | –2.3 |

在固定资产投资（不含农户）中，第一产业[16]投资 9241 亿元，比上年增长 32.5%；第二产业投资 184804 亿元，增长 17.4%；第三产业投资 242482 亿元，增长 21.0%。

**表 5　2013 年固定资产投资新增主要生产能力**

| 指　　　标 | 单　位 | 绝对数 |
|---|---|---|
| 新增 220 千伏及以上变电设备 | 万千伏安 | 19631 |
| 新建铁路投产里程 | 公里 | 5586 |
| 　　其中：高速铁路[17] | 公里 | 1672 |
| 增建铁路复线投产里程 | 公里 | 4180 |
| 电气化铁路投产里程 | 公里 | 4810 |
| 新建公路里程 | 公里 | 70274 |
| 　　其中：高速公路 | 公里 | 8260 |
| 港口万吨级码头泊位新增吞吐能力 | 万吨 | 33119 |
| 新增光缆线路长度 | 万公里 | 266 |

全年房地产开发投资 86013 亿元，比上年增长 19.8%。其中，住宅投资 58951 亿元，增长 19.4%；办公楼投资 4652 亿元，增长 38.2%；商业营业用房投资 11945 亿元，增长 28.3%。

全年新开工建设城镇保障性安居工程住房 666 万套（户），基本建成城镇保障性安居工程住房 544 万套。

表 6　2013 年房地产开发和销售主要指标完成情况及其增长速度

| 指　　标 | 单位 | 绝对数 | 比上年增长% |
|---|---|---|---|
| 投资额 | 亿元 | 86013 | 19.8 |
| 其中：住宅 | 亿元 | 58951 | 19.4 |
| 其中：90 平方米及以下 | 亿元 | 19446 | 15.8 |
| 房屋施工面积 | 万平方米 | 665572 | 16.1 |
| 其中：住宅 | 万平方米 | 486347 | 13.4 |
| 房屋新开工面积 | 万平方米 | 201208 | 13.5 |
| 其中：住宅 | 万平方米 | 145845 | 11.6 |
| 房屋竣工面积 | 万平方米 | 101435 | 2.0 |
| 其中：住宅 | 万平方米 | 78741 | –0.4 |
| 商品房销售面积 | 万平方米 | 130551 | 17.3 |
| 其中：住宅 | 万平方米 | 115723 | 17.5 |
| 本年到位资金 | 亿元 | 122122 | 26.5 |
| 其中：国内贷款 | 亿元 | 19673 | 33.1 |
| 其中：个人按揭贷款 | 亿元 | 14033 | 33.3 |

**五、国内贸易**

市场销售平稳较快增长。全年社会消费品零售总额 237810 亿元，比上年增长 13.1%，扣除价格因素，实际增长 11.5%。按经营地统计，城镇消费品零售额 205858 亿元，增长 12.9%；乡村消费品零售额 31952 亿元，增长 14.6%。按消费形态统计，商品零售额 212241 亿元，增长 13.6%；餐饮收入额 25569 亿元，增长 9.0%。

图12　2013年社会消费品零售总额增速（月度同比）

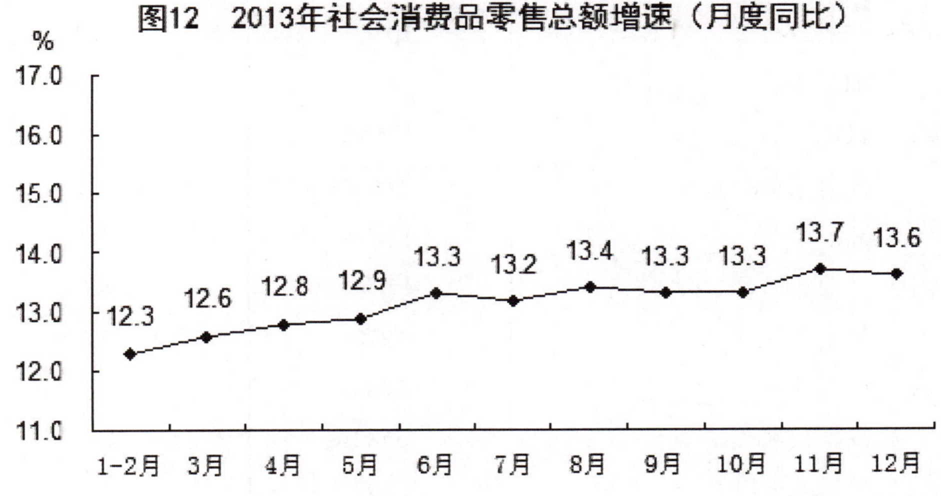

在限额以上企业商品零售额中，粮油、食品、饮料、烟酒类零售额比上年增长13.9%，服装、鞋帽、针纺织品类增长11.6%，化妆品类增长13.3%，金银珠宝类增长25.8%，日用品类增长14.1%，家用电器和音像器材类增长14.5%，中西药品类增长17.7%，文化办公用品类增长11.8%，家具类增长21.0%，通讯器材类增长20.4%，石油及制品类增长9.9%，汽车类增长10.4%，建筑及装潢材料类增长22.1%。

## 六、对外经济

进出口稳中有升。全年货物进出口总额258267亿元人民币，以美元计价为41600亿美元，比上年增长7.6%。其中，出口137170亿元人民币，以美元计价为22096亿美元，增长7.9%；进口121097亿元人民币，以美元计价为19504亿美元，增长7.3%。进出口差额（出口减进口）16072亿元人民币，比上年增加1514亿元人民币，以美元计价为2592亿美元，增加289亿美元。

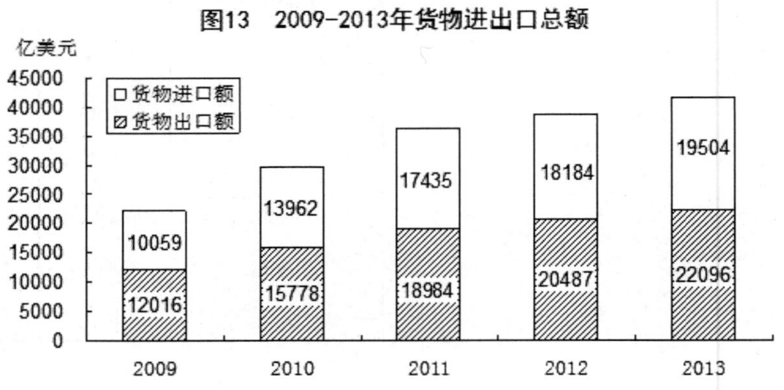


表7　2013年货物进出口总额及其增长速度

单位：亿美元

| 指　　标 | 绝对数 | 比上年增长% |
|---|---|---|
| 货物进出口总额 | 41600 | 7.6 |
| 货物出口额 | 22096 | 7.9 |
| 其中：一般贸易 | 10875 | 10.1 |
| 加工贸易 | 8605 | -0.3 |
| 其中：机电产品 | 12652 | 7.3 |
| 高新技术产品 | 6603 | 9.8 |
| 货物进口额 | 19504 | 7.3 |
| 其中：一般贸易 | 11099 | 8.6 |
| 加工贸易 | 4970 | 3.3 |
| 其中：机电产品 | 8400 | 7.3 |
| 高新技术产品 | 5582 | 10.1 |
| 进出口差额（出口减进口） | 2592 | — |

### 表 8　2013 年主要商品出口数量、金额及其增长速度

| 商品名称 | 单位 | 数量 | 比上年增长% | 金额（亿美元） | 比上年增长% |
|---|---|---|---|---|---|
| 煤（包括褐煤） | 万吨 | 751 | -19.1 | 11 | -33.1 |
| 钢材 | 万吨 | 6234 | 11.9 | 532 | 3.4 |
| 纺织纱线、织物及制品 | —— | — | — | 1069 | 11.7 |
| 服装及衣着附件 | —— | — | — | 1770 | 11.3 |
| 鞋类 | —— | — | — | 508 | 8.4 |
| 家具及其零件 | —— | — | — | 518 | 6.2 |
| 自动数据处理设备及其部件 | 万台 | 187050 | 2.0 | 1822 | -1.7 |
| 手持或车载无线电话 | 万台 | 118582 | 16.9 | 951 | 17.3 |
| 集装箱 | 万个 | 270 | 8.8 | 79 | -6.4 |
| 液晶显示板 | 万个 | 326577 | 3.1 | 359 | -1.0 |
| 汽车（包括整套散件） | 万辆 | 92 | -6.7 | 120 | -5.3 |

### 表 9　2013 年主要商品进口数量、金额及其增长速度

| 商品名称 | 数量（万吨） | 比上年增长% | 金额（亿美元） | 比上年增长% |
|---|---|---|---|---|
| 谷物及谷物粉 | 1458 | 4.3 | 51 | 6.6 |
| 大豆 | 6338 | 8.6 | 380 | 8.6 |
| 食用植物油 | 810 | -4.2 | 81 | -16.7 |
| 铁矿砂及其精矿 | 81931 | 10.2 | 1059 | 10.4 |
| 氧化铝 | 383 | -23.7 | 14 | -22.7 |
| 煤（包括褐煤） | 32708 | 13.4 | 290 | 1.1 |
| 原油 | 28192 | 4.0 | 2196 | -0.5 |
| 成品油 | 3959 | -0.6 | 320 | -3.2 |
| 初级形状的塑料 | 2462 | 3.9 | 491 | 6.3 |
| 纸浆 | 1685 | 2.4 | 114 | 3.7 |
| 钢材 | 1408 | 3.1 | 170 | -4.3 |
| 未锻造的铜及铜材 | 453 | -2.5 | 353 | -8.5 |

**表 10　2013 年对主要国家和地区货物进出口额及其增长速度**

单位：亿美元

| 国家和地区 | 出口额 | 比上年增长% | 进口额 | 比上年增长% |
|---|---|---|---|---|
| 欧盟 | 3390 | 1.1 | 2200 | 3.7 |
| 美国 | 3684 | 4.7 | 1525 | 14.8 |
| 东盟 | 2441 | 19.5 | 1996 | 1.9 |
| 中国香港 | 3848 | 19.0 | 162 | –9.3 |
| 日本 | 1503 | –0.9 | 1623 | –8.7 |
| 韩国 | 912 | 4.0 | 1831 | 8.5 |
| 中国台湾 | 406 | 10.5 | 1566 | 18.5 |
| 俄罗斯 | 496 | 12.6 | 396 | –10.2 |
| 印度 | 484 | 1.6 | 170 | –9.6 |

全年服务进出口（按国际收支口径统计，不含政府服务，下同）总额 5396 亿美元，比上年增长 14.7%。其中，服务出口 2106 亿美元，增长 10.6%；服务进口 3291 亿美元，增长 17.5%。服务进出口逆差 1185 亿美元。

全年非金融领域新批外商直接投资企业 22773 家，比上年下降 8.6%。实际使用外商直接投资金额 1176 亿美元，增长 5.3%。

**表 11　2013 年非金融领域外商直接投资及其增长速度**

| 行　业 | 企业数（家） | 比上年增长% | 实际使用金额（亿美元） | 比上年增长% |
|---|---|---|---|---|
| 总　　计 | 22773 | –8.6 | 1175.9 | 5.3 |
| 其中：农、林、牧、渔业 | 757 | –14.2 | 18.0 | –12.7 |
| 制造业 | 6504 | –27.5 | 455.5 | –6.8 |
| 电力、燃气及水的生产和供应业 | 200 | 7.0 | 24.3 | 48.2 |
| 交通运输、仓储和邮政业 | 401 | 1.0 | 42.2 | 21.4 |
| 信息传输、计算机服务和软件业 | 796 | –14.0 | 28.8 | –14.2 |
| 批发和零售业 | 7349 | 4.6 | 115.1 | 21.7 |
| 房地产业 | 530 | 12.3 | 288.0 | 19.4 |
| 租赁和商务服务业 | 3359 | 4.0 | 103.6 | 26.2 |
| 居民服务和其他服务业 | 166 | –13.5 | 6.6 | –43.6 |

全年非金融领域对外直接投资额902亿美元，比上年增长16.8%。

全年对外承包工程业务完成营业额1371亿美元，比上年增长17.6%；对外劳务合作派出各类劳务人员52.7万人，增长2.9%。

**七、交通、邮电和旅游**

交通运输平稳较快增长。全年货物运输总量451亿吨，比上年增长9.9%。货物运输周转量186478亿吨公里，增长7.3%。全年规模以上港口完成货物吞吐量106.1亿吨，比上年增长8.5%，其中外贸货物吞吐量33.1亿吨，增长9.2%。规模以上港口集装箱吞吐量18878万标准箱，增长6.7%。

**表12　2013年各种运输方式完成货物运输量及其增长速度**

| 指　　标 | 单　　位 | 绝对数 | 比上年增长% |
|---|---|---|---|
| 货物运输总量 | 亿　吨 | 450.6 | 9.9 |
| 铁路 | 亿　吨 | 39.7 | 1.6 |
| 公路 | 亿　吨 | 355.0 | 11.3 |
| 水运 | 亿　吨 | 49.3 | 7.5 |
| 民航 | 万　吨 | 557.6 | 2.3 |
| 管道[18] | 亿　吨 | 6.6 | 6.3 |
| 货物运输周转量 | 亿吨公里 | 186478.4 | 7.3 |
| 铁路 | 亿吨公里 | 29173.9 | 0.0 |
| 公路 | 亿吨公里 | 67114.5 | 12.7 |
| 水运 | 亿吨公里 | 86520.6 | 5.9 |
| 民航 | 亿吨公里 | 168.6 | 2.9 |
| 管道 | 亿吨公里 | 3500.9 | 9.0 |

全年旅客运输总量402亿人次，比上年增长5.6%。旅客运输周转量36036亿人公里，增长7.9%。

**表13　2013年各种运输方式完成旅客运输量及其增长速度**

| 指　　标 | 单　　位 | 绝对数 | 比上年增长% |
|---|---|---|---|
| 旅客运输总量 | 亿人次 | 401.9 | 5.6 |
| 铁路 | 亿人次 | 21.1 | 10.8 |
| 公路 | 亿人次 | 374.7 | 5.3 |
| 水运 | 亿人次 | 2.6 | 1.8 |

| 指　　标 | 单　位 | 绝对数 | 比上年增长% |
|---|---|---|---|
| 民航 | 亿人次 | 3.5 | 10.9 |
| 旅客运输周转量 | 亿人公里 | 36036.0 | 7.9 |
| 铁路 | 亿人公里 | 10595.6 | 8.0 |
| 公路 | 亿人公里 | 19705.6 | 6.7 |
| 水运 | 亿人公里 | 76.3 | −1.6 |
| 民航 | 亿人公里 | 5658.5 | 12.6 |

年末全国民用汽车保有量达到 13741 万辆（包括三轮汽车和低速货车 1058 万辆），比上年末增长 13.7%，其中私人汽车保有量 10892 万辆，增长 17.0%。民用轿车保有量 7126 万辆，增长 19.0%，其中私人轿车 6410 万辆，增长 20.8%。

全年完成邮电业务总量[19]16679 亿元，比上年增长 11.1%。其中，邮政业务总量 2725 亿元，增长 33.8%；电信业务总量 13954 亿元，增长 7.5%。邮政业全年完成邮政函件业务 63.20 亿件，包裹业务 0.69 亿件，快递业务量 91.9 亿件；快递业务收入 1442 亿元。电信业全年局用交换机容量减少 2697 万门，总容量 41052 万门；新增移动电话交换机容量[20]12522 万户，达到 196545 万户。年末固定电话用户 26699 万户。新增移动电话用户 11696 万户，年末达到 122911 万户，其中 3G 移动电话用户[21]40161 万户。电话普及率达到 110.5 部/百人。互联网上网人数 6.18 亿人，其中手机上网人数[22]5.0 亿人。互联网普及率达到 45.8%。

**图14　2009-2013年年末电话用户数**

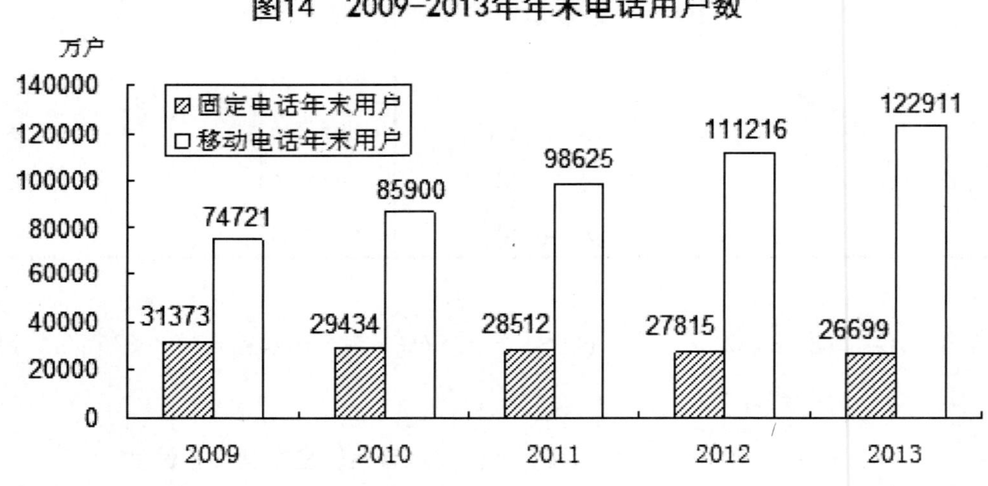


全年国内游客[23]32.6 亿人次，比上年增长 10.3%；国内旅游收入 26276 亿元，增长 15.7%。入境游客 12908 万人次，下降 2.5%。其中，外国人 2629 万人次，下降 3.3%；香港、澳门和台湾同胞 10279 万人次，下降 2.3%。在入境游客中，过夜游客 5569 万人次，下降 3.5%。国际旅游外汇收入 517 亿美元，增长 3.3%。国内居民出境 9819 万人次，增长 18.0%。其中因私出境 9197 万人次，增长 19.3%。

## 八、金融

金融市场运行总体平稳。年末广义货币供应量（M2）余额为110.7万亿元，比上年末增长13.6%；狭义货币供应量（M1）余额为33.7万亿元，增长9.3%；流通中现金（M0）余额为5.9万亿元，增长7.2%。

全年社会融资规模[24]为17.3万亿元，按可比口径计算，比上年多1.5万亿元。年末全部金融机构本外币各项存款余额107.1万亿元，比年初增加12.7万亿元，其中人民币各项存款余额104.4万亿元，增加12.6万亿元。全部金融机构本外币各项贷款余额76.6万亿元，增加9.3万亿元，其中人民币各项贷款余额71.9万亿元，增加8.9万亿元。

**表14　2013年年末全部金融机构本外币存贷款余额及其增长速度**

单位：亿元

| 指　　标 | 年末数 | 比上年末增长% |
|---|---|---|
| 各项存款余额 | 1070588 | 13.5 |
| 其中：住户存款 | 465437 | 13.5 |
| 其中：人民币 | 461370 | 13.6 |
| 非金融企业存款 | 380070 | 10.1 |
| 各项贷款余额 | 766327 | 13.9 |
| 其中：境内短期贷款 | 311772 | 16.3 |
| 境内中长期贷款 | 410346 | 12.8 |

年末主要农村金融机构（农村信用社、农村合作银行、农村商业银行）人民币贷款余额91644亿元，比年初增加13324亿元。全部金融机构人民币消费贷款余额129721亿元，增加25401亿元。其中，个人短期消费贷款余额26558亿元，增加7198亿元；个人中长期消费贷款余额103163亿元，增加18203亿元。

全年上市公司通过境内市场累计筹资[25]6885亿元，比上年增加1044亿元。其中，A股再筹资（包括配股、公开增发、非公开增发[26]、认股权证）2803亿元，增加710亿元；上市公司通过发行可转债、可分离债、公司债筹资4082亿元，增加1369亿元。

全年发行公司信用类债券[27]3.67万亿元，比上年减少667亿元。

全年保险公司原保险保费收入[28]17222亿元，比上年增长11.2%，其中寿险业务原保险保费收入9425亿元；健康险和意外伤害险业务原保险保费收入1585亿元；财产险业务原保险保费收入6212亿元。支付各类赔款及给付6213亿元，其中寿险业务给付2253亿元；健康险和意外伤害险赔款及给付521亿元；财产险业务赔款3439亿元。

## 九、人民生活和社会保障

城乡居民收入继续增加。全年农村居民人均纯收入8896元，比上年增长12.4%，扣除价格因素，实际增长9.3%；农村居民人均纯收入中位数[29]为7907元，增长12.7%。城镇居民人均可支配收入 26955 元，比上年增长 9.7%，扣除价格因素，实际增长 7.0%；城镇居民人均可支配收入中位数为 24200 元，增长 10.1%。根据从 2012 年四季度起实施的城乡一体化住户调查[30]，全国居民人均可支配收入 18311 元，比上年增长 10.9%，扣除价格因素，实际增长 8.1%。农村居民食品消费支出占消费总支出的比重为 37.7%，比上年下降 1.6 个百分点；城镇为 35.0%，下降 1.2 个百分点。

**图15　2009-2013年农村居民人均纯收入**

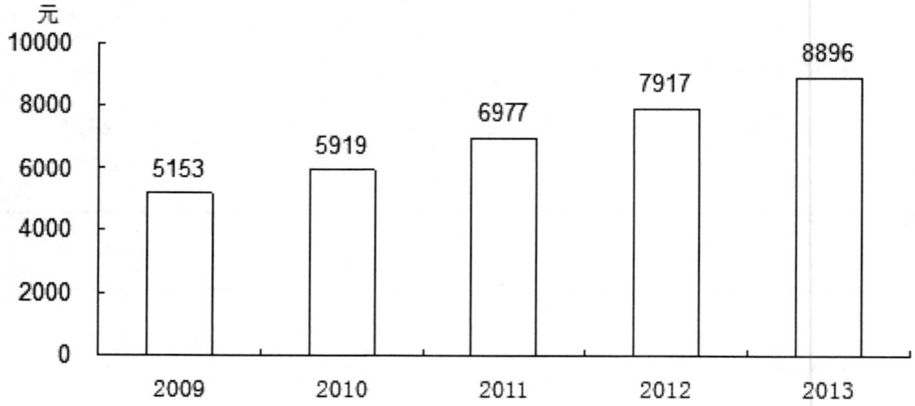

|  | 2009 | 2010 | 2011 | 2012 | 2013 |
|---|---|---|---|---|---|
| 元 | 5153 | 5919 | 6977 | 7917 | 8896 |

**图16　2009-2013年城镇居民人均可支配收入**

|  | 2009 | 2010 | 2011 | 2012 | 2013 |
|---|---|---|---|---|---|
| 元 | 17175 | 19109 | 21810 | 24565 | 26955 |

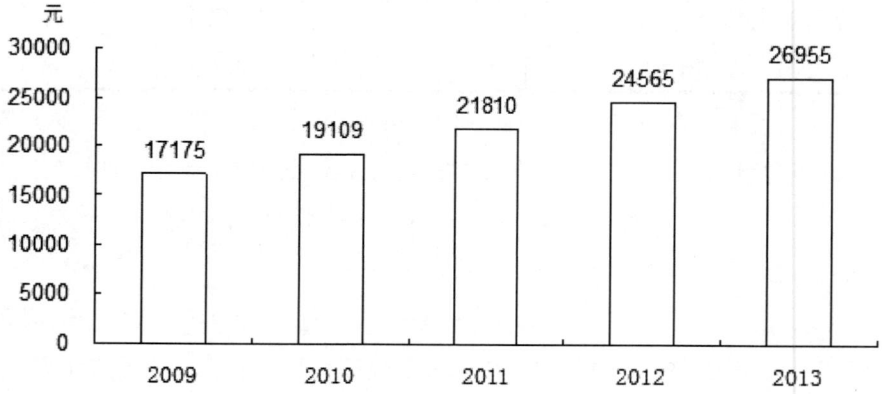

年末全国参加城镇职工基本养老保险人数 32212 万人，比上年末增加 1785 万人。参加城乡居民基本养老保险人数 49750 万人，增加 1381 万人。参加基本医疗保险人数 57322 万人，增加 3680 万人。其中，参加职工基本医疗保险人数 27416 万人，增加 930 万人；参加居民基本医疗保险人数 29906 万人，增加 2750 万人。参加失业保险人数 16417 万人，增加 1192 万人。年末全国领取失业保险金人数 197 万人。参加工伤保险人数 19897 万人，增加 887 万人，其中参加工伤保险的农民工 7266 万人，增加 86 万人。参加生育保险人数 16397 万人，增加 968 万人。年末，2489 个县（市、区）实施了新型农村合作医疗制度，新型农村合作医疗参合率 99.0%；1-9 月新型农村合作医疗基金支出总额[31]为 2067 亿元。按照年人均纯收入 2300 元( 2010

年不变价）的农村扶贫标准计算，2013 年农村贫困人口为 8249 万人，比上年减少 1650 万人。

## 十、教育、科学技术和文化

教育科技文化事业持续发展。全年研究生招生 61.1 万人，在学研究生 179.4 万人，毕业生 51.4 万人。普通本专科招生 699.8 万人，在校生 2468.1 万人，毕业生 638.7 万人。中等职业教育[32]招生 698.3 万人，在校生 1960.2 万人，毕业生 678.1 万人。普通高中招生 822.7 万人，在校生 2435.9 万人，毕业生 799.0 万人。初中招生 1496.1 万人，在校生 4440.1 万人，毕业生 1561.5 万人。普通小学招生 1695.4 万人，在校生 9360.5 万人，毕业生 1581.1 万人。特殊教育招生 6.6 万人，在校生 36.8 万人，毕业生 5.1 万人。幼儿园在园幼儿 3894.7 万人。

图17　2009-2013年高等教育、中等职业教育及普通高中招生人数

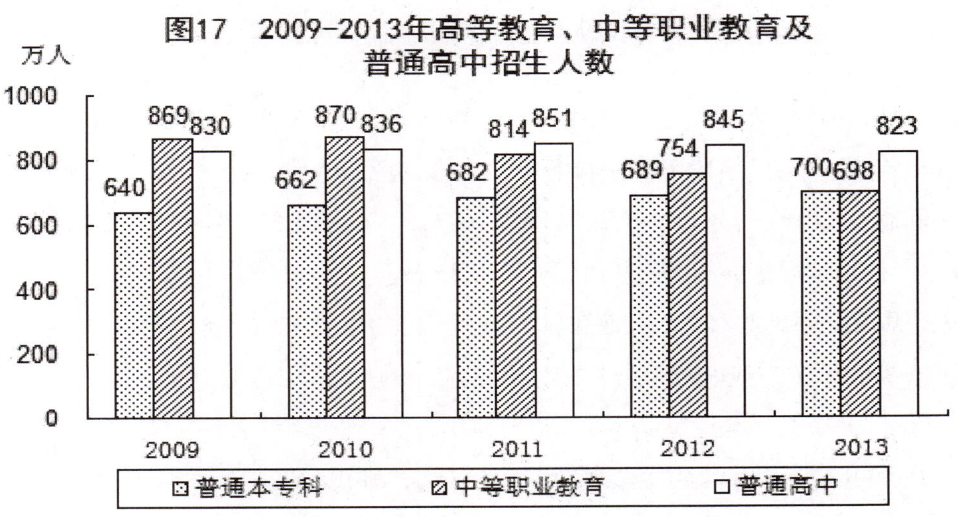


全年研究与试验发展（R&D）经费支出 11906 亿元，比上年增长 15.6%，占国内生产总值的 2.09%，其中基础研究经费 569 亿元。全年国家安排了 3543 项科技支撑计划课题，2118 项“863”计划课题。累计建设国家工程研究中心 132 个，国家工程实验室 143 个，国家认定企业技术中心达到 1002 家。全年国家新兴产业创投计划[33]累计支持设立 141 家创业投资企业，资金总规模近 390 亿元，投资了创业企业 422 家。全年受理境内外专利申请 237.7 万件，其中境内申请 221.0 万件，占 93.0%。受理境内外发明专利申请 82.5 万件，其中境内申请 69.3 万件，占 84.0%。全年授予专利权 131.3 万件，其中境内授权 121.0 万件，占 92.2%。授予发明专利权 20.8 万件，其中境内授权 13.8 万件，占 66.6%。截至年底，有效专利 419.5 万件，其中境内有效专利 352.5 万件，占 84.0%；有效发明专利 103.4 万件，其中境内有效发明专利 54.5 万件，占 52.7%。全年共签订技术合同 29.5 万项，技术合同成交金额 7469.0 亿元，比上年增长 16.0%。

全年成功发射卫星 14 次。神舟十号载人飞船与天宫一号目标飞行器成功实施首次绕飞交会试验，嫦娥三号探测器顺利实现首次在地外天体软着陆和巡视勘查，“蛟龙号”载人潜水器实现从深潜海试到科学应用的跨越。

图18　2009-2013年研究与试验发展（R&D）经费支出

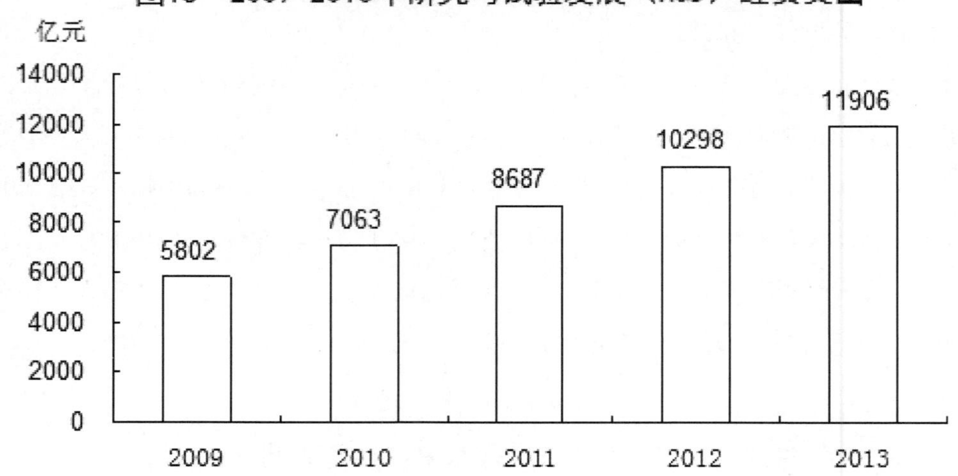


年末全国共有产品检测实验室30098个，其中国家检测中心556个。全国现有产品质量、体系认证机构174个，已累计完成对110949个企业的产品认证。全年制定、修订国家标准1870项，其中新制定1161项。全国共有地震台站1687个，区域地震台网32个。全国共有海洋观测站79个。测绘地理信息部门公开出版地图1585种。

年末全国文化系统共有艺术表演团体2055个，博物馆2638个。全国共有公共图书馆3073个，文化馆3298个。有线电视用户2.24亿户，有线数字电视用户1.69亿户。年末广播节目综合人口覆盖率为97.8%；电视节目综合人口覆盖率为98.4%。全年生产电视剧441部15783集，电视动画片199132分钟。全年生产故事影片638部，科教、纪录、动画和特种影片[34]186部。出版各类报纸478亿份，各类期刊34亿册，图书83亿册（张）。年末全国共有档案馆4122个，已开放各类档案12059万卷（件）。

全年我国运动员在22个运动大项中获得124个世界冠军，共创13项世界纪录。全年我国残疾人运动员在28项国际赛事中获得306个世界冠军。

## 十一、卫生和社会服务

卫生和社会服务事业不断进步。年末全国共有医疗卫生机构973597个，其中医院24720个，乡镇卫生院36978个，社区卫生服务中心（站）33976个，诊所（卫生所、医务室）184058个，村卫生室649080个，疾病预防控制中心3519个，卫生监督所（中心）2994个。卫生技术人员718万人，其中执业医师和执业助理医师279万人，注册护士278万人。医疗卫生机构床位618万张，其中医院458万张，乡镇卫生院113万张。

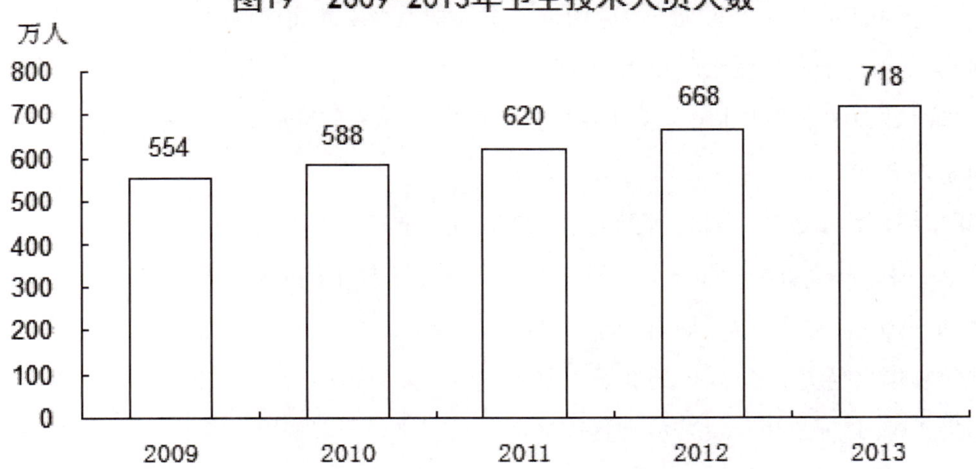

图19　2009-2013年卫生技术人员人数

年末全国各类提供住宿的社会服务机构[35]4.7 万个，床位 509.4 万张，收养救助各类人员 310.0 万人。其中，养老服务机构 4.3 万个，床位 474.6 万张，收留抚养各类人员 294.3 万人。年末共有社区服务中心 1.9 万个，社区服务站 10.3 万个。年末全国共有 2061.3 万人享受城市居民最低生活保障，5382.1 万人享受农村居民最低生活保障，农村五保供养[36]538.2 万人。全年资助 1229.3 万城市困难群众参加医疗保险，资助 4132.5 万农村困难群众参加新型农村合作医疗。

**十二、资源、环境和安全生产**

全年全国国有建设用地供应总量[37]73 万公顷，比上年增长 5.8%。其中，工矿仓储用地 21 万公顷，增长 3.2%；房地产用地[38]20 万公顷，增长 26.8%；基础设施等其他用地 32 万公顷，下降 2.9%。

全年水资源总量 27860 亿立方米。全年平均降水量 665 毫米。年末全国 613 座大型水库蓄水总量 3488 亿立方米，比上年末蓄水量减少 5%。全年总用水量 6170 亿立方米，比上年增长 0.6%。其中，生活用水增长 2.7%，工业用水增长 1.4%，农业用水下降 0.1%，生态补水增长 1.6%。万元国内生产总值用水量[39]121 立方米，比上年下降 6.5%。万元工业增加值用水量 68 立方米，下降 5.7%。人均用水量 453 立方米，与上年基本持平。

全年完成造林面积 609 万公顷，其中人工造林 418 万公顷。林业重点工程完成造林面积 249 万公顷，占全部造林面积的 40.9%。截至年底，自然保护区达到 2697 个，其中国家级自然保护区 407 个。新增水土流失治理面积 5.7 万平方公里，新增实施水土流失地区封育保护面积 2.0 万平方公里。

全年平均气温为 10.2℃，共有 9 个台风登陆。

初步核算，全年能源消费总量 37.5 亿吨标准煤，比上年增长 3.7%。煤炭消费量增长 3.7%；原油消费量增长 3.4%；天然气消费量增长 13.0%；电力消费量增长 7.5%。全国万元国内生产总值能耗下降 3.7%。

十大流域[40]的 704 个水质监测断面中，Ⅰ～Ⅲ类水质断面比例占 71.7%，劣Ⅴ类水质断面比例占 8.9%。十大流域水质总体为轻度污染，水质保持基本稳定。

近岸海域 301 个海水水质监测点中，达到国家一、二类海水水质标准的监测点占 66.4%，三类海水占 8.0%，四类、劣四类海水占 25.6%。

年末城市污水处理厂日处理能力达 12246 万立方米，比上年末增长 4.4%；城市污水处理率达到 87.9%，提高 0.6 个百分点。城市集中供热面积 54.1 亿平方米，增长 4.5%。建成区绿地率达到 36.0%，提高 0.3 个百分点。

全年农作物受灾面积 3135 万公顷，其中绝收 384 万公顷。全年因洪涝地质灾害造成直接经济损失 1884 亿元，因旱灾造成直接经济损失 905 亿元，因低温冷冻和雪灾造成直接经济损失 260 亿元，因海洋灾害造成直接经济损失 165 亿元。全年大陆地区共发生 5 级以上地震 41 次，成灾 14 次，造成直接经济损失 995 亿元。全年共发生森林火灾 3929 起，森林火灾受害森林面积 1.4 万公顷。

全年各类生产安全事故共死亡 69434 人。亿元国内生产总值生产安全事故死亡人数为 0.124 人，比上年下降 12.7%；工矿商贸企业就业人员 10 万人生产安全事故死亡人数为 1.52 人，下降 7.3%；道路交通万车死亡人数为 2.3 人，下降 8.0%；煤矿百万吨死亡人数为 0.288 人，下降 23.0%。

**注释：**

[1]本公报中数据均为初步统计数。各项统计数据均未包括香港特别行政区、澳门特别行政区和台湾省。部分数据因四舍五入的原因，存在着与分项合计不等的情况。

[2]人户分离的人口是指居住地与户口登记地所在的乡镇街道不一致且离开户口登记地半年以上的人口。

[3]流动人口是指人户分离人口中扣除市辖区内人户分离的人口。市辖区内人户分离的人口是指一个直辖市或地级市所辖区内和区与区之间，居住地和户口登记地不在同一乡镇街道的人口。

[4]考虑到我国劳动年龄下限为 16 周岁，从 2013 年开始公布 16–59 岁（含不满 60 周岁）人口数据。按照往年公报公布口径，2013 年末，0–14 岁（含不满 15 周岁）人口为 22329 万人，15–59 岁（含不满 60 周岁）人口为 93500 万人。

[5]国内生产总值、各产业增加值绝对数按现价计算，增长速度按不变价格计算。

[6]年度农民工数量包括年内在本乡镇以外从业 6 个月以上的外出农民工和在本乡镇内从事非农产业 6 个月以上的本地农民工两部分。

[7]农产品生产者价格是指农产品生产者直接出售其产品时的价格。

[8]公共财政收入是指政府凭借国家政治权力，以社会管理者身份筹集以税收为主体的收入。

[9]图中 2009 年至 2012 年数据为公共财政收入决算数，2013 年为执行数。

[10]根据《国民经济行业分类》（GB/T4754-2011），从 2013 年开始工业行业不再使用"轻工业"、"重工业"分类，而以采矿业、制造业、电力热力燃气及水生产和供应业的标准行业分类代替。

[11]六大高耗能行业分别为：化学原料和化学制品制造业、非金属矿物制品业、黑色金属冶炼和压延加工业、有色金属冶炼和压延加工业、石油加工炼焦和核燃料加工业、电力热力生产和供应业。

[12]天然气包括气田天然气、油田天然气（分为油田气层气、油田中伴生的溶解气）和煤田天然气（即与煤共生的瓦斯气）。

[13]钢材产量数据中含使用钢材加工成其他钢材的重复计算因素。

[14]固定资产投资按东部、中部、西部和东北地区计算的合计数据小于全国数据，是因为有部分跨地区的投资未计算在地区数据中。其中，东部地区是指北京、天津、河北、上海、江苏、浙江、福建、山东、广东和海南 10 省（市）；中部地区是指山西、安徽、江西、河南、湖北和湖南 6 省；西部地区是指内蒙古、广西、重庆、四川、贵州、云南、西藏、陕西、甘肃、青海、宁夏和新疆 12 省（区、市）；东北地区是指辽宁、吉林和黑龙江 3 省。

[15]房地产业投资除房地产开发投资外，还包括建设单位自建房屋以及物业管理、中介服务和其他房地产投资。

[16]根据《国民经济行业分类》（GB/T4754-2011），2013 年对三次产业划分进行了修订，将"农、林、牧、渔业"中的"农、林、牧、渔服务业"，"采矿业"中的"开采辅助活动"，"制造业"中的"金属制品、机械和设备修理业"等三个大类调入第三产业。

[17]高速铁路是指最高营运速度达到 200 公里/小时及以上的铁路。

[18]2013 年，管道运输统计口径在原中国石油天然气集团公司、中国石油化工集团公司基础上增加中国海洋石油总公司。

[19]邮电业务总量按 2010 年不变价格计算。

[20]移动电话交换机容量是指移动电话交换机根据一定话务模型和交换机处理能力计算出来的最大同时服务用户的数量。

[21]3G 是指第三代蜂窝移动通信系统（3rd-generation，简称 3G），3G 移动电话用户是指报告期末在计费系统拥有使用信息、占用 3G 网络资源的在网用户。

[22]手机上网人数是指过去半年通过手机接入并使用互联网的 6 周岁及以上中国居民数量。

[23]为规范指标名称，将往年公报中的出游人数、旅游人数、旅游者统一为游客。

[24]社会融资规模是指一定时期内实体经济从金融体系获得的资金总额，是增量概念。

[25]2013 年没有首次公开发行股票。

[26]非公开增发又叫定向增发，不含资产认购部分。

[27]公司信用类债券包括非金融企业债务融资工具、企业债券以及公司债、可转债等。

[28]原保险保费收入是指保险企业确认的原保险合同保费收入。

[29]人均收入中位数是指将所有调查户按人均收入水平从低到高（或从高到低）顺序排列，处于最中间位置的调查户的人均收入。

[30]2012 年四季度，国家统计局实施了城乡一体化住户调查改革，统一了城乡居民收入名称、分类和统计标准，在全国统一抽选了 16 万户城乡居民家庭，直接开展调查。在此基础上，计算了城乡可比的新口径全国居民人均可支配收入。同时，为保持年度可比，继续按老口径调查和计算农村居民人均纯收入、城镇居民人均可支配收入。

[31]按卫生计生委统计制度规定，新型农村合作医疗基金支出总额目前仅统计到 1-9 月份。

[32]中等职业教育包括普通中专、成人中专、职业高中和技工学校，其中技工学校数据为 2012 年数据。

[33]新兴产业创投计划是指中央财政专项资金通过与地方政府资金、社会资本共同发起设立创业投资企业，或以股权投资模式直接投资创业企业等方式，培育和促进新兴产业发展的活动。

[34]特种影片是指那些采用与常规影院放映在技术、设备、节目方面不同的电影展示方式，如巨幕电影、立体电影、立体特效（4D）电影、动感电影、球幕电影等。

[35]提供住宿的社会服务机构除收养性机构外，还包括救助类机构、社区类机构以及军休所、军供站等机构。

[36]农村五保供养是指老年、残疾和未满 16 周岁的村民，无劳动能力、无生活来源又无法定赡养、抚养、扶养义务人，或者其法定赡养、抚养、扶养义务人无赡养、抚养、扶养能力的村民，在吃、穿、住、医、葬方面得到的生活照顾和物质帮助。

[37]国有建设用地供应总量是指报告期内市、县人民政府根据年度土地供应计划依法以出让、划拨、租赁等方式将土地使用权提供给单位或个人使用的国有建设用地总量。

[38]房地产用地是指商服用地和住宅用地的总和。

[39]万元国内生产总值用水量、万元工业增加值用水量和万元国内生产总值能耗按 2010 年不变价格计算。

[40]十大流域包括原七大水系（包括长江、黄河、珠江、松花江、淮河、海河、辽河）和浙闽片河流、西北诸河和西南诸河。

[41]国家于 2013 年实施了新的空气质量标准。由于全年数据正在汇总分析之中，新标准下的 2013 年空气质量数据暂缺。国家相关部门将于 2014 年 3 月正式发布 2013 年汇总数据。

**资料来源**：本公报中城镇新增就业、登记失业率、社会保障数据来自人力资源社会保障部；财政数据来自财政部；外汇储备和汇率数据来自外汇局；水产品产量数据来自农业部；木材产量、林业、森林火灾数据来自林业局；灌溉面积、水资源数据来自水利部；发电装机容量、新增220千伏及以上变电设备数据来自中电联；新建铁路投产里程、增建铁路复线投产里程、电气化铁路投产里程、铁路运输数据来自铁路局；新建公路里程、港口万吨级码头泊位新增吞吐能力、公路运输、水运、港口货物吞吐量数据来自交通运输部；新增光缆线路长度、电话交换机容量、电话用户、上网人数等通信数据来自工业和信息化部；保障性住房、城市污水处理、城市集中供热面积、建成区绿地率数据来自住房城乡建设部；货物进出口数据来自海关总署；服务进出口、外商直接投资、对外直接投资、对外承包工程、对外劳务合作等数据来自商务部；民航数据来自民航局；管道数据来自中石油、中石化、中海油；民用汽车、交通事故数据来自公安部；邮政业务数据来自邮政局；旅游数据来自旅游局、公安部；货币金融、公司信用类债券数据来自人民银行；上市公司数据来自证监会；保险业数据来自保监会；新农合、卫生数据来自卫生计生委；教育数据来自教育部；安排科技计划课题、技术合同等数据来自科技部；国家工程研究中心、企业技术中心、新兴产业创投等数据来自发展改革委；专利数据来自知识产权局；发射卫星数据来自国防科工局；质量检验、国家标准制定修订数据来自质检总局；地震数据来自地震局；海洋观测站、海洋灾害造成直接经济损失数据来自海洋局；测绘数据来自测绘地信局；艺术表演团体、博物馆、公共图书馆、文化馆数据来自文化部；广播电视、电影、报纸、期刊、图书数据来自新闻出版广电总局；档案数据来自档案局；体育数据来自体育总局；残疾人运动员数据来自中国残联；社会服务、低保和五保供养数据、农作物受灾面积、洪涝地质灾害造成直接经济损失、旱灾造成直接经济损失、低温冷冻和雪灾造成直接经济损失来自民政部；国有建设用地供应数据来自国土资源部；自然保护区、环境监测数据来自环境保护部；平均气温、登陆台风数据来自气象局；安全生产数据来自安全监管总局；其他数据均来自国家统计局。

# 2013年甘肃省国民经济和社会发展统计公报

甘肃省统计局　国家统计局甘肃调查总队

（2014年3月8日）

2013年，在党中央、国务院和省委、省政府的正确领导下，全省各族人民坚持以科学发展为主题，以加快转变经济发展方式为主线，牢牢把握稳中求进、好中求快工作总基调，扎实推进“3341”项目工程和“1236”扶贫攻坚行动，统筹抓好稳增长、调结构、促改革、惠民生等各项工作，全省经济平稳较快发展、质量效益稳步提升、人民生活不断改善、各项社会事业全面进步，为全面建成小康社会奠定了良好基础。

## 一、综合

经济增长：初步核算，全年实现生产总值6268.0亿元，比上年增长10.8%。其中，第一产业增加值879.4亿元，增长5.6%；第二产业增加值2821.0亿元，增长11.5%；第三产业增加值2567.6亿元，增长11.5%，其中批发和零售贸易业增加值440.3亿元，增长7.7%，金融业增加值234.2亿元，增长24.8%，房地产业增加值158.4亿元，增长6.4%。

文化产业实现增加值105.8亿元，比上年增长35.6%，占生产总值的1.7%。

按常住人口计算，人均生产总值24297元，比上年增长10.4%。三次产业结构由上年的13.8 : 46.0 : 40.2调整为14.0 : 45.0 : 41.0，与上年相比，第二产业所占比重下降1.0个百分点，第一、三产业所占比重分别上升0.2和0.8个百分点。

**图1　2008-2013年甘肃省生产总值及增长速度**

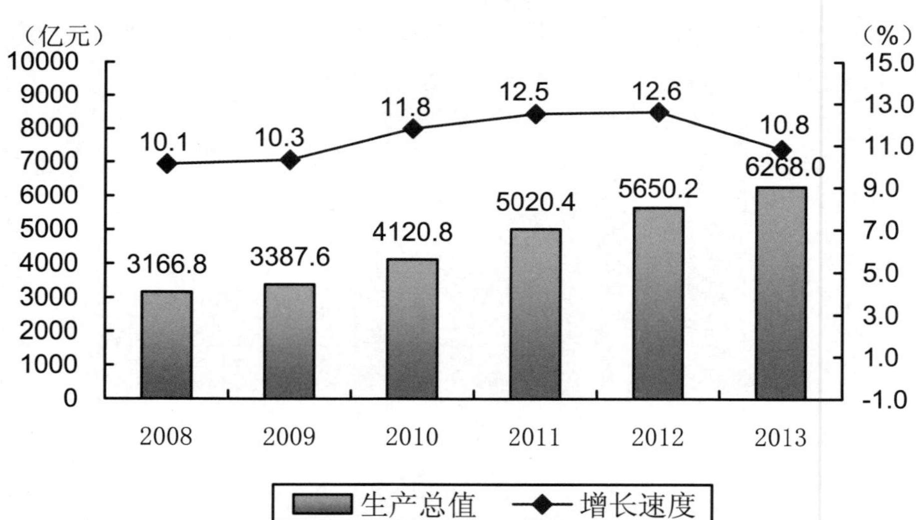


就业：年末共有城乡就业人员1504.97万人，比上年末增加13.38万人。其中，城镇就业人员514.55万人，增加21.84万人。城镇登记失业率为2.35%，比上年末下降0.33个百分点。

失业人员再就业人数为16.1万人，比上年增长18.38%。

物价：全年居民消费价格总水平比上年上涨3.2%，其中城市上涨3.0%，农村上涨3.4%。全省商品零售价格总水平比上年上涨2.6%。

**表1　2013年甘肃省居民消费价格比上年上涨（%）**

| 指　　标 | 全省 | 城市 | 农村 |
|---|---|---|---|
| 居民消费价格 | 3.2 | 3.0 | 3.4 |
| 食品 | 5.6 | 5.9 | 5.3 |
| #粮食 | 6.9 | 7.0 | 6.8 |
| 肉禽及其制品 | 4.4 | 4.4 | 4.3 |
| 油脂 | 1.0 | 0.6 | 1.5 |
| 鲜蛋 | 7.9 | 8.4 | 6.7 |
| 鲜菜 | 7.5 | 8.7 | 4.9 |
| 鲜瓜果 | 2.8 | 2.6 | 3.2 |
| 烟酒 | 1.0 | 0.4 | 1.5 |
| 衣着 | 2.7 | 2.3 | 3.6 |
| 家庭设备用品及服务 | 1.8 | 0.8 | 3.9 |
| 医疗保健及个人用品 | 2.1 | 1.1 | 3.6 |
| 交通和通信 | 0.0 | 0.1 | 0.0 |
| 娱乐教育文化用品及服务 | 1.6 | 1.4 | 1.9 |
| 居住 | 2.7 | 2.7 | 2.8 |

全年工业生产者出厂价格总水平比上年下降3.1%，工业生产者购进价格总水平下降2.2%，固定资产投资价格总水平上涨0.4%，农产品生产价格总水平上涨5.6%。

**表2　2013年甘肃省生产价格比上年上涨（%）**

| 指　标 | 2013年 |
|---|---|
| 工业生产者出厂价格 | −3.1 |
| #煤炭开采和洗选业 | −10.0 |
| 　石油和天然气开采业 | −5.4 |
| 　石油加工、冶炼及核燃料加工业 | −0.9 |
| 化学原料及化学制品制造业 | −3.7 |

| | |
|---|---|
| 黑色金属冶炼及压延加工业 | −4.8 |
| 有色金属冶炼及压延加工业 | −8.6 |
| 工业生产者购进价格 | −2.2 |
| 固定资产投资价格 | 0.4 |
| 农产品生产价格 | 5.6 |
| #谷物 | 2.5 |
| 棉花 | 7.1 |
| 油料 | 4.2 |
| 蔬菜 | 11.1 |
| 水果 | 6.9 |
| 中药材 | −0.8 |
| 畜产品 | 6.0 |

**二、农业**

全年粮食总产量1138.9万吨，比上年增产2.63%。其中，夏粮产量278.4万吨，减产14.02%；秋粮产量860.5万吨，增产9.49%。

**图2 2008–2013年甘肃省粮食产量及增长速度**

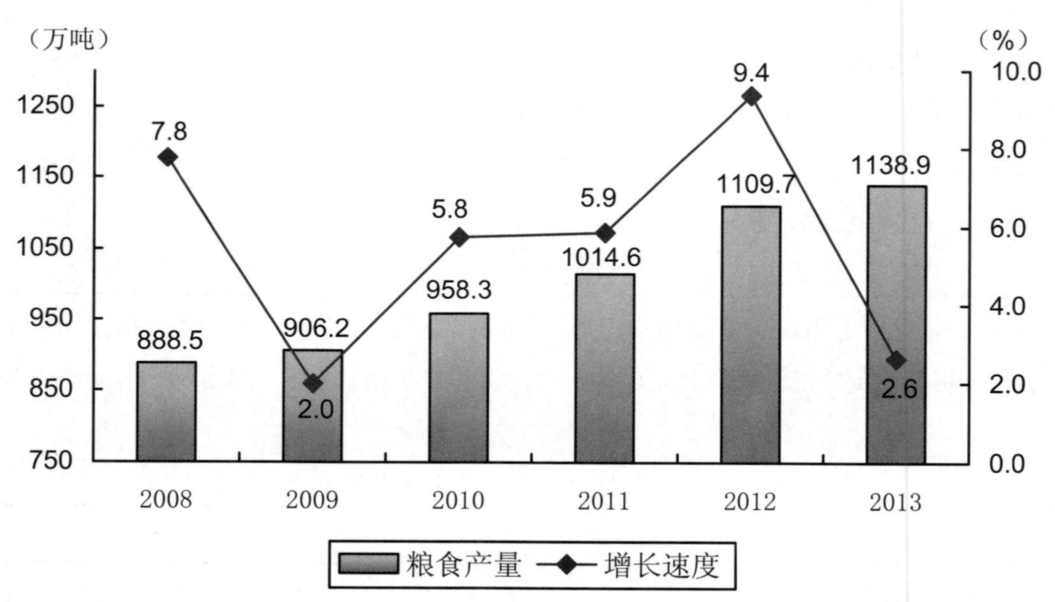


粮食作物种植面积285.87万公顷，比上年增加1.93万公顷；棉花种植面积4.07万公顷，减少0.75万公顷；油料种植面积33.68万公顷，增加0.04万公顷；蔬菜种植面积48.19万公顷，增加2.79万公顷，其中设施蔬菜种植面积8.42万公顷，增加1.36万公顷；中药材种植面积23.36万公顷，增加2.24万公顷。

年末大牲畜存栏661.24万头（只），比上年末增长1.59%；牛存栏496.22万头，增长1.50%；

羊存栏 1973.38 万只，增长 2.10%；猪存栏 675.63 万头，增长 3.10%。牛、羊、猪出栏分别为 176.30 万头、1132.82 万只和 747.82 万头，分别比上年增长 2.10%、4.20%和 3.60%。

全年肉类总产量 95.10 万吨，比上年增长 3.06%，其中猪肉、牛肉、羊肉分别增长 3.60%、2.10%和 4.20%。牛奶产量 52.32 万吨，比上年增长 7.83%；绵羊毛产量 3.0 万吨，增长 1.69%。全年水产品产量 1.39 万吨，比上年增长 4.51%。

主要经济作物中，棉花产量 7.05 万吨，比上年减产 12.96%；烤烟产量 1.27 万吨，增产 16.51%；油料产量 69.72 万吨，增产 4.06%；园林水果产量 391.37 万吨，增产 8.80%；蔬菜产量 1578.72 万吨，增产 8.10%，其中设施蔬菜产量 452.86 万吨，增产 14.19%；中药材产量 86.66 万吨，增产 14.12%。

**表 3　2013 年甘肃省主要农产品产量情况**

单位：万吨、%

| 产品名称 | 产量 | 比上年增长 |
|---|---|---|
| 粮食 | 1138.9 | 2.63 |
| 油料 | 69.72 | 4.06 |
| #油菜籽 | 33.16 | –2.27 |
| 棉花 | 7.05 | –12.96 |
| 甜菜 | 24.72 | 0.28 |
| 烤烟 | 1.27 | 16.51 |
| 中药材 | 86.66 | 14.12 |
| 园林水果 | 391.37 | 8.80 |
| 蔬菜 | 1578.72 | 8.10 |
| #设施蔬菜 | 452.86 | 14.19 |
| 肉类 | 95.10 | 3.06 |
| #猪肉 | 52.80 | 3.60 |
| 牛肉 | 18.42 | 2.10 |
| 羊肉 | 17.90 | 4.20 |
| 牛奶 | 52.32 | 7.83 |
| 绵羊毛 | 3.00 | 1.69 |
| 水产品 | 1.39 | 4.51 |

全年农业机械总动力 2418.46 万千瓦，比上年增长 6.12%。农村用电量 50.36 亿千瓦小时，增长 5.24%。农用化肥施用量（折纯）94.71 万吨，增长 2.80%。

## 三、工业

全年完成全部工业增加值 2225.2 亿元，比上年增长 11.6%。规模以上工业企业完成工业增加值 2045.2 亿元，比上年增长 11.5%。规模以上工业企业产品销售率 93.7%，比上年提高 0.3 个百分点。

图 3　2008-2013 年甘肃省全部工业增加值及增长速度

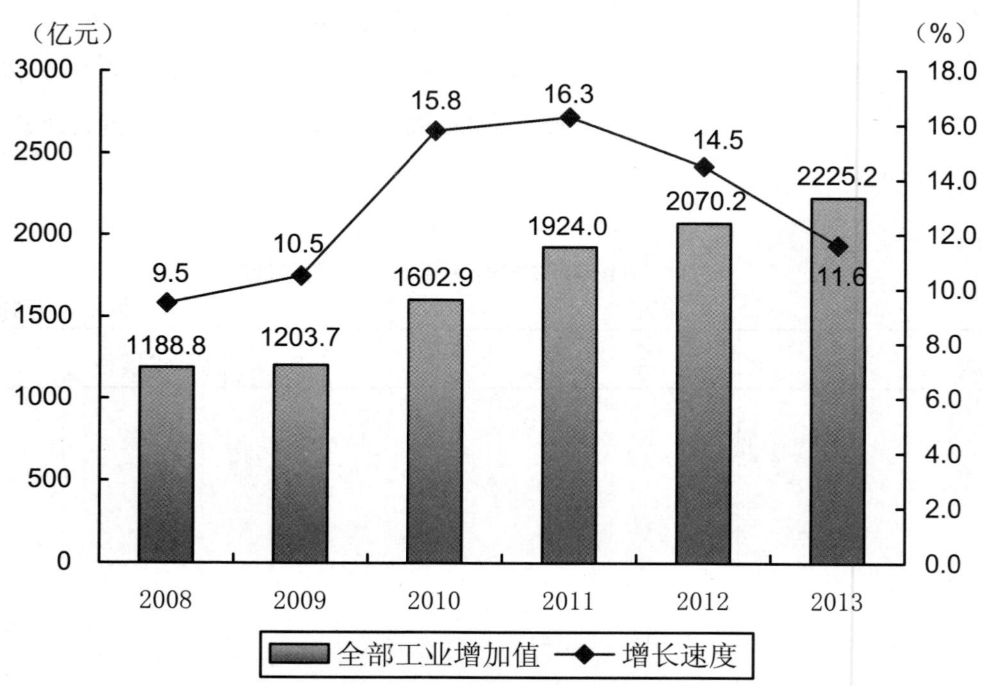


规模以上工业增加值中，国有及国有控股企业完成工业增加值 1502.2 亿元，比上年增长 8.1%；集体企业完成工业增加值 29.0 亿元，增长 9.2%；股份制企业完成工业增加值 1433.2 亿元，增长 16.1%；外商及港澳台投资企业完成工业增加值 30.6 亿元，增长 10.5%。

轻工业完成增加值 334.4 亿元，比上年增长 12.1%；重工业完成增加值 1710.8 亿元，增长 11.3%。

非公有制企业完成工业增加值 464.5 亿元，比上年增长 26.2%，占全省规模以上工业增加值的 22.7%。

高技术产业完成工业增加值 56.9 亿元，比上年增长 15.5%，占全省规模以上工业增加值的 2.8%。

全年发电量 1141.7 亿千瓦小时，比上年增长 4.7%；原油 710.4 万吨，增长 13.3%；原油加工量 1554.2 万吨，增长 2.2%；粗钢产量 1024.3 万吨，增长 18.7%；钢材 1021.6 万吨，增长 15.7%；水泥 4412.7 万吨，增长 16.3%；十种有色金属 323.7 万吨，增长 10.0%。

**表 4　2013 年甘肃省主要工业产品产量情况**

| 产品名称 | 单位 | 产量 | 比上年增长（%） |
|---|---|---|---|
| 卷烟 | 万箱 | 94.0 | 6.8 |
| 原油 | 万吨 | 710.4 | 13.3 |
| 天然气 | 万立方米 | 11231.0 | -12.2 |
| 原油加工量 | 万吨 | 1554.2 | 2.2 |
| 发电量 | 亿千瓦小时 | 1141.7 | 4.7 |
| #水电 | 亿千瓦小时 | 286.0 | 1.5 |
| 粗钢 | 万吨 | 1024.3 | 18.7 |
| 钢材 | 万吨 | 1021.6 | 15.7 |
| 十种有色金属 | 万吨 | 323.7 | 10.0 |
| #铝 | 万吨 | 200.5 | 13.9 |
| 镍 | 万吨 | 14.4 | 12.6 |
| 铜 | 万吨 | 78.0 | 10.0 |
| 铅 | 万吨 | 3.1 | 39.3 |
| 锌 | 万吨 | 27.5 | -14.4 |
| 水泥 | 万吨 | 4412.7 | 16.3 |
| 硫酸 | 万吨 | 275.8 | -11.9 |
| 纯碱 | 万吨 | 20.8 | 3.4 |
| 烧碱 | 万吨 | 22.3 | -15.8 |
| 乙烯 | 万吨 | 63.2 | -2.3 |
| 化肥（折 100%） | 万吨 | 58.8 | -16.7 |
| 化学农药 | 万吨 | 0.2 | 25.9 |
| 发电设备 | 万千瓦 | 8.8 | 41.9 |
| 集成电路 | 亿块 | 91.6 | 27.0 |

全年规模以上工业企业实现利润总额 286.7 亿元，比上年增长 7.5%，其中国有及国有控股企业实现利润 213.5 亿元，增长 6.6%。规模以上工业亏损企业亏损额 85.2 亿元，比上年下降 26.0%，其中国有及国有控股亏损企业亏损额 63.7 亿元，下降 34.4%。

石化、有色、电力、冶金、食品、煤炭和装备制造业等重点支柱行业完成工业增加值 1808.9 亿元，比上年增长 10.0%，占规模以上工业的 88.4%；实现利润 229.5 亿元，下降 2.0%，占规模以上工业的 80.0%。其中，装备制造业完成工业增加值 167.0 亿元，增长 21.9%；实现利润 14.7 亿元，下降 25.3%。

**表 5 2013 年甘肃省重点支柱行业主要经济指标**

单位：亿元、%

| 支柱行业 | 工业增加值 | | 利润总额 | |
|---|---|---|---|---|
| | 绝对数 | 比上年增长 | 绝对数 | 比上年增长 |
| 石化工业 | 543.3 | -2.2 | 130.8 | 13.2 |
| 有色工业 | 330.2 | 22.7 | 15.9 | -48.2 |
| 食品工业 | 246.1 | 9.8 | 34.4 | 9.4 |
| 冶金工业 | 193.0 | 21.3 | -8.2 | |
| 电力工业 | 178.8 | 8.1 | 31.6 | 162.0 |
| 装备制造业 | 167.0 | 21.9 | 14.7 | -25.3 |
| 煤炭工业 | 150.5 | 13.2 | 10.3 | -44.2 |

建筑业：全年建筑业实现增加值 595.8 亿元，比上年增长 11.3%。全省具有建筑业资质等级的总承包和专业承包建筑业企业实现利润总额 70 亿元，增长 44.5%。

**四、固定资产投资**

固定资产投资：全年完成固定资产投资 6407.20 亿元，比上年增长 27.11%。其中，项目投资 5682.55 亿元，增长 26.86%。按三次产业分，第一产业投资 232.64 亿元，增长 36.89%；第二产业投资 3245.02 亿元，增长 19.96%，其中工业投资 2334.21 亿元，增长 23.50%；第三产业投资 2929.54 亿元，增长 35.29%。

**图 4 2008-2013 年甘肃省固定资产投资及增长速度**

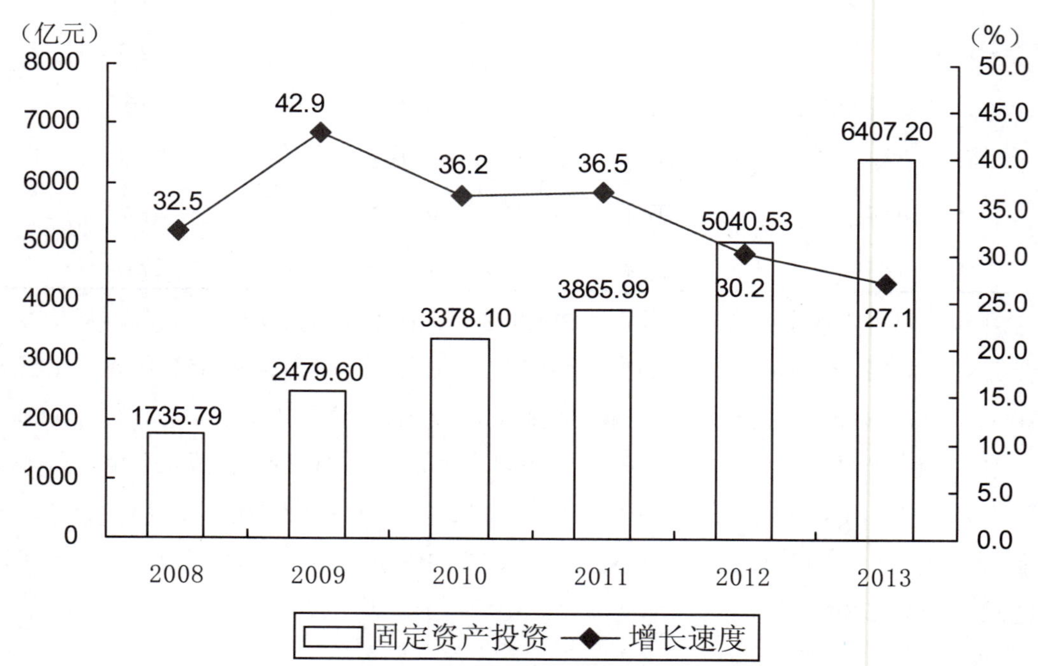

项目投资中，制造业投资 1111.67 亿元，增长 19.45%；建筑业投资 910.81 亿元，增长 11.73%；电力、热力、燃气及水的生产和供应业投资 770.32 亿元，增长 23.61%；水利、环境和公共设施管理业投资 481.00 亿元，增长 22.61%；采矿业投资 452.23 亿元，比上年增长 34.54%。

**表 6　2013 年甘肃省分行业项目投资及其增长速度**

单位：亿元、%

| 行　业 | 投资额 | 比上年增长 |
|---|---|---|
| 农、林、牧、渔业 | 232.64 | 36.89 |
| 采矿业 | 452.23 | 34.54 |
| 制造业 | 1111.67 | 19.45 |
| 电力、热力、燃气及水的生产和供应业 | 770.32 | 23.61 |
| 建筑业 | 910.81 | 11.73 |
| 批发和零售业 | 220.39 | 49.41 |
| 交通运输、仓储和邮政业 | 389.64 | 41.72 |
| 住宿和餐饮业 | 78.67 | 23.88 |
| 信息传输、软件和信息技术服务业 | 49.75 | 51.02 |
| 金融业 | 9.58 | 7.79 |
| 房地产业 | 365.82 | 35.00 |
| 租赁和商务服务业 | 57.99 | 107.18 |
| 科学研究和技术服务业 | 39.06 | 39.85 |
| 水利、环境和公共设施管理业 | 481.00 | 22.61 |
| 居民服务、修理和其他服务业 | 67.04 | 72.72 |
| 教育 | 92.60 | 33.83 |
| 卫生和社会工作 | 52.37 | 24.35 |
| 文化、体育和娱乐业 | 121.33 | 107.42 |
| 公共管理、社会保障和社会组织 | 179.66 | 20.75 |

房地产开发投资：完成房地产开发投资 724.65 亿元，比上年增长 29.17%，其中住宅投资 539.85 亿元，增长 30.87%。房屋施工面积 6848.40 万平方米，比上年增长 21.53%；房屋竣工面积 915.56 万平方米，增长 8.41%。商品房销售面积 1220.02 万平方米，增长 24.69%；商品房销售额 474.07 亿元，增长 35.71%，其中期房销售额 305.85 亿元，增长 29.0%

**五、交通、邮电和旅游**

全年交通运输、仓储和邮政业实现增加值 347.18 亿元，比上年增长 4.3%。

交通运输：全年各种运输方式完成货物周转量 2379.66 亿吨公里，旅客周转量 613.0 亿人公里。其中：铁路运输完成货运周转量 1568.24 亿吨公里，增长 5.27%，旅客周转量 383.24 亿人公里，增长 0.92%；公路运输完成货运周转量 811.21 亿吨公里，旅客周转量 212.01 亿人公里。

**表 7　2013 年甘肃省主要运输方式完成货物和旅客运输量**

| 指　标 | 单位 | 绝对数 |
|---|---|---|
| 货运量 | 亿吨 | 5.15 |
| 铁路 | 亿吨 | 0.64 |
| 公路 | 亿吨 | 4.51 |
| 货物周转量 | 亿吨公里 | 2379.66 |
| 铁路 | 亿吨公里 | 1568.24 |
| 公路 | 亿吨公里 | 811.21 |
| 航空 | 亿吨公里 | 0.20 |
| 客运量 | 亿人次 | 3.69 |
| 铁路 | 亿人次 | 0.25 |
| 公路 | 亿人次 | 3.36 |
| 航空 | 亿人次 | 0.08 |
| 旅客周转量 | 亿人公里 | 613.00 |
| 铁路 | 亿人公里 | 383.24 |
| 公路 | 亿人公里 | 212.01 |
| 航空 | 亿人公里 | 17.59 |

年末全省民用汽车保有量 156.38 万辆，比上年末增长 21.35%。其中，轿车 72.58 万辆，增长 24.05%；本年新注册汽车 28.44 万辆，增长 21.90%。年末私人汽车保有量 135.70 万辆，比上年末增长 23.45%；私人轿车保有量 58.67 万辆，增长 28.32%。

邮电通讯：按 2010 年价格计算，全年完成邮电业务总量 209.60 亿元，比上年增长 10.40%。其中：电信业务总量 198.22 亿元，增长 10.14%；邮政业务总量 11.38 亿元，增长 15.18%。年末局用电话交换机总容量达到 524.5 万门，比上年末增长 27.13%；移动电话交换机容量 2618.8 万门，增长 4.63%。年末固定电话用户 364.33 万户，比上年末下降 3.56%。其中：城市 269.76 万户，下降 0.98%；农村 94.57 万户，下降 10.22%。本年减少固定电话用户 13.44 万户。年末移动电话用户 1976.24 万户，本年新增 232.07 万户。其中，3G 移动电话用户 608.90 万户。固定电话普及率达到 14.1 部/百人，减少 0.6 部/百人；移动电话普及率达 76.7 部/百人，增加 7.9 部/百人。年末固定互联网宽带接入用户数达 192.15 万户，比上年末增长 17.67%；互联网宽带接入端口 460 万个，增长 19.79%。

旅游：全年接待国内游客 10068.4 万人次，比上年增长 28.68%；创收 618.9 亿元，增长 31.77%。接待入境游客 9.77 万人次，比上年下降 4.18%。其中，外国人 6.25 万人次，下降 6.59%；港澳台同胞 3.52 万人次，增长 0.28%。全年国际旅游外汇收入 2039 万美元，比上年下降 8.77%。

**六、国内贸易**

全年实现社会消费品零售总额 2139.83 亿元，比上年增长 14.0%。按销售单位所在地统计，城镇实现社会消费品零售总额 1712.40 亿元，增长 14.1%，其中城区实现社会消费品零售总额 1258.79 亿元，增长 12.0%；乡村实现社会消费品零售总额 427.43 亿元，增长 13.5%。

**图 5　2008–2013 年甘肃省社会消费品零售总额及增长速度**

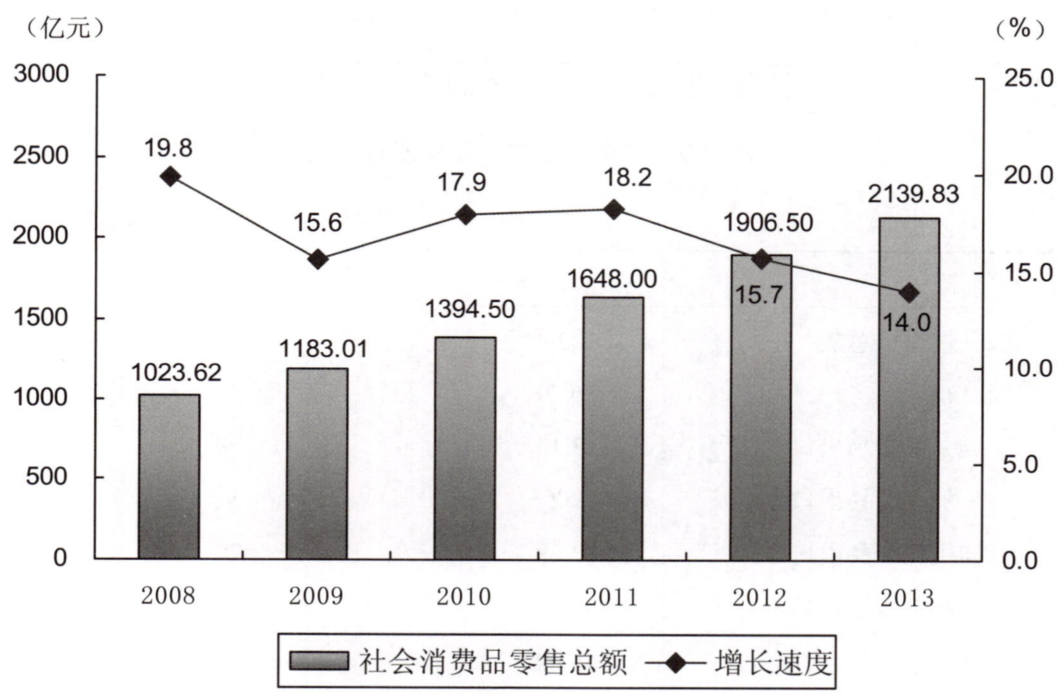


全年限额以上企业实现商品零售额 943.84 亿元，比上年增长 19.4%。其中，石油及制品类零售额 361.41 亿元，增长 8.0%；汽车类零售额 236.23 亿元，增长 27.1%；粮油、食品、饮料、烟酒类零售额 98.06 亿元，增长 29.3%；服装鞋帽、针纺织品类零售额 63.86 亿元，增长 21.7%；中西药类零售额 25.42 亿元，增长 29.8%；家用电器和音像器材类零售额 25.28 亿元，增长 32.3%；金银珠宝类零售额 20.79 亿元，增长 42.9%。

**七、对外经济**

对外贸易：全年外贸进出口总值为 102.81 亿美元，比上年增长 15.5%。其中，出口总值为 46.79 亿美元，增长 31%；进口总值为 56.02 亿美元，增长 5%。一般贸易出口 43.13 亿美元，增长 59%；加工贸易出口 2.52 亿美元，增长 31%。机电产品出口 13.89 亿美元，增长 29%。

**图 6　2008-2013 年甘肃省进出口总额及增长速度**

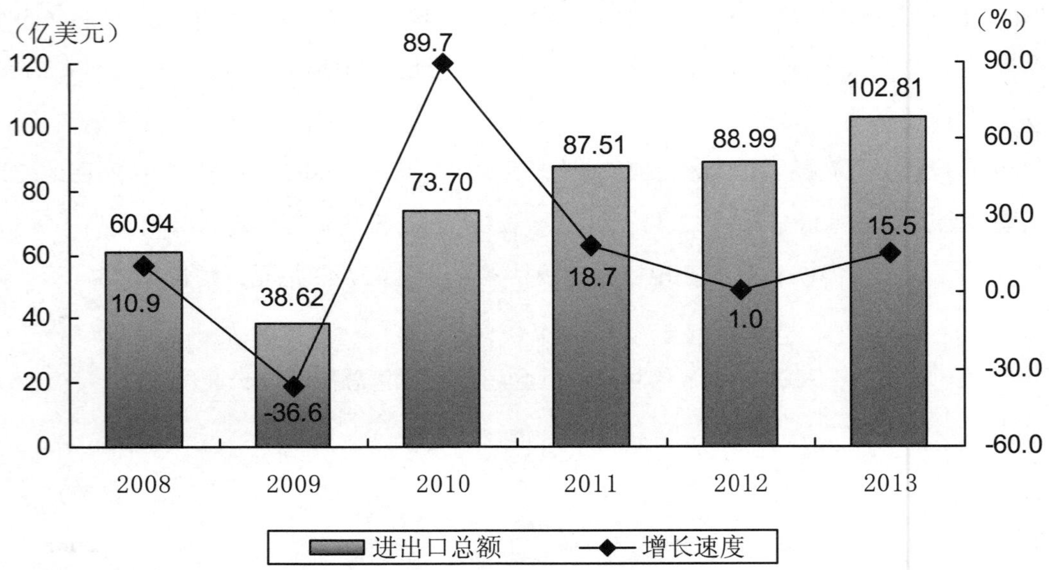

**表 8　2013 年甘肃省进出口贸易分类情况**

单位：亿美元、%

| 指　　标 | 2013 年 | 比上年增长 |
|---|---|---|
| 海关进出口总额 | 102.8 | 15.5 |
| 出口额 | 46.79 | 31 |
| #一般贸易出口 | 43.13 | 59 |
| 加工贸易出口 | 2.52 | 31 |
| #机电产品出口 | 13.89 | 29 |
| 高新技术产品出口 | 0.53 | 94 |
| 进口额 | 56.02 | 5 |
| #一般贸易进口 | 46.52 | –6 |
| 加工贸易进口 | 8.00 | 240 |
| #机电产品进口 | 1.00 | –46 |
| 高新技术产品进口 | 0.24 | –70 |

利用外资：全年对外承包工程合同项目 107 个，合同金额 51950 万美元，比上年增长 153%，完成营业额 30915 万美元，增长 18 %。

**八、财政、金融、证券和保险业**

财政：全年全省大口径财政收入为 1144.01 亿元，比上年同口径增长 7.95%。公共财政预算收入为 606.45 亿元，增长 18.20%。其中，增值税 58.84 亿元，下降 2.77%；营业税 175.79 亿元，增长 28.58%；企业所得税 40.02 亿元，增长 9.55%；个人所得税 14.78 亿元，增长 9.15%。

公共财政预算支出为 2308.22 亿元，增长 12.07%。

金融：年末全省金融机构本外币各项存款余额 12070.64 亿元，比上年末增长 19.16%。全省金融机构人民币各项存款余额 12029.66 亿元，增长 19.90%。其中，单位存款余额 5630.51 亿元，增长 21.01%；城乡居民储蓄存款余额 5878.47 亿元，增长 16.40%。年末全省金融机构本外币各项贷款余额 8822.23 亿元，比上年末增长 22.59%。全省金融机构人民币各项贷款余额 8430.08 亿元，增长 23.44%。

**表 9　2013 年甘肃省金融机构各项存贷款余额**

单位：亿元、%

| 指　标 | 年末数 | 比上年末增长 |
|---|---|---|
| 金融机构本外币各项存款余额 | 12070.64 | 19.16 |
| 金融机构人民币各项存款余额 | 12029.66 | 19.90 |
| #单位存款 | 5630.51 | 21.01 |
| 城乡居民储蓄存款 | 5878.47 | 16.40 |
| 金融机构本外币各项贷款余额 | 8822.23 | 22.59 |
| 金融机构人民币各项贷款余额 | 8430.08 | 23.44 |
| #短期贷款 | 3030.80 | 32.26 |
| 中长期贷款 | 4995.26 | 21.14 |
| #农村信用社贷款 | 1640.40 | 19.41 |
| #个人消费贷款 | 665.22 | 35.59 |
| #个人住房贷款 | 404.24 | 40.13 |

**图 7　2008-2013 年甘肃省城乡居民储蓄存款余额及增长速度**

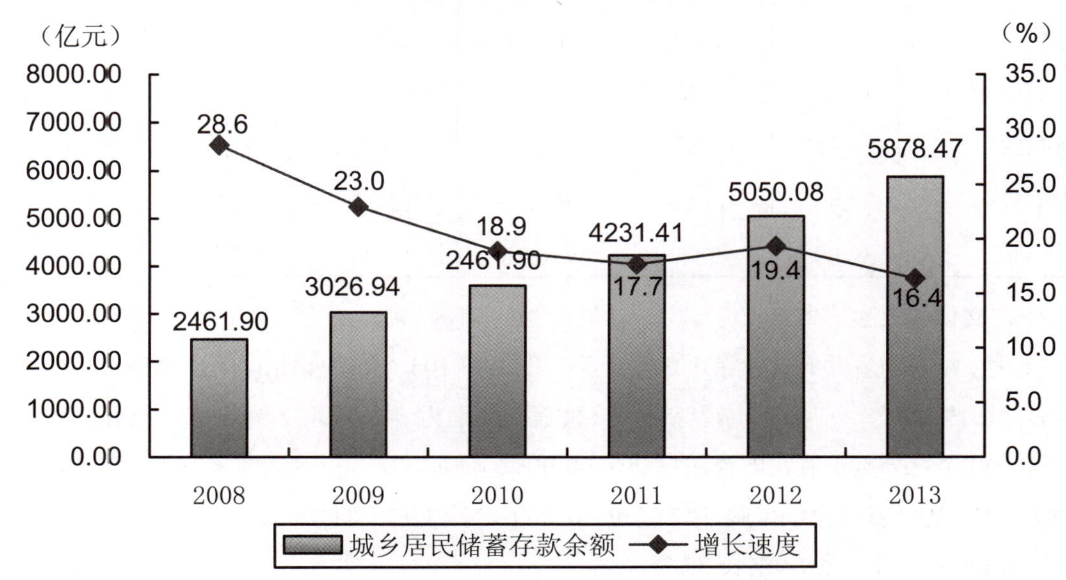

证券：年末全省共有境内股票上市公司 25 家，比上年增加 1 家。年末股票市价总值为 1568.52 亿元，比上年末增长 29.12%。发行、配售股票筹集资金 175.14 亿元，比上年增长 47.83%。

保险：全年保费收入 180.15 亿元，比上年增长 13.47%。其中，财产险收入 68.34 亿元，增长 22.17%；寿险收入 95.78 亿元，增长 5.44%；健康险和意外伤害险收入 16.03 亿元，增长 33.7%。全年赔付额 67.14 亿元，比上年增长 39.34%。其中，财产险赔款 32.66 亿元，增长 21.25%；寿险给付 29.38 亿元，增长 66.02%；健康险和意外伤害险赔付 5.10 亿元，增长 43.59%。

## 九、科学技术、教育

科学技术：全年全省省级以上科技成果 922 项，比上年减少 311 项。其中，基础理论成果 15 项，应用技术成果 876 项，软科学成果 31 项。全年获得奖励 150 项，比上年减少 19 项。专利申请受理 10976 件，比上年增长 32.9%；授权专利 4737 件，增长 29.2%；授予发明专利权 785 件，增长 11.5%。全年共签订技术合同 3781 项，增长 31.1%；技术合同成交金额 100.13 亿元，增长 37.1%。

教育：全省研究生教育招生 1.01 万人，比上年增长 3.18%，在学研究生 2.94 万人，增长 3.91%；普通高等教育招生 12.34 万人，下降 5.99%，在校学生 44.30 万人，增长 2.76%；中等职业教育招生 11.60 万人，下降 1.46%；普通高中招生 21.81 万人，下降 3.52%；初中学校招生 33.43 万人，下降 11.08%；普通小学招生 32.09 万人，下降 5.93%；特殊教育招生 0.14 万人，下降 1.74%；幼儿园在园幼儿 54.98 万人，增长 14.46%。

**表 10　2013 年甘肃省各类教育招生和在校生情况**

单位：万人、%

| 指标 | 招生数 | | 在校生数 | | 毕业生数 | |
|---|---|---|---|---|---|---|
| | 绝对数 | 比上年增长 | 绝对数 | 比上年增长 | 绝对数 | 比上年增长 |
| 研究生教育 | 1.01 | 3.18 | 2.94 | 3.91 | 0.86 | 7.84 |
| 普通高等教育 | 12.34 | −5.99 | 44.30 | 2.76 | 10.92 | 6.03 |
| 中等职业教育 | 11.60 | −1.46 | 35.62 | 8.65 | 15.19 | 49.77 |
| 普通高中 | 21.81 | −3.52 | 66.66 | 0.25 | 21.65 | 1.36 |
| 初中学校 | 33.43 | −11.08 | 103.59 | −12.22 | 41.95 | −5.23 |
| 普通小学 | 32.09 | −5.93 | 186.73 | −9.51 | 37.06 | −7.05 |

## 十、文化、卫生、体育

文化：年末全省共有文化馆 103 个，公共图书馆 103 个，博物馆(含纪念馆)143 个，国有艺术表演团体 69 个。广播和电视综合人口覆盖率分别为 97.69%和 98.04%，分别比上年提高 0.80 和 0.48 个百分点。有线电视用户 207.34 万户，增加 3.06%；有线数字电视用户 196.09 万户，增长 21.22%。省级报纸出版 5.12 亿份，比上年增长 3.0%；期刊出版 1.16 亿册，增长 2.0%；图书出版 6819 万册（张），增长 3.0%。

卫生：年末全省共有卫生机构25970个，其中医院、卫生院1788个，妇幼保健院（所、站）105个，专科疾病防治院（所、站）7个，社区卫生服务中心（站）606个。医院、卫生院拥有床位11.87万张，比上年增长5.97%。卫生技术人员10.73万人，增长8.44%。其中执业医师和执业助理医师4.18万人，下降0.34%；注册护士3.95万人，增长6.96%。全年甲、乙类法定报告传染病发病人数9.07万例，报告死亡120人；报告传染病发病率351.76/10万，死亡率0.46/10万。

体育：全年获得各类奖牌101枚，比上年减少28枚。

**十一、人口、人民生活和社会保障**

人口：年末全省常住人口为2582.18万人，比上年末增加4.63万人。其中，城镇人口1036.23万人，占40.13%，比重比上年提高1.38个百分点；乡村人口1545.95万人，占59.87%。按年龄分，0–14岁人口440.95万人，占常住人口的17.08%，比重比上年末下降0.18个百分点；15–64岁人口1921.67万人，占常住人口的74.42%，比重提高0.09个百分点；65周岁及以上人口219.56万人，占常住人口的8.50%，比重提高0.09个百分点。按性别分，男性人口1318.72万人，占常住人口的51.07%；女性人口1263.46万人，占常住人口的48.93%。

全年出生人口31.44万人，人口出生率为12.16‰，比上年上升0.05个千分点；死亡人口15.72万人，人口死亡率为6.08‰，上升0.03个千分点；人口自然增长率为6.08‰，上升0.02个千分点。

人民生活：全年城镇居民人均可支配收入18964.78元，比上年增长10.54%；城镇居民人均消费性支出14020.72元，增长9.14%；城镇居民家庭恩格尔系数（即居民家庭食品消费支出占家庭消费支出的比重）为36.82%，比上年提高1.0个百分点。农村居民人均纯收入5107.76元，增长13.34%；农村居民人均生活消费支出4849.61元，增长16.97%；农村居民家庭恩格尔系数为37.09%，比上年降低2.67个百分点。

**图8　2008–2013年甘肃省城镇居民人均可支配收入及增长速度**

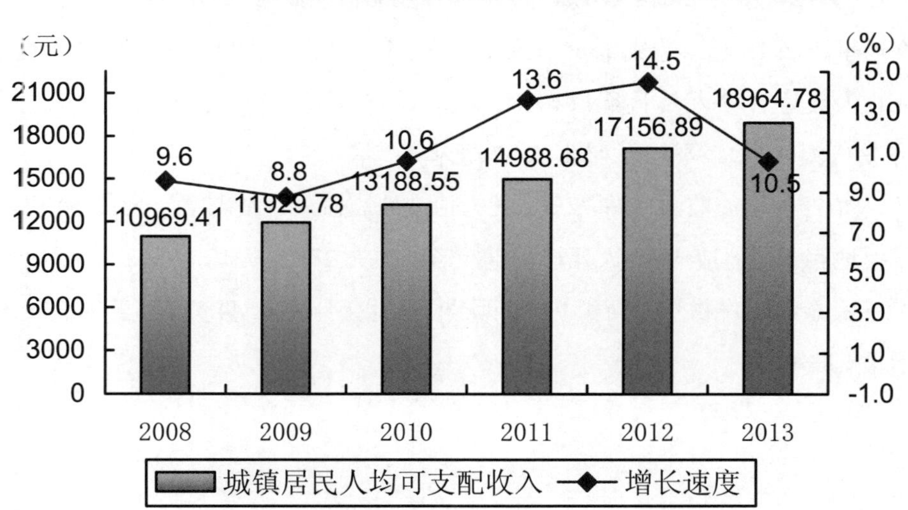

图 9　2008-2013 年甘肃省农村居民人均纯收入及增长速度

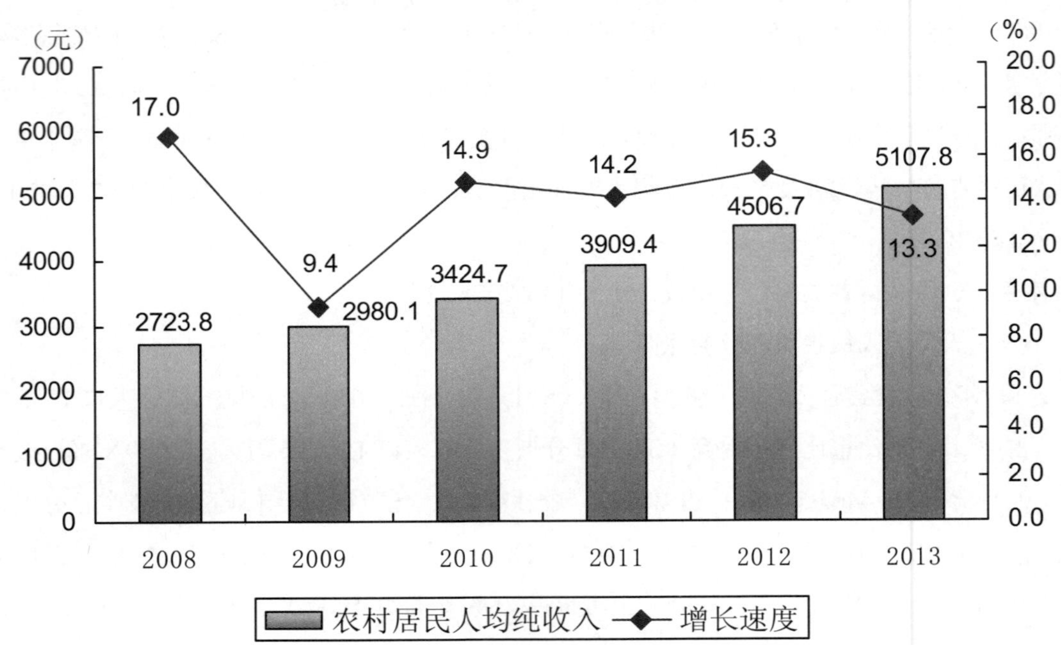


社会保障：年末全省参加城镇职工基本养老保险人数为 288.4 万人，比上年末增长 3.98%；参加城镇职工基本医疗保险人数为 297.05 万人，增长 1.39%；参加城镇居民医疗保险人数为 325.72 万人，增长 0.58%；参加失业保险人数为 163 万人，增长 0.40%；参加工伤保险人数为 167.72 万人，增长 5.8%；参加生育保险人数为 135.06 万人，增长 4.28%；城乡居民社会养老保险参保续保人数为 1230 万人。86 个县（市、区）开展了新型农村合作医疗工作，年末参加新型农村合作医疗农民人数为 1930.34 万人，参合率为 97.53%。全年新型农村合作医疗基金支出总额为 64.46 亿元，比上年增长 19.64%；累计受益 3900 万人次。

**十二、安全生产与自然灾害**

安全生产：全年生产安全事故死亡 1510 人，比上年下降 7.87%。亿元生产总值生产安全事故死亡人数为 0.24 人，下降 17.24%。煤矿百万吨死亡人数为 0.214 人，下降 71.0%。全年发生道路交通事故 2915 起，造成 1435 人死亡、3335 人受伤，直接经济损失 0.12 亿元；道路交通万车死亡人数为 5.17 人，下降 12.67%。

全年平均气温 9.1℃，平均降水量 474.7 毫米。

全省有人值守的地震监测台站 72 个，无人值守地震监测台站 42 个，地震遥测台网 48 个。发生 6 级以上地震 1 次，造成 95 人死亡，直接经济损失 238 亿元。

自然灾害：全年农作物受灾面积 97.76 万公顷，比上年增长 44.53%。其中成灾面积 59.36 万公顷，增长 21.14%。

**注：**

1. 本公报各项统计数据为初步统计数。部分数据因四舍五入的原因，存在着与分项合计不等的情况。

2. 生产总值、各产业增加值绝对数按现价计算，增长速度按不变价计算。

3. 文化产业增加值为年快报数据，增长速度按现价计算。

4. 工业增加值和利润含长庆油田甘肃境内部分。

5. 固定资产投资 2010 年及以前为全社会固定资产投资口径，2010 年以后为 500 万元以上项目及房地产开发投资口径，但比上年增长按可比口径计算。

6. 2013 年社会消费品零售总额不含“非批零住餐法人附营的限额以下产业活动单位零售额及非批零住餐法人（单位）消费品零售额”，其增长速度按可比口径计算。

7. 2013 年交通运输数据统计口径有所调整，其中：公路、水路年度数据为交通部专项调查反馈数据，民航客、货运量统计口径增加海航数据。

8. 2013 年邮政业务量统计口径调整，含快递业务量。

9. 万元生产总值能源消耗、化学需氧量排放总量、二氧化硫排放总量等数据将由有关部门进一步核实后于近期公布。

10. 本公报中城镇登记失业率、失业人员再就业人数来自甘肃省人社厅，社会保障数据来自甘肃省人社厅与卫生厅，财政数据来自甘肃省财政厅，货币金融数据来自中国人民银行兰州中心支行，保险数据来自中国保监会甘肃监管局，证券数据来自中国证监会甘肃监管局，外贸数据来自兰州海关，利用外资数据来自甘肃省商务厅，旅游数据来自甘肃省旅游局，交通运输数据来自甘肃省交通厅、甘肃省公安厅交警总队、兰州铁路局、东航甘肃分公司和海航甘肃分公司，通信数据来自甘肃省通信管理局，邮政数据来自甘肃省邮政管理局，教育数据来自甘肃省教育厅，专利数据来自甘肃省专利局，气象数据来自甘肃省气象局，文化数据来自甘肃省文化厅，广播、电视数据来自甘肃省广播电影电视局，卫生数据来自甘肃省卫生厅，体育数据来自甘肃省体育局，地震数据来自甘肃省地震局，安全生产数据来自甘肃省安全生产监督管理局。

# 2013 年兰州市国民经济和社会发展统计公报

兰州市统计局　国家统计局兰州调查队

（2014 年 3 月 24 日）

2013 年，面对国内外复杂多变的经济形势，市委、市政府认真贯彻落实党的十八大以来各项重大部署和习近平总书记系列重要讲话精神，深入实施“3341”项目工程，着力做快新区、做大产业、做强文化、做美城市、做实民生，统筹推进各项重点工作，加快建设全国有影响力的区域性特大城市，全市经济社会发展呈现持续较快增长的良好态势。

## 一、综合

初步核算，全市实现生产总值 1776.28 亿元，比上年增长 13.40%。其中，第一产业增加值 49.12 亿元，增长 5.80%；第二产业增加值 820.42 亿元，增长 13.50%；第三产业增加值 906.74 亿元，增长 13.60%。三次产业比例为 2.76：46.19：51.05。非公有制经济增加值 753 亿元，增长 23%，占全市 GDP 的比重为 42.4%。文化产业增加值达到 41.06 亿元，增长 38.74%，占全市 GDP 的比重为 2.31%。

图 1　2009 年-2013 年生产总值及增长速度

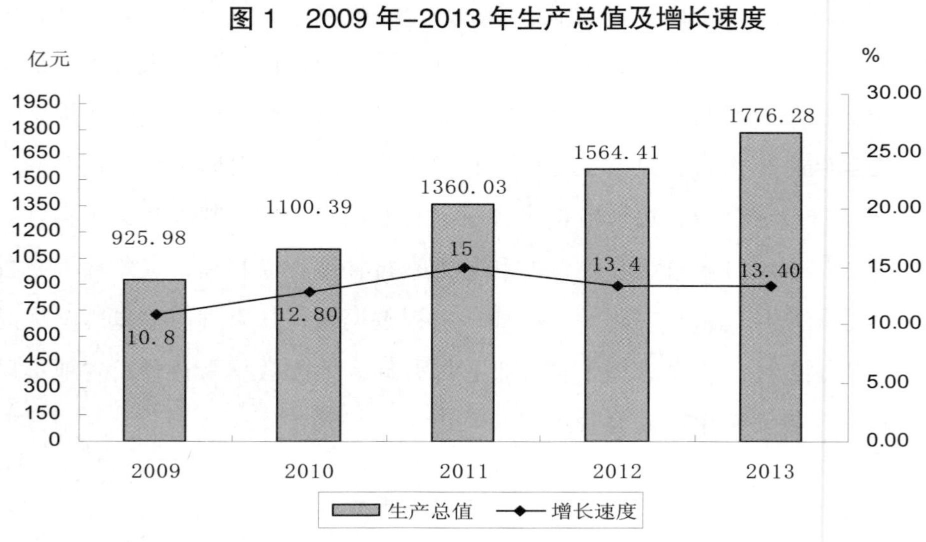


安全生产形势总体稳定。亿元 GDP 生产安全事故死亡人数为 0.15 人；道路交通万车死亡人数为 4.07 人；煤矿百万吨死亡人数 0.57 人。

## 二、农业

全年农作物播种面积 345.19 万亩，其中粮食作物播种面积 196.26 万亩，比上年增长 0.52%，玉米双垄全膜沟播面积 42.83 万亩。粮食总产量 46.86 万吨，比上年增长 6.02%；其中：夏粮 17.53 万吨，比上年增长 2.27 %；秋粮 29.32 万吨，比上年增长 8.40 %。蔬菜播种面积 88.49 万亩，增长 8.11%；蔬菜产量 251.58 万吨，增长 9.72%。

**图 2　2009–2013 年粮食产量及增长速度**

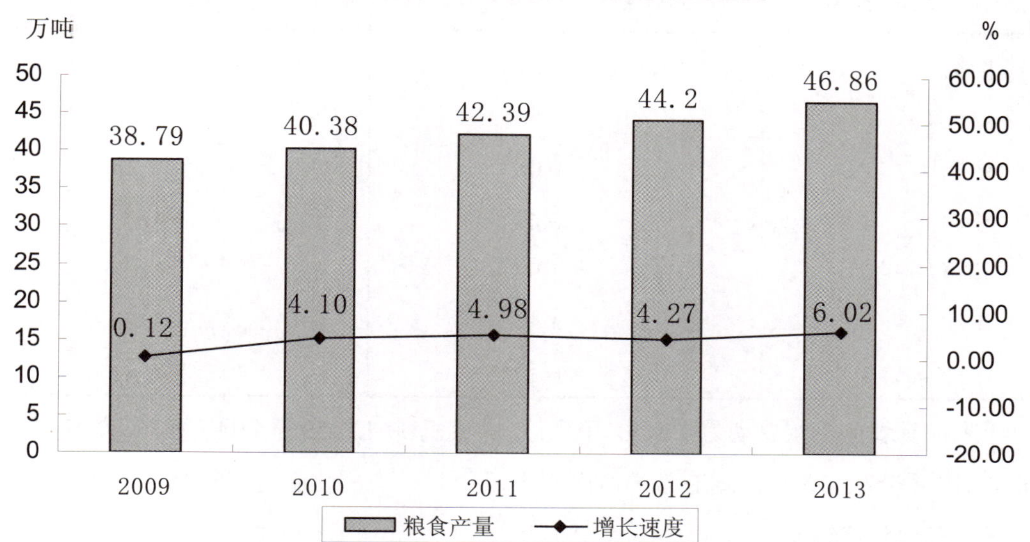


**图 3　2009–2013 年蔬菜产量及增长速度**

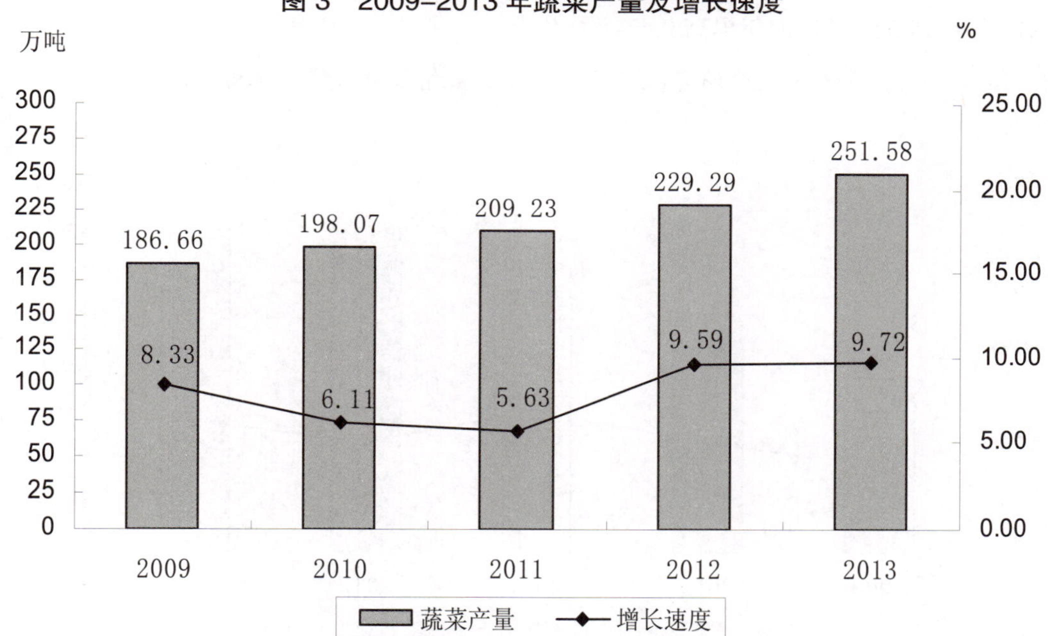


**表 1　　2013 年主要农产品产量**

单位：万吨、%

| 产品名称 | 产　量 | 比上年增长 |
| --- | --- | --- |
| 粮食 | 46.86 | 6.02 |
| 蔬菜 | 251.58 | 9.72 |
| 油料 | 2.53 | –8.20 |
| 瓜类 | 15.62 | 8.75 |

| 产品名称 | 产　量 | 比上年增长 |
|---|---|---|
| 肉类 | 3.31 | 3.57 |
| #猪肉 | 2.50 | 4.04 |
| 牛肉 | 0.08 | 12.28 |
| 羊肉 | 0.40 | 4.31 |
| 鲜蛋 | 1.90 | -2.08 |
| 牛奶 | 6.89 | 3.45 |
| 水产品 | 0.17 | 34.51 |

年末拥有农业机械总动力 159.53 万千瓦，完成机耕 127.59 千公顷、机播 80.93 千公顷、机收 44.18 千公顷。全市新增有效灌溉面积 1.19 万亩，农用化肥施用实物量 14.58 万吨。

**三、工业和建筑业**

全市实现工业增加值 614.45 亿元，比上年增长 14.10%。其中，规模以上工业增加值 575.1 亿元，增长 14.2%。规模以上市属工业实现增加值 122.5 亿元，增长 23.9%。规模以上工业产品销售率 95.02%，比上年提高 0.22 个百分点。

**图 4　2009 年-2013 年全部工业增加值及增长速度**

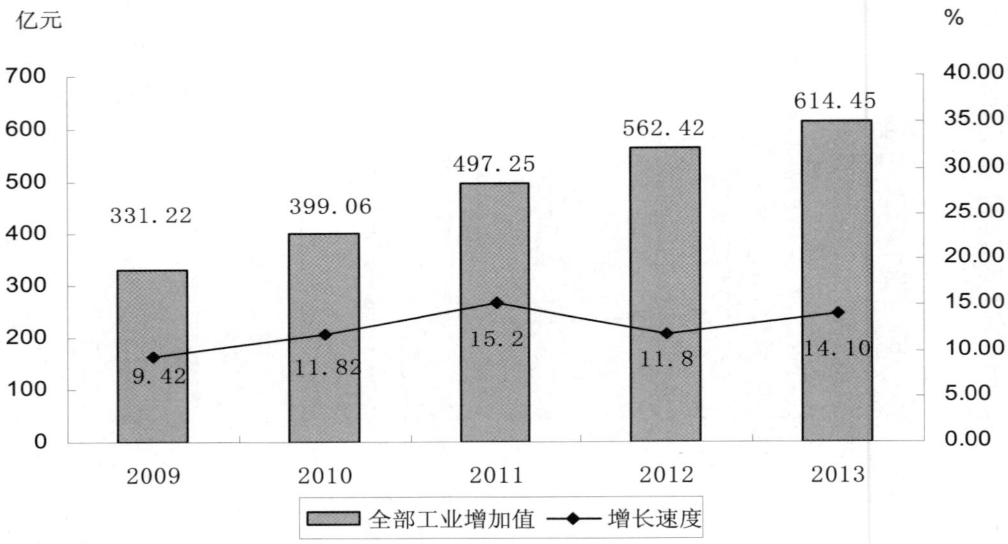

**表 2　　2013 年规模以上工业增加值**

单位：亿元、%

| 指　标 | 2013 年 | 比上年增长 |
|---|---|---|
| 规模以上工业增加值 | 575.1 | 14.2 |
| #轻工业 | 148.8 | 9.2 |
| 重工业 | 426.3 | 16.3 |
| #国有经济 | 72.0 | 17.6 |

| 指　标 | 2013 年 | 比上年增长 |
|---|---|---|
| 集体经济 | 10.3 | 42.2 |
| 股份合作 | 0.2 | 37.2 |
| 股份制 | 455.7 | 12.8 |
| 外商及港澳台 | 18.1 | 10.6 |
| 其他 | 18.8 | 36.4 |
| #国有控股 | 456.2 | 11.6 |
| #大中型企业 | 497.3 | 12.4 |
| #国有企业 | 68.9 | 16.6 |

**表 3　　　2013 年主要工业产品产量**

| 产品名称 | 单位 | 产量 | 比上年增长（%） |
|---|---|---|---|
| 啤酒 | 万升 | 45685.2 | 2.2 |
| 卷烟 | 亿支 | 319.76 | 15.4 |
| 原油加工量 | 万吨 | 1050.02 | 4.8 |
| 汽油 | 万吨 | 220.93 | 5.3 |
| 水泥 | 万吨 | 966.90 | 5.0 |
| 平板玻璃 | 万重量箱 | 600.07 | 20.8 |
| 钢材 | 万吨 | 380.42 | 78.6 |
| 原铝 | 万吨 | 87.84 | 3.5 |
| 发电量 | 亿千瓦小时 | 210.38 | 3.4 |
| 铁合金 | 万吨 | 49.84 | 22.3 |

全社会建筑业完成增加值 205.97 亿元，比上年增长 11.90%。

**四、固定资产投资**

全年完成固定资产投资额 1316.86 亿元，比上年增长 27.42%。其中，房地产开发投资 286.81 亿元，增长 28.43%。

图 5　2009 年-2013 年固定资产投资额及增长速度

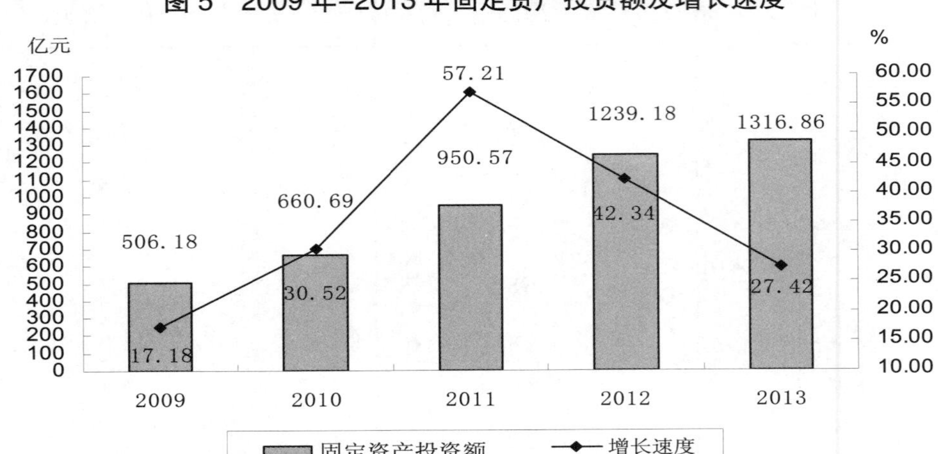


在固定资产投资中，第一产业投资 10.71 亿元，比上年增长 0.38%；第二产业投资 363.07 亿元，比上年增长 15.26%；第三产业投资 943.08 亿元，比上年增长 35.18%；三次产业投资额比重：0.81:27.57:71.62。全社会新增固定资产 664.78 亿元，比上年下降 15.57%。

**五、国内贸易和物价**

全年完成社会消费品零售总额 843.87 亿元,比上年增长 14.70%。

**表 4　　2013 年社会消费品零售总额按行业分组**

单位：亿元、%

| 指　　标 | 2013 年 | 比上年增长 |
|---|---|---|
| 社会消费品零售总额 | 843.87 | 14.7 |
| #批发业 | 55.73 | 23.5 |
| 零售业 | 647.84 | 15.2 |
| 住宿业 | 6.2 | 13.8 |
| 餐饮业 | 134.1 | 9.3 |

图 6　2009 年-2013 年社会消费品零售总额及增长速度

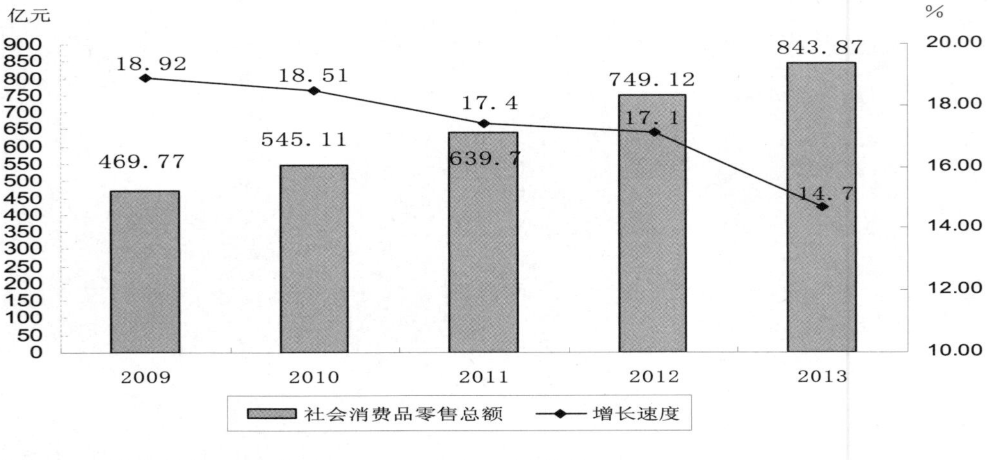

全年居民消费价格总指数为 103.5%，比上年增长 3.5%。

**表 5　2013 年居民消费价格比上年上涨**

单位：%

| 指　　标 | 2013 年 |
|---|---|
| 居民消费价格总指数 | 103.5 |
| #服务项目价格指数 | 102.9 |
| #食品 | 107.3 |
| 烟酒及用品 | 100.1 |
| 衣着 | 101.6 |
| 家庭设备用品及维修服务 | 100.6 |
| 医疗保健和个人用品 | 101.2 |
| 交通和通讯 | 100.3 |
| 娱乐教育文化用品及服务 | 100.9 |
| 居住 | 103.7 |

**六、对外经济和旅游**

全年进出口总额 40.63 亿美元，比上年增长 19.63%。其中，出口 35.93 亿美元，比上年增长 33.50%；进口 4.7 亿美元，比上年下降 33.31%。成功举办了第十九届兰洽会，全年新批外商投资企业 8 家，与上年持平；合同投资总额 11444.22 万美元，比上年增长 44%；合同外资额 6194.54 万美元，比上年增长 33.56%。

全年接待国内旅游人数 2602.52 万人次，比上年增长 28.1%;入境旅游人数 3.48 万人次，比上年下降 10.8%。国内旅游收入 206.5 亿元，比上年增长 35%。

**七、交通和邮电**

交通运输业稳步发展，交通基础设施进一步完善。

**表 6　2013 年兰州市主要运输方式完成运输量及增长速度**

| 指　标 | 单位 | 2013 年 | 比上年增长（%） |
|---|---|---|---|
| 货运量 | 万吨 | 10490.84 | 8.47 |
| 铁　路 | 万吨 | 955.66 | –4.81 |
| 公　路 | 万吨 | 9531 | 10 |
| 民　航 | 万吨 | 4.18 | 16.15 |
| 客运量 | 万人次 | 5324.79 | 10.27 |
| 铁　路 | 万人次 | 1039.97 | 4.32 |
| 公　路 | 万人次 | 3719.86 | 10.16 |
| 民　航 | 万人次 | 564.96 | 23.26 |

全年完成电信业务总量 51.4 亿元，邮政业务总量 1.98 亿元。全市拥有固定电话机 86.27 万部，其中公用电话 16.63 万部(含智能网专用接入终端公用电话)。移动用户达 469.36 万户。计算机互联网用户达 54 万户。

**八、财政、金融和保险业**

全年地区性财政收入 394.82 亿元，比上年同期下降 2.77%。公共财政预算收入 124.52 亿元，增长 20.04%。公共财政预算支出 242.32 亿元，增长 19.61%。

年末金融机构各项存款余额 5499.15 亿元，比上年增长 19.83%。各项贷款余额 4407.71 亿元，比上年增长 20.01%。城乡居民储蓄存款余额 2021.56 亿元，比上年增长 15.97%。

全年承保总额达 13759.57 亿元，比上年增长 20.72%；保险业务收入 65.9 亿元，增长 10.46%；赔付支出 23.25 亿元，增长 42.28%。

**九、城市建设**

全市以城市基础设施项目建设为重点，全面推进重点项目和民生工程，城市形象和面貌得到改善提升。城市轨道交通项目正式开工建设。加快东绕城、南山路、北环路等重点工程建设，轨道交通 1 号线启动建设，16 条“断头路”打通和上跨下穿工程全面实施，小西湖立交桥等重要节点改造顺利竣工，交通拥堵问题得到缓解，城市综合承载能力显著提高。新区基础设施建设加快推进，核心区 80 平方公里基础设施建设基本完成，中川至马家坡铁路建成试通车。全面开展大气污染防治，完成 519 台、3923 蒸吨燃煤锅炉清洁能源改造，全面落实重点污染源“三个 24 小时”管控和城区主干道洒水清洗等措施，城区全年优质天数达到 299 天，兰州历史性地退出了全国十大污染城市的行列，较大地改善了居民出行条件和生活环境。

**十、教育、文化体育和卫生**

各类学校在校学生 92.4 万人。其中，高等学校 39.3 万人，中等专业学校 7.8 万人，普通中学 18.1 万人，小学 20.3 万人。各级各类教育事业全面发展,义务教育整体水平稳步提高。学龄儿童入学率达 100%，普通初中升学率 99.15%。近郊四区高中阶段教育入学率达 100%。

全市拥有图书馆 9 个，文化馆 10 个。成功举办了第三届兰州国际马拉松，第 19 届兰洽会等重大节会活动，有效扩大了城市知名度和影响力。

全市拥有各级各类医疗卫生机构 2244 个，设置床位 23557 张，拥有卫生技术人员 26960 人，每千人拥有卫生技术人员 7.4 人。

**十一、人口与人民生活**

全市常住人口 364.16 万人，其中，城镇人口 290.27 万人，比上年增加 5.87 万人。全市户籍总人口 321.43 万人，其中，市区人口 205.42 万人。户籍总人口中非农业人口 201.41 万人，比上年减少 1.09 万人；农业人口 120.02 万人，比上年增加 1 万人。

全年新增城镇就业人员 12.46 万人，城镇登记失业率为 1.71%。完成了城乡低保和农村五保提标工作。保险覆盖面不断扩大。全市参加养老保险的单位 5632 家，参保职工 40.27 万人;参加失业保险的企事业单位达到 4718 家，参保职工 57.36 万人;参加城镇职工医疗保险人数为 82.23 万人。

全年城镇居民人均可支配收入 20767 元,比上年增长 12.60%，工资性收入 13747 元，增长 10.4%。人均消费性支出 15749 元，增长 11.2%。城镇居民家庭恩格尔系数为 36%。农村居民人均纯收入 7114 元，比上年增长 14.29%，工资性收入 3815 元，增长 15%。人均生活消费支出 6186 元，增长 23%。农村居民家庭恩格尔系数为 38%。

**图 7　2009 年-2013 年城镇居民人均可支配收入及增长速度**

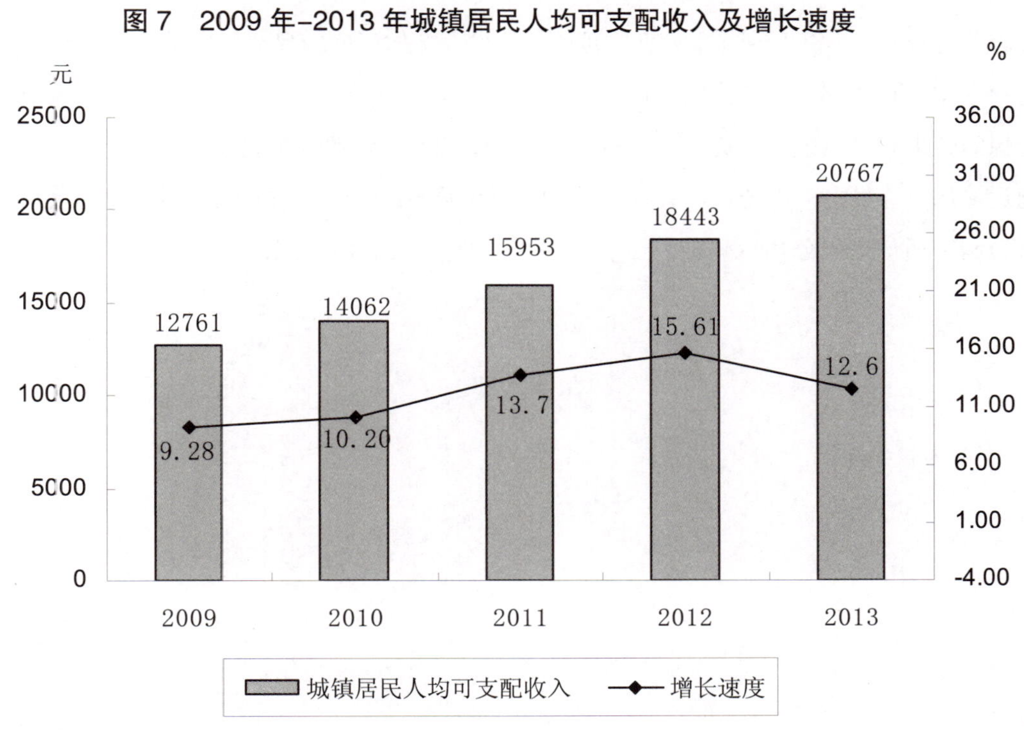


**图 8　2009 年-2013 年农村居民人均纯收入及增长速度**

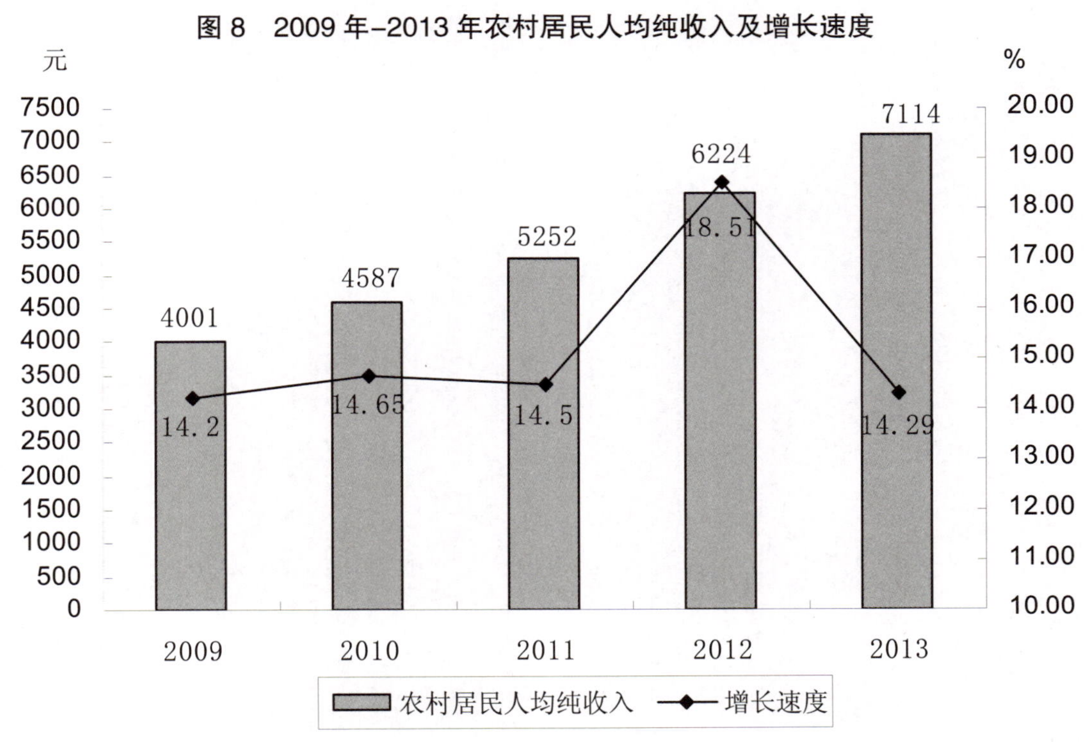

注：1、本公报各项统计数据为初步统计数。统计范围为兰州行政辖区内全部社会经济活动。

2、生产总值（GDP）、各产业增加值按现行价格计算，增长速度按可比价格计算。

3、本公报中安全生产数据来自兰州市安全生产监督管理局，外贸数据来自兰州市商务局，合同投资数据来自兰州市经济合作服务局，旅游数据来自兰州市旅游局，财政收入数据来自兰州市财政局，金融数据来自中国人民银行兰州中心支行，保险数据来自中国保险监督管理委员会甘肃监管局，文教数据来自兰州市文化广播影视新闻出版局、兰州市教育局，医疗数据来自兰州市卫生局，户籍人口数据来自兰州市公安局，城镇就业人员、失业率、社会保障数据来自兰州市人力资源与社会保障局，交通运输数据来自兰州市铁路局、兰州市交通运输局、兰州中川机场管理有限公司，电信数据来自中国电信有限公司兰州分公司、中国联合网络通信有限公司兰州分公司、中国移动通信集团兰州分公司。

# 一、综　合

# 1－1 行政区划

（2013 年）

| | 镇数 | 乡数 | 街道办事处数 | 社区居委会数 | 村民委员会数 |
|---|---|---|---|---|---|
| **全市** | **35** | **26** | **53** | **399** | **731** |
| 市区 | 9 | 7 | 53 | 381 | 152 |
| 城关区 | | | 25 | 151 | 18 |
| 七里河区 | 4 | 2 | 9 | 77 | 60 |
| 西固区 | 2 | 4 | 7 | 72 | 40 |
| 安宁区 | | | 8 | 59 | |
| 红古区 | 3 | 1 | 3 | 22 | 34 |
| 各县 | 26 | | | 18 | 579 |
| 永登县 | 13 | 5 | | 11 | 240 |
| 皋兰县 | 5 | 2 | | 3 | 71 |
| 榆中县 | 8 | 12 | | 4 | 268 |

# 1－2 气象

（2013 年）

| | 市区 | 永登县 | 皋兰县 | 榆中县 |
|---|---|---|---|---|
| **年（1－12）平均气温（℃）** | **10.5** | **6.7** | **7.6** | **5.5** |
| 冬季（12－2） | －2.1 | －5.5 | －6.2 | －6.3 |
| 春季（3－5） | 14.4 | 10.6 | 11.5 | 9.1 |
| 夏季（6－8） | 22.4 | 18.6 | 20.3 | 17.7 |
| 秋季（9－11） | 10.9 | 7.6 | 7.8 | 6.4 |
| **年（1－12）降水量（毫米）** | **286.5** | **404.7** | **255.5** | **277.8** |
| 冬季 | 7.2 | 14.8 | 4.0 | 8.0 |
| 春季 | 59.1 | 75.1 | 40.4 | 49.5 |
| 夏季 | 171.9 | 229.8 | 142.0 | 154.9 |
| 秋季 | 49.1 | 85.6 | 68.8 | 69.2 |

# 1－3 县区所辖街道办事处、乡、镇名称

（2013 年）

| | 街道办事处、镇 | 乡 |
|---|---|---|
| 城关区 | 东岗街道、拱星墩街道、火车站街道、团结新村街道、渭源路街道、东岗西路街道、铁路东村街道、铁路西村街道、皋兰路街道、广武门街道、五泉街道、酒泉路街道、白银路街道、张掖路街道、临夏路街道伏龙坪街道、草场街街道、焦家湾街道、盐场路街道、靖远路街道、嘉峪关街道雁南街道、雁北街道、青白石街道、高新区街道 | |
| 七里河区 | 西园街道、西湖街道、建兰路街道、敦煌路街道、西站街道、晏家坪街道、龚家湾街道、土门墩街道、秀川街道、阿干镇、八里镇、彭家坪镇、西果园镇 | 魏岭乡、黄峪乡 |
| 西固区 | 先锋路街道、福利路街道、西固城街道、临洮街街道、西柳沟街道、陈坪街道、四季青街道、新城镇、东川镇 | 金沟乡、柳泉乡、河口乡、达川乡 |
| 安宁区 | 十里店街道、安宁西路街道、沙井驿街道、刘家堡街道、培黎街道、孔家崖街道、银滩路街道、安宁堡街道 | |
| 红古区 | 花庄镇、海石湾镇、平安镇、窑街街道、下窑街道、矿区街道 | 红古乡 |
| 永登县 | 城关镇、红城镇、中堡镇、武胜驿镇、河桥镇、连城镇、中川镇、秦川镇、苦水镇、大同镇、龙泉寺镇、树屏镇、上川镇 | 柳树乡、坪城乡、民乐乡、通远乡、七山乡 |
| 皋兰县 | 西岔镇、忠和镇、什川镇、石洞镇、九合镇 | 黑石川乡、水阜乡 |
| 榆中县 | 城关镇、夏官营镇、高崖镇、金崖镇、和平镇、甘草店镇、青城镇、定远镇 | 小康营乡、马坡乡、连搭乡、新营乡、清水驿乡、龙泉乡、中连川乡、贡井乡、园子岔乡、上花岔乡、哈岘乡、韦营乡 |

# 1-4 各部门机构数和人数

| | 机构数(个) | | | | | | |
|---|---|---|---|---|---|---|---|
| | 2006 | 2008 | 2009 | 2010 | 2011 | 2012 | 2013 |
| **基层组织** | | | | | | | |
| 镇政府 | 34 | 34 | 34 | 34 | 35 | 35 | 35 |
| 乡政府 | 27 | 27 | 27 | 26 | 26 | 26 | 26 |
| 街道 | 51 | 52 | 52 | 52 | 52 | 52 | 53 |
| 社区居委会 | 353 | 390 | 390 | 390 | 399 | 399 | 399 |
| 村民委员会 | 785 | 749 | 749 | 749 | 731 | 731 | 731 |
| 居民总户数(万户) | 91.16 | 96.31 | 98.35 | 100.18 | 102 | 103.17 | 104.93 |
| **规模以上工业企业** | **546** | **553** | **504** | **480** | **342** | **344** | **390** |
| #国有及国有控股企业 | 148 | 129 | 128 | 121 | 106 | 90 | 94 |
| 集体企业 | 111 | 100 | 57 | 49 | 28 | 24 | 21 |
| **建筑施工企业** | **294** | **346** | **343** | **329** | **327** | **464** | **493** |
| 国有经济 | 53 | 49 | 41 | 41 | 41 | 44 | 27 |
| 集体经济 | 40 | 38 | 37 | 34 | 36 | 40 | 31 |
| 其他经济 | 201 | 259 | 265 | 254 | 250 | 380 | 435 |
| **卫生** | | | | | | | |
| 医院、卫生院 | 168 | 160 | 159 | 163 | 167 | 166 | 165 |
| 卫生防疫站 | 12 | 11 | 11 | 11 | 11 | 11 | 11 |
| 妇幼保健站、所 | 10 | 10 | 10 | 10 | 10 | 10 | 10 |
| **教育** | | | | | | | |
| 高等院校(含成人教育) | 18 | 19 | 19 | 19 | 19 | 19 | 25 |
| 中等专业学校 | 34 | 36 | 38 | 40 | 40 | 41 | 42 |
| 普通中学 | 249 | 224 | 221 | 219 | 211 | 206 | 205 |
| 小学 | 870 | 786 | 733 | 697 | 676 | 616 | 607 |
| 幼儿园 | 239 | 247 | 294 | 281 | 295 | 324 | 324 |
| **文化事业机构** | | | | | | | |
| 图书馆 | 8 | 9 | 9 | 8 | 8 | 8 | 8 |
| 群众艺术馆 | 9 | 9 | 9 | 9 | 9 | 9 | 9 |

# 1－5 国民经济和社会发展总量与速度指标

| | 总量指标 | | | | |
|---|---|---|---|---|---|
| | 1995 | 2006 | 2007 | 2008 | 2009 |
| **人口** | | | | | |
| 户籍总人口(万人) | 270.84 | 311.74 | 313.64 | 322.28 | 323.59 |
| #非农业人口 | 142.99 | 183.37 | 185.69 | 201.63 | 202.77 |
| 农业人口 | 127.85 | 127.81 | 127.95 | 120.65 | 120.82 |
| 男女性别比(以女性为100) | 107.18 | 105.84 | 105.40 | 105.03 | 104.30 |
| 人口自增率(‰) | 9.78 | 6.98 | 5.84 | 6.27 | 4.35 |
| **就业** | | | | | |
| 从业人员(万人) | 161.22 | 150.75 | 150.63 | 157.15 | 162.72 |
| #单位从业人员 | 87.39 | 57.06 | 56.71 | 53.15 | 54.68 |
| #在岗职工 | | 52.70 | 55.60 | 50.96 | 52.18 |
| 城镇登记失业人数(万人) | 1.70 | 1.85 | 2.26 | 1.89 | 2.12 |
| **宏观经济** | | | | | |
| 地区生产总值(亿元) | 210.43 | 567.04 | 638.47 | 847.47 | 925.98 |
| 第一产业 | 11.83 | 22.13 | 22.73 | 28.10 | 30.55 |
| 第二产业 | 120.85 | 249.92 | 290.38 | 408.59 | 433.62 |
| 第三产业 | 77.75 | 294.92 | 325.36 | 410.85 | 461.81 |
| 非公有制经济增加值 | | 171.57 | 194.99 | 287.62 | 351.96 |
| 支出法地区生产总值 | 210.43 | 567.04 | 638.47 | 847.47 | 925.98 |
| #最终消费 | 109.72 | 273.87 | 300.66 | 364.45 | 395.49 |
| 居民消费 | 85.18 | 219.97 | 238.58 | 280.90 | 302.35 |
| 政府消费 | 24.54 | 53.09 | 62.08 | 83.54 | 93.14 |
| 资本形成总额 | 83.04 | 283.02 | 328.48 | 488.48 | 543.96 |
| 固定资本形成 | 66.02 | 259.59 | 298.21 | 429.58 | 502.15 |
| 存货增加 | 17.01 | 23.44 | 30.27 | 58.90 | 41.81 |
| **固定资产投资** | | | | | |
| 全社会固定资产投资总额(亿元) | 66.02 | 259.59 | 298.21 | 431.98 | 506.18 |
| #房地产 | 10.52 | 52.57 | 53.81 | 92.51 | 98.61 |
| **财政** | | | | | |
| 地区财政收入(亿元) | | 96.13 | 106.19 | 152.44 | 254.80 |
| #一般预算收入 | 10.09 | 28.93 | 33.14 | 50.86 | 57.04 |
| 一般预算支出 | 11.77 | 50.22 | 63.13 | 99.56 | 119.83 |
| **物价总指数(上年＝100)** | | | | | |
| 商品零售价格指数(%) | 115.50 | 98.80 | 100.30 | 107.20 | 100.50 |
| 居民消费价格总指数(%) | 119.00 | 100.60 | 101.70 | 107.20 | 99.60 |
| **利用外资** | | | | | |
| 合同投资总额(亿美元) | 1.88 | | 0.96 | 1.87 | 1.79 |
| 合同外资额(亿美元) | 0.97 | 2.22 | 0.38 | 0.95 | 0.78 |
| 实际使用外资额(亿美元) | | | | 0.39 | 0.43 |

| 总量指标 | | | | 年平均增长速度(%) | | | 比上年增长(%) |
|---|---|---|---|---|---|---|---|
| 2010 | 2011 | 2012 | 2013 | 1996—2000 | 2001—2005 | 2006－2010 | |
| 323.54 | 323.30 | 321.52 | 321.43 | 1.42 | 1.41 | 0.75 | －0.03 |
| 202.92 | 202.57 | 202.50 | 201.41 | 2.24 | 2.86 | 1.98 | －0.54 |
| 120.62 | 120.63 | 119.02 | 120.02 | 0.48 | 0.48 | －1.15 | 0.84 |
| 104.20 | 103.40 | 102.86 | 102.55 | | | | －0.31 |
| 3.06 | 5.95 | 4.28 | 6.99 | | | | 2.71 |
| | | | | | | | |
| 176.48 | 179.72 | 181.95 | 196.26 | －2.00 | 0.68 | 3.20 | 7.86 |
| 55.74 | 56.76 | 58.32 | 69.60 | －6.02 | －2.29 | －0.47 | 19.34 |
| 53.14 | 53.39 | 56.44 | 64.93 | －1.58 | －3.10 | 0.17 | 15.04 |
| 2.37 | 2.15 | 1.44 | 1.44 | 11.73 | －8.97 | 5.08 | 0.00 |
| | | | | | | | |
| 1 100.39 | 1 360.03 | 1 563.82 | 1 776.28 | 8.86 | 11.18 | 11.92 | 13.40 |
| 33.79 | 40.00 | 45.14 | 49.12 | 4.99 | 4.48 | 4.73 | 5.80 |
| 529.18 | 656.55 | 744.70 | 820.42 | 8.06 | 11.75 | 13.21 | 13.50 |
| 537.42 | 663.48 | 774.57 | 906.74 | 10.11 | 11.30 | 11.26 | 13.60 |
| 433.40 | 521.16 | 579.99 | 717.47 | 17.29 | 17.27 | 19.34 | 23.70 |
| 1 100.39 | 1 360.03 | 1 563.82 | 1 776.28 | 8.86 | 11.18 | 11.92 | 13.40 |
| 441.27 | 545.71 | 605.57 | 657.35 | 6.27 | 10.87 | 9.60 | 8.60 |
| 332.22 | 427.36 | 466.18 | 509.60 | 6.34 | 10.99 | 8.26 | 9.30 |
| 109.04 | 118.35 | 139.39 | 147.76 | 6.06 | 10.49 | 14.49 | 6.00 |
| 662.58 | 826.86 | 983.71 | 1 170.41 | 16.43 | 10.45 | 14.86 | 18.10 |
| 611.49 | 899.14 | 1 004.16 | 1 109.60 | 21.62 | 9.31 | 15.03 | 8.90 |
| 51.09 | －72.28 | －20.45 | 60.80 | －30.79 | 43.94 | 18.68 | |
| | | | | | | | |
| 660.69 | 950.57 | 1 239.18 | 1 316.86 | 18.42 | 11.05 | 20.54 | 27.42 |
| 118.28 | 159.67 | 223.31 | 286.81 | 13.75 | 21.29 | 17.61 | 28.43 |
| | | | | | | | |
| 304.13 | 350.63 | 406.08 | 394.82 | | | | －2.77 |
| 72.76 | 86.49 | 103.73 | 124.50 | 10.48 | 11.74 | 20.26 | 20.04 |
| 146.93 | 175.48 | 202.43 | 242.34 | 12.56 | 18.75 | 23.95 | 19.61 |
| | | | | | | | |
| 103.90 | 105.4 | | 102.70 | 0.40 | －0.62 | 1.01 | 2.70 |
| 103.80 | 105.4 | 102.40 | 103.50 | 1.80 | 0.79 | 0.63 | 3.50 |
| | | | | | | | |
| 0.97 | 1.06 | 0.79 | 1.14 | 1.75 | | | 44.30 |
| 0.33 | 0.40 | 0.46 | 0.62 | 2.55 | 15.08 | | 34.78 |
| 0.20 | 0.17 | 0.75 | 0.21 | | | | －72.00 |

1－5 续表 1

| | 总量指标 | | | | |
|---|---|---|---|---|---|
| | 1995 | 2006 | 2007 | 2008 | 2009 |
| **农业** | | | | | |
| 耕地面积(万亩) | 328.36 | 316.37 | 315.23 | 314.79 | 314.51 |
| 农林牧渔业劳动力(万人) | 43.61 | 42.46 | 41.67 | 41.43 | 40.77 |
| 农林牧渔业增加值(亿元) | 11.83 | 22.73 | 26.09 | 28.10 | 30.55 |
| 主要农产品产量(万吨) | | | | | |
| 粮食 | 29.57 | 30.01 | 37.17 | 38.75 | 38.79 |
| 油料 | 1.20 | 2.17 | 2.23 | 2.11 | 1.98 |
| 甜菜 | 1.78 | 0.55 | 0.67 | 0.70 | 0.45 |
| 水果 | 9.22 | 11.85 | 12.47 | 12.34 | 12.65 |
| 肉类 | 3.81 | 4.37 | 4.00 | 2.81 | 2.92 |
| 猪牛羊肉 | 3.79 | 4.04 | 3.71 | 2.54 | 2.65 |
| **工业** | | | | | |
| 规模以上工业增加值(亿元) | | 212.39 | 247.92 | 296.59 | 308.17 |
| 轻工业 | | 41.00 | 43.55 | 53.67 | 59.67 |
| 重工业 | | 171.39 | 204.38 | 242.92 | 248.50 |
| 主要工业产品产量 | | | | | |
| 呢绒(万米) | 411.00 | 554.25 | 556.64 | 553.70 | 451.75 |
| 卷烟(万支) | 817 500 | 1 944 414 | 2 285 550 | 2 425 481 | 2 265 221 |
| 发电量(亿千瓦时) | 45.81 | 121.06 | 128.60 | 121.51 | 164.41 |
| 原煤(万吨) | 147.38 | 553.12 | 575.50 | 464.83 | 452.76 |
| 水泥(万吨) | 151.09 | 409.61 | 441.84 | 487.21 | 516.05 |
| **建筑业** | | | | | |
| 建筑业增加值(亿元) | 17.85 | 59.50 | 68.20 | 79.32 | 102.40 |
| 施工房屋面积(万平方米) | 622.00 | 1 162.07 | 1 205.57 | 1 403.85 | 1 593.00 |
| 竣工房屋面积(万平方米) | 278.00 | 462.81 | 447.94 | 528.85 | 464.00 |
| **交通运输** | | | | | |
| 货运量(万吨) | 3 245.40 | 6 263.85 | 6 839.45 | 7 206.66 | 7 358.37 |
| 铁路 | 724.00 | 903.10 | 1 234.50 | 1 318.65 | 1 202.33 |
| 公路 | 2 521.00 | 5 360.00 | 5 604.00 | 5 887.00 | 6 155.00 |
| 空运 | 0.40 | 0.75 | 0.95 | 1.01 | 1.04 |
| 客运量(万人) | 1 380.50 | 2 731.67 | 2 925.50 | 3 150.41 | 3 373.04 |
| 铁路 | 448.00 | 635.90 | 672.53 | 777.16 | 874.19 |
| 公路 | 904.00 | 1 995.62 | 2 112.37 | 2 253.18 | 2 346.24 |
| 空运 | 28.50 | 100.15 | 140.60 | 120.07 | 152.61 |
| **邮电通信业** | | | | | |
| 邮电业务总量(亿元) | 3.42 | 25.23 | 29.75 | 28.50 | 29.36 |
| **国内商业** | | | | | |
| 社会消费品零售总额(亿元) | 96.67 | 289.72 | 337.57 | 395.04 | 469.77 |
| **旅游** | | | | | |
| 国内旅游者(万人次) | | 348.20 | 435.00 | 522.00 | 700.01 |
| 入境旅游者(万人次) | | 5.82 | 6.53 | 4.60 | 2.39 |
| 旅游总收入(亿元) | | 21.84 | 26.70 | 31.00 | 37.20 |
| **对外经济贸易** | | | | | |
| 进出口总额(亿美元) | 4.47 | 7.88 | 7.15 | 7.15 | 4.88 |
| 进口额 | 0.86 | 2.08 | | 1.29 | 1.82 |
| 出口额 | 3.61 | 5.80 | 5.66 | 5.86 | 3.06 |

| 总量指标 | | | | 年平均增长速度(%) | | | 比上年增长(%) |
|---|---|---|---|---|---|---|---|
| 2010 | 2011 | 2012 | 2013 | 1996—2000 | 2001—2005 | 2006-2010 | |
| 314.22 | 314.01 | 314.44 | 314.44 | -0.39 | -0.32 | -0.17 | 0.00 |
| 40.34 | 40.88 | 39.85 | 38.20 | 0.82 | -0.86 | -1.50 | -4.14 |
| 33.79 | 40.00 | 44.55 | 49.12 | 4.99 | 4.48 | 8.83 | 10.26 |
| 40.38 | 42.39 | 44.20 | 46.86 | 2.50 | -0.70 | 4.57 | 6.02 |
| 2.26 | 2.23 | 2.56 | 2.53 | 5.66 | 8.63 | -1.11 | -0.82 |
| 0.53 | 0.51 | 0.44 | 0.53 | 9.01 | -25.95 | -2.77 | 20.45 |
| 12.90 | 13.10 | 13.56 | 14.49 | 1.62 | 1.15 | 4.04 | 6.88 |
| 3.14 | 3.06 | 3.20 | 3.31 | 1.40 | 3.32 | -5.56 | 3.44 |
| 2.84 | 2.73 | 2.86 | 2.98 | -2.38 | 3.03 | -6.15 | 4.20 |
| 372.67 | 465.03 | 538.15 | 575.10 | | 13.14 | 15.49 | 14.20 |
| 76.19 | 97.27 | 128.83 | 148.80 | | 11.83 | 27.99 | 9.20 |
| 296.48 | 367.76 | 409.32 | 426.30 | | 12.89 | 13.24 | 16.30 |
| 490.40 | 491.60 | 459.00 | 386.20 | -3.16 | 0.98 | -2.57 | -15.90 |
| 2 395 810 | 2 602 713 | 2 771 520 | 3 197 558 | 10.96 | 8.82 | 9.44 | 15.40 |
| 169.27 | 182.13 | 203.74 | 210.38 | -3.19 | 18.91 | 6.13 | 3.40 |
| 486.03 | 511.37 | 716.32 | 714.57 | -7.19 | -1.30 | -1.00 | 0.20 |
| 548.06 | 568.56 | 847.17 | 966.90 | 4.17 | 8.03 | 6.39 | 5.00 |
| 130.12 | 159.30 | 182.28 | 205.97 | 13.66 | 9.13 | 20.00 | 11.90 |
| 1 842.00 | 2 709.00 | 4 815.33 | 4 409.92 | 0.39 | 10.59 | 11.92 | -8.42 |
| 458.00 | 720.00 | 1 108.43 | 1 136.51 | 2.62 | 6.28 | 1.32 | 2.53 |
| 8 054.29 | 8 907.70 | 9 671.89 | 10 509.61 | 9.75 | 2.94 | 6.16 | 8.66 |
| 1 221.15 | 1 214.52 | 1 003.95 | 974.43 | 2.40 | 0.14 | 8.28 | -2.94 |
| 6 832.00 | 7 663.5 | 8 664.34 | 9 531.00 | 11.53 | 3.43 | 5.81 | 10.00 |
| 2.56 | 2.68 | 3.60 | 4.18 | 5.79 | 3.84 | 12.24 | 16.10 |
| 3 963.16 | 4 388.82 | 4 829.07 | 5 326.85 | 7.66 | 5.02 | 8.35 | 10.31 |
| 975.81 | 1 042.06 | 996.95 | 1 042.03 | 1.22 | 4.27 | 10.71 | 4.52 |
| 2 627.00 | 2 965.86 | 3 373.82 | 3 719.86 | 10.41 | 5.04 | 6.74 | 10.26 |
| 360.36 | 380.90 | 458.30 | 564.96 | 5.29 | 13.77 | 25.96 | 23.27 |
| 36.05 | 44.27 | 48.90 | 53.38 | 41.01 | 4.77 | 8.41 | 9.16 |
| 545.11 | 639.72 | 749.16 | 843.87 | 10.61 | 9.91 | 16.26 | 14.70 |
| 887.50 | 1 403.60 | 2 101.51 | 2 602.52 | | | | 28.10 |
| 3.20 | 3.8 | 3.90 | 3.48 | | | | -10.80 |
| 63.50 | 102.30 | 154.35 | 206.50 | | | | 35.00 |
| 10.60 | 18.80 | 33.94 | 40.57 | 2.00 | 12.13 | 8.16 | 115.80 |
| 1.90 | 6.50 | 7.02 | 4.69 | 7.59 | 11.74 | | -32.37 |
| 8.7 | 12.30 | 26.92 | 35.88 | 4.95 | 12.30 | 11.71 | 33.32 |

1－5 续表 2

| | 总量指标 | | | | |
|---|---|---|---|---|---|
| | 1995 | 2006 | 2007 | 2008 | 2009 |
| **金融保险** | | | | | |
| 金融机构各项存款(亿元) | 263.29 | 1 615.51 | 1 791.12 | 2 156.29 | 2 621.20 |
| 金融机构各项贷款(亿元) | 223.79 | 1 188.90 | 1 346.58 | 1 520.26 | 2 007.19 |
| 中外资保险公司保险金额(亿元) | 276.00 | 1 748.03 | 2 403.70 | 2 652.02 | 3 141.01 |
| 中外资保险公司保费(亿元) | 2.32 | 21.29 | 24.11 | 35.45 | 35.85 |
| 中外资保险公司赔款及给付(亿元) | 0.80 | 3.22 | 4.53 | 4.92 | 5.76 |
| **教育(万人)** | | | | | |
| 在校学生数 | 53.94 | 80.51 | 84.13 | 91.10 | 92.86 |
| #普通高等学校 | 3.87 | 16.79 | 17.14 | 20.07 | 21.82 |
| 中等专业学校 | 2.28 | 4.04 | 4.92 | 5.78 | 6.18 |
| 普通中学 | 12.99 | 22.20 | 21.56 | 20.80 | 20.35 |
| 小学 | 27.61 | 25.11 | 24.92 | 23.46 | 22.16 |
| 地方财政用于教育支出(万元) | 20 994 | 129 103 | 181 881 | 230 436 | 269 714.00 |
| **文化** | | | | | |
| 图书(万册) | 6 181 | 7 571 | 7 591 | 7 593.00 | 8 890.00 |
| **家庭、生活、环境** | | | | | |
| **家庭** | | | | | |
| 家庭总户数(万户) | 72.09 | 91.16 | 94.33 | 96.31 | 98.35 |
| 城镇居民平均每户家庭人口(人) | 3.14 | 2.78 | 2.74 | 2.67 | 2.65 |
| 农村居民平均每户家庭人口(人) | 4.86 | 4.20 | 4.15 | 4.18 | 4.14 |
| **婚姻** | | | | | |
| 结婚数(万对) | 2.16 | 4.74 | 2.36 | | 2.65 |
| 离婚数(万对) | 0.12 | 0.44 | 0.45 | 0.41 | 0.48 |
| **居住** | | | | | |
| 城镇居民人均居住面积(平方米) | 8.81 | 17.98 | 17.00 | 17.60 | 17.76 |
| 农村居民人均居住面积(平方米) | 17.21 | 21.94 | 22.37 | 22.90 | 24.26 |
| **生活** | | | | | |
| 城镇居民人均可支配收入(元) | 3 539 | 94.18 | 10 271 | 11 677.00 | 12 761.00 |
| 农村居民人均纯收入(元) | 1 142 | 2 898 | 3 103 | 3 503.00 | 4 001.04 |
| 城乡居民储蓄存款余额(亿元) | 137.16 | 687.75 | 710.52 | 907.10 | 1 089.97 |
| **工资** | | | | | |
| 单位从业人员劳动报酬总额(亿元) | 50.69 | 98.79 | 115.20 | 133.16 | 147.12 |
| 单位从业人员平均劳动报酬(元) | 5 564 | 18 822 | 22 152 | 25 849.00 | 28 569.00 |
| **卫生** | | | | | **0.00** |
| 卫生机构数 | 957 | 290 | 1 646 | 1 456.00 | 1 534.00 |
| #医院、卫生院个数 | 250 | 168 | 160 | 160.00 | 159.00 |
| 卫生机构床位数 | 14 098 | 15 658 | 17 045 | 31 461.00 | 21 873.00 |
| #医院、卫生院床位数 | 14 322 | 14 854 | 15 884 | 21 220.00 | 14 841.00 |
| 卫生技术人员 | 21 344 | 20 651 | 20 573 | 20 721.00 | 22 372.00 |
| #医生 | 9 585 | 8 801 | 8 890 | 8 971.00 | 9 440.00 |
| **市政建设** | | | | | |
| 自来水供应量(万吨) | 38 345 | 21 437 | 21 770 | 28 670.00 | 27 891.00 |
| 道路面积(万平方米) | | 2 214 | 1 057.1 | 1 635.00 | 1 974.20 |
| 园林绿化面积(公顷) | | 3 561.81 | 3 892.81 | 4 593.00 | 4 651.00 |
| **环境** | | | | | |
| 工业废水排放量(万吨) | | 4 029 | 3 725 | 3 737.12 | 2 945.18 |
| 工业废气排放量(亿标立方米) | | 1 342 | 1 766 | 1 869.68 | 2 070.00 |

注:2008 年卫生机构床数包含社区数,与往年数据不可比;个别市政建设指标与往年不可比;

| 总量指标 | | | | 年平均增长速度(%) | | | 比上年增长(%) |
|---|---|---|---|---|---|---|---|
| 2010 | 2011 | 2012 | 2013 | 1996—2000 | 2001—2005 | 2006－2010 | |
| 3 235.84 | 3 833.55 | 4 589.26 | 5 499.15 | 20.61 | 16.18 | 17.88 | 19.83 |
| 2 359.28 | 2 917.88 | 3 672.85 | 4 407.71 | 21.35 | 13.10 | 16.71 | 20.01 |
| 12 335.43 | 13 319.38 | 11 462.40 | 13 759.57 | 42.13 | 0.82 | 49.21 | 20.72 |
| 58.12 | 52.43 | 59.66 | 65.90 | 24.36 | 21.36 | 26.18 | 10.46 |
| 11.12 | 13.84 | 16.34 | 23.25 | 18.00 | 10.76 | 29.53 | 42.28 |
| | | | | | | | |
| 94.76 | 94.60 | 92.90 | 100.02 | 3.19 | 3.89 | 4.40 | 16.37 |
| 22.76 | 23.85 | 24.75 | 46.28 | 13.31 | 19.99 | 4.83 | 86.99 |
| 6.22 | 6.31 | 6.29 | 7.76 | 10.93 | 1.23 | 11.56 | 23.37 |
| 19.89 | 18.74 | 18.42 | 18.06 | 5.55 | 5.29 | -2.01 | -1.95 |
| 21.76 | 20.88 | 20.38 | 20.28 | 1.06 | 2.92 | -2.82 | -0.49 |
| 295 364.00 | 339 636 | 403 815 | 429 489.00 | 15.81 | 19.87 | 22.22 | 6.36 |
| | | | | | | | |
| 9 260.00 | 9 502 | 9 350 | | 2.55 | 1.42 | 4.25 | |
| | | | | | | | |
| 100.18 | 102.00 | 103.17 | 104.93 | 2.49 | 1.99 | 2.17 | 1.71 |
| 2.60 | 2.73 | 2.73 | | 0.13 | 2.21 | -1.40 | |
| 4.14 | 3.97 | 3.95 | 4.03 | 1.79 | 0.96 | -0.43 | 2.03 |
| | | | | | | | |
| 2.47 | 2.81 | 2.50 | 2.87 | 2.43 | 1.22 | | 14.80 |
| 0.50 | 0.60 | 0.55 | 0.65 | 5.92 | 6.58 | 17.84 | 18.18 |
| | | | | | | | |
| 18.46 | 18.42 | 19.08 | 22.45 | 6.55 | 6.64 | 2.04 | 17.66 |
| 25.00 | 24.00 | 31.00 | 33.99 | 0.73 | 6.11 | 2.29 | 9.65 |
| | | | | | | | |
| 14 061.84 | 15 952.57 | 18 442.76 | 20 767.00 | 12.28 | 7.83 | 10.52 | 12.60 |
| 4 587.00 | 5 252.00 | 6 224.00 | 7 114.00 | 11.92 | 6.24 | 11.07 | 14.29 |
| 1 295.95 | 1 480.16 | 1 743.18 | 2 021.56 | 16.79 | 14.31 | 17.38 | 15.97 |
| | | | | | | | |
| 171.78 | 198.37 | 239.77 | 307.61 | 4.22 | 6.93 | 14.54 | 28.29 |
| 33 340.00 | 37 754 | 43 658 | 46 621.00 | 10.45 | 12.67 | 14.95 | 6.79 |
| | | | | | | | |
| 2 257.00 | 2 362.00 | 2 359.00 | 2 288.00 | 6.97 | 3.41 | 51.26 | -3.01 |
| 163.00 | 167.00 | 166.00 | 165.00 | 0.60 | 平 | -0.84 | -0.60 |
| 25 498.00 | 25 411.00 | 27 545.00 | 23 614.00 | 0.09 | 0.91 | -29.73 | -14.27 |
| 16 916.00 | 18 444.00 | 19 936.00 | 21 441.00 | 0.58 | 3.47 | 3.92 | 7.55 |
| 24 388.00 | 26 363.00 | 27 914.00 | 28 489.00 | 4.85 | 2.39 | 5.41 | 2.06 |
| 10 060.00 | 10 745.00 | 11 308.00 | 11 349.00 | 6.54 | 2.99 | 4.82 | 0.36 |
| | | | | | | | |
| 24 276.00 | 29 401 | 26 827.67 | 26 772.00 | 2.96 | 6.88 | 0.99 | -0.21 |
| 2 161.50 | 2 168.35 | 2 218.89 | 2 129.40 | 1.71 | 17.77 | 3.67 | -4.03 |
| 4 441.00 | 4 471 | 5 495 | 6 040.00 | 5.37 | 27.97 | -2.25 | 9.92 |
| | | | | | | | |
| 2 529.10 | 4 097.28 | 4 624.55 | 4 909.07 | 3.18 | 11.76 | -9.42 | 6.15 |
| 1 805.00 | 3 183.02 | 3 954.42 | 4 068.37 | | | | 2.88 |

# 1－6 地区生产总值

单位:亿元

| 年份 | 地区生产总值 | 第一产业 | 第二产业 | 工业 | 建筑业 | 第三产业 | #交通运输仓储及邮政业 | 批发和零售业 | 人均GDP(元) |
|---|---|---|---|---|---|---|---|---|---|
| **"一五"时期** | | | | | | | | | |
| 1953 | 1.46 | 0.20 | 0.36 | 0.24 | 0.12 | 0.90 | 0.38 | 0.32 | 179 |
| 1954 | 1.76 | 0.21 | 0.46 | 0.32 | 0.14 | 1.09 | 0.39 | 0.38 | 202 |
| 1955 | 2.43 | 0.23 | 0.85 | 0.59 | 0.26 | 1.35 | 0.46 | 0.44 | 255 |
| 1956 | 3.31 | 0.24 | 1.52 | 0.93 | 0.59 | 1.55 | 0.49 | 0.51 | 308 |
| 1957 | 3.72 | 0.26 | 1.70 | 1.06 | 0.64 | 1.76 | 0.50 | 0.57 | 313 |
| **"二五"时期** | | | | | | | | | |
| 1958 | 4.99 | 0.25 | 2.65 | 2.01 | 0.64 | 2.09 | 0.78 | 0.58 | 388 |
| 1959 | 7.69 | 0.25 | 5.23 | 4.39 | 0.84 | 2.21 | 0.86 | 0.66 | 548 |
| 1960 | 8.09 | 0.25 | 5.88 | 4.89 | 0.99 | 1.96 | 0.64 | 0.61 | 553 |
| 1961 | 4.52 | 0.25 | 2.62 | 2.45 | 0.17 | 1.65 | 0.47 | 0.47 | 314 |
| 1962 | 4.32 | 0.24 | 2.37 | 2.24 | 0.13 | 1.71 | 0.43 | 0.54 | 314 |
| **三年调整期** | | | | | | | | | |
| 1963 | 5.82 | 0.29 | 3.67 | 3.42 | 0.25 | 1.86 | 0.43 | 0.63 | 421 |
| 1964 | 7.94 | 0.34 | 5.39 | 5.07 | 0.32 | 2.21 | 0.48 | 0.64 | 544 |
| 1965 | 10.01 | 0.39 | 7.09 | 6.48 | 0.61 | 2.53 | 0.65 | 0.59 | 647 |
| **"三五"时期** | | | | | | | | | |
| 1966 | 9.85 | 0.40 | 6.91 | 6.69 | 0.22 | 2.54 | 0.62 | 0.59 | 609 |
| 1967 | 11.70 | 0.41 | 8.80 | 8.52 | 0.28 | 2.49 | 0.57 | 0.57 | 702 |
| 1968 | 12.92 | 0.43 | 10.15 | 9.82 | 0.33 | 2.34 | 0.50 | 0.51 | 759 |
| 1969 | 13.55 | 0.46 | 10.68 | 10.40 | 0.28 | 2.41 | 0.54 | 0.54 | 786 |
| 1970 | 14.99 | 0.52 | 11.92 | 11.51 | 0.41 | 2.55 | 0.60 | 0.59 | 856 |
| **"四五"时期** | | | | | | | | | |
| 1971 | 16.22 | 0.53 | 13.03 | 12.78 | 0.25 | 2.66 | 0.62 | 0.60 | 896 |
| 1972 | 17.96 | 0.53 | 14.34 | 13.89 | 0.45 | 3.09 | 0.67 | 0.79 | 958 |
| 1973 | 18.91 | 0.53 | 14.91 | 14.26 | 0.65 | 3.47 | 0.73 | 0.98 | 981 |
| 1974 | 20.84 | 0.66 | 16.40 | 15.82 | 0.58 | 3.78 | 0.79 | 1.11 | 1 063 |
| 1975 | 22.70 | 0.67 | 17.89 | 17.23 | 0.66 | 4.14 | 0.85 | 1.26 | 1 143 |
| **"五五"时期** | | | | | | | | | |
| 1976 | 22.69 | 0.69 | 17.76 | 17.10 | 0.66 | 4.24 | 0.88 | 1.32 | 1 130 |
| 1977 | 21.82 | 0.70 | 16.78 | 16.21 | 0.57 | 4.34 | 0.91 | 1.38 | 1 077 |
| 1978 | 21.80 | 0.74 | 16.56 | 15.85 | 0.71 | 4.50 | 0.94 | 1.44 | 1 067 |
| 1979 | 24.54 | 0.78 | 18.60 | 17.72 | 0.88 | 5.16 | 0.95 | 1.63 | 1 180 |
| 1980 | 25.68 | 0.94 | 18.80 | 17.64 | 1.16 | 5.94 | 0.98 | 1.96 | 1 209 |

注:人均GDP自2007年后按常住人口计算,2007年以前数据按户籍人口计算。

1－6 续表

| 年份 | 地区生产总值 | 第一产业 | 第二产业 | 工业 | 建筑业 | 第三产业 | #交通运输仓储及邮政业 | 批发和零售业 | 人均GDP(元) |
|---|---|---|---|---|---|---|---|---|---|
| “六五”时期 | | | | | | | | | |
| 1981 | 24.01 | 0.80 | 16.75 | 15.61 | 1.14 | 6.46 | 10.60 | 2.27 | 1 116 |
| 1982 | 25.82 | 0.84 | 18.09 | 16.67 | 1.42 | 6.89 | 1.28 | 2.27 | 1 179 |
| 1983 | 29.49 | 1.12 | 20.89 | 19.25 | 1.64 | 7.48 | 1.51 | 2.39 | 1 326 |
| 1984 | 35.40 | 1.40 | 23.74 | 21.80 | 1.94 | 10.26 | 1.90 | 4.00 | 1 579 |
| 1985 | 43.50 | 1.90 | 28.16 | 25.46 | 2.70 | 13.44 | 2.72 | 5.17 | 1 915 |
| “七五”时期 | | | | | | | | | |
| 1986 | 50.79 | 2.20 | 32.01 | 28.66 | 3.35 | 16.58 | 3.87 | 6.18 | 2 198 |
| 1987 | 56.11 | 2.33 | 33.95 | 29.68 | 4.27 | 19.83 | 4.27 | 7.23 | 2 383 |
| 1988 | 64.30 | 3.06 | 36.77 | 32.15 | 4.62 | 24.47 | 4.74 | 9.76 | 2 682 |
| 1989 | 73.69 | 3.80 | 42.60 | 38.52 | 4.08 | 27.29 | 5.31 | 10.03 | 3 015 |
| 1990 | 77.89 | 4.26 | 45.05 | 40.13 | 4.92 | 28.58 | 5.21 | 10.09 | 3 126 |
| “八五”时期 | | | | | | | | | |
| 1991 | 85.23 | 5.01 | 45.50 | 40.17 | 5.33 | 34.72 | 5.49 | 11.20 | 3 364 |
| 1992 | 100.57 | 5.53 | 52.52 | 46.11 | 6.41 | 42.52 | 6.41 | 13.37 | 3 918 |
| 1993 | 126.72 | 6.54 | 73.65 | 64.64 | 9.01 | 46.53 | 7.55 | 14.87 | 4 878 |
| 1994 | 172.49 | 9.57 | 100.92 | 87.69 | 13.23 | 62.00 | 9.22 | 20.75 | 6 548 |
| 1995 | 210.43 | 11.83 | 120.85 | 103.01 | 17.82 | 77.75 | 10.25 | 26.82 | 7 844 |
| “九五”时期 | | | | | | | | | |
| 1996 | 225.01 | 13.72 | 119.25 | 96.82 | 22.43 | 92.04 | 12.58 | 31.98 | 8 228 |
| 1997 | 237.42 | 14.08 | 119.36 | 94.04 | 25.32 | 103.98 | 17.31 | 35.79 | 8 532 |
| 1998 | 252.55 | 15.24 | 121.06 | 92.09 | 28.97 | 116.25 | 21.11 | 39.29 | 8 949 |
| 1999 | 267.46 | 15.61 | 125.65 | 94.42 | 31.23 | 126.19 | 23.57 | 42.21 | 9 360 |
| 2000 | 300.32 | 15.89 | 140.71 | 107.04 | 33.67 | 143.72 | 29.60 | 45.66 | 10 387 |
| “十五”时期 | | | | | | | | | |
| 2001 | 341.68 | 16.89 | 156.38 | 116.37 | 37.01 | 171.42 | 37.10 | 49.27 | 11 638 |
| 2002 | 381.41 | 17.68 | 166.87 | 126.38 | 40.49 | 196.85 | 45.45 | 53.39 | 12 768 |
| 2003 | 433.65 | 18.38 | 188.70 | 143.19 | 45.51 | 226.57 | 50.54 | 58.47 | 14 328 |
| 2004 | 500.25 | 20.61 | 218.30 | 167.70 | 50.60 | 261.34 | 54.97 | 65.65 | 16 335 |
| 2005 | 567.04 | 22.13 | 249.99 | 197.70 | 52.29 | 294.92 | 48.47 | 55.70 | 18 296 |
| “十一五”时期 | | | | | | | | | |
| 2006 | 638.47 | 22.73 | 290.38 | 230.88 | 59.50 | 325.36 | 52.68 | 61.56 | 20 419 |
| 2007 | 732.76 | 26.09 | 336.08 | 267.88 | 68.20 | 370.59 | 59.78 | 70.02 | 22 325 |
| 2008 | 847.47 | 28.10 | 408.52 | 318.93 | 89.59 | 410.85 | 63.90 | 76.38 | 25 664 |
| 2009 | 925.98 | 30.55 | 433.62 | 331.22 | 102.40 | 461.81 | 64.37 | 90.29 | 27 904 |
| 2010 | 1 100.39 | 33.79 | 529.18 | 399.06 | 130.12 | 537.42 | 71.53 | 108.40 | 30 672 |
| “十二五”时期 | | | | | | | | | |
| 2011 | 1 360.03 | 40.00 | 656.55 | 497.25 | 159.30 | 663.48 | 89.01 | 133.95 | 37 570 |
| 2012 | 1 563.82 | 44.55 | 744.70 | 562.42 | 182.28 | 774.57 | 108.56 | 148.66 | 43 175 |
| 2013 | 1 776.28 | 49.12 | 820.42 | 614.45 | 205.97 | 906.74 | 136.42 | 171.08 | 48 852 |

# 1－7 地区生产总值构成

单位:%

| 年份 | 地区生产总值 | 第一产业 | 第二产业 | 工业 | 建筑业 | 第三产业 | # 交通运输仓储及邮政业 | 批发和零售业 |
|---|---|---|---|---|---|---|---|---|
| **“一五”时期** | | | | | | | | |
| 1953 | 100.00 | 13.62 | 24.39 | 16.44 | 8.22 | 61.99 | 26.03 | 21.92 |
| 1954 | 100.00 | 11.93 | 26.14 | 18.18 | 7.95 | 61.93 | 22.16 | 21.59 |
| 1955 | 100.00 | 9.34 | 34.95 | 24.28 | 10.70 | 55.71 | 18.93 | 18.11 |
| 1956 | 100.00 | 7.32 | 45.91 | 28.10 | 17.82 | 46.77 | 14.80 | 15.41 |
| 1957 | 100.00 | 6.99 | 45.70 | 28.49 | 17.20 | 47.31 | 13.44 | 15.32 |
| **“二五”时期** | | | | | | | | |
| 1958 | 100.00 | 5.14 | 53.04 | 40.28 | 12.83 | 41.82 | 15.63 | 11.62 |
| 1959 | 100.00 | 3.25 | 68.01 | 57.09 | 10.92 | 28.74 | 11.18 | 8.58 |
| 1960 | 100.00 | 3.09 | 72.68 | 60.44 | 12.24 | 24.23 | 7.91 | 7.54 |
| 1961 | 100.00 | 5.53 | 57.96 | 54.20 | 3.76 | 36.50 | 10.40 | 10.40 |
| 1962 | 100.00 | 5.56 | 54.86 | 51.85 | 3.01 | 39.58 | 9.95 | 12.50 |
| **三年调整期** | | | | | | | | |
| 1963 | 100.00 | 5.01 | 62.99 | 58.76 | 4.30 | 32.00 | 7.39 | 10.82 |
| 1964 | 100.00 | 4.28 | 67.88 | 63.85 | 4.03 | 27.83 | 6.05 | 8.06 |
| 1965 | 100.00 | 3.90 | 70.83 | 64.74 | 6.09 | 25.27 | 6.49 | 5.89 |
| **“三五”时期** | | | | | | | | |
| 1966 | 100.00 | 4.06 | 70.15 | 67.92 | 2.23 | 25.79 | 6.29 | 5.99 |
| 1967 | 100.00 | 3.50 | 75.21 | 72.82 | 2.39 | 21.28 | 4.87 | 4.87 |
| 1968 | 100.00 | 3.37 | 78.55 | 76.01 | 2.55 | 18.08 | 3.87 | 3.95 |
| 1969 | 100.00 | 3.39 | 78.82 | 76.75 | 2.07 | 17.79 | 3.99 | 3.99 |
| 1970 | 100.00 | 3.48 | 79.55 | 76.78 | 2.74 | 16.97 | 4.00 | 3.94 |
| **“四五”时期** | | | | | | | | |
| 1971 | 100.00 | 3.23 | 80.34 | 78.79 | 1.54 | 16.43 | 3.82 | 3.70 |
| 1972 | 100.00 | 2.95 | 79.84 | 77.34 | 2.51 | 17.20 | 3.73 | 4.40 |
| 1973 | 100.00 | 2.80 | 78.85 | 75.41 | 3.44 | 18.35 | 3.86 | 5.18 |
| 1974 | 100.00 | 3.17 | 78.69 | 75.91 | 2.78 | 18.14 | 3.79 | 5.33 |
| 1975 | 100.00 | 2.93 | 78.83 | 75.90 | 2.91 | 18.24 | 3.74 | 5.55 |
| **“五五”时期** | | | | | | | | |
| 1976 | 100.00 | 3.04 | 78.27 | 75.36 | 2.91 | 18.69 | 3.88 | 5.82 |
| 1977 | 100.00 | 3.18 | 76.93 | 74.29 | 2.61 | 19.89 | 4.17 | 6.32 |
| 1978 | 100.00 | 3.39 | 75.96 | 72.71 | 3.26 | 20.64 | 4.31 | 6.61 |
| 1979 | 100.00 | 3.18 | 75.79 | 72.21 | 3.59 | 21.03 | 3.87 | 6.64 |
| 1980 | 100.00 | 3.66 | 73.21 | 68.69 | 4.52 | 23.13 | 3.82 | 7.63 |

1－7 续表

| 年份 | 地区生产总值 | 第一产业 | 第二产业 | | | 第三产业 | | |
|---|---|---|---|---|---|---|---|---|
| | | | | 工业 | 建筑业 | | #交通运输仓储及邮政业 | 批发和零售业 |
| **“六五”时期** | | | | | | | | |
| 1981 | 100.00 | 3.33 | 69.77 | 65.01 | 4.75 | 26.90 | 4.41 | 9.45 |
| 1982 | 100.00 | 3.25 | 70.06 | 64.56 | 5.50 | 26.68 | 4.96 | 8.79 |
| 1983 | 100.00 | 3.80 | 70.85 | 65.28 | 5.56 | 25.35 | 5.12 | 8.10 |
| 1984 | 100.00 | 3.96 | 67.06 | 61.58 | 5.48 | 28.98 | 5.37 | 11.30 |
| 1985 | 100.00 | 4.37 | 64.74 | 58.53 | 6.21 | 30.90 | 6.25 | 11.89 |
| **“七五”时期** | | | | | | | | |
| 1986 | 100.00 | 4.33 | 63.02 | 56.43 | 6.60 | 32.64 | 7.62 | 12.17 |
| 1987 | 100.00 | 4.15 | 60.51 | 52.90 | 7.61 | 35.34 | 7.61 | 12.89 |
| 1988 | 100.00 | 4.76 | 57.19 | 50.00 | 7.19 | 38.06 | 7.37 | 15.18 |
| 1989 | 100.00 | 5.16 | 57.81 | 52.27 | 5.54 | 37.03 | 7.21 | 13.61 |
| 1990 | 100.00 | 5.46 | 57.85 | 51.52 | 6.32 | 36.69 | 6.69 | 12.95 |
| **“八五”时期** | | | | | | | | |
| 1991 | 100.00 | 5.88 | 53.38 | 47.13 | 6.25 | 40.74 | 6.44 | 13.14 |
| 1992 | 100.00 | 5.49 | 52.23 | 45.85 | 6.37 | 42.28 | 6.37 | 13.29 |
| 1993 | 100.00 | 5.16 | 58.12 | 51.01 | 7.11 | 36.72 | 5.96 | 11.74 |
| 1994 | 100.00 | 5.55 | 58.51 | 50.84 | 7.67 | 35.94 | 5.34 | 12.03 |
| 1995 | 100.00 | 5.62 | 57.43 | 48.95 | 8.48 | 36.95 | 4.87 | 12.74 |
| **“九五”时期** | | | | | | | | |
| 1996 | 100.00 | 6.10 | 53.00 | 43.03 | 9.97 | 40.91 | 5.59 | 14.21 |
| 1997 | 100.00 | 5.93 | 50.27 | 39.61 | 10.66 | 43.80 | 7.29 | 15.07 |
| 1998 | 100.00 | 6.04 | 47.93 | 36.46 | 11.47 | 46.03 | 8.36 | 15.56 |
| 1999 | 100.00 | 5.84 | 46.98 | 35.30 | 11.68 | 47.18 | 8.81 | 15.78 |
| 2000 | 100.00 | 5.29 | 46.85 | 35.64 | 11.21 | 47.86 | 9.86 | 15.20 |
| **“十五”时期** | | | | | | | | |
| 2001 | 100.00 | 4.94 | 44.89 | 34.06 | 10.83 | 50.17 | 10.86 | 14.42 |
| 2002 | 100.00 | 4.64 | 43.75 | 33.14 | 10.62 | 51.61 | 11.92 | 14.00 |
| 2003 | 100.00 | 4.24 | 43.51 | 33.02 | 10.49 | 55.25 | 11.66 | 13.48 |
| 2004 | 100.00 | 4.12 | 43.64 | 33.52 | 10.11 | 52.24 | 10.99 | 13.12 |
| 2005 | 100.00 | 3.90 | 44.10 | 34.87 | 9.22 | 52.00 | 10.90 | 12.77 |
| **“十一五”时期** | | | | | | | | |
| 2006 | 100.00 | 3.56 | 45.48 | 36.16 | 9.32 | 50.96 | 8.25 | 9.64 |
| 2007 | 100.00 | 3.56 | 45.87 | 36.56 | 9.31 | 50.57 | 8.16 | 9.56 |
| 2008 | 100.00 | 3.32 | 48.20 | 37.63 | 10.57 | 48.48 | 7.54 | 9.01 |
| 2009 | 100.00 | 3.30 | 46.83 | 35.77 | 11.06 | 49.87 | 6.95 | 9.75 |
| 2010 | 100.00 | 3.07 | 48.09 | 36.27 | 11.82 | 48.84 | 6.50 | 9.85 |
| **“十二五”时期** | | | | | | | | |
| 2011 | 100.00 | 2.94 | 48.27 | 36.56 | 11.71 | 48.79 | 6.54 | 9.85 |
| 2012 | 100.00 | 2.85 | 47.63 | 35.96 | 11.66 | 49.53 | 6.94 | 9.51 |
| 2013 | 100.00 | 2.76 | 46.19 | 34.59 | 11.60 | 51.05 | 7.68 | 9.63 |

# 1－8 地区生产总值指数

单位:%　　　　（上年＝100）

| 年份 | 地区生产总值 | 第一产业 | 第二产业 | 工业 | 建筑业 | 第三产业 | #交通运输仓储及邮政业 | #批发和零售业 | 人均 GDP |
|---|---|---|---|---|---|---|---|---|---|
| 1955 | 119.70 | 103.30 | 125.20 | 124.10 | 120.60 | 122.80 | | | 109.30 |
| 1956 | 119.60 | 104.20 | 135.60 | 126.50 | 162.70 | 114.30 | | | 106.20 |
| 1957 | 116.00 | 105.10 | 124.60 | 130.20 | 111.60 | 112.70 | | | 105.10 |
| **“二五”年均** | **104.12** | **96.01** | **112.02** | **117.02** | **90.33** | **97.98** | | | **101.15** |
| 1958 | 128.00 | 92.40 | 150.90 | 163.90 | 115.80 | 118.40 | | | 118.30 |
| 1959 | 128.50 | 82.40 | 156.70 | 168.80 | 110.40 | 108.90 | | | 117.80 |
| 1960 | 111.90 | 100.10 | 128.80 | 135.80 | 88.00 | 89.70 | | | 107.30 |
| 1961 | 61.90 | 99.20 | 50.10 | 48.60 | 63.80 | 80.50 | | | 63.00 |
| 1962 | 107.40 | 107.90 | 115.60 | 120.20 | 83.80 | 97.00 | | | 112.40 |
| **三年调整期** | **122.79** | **119.10** | **127.91** | **125.82** | **145.77** | **114.99** | | | **118.06** |
| 1963 | 120.60 | 118.60 | 128.60 | 125.00 | 164.30 | 108.90 | | | 119.90 |
| 1964 | 122.90 | 119.80 | 124.40 | 124.40 | 124.10 | 120.90 | | | 116.30 |
| 1965 | 124.90 | 118.90 | 130.80 | 128.10 | 151.90 | 115.50 | | | 118.00 |
| **“三五”年均** | **103.02** | **103.54** | **103.69** | **104.86** | **94.73** | **101.54** | | | **100.48** |
| 1966 | 102.30 | 102.90 | 100.70 | 107.20 | 59.40 | 105.60 | | | 97.60 |
| 1967 | 92.40 | 103.00 | 87.60 | 86.00 | 106.10 | 99.60 | | | 89.90 |
| 1968 | 102.30 | 103.30 | 107.10 | 107.40 | 104.50 | 93.90 | | | 100.10 |
| 1969 | 108.10 | 103.70 | 111.20 | 113.10 | 93.50 | 103.00 | | | 106.70 |
| 1970 | 111.00 | 104.80 | 114.10 | 113.20 | 123.90 | 106.10 | | | 109.30 |
| **“四五”年均** | **109.27** | **104.32** | **109.75** | **110.60** | **98.63** | **109.38** | | | **106.59** |
| 1971 | 107.50 | 100.60 | 109.40 | 113.70 | 64.20 | 104.70 | | | 104.00 |
| 1972 | 110.30 | 100.60 | 110.80 | 110.30 | 120.00 | 111.50 | | | 106.40 |
| 1973 | 105.90 | 97.10 | 103.90 | 103.50 | 110.50 | 112.90 | | | 103.10 |
| 1974 | 109.40 | 124.00 | 108.50 | 108.80 | 104.10 | 108.80 | | | 107.60 |
| 1975 | 113.40 | 101.40 | 116.50 | 117.20 | 105.30 | 109.20 | | | 112.10 |
| **“五五”年均** | **102.56** | **100.54** | **101.86** | **101.68** | **105.16** | **106.20** | | | **101.71** |
| 1976 | 100.50 | 100.60 | 99.60 | 99.60 | 99.50 | 102.70 | | | 99.40 |
| 1977 | 100.20 | 100.70 | 98.90 | 99.00 | 98.10 | 102.80 | | | 99.30 |
| 1978 | 102.20 | 95.60 | 102.50 | 102.10 | 110.40 | 102.70 | | | 101.30 |
| 1979 | 109.70 | 102.10 | 108.60 | 108.50 | 109.50 | 113.60 | | | 107.80 |
| 1980 | 100.50 | 103.90 | 100.00 | 99.50 | 109.00 | 109.70 | | | 101.00 |

注:人均 GDP 自 2007 年后按常住人口计算,2007 年以前数据按户籍人口计算。

1-8 续表

| 年份 | 地区生产总值 | 第一产业 | 第二产业 | 工业 | 建筑业 | 第三产业 | #交通运输仓储及邮政业 | #批发和零售业 | 人均 GDP |
|---|---|---|---|---|---|---|---|---|---|
| **"六五"年均** | **108.87** | **110.96** | **106.50** | **104.96** | **114.24** | **112.47** | | | **107.46** |
| 1981 | 96.70 | 80.80 | 92.60 | 87.50 | 109.00 | 106.80 | | | 95.50 |
| 1982 | 106.90 | 110.10 | 107.50 | 106.50 | 120.60 | 105.50 | | | 105.10 |
| 1983 | 111.40 | 124.90 | 112.20 | 113.00 | 103.50 | 108.50 | | | 109.70 |
| 1984 | 117.00 | 117.80 | 110.90 | 111.00 | 110.00 | 127.00 | | | 116.10 |
| 1985 | 113.50 | 128.50 | 110.60 | 109.00 | 130.00 | 115.90 | | | 112.10 |
| **"七五"年均** | **106.41** | **105.53** | **107.75** | **107.30** | **111.98** | **104.56** | | | **104.45** |
| 1986 | 112.30 | 109.90 | 109.60 | 108.00 | 125.90 | 116.30 | | | 110.40 |
| 1987 | 107.80 | 97.50 | 108.10 | 106.00 | 126.30 | 108.90 | | | 105.80 |
| 1988 | 103.80 | 100.50 | 108.00 | 108.00 | 108.10 | 98.70 | | | 101.90 |
| 1989 | 103.80 | 109.60 | 106.40 | 107.50 | 98.30 | 99.30 | | | 101.80 |
| 1990 | 104.60 | 110.90 | 106.70 | 107.00 | 104.20 | 100.70 | | | 102.60 |
| **"八五"年均** | **109.48** | **104.87** | **110.58** | **110.01** | **115.24** | **108.73** | | | **108.64** |
| 1991 | 102.20 | 112.50 | 98.80 | 98.00 | 105.20 | 106.30 | | | 101.20 |
| 1992 | 110.30 | 107.20 | 110.40 | 109.80 | 114.80 | 110.70 | | | 108.90 |
| 1993 | 111.60 | 102.70 | 114.90 | 115.30 | 113.97 | 107.90 | | | 110.30 |
| 1994 | 114.49 | 101.20 | 119.60 | 118.80 | 125.90 | 110.90 | 114.47 | 113.80 | 110.27 |
| 1995 | 109.20 | 101.20 | 110.30 | 109.30 | 117.30 | 108.90 | 113.21 | 111.30 | 112.91 |
| **"九五"年均** | **108.86** | **104.99** | **108.06** | **107.05** | **113.66** | **110.11** | **115.53** | **110.07** | **107.09** |
| 1996 | 109.18 | 105.80 | 109.30 | 108.40 | 114.80 | 109.45 | 112.00 | 112.20 | 107.24 |
| 1997 | 108.88 | 103.60 | 108.80 | 107.00 | 119.70 | 109.50 | 125.60 | 109.60 | 107.10 |
| 1998 | 108.74 | 107.10 | 106.60 | 105.00 | 115.00 | 111.30 | 117.10 | 111.40 | 107.00 |
| 1999 | 108.24 | 104.50 | 107.40 | 107.00 | 109.50 | 109.47 | 109.90 | 109.00 | 107.23 |
| 2000 | 109.24 | 104.00 | 108.20 | 107.90 | 109.60 | 110.83 | 113.70 | 108.20 | 106.89 |
| **"十五"年均** | **111.18** | **104.48** | **111.75** | **112.55** | **109.14** | **111.30** | **111.63** | **109.41** | **109.44** |
| 2001 | 110.54 | 105.50 | 109.90 | 110.10 | 109.40 | 111.56 | 113.90 | 108.30 | 108.86 |
| 2002 | 110.79 | 104.80 | 110.81 | 110.84 | 110.70 | 111.36 | 116.70 | 108.60 | 108.89 |
| 2003 | 110.99 | 104.80 | 111.60 | 111.90 | 110.90 | 111.01 | 108.90 | 108.50 | 109.55 |
| 2004 | 111.58 | 103.27 | 112.70 | 113.56 | 109.80 | 111.40 | 110.87 | 109.40 | 110.28 |
| 2005 | 112.00 | 104.05 | 113.78 | 116.46 | 105.00 | 111.17 | 108.00 | 112.30 | 109.65 |
| **"十一五"年均** | **111.92** | **104.73** | **113.21** | **113.59** | **111.49** | **111.26** | **107.07** | **112.16** | **110.90** |
| 2006 | 112.01 | 103.11 | 115.01 | 116.60 | 109.01 | 110.13 | 108.63 | 110.20 | 111.02 |
| 2007 | 112.50 | 103.69 | 115.78 | 117.12 | 110.30 | 110.22 | 110.39 | 111.57 | 111.90 |
| 2008 | 111.51 | 105.71 | 111.43 | 113.16 | 104.02 | 111.96 | 107.67 | 109.19 | 110.83 |
| 2009 | 110.80 | 106.17 | 110.23 | 109.42 | 113.56 | 111.64 | 101.10 | 115.10 | 110.21 |
| 2010 | 112.80 | 105.01 | 113.72 | 111.82 | 121.28 | 112.39 | 107.79 | 114.85 | 111.30 |
| **"十二五"年均** | | | | | | | | | |
| 2011 | 115.00 | 105.20 | 116.30 | 115.20 | 119.60 | 114.30 | 116.30 | 113.40 | 114.90 |
| 2012 | 113.40 | 106.70 | 112.20 | 111.80 | 113.40 | 114.80 | 119.30 | 108.80 | 113.24 |
| 2013 | 113.40 | 105.80 | 113.50 | 114.10 | 111.90 | 113.60 | 120.70 | 112.20 | 113.05 |

# 1－9 各县区生产总值

（2013 年）　　单位:万元

| | 县区生产总值 | 第一产业 | 第二产业 | | | 第三产业 | | | 人均 GDP(元) |
|---|---|---|---|---|---|---|---|---|---|
| | | | | 工业 | 建筑业 | | # 交通运输仓储及邮政业 | #批发和零售业 | |
| **兰州市** | **17 762 823** | **491 187** | **8 204 264** | **6 144 500** | **2 059 764** | **9 067 372** | **1 364 203** | **1 710 818** | **48 852** |
| 城关区 | 6 057 420 | 16 070 | 1 161 537 | 432 295 | 729 242 | 4 879 813 | 397 786 | 1 080 524 | 47 008 |
| 七里河区 | 3 401 120 | 43 389 | 1 863 682 | 1 444 577 | 419 105 | 1 494 049 | 321 064 | 293 174 | 60 080 |
| 西固区 | 3 148 463 | 36 404 | 2 273 549 | 1 923 200 | 350 349 | 838 510 | 147 462 | 240 112 | 85 941 |
| 安宁区 | 1 304 384 | 3 138 | 778 817 | 602 000 | 176 817 | 522 429 | 2 849 | 78 784 | 46 602 |
| 红古区 | 1 016 564 | 79 121 | 691 370 | 575 000 | 116 370 | 246 073 | 82 776 | 28 610 | 73 504 |
| 永登县 | 1 116 874 | 115 340 | 529 919 | 383 615 | 146 304 | 471 615 | 206 806 | 33 629 | 26 372 |
| 皋兰县 | 416 573 | 61 807 | 238 634 | 189 866 | 48 768 | 116 132 | 31 902 | 16 569 | 31 007 |
| 榆中县 | 754 268 | 135 918 | 461 318 | 388 446 | 72 872 | 157 032 | 25 894 | 24 263 | 17 183 |

# 1－10 各县区生产总值构成

（2013 年）　　单位:%

| | 生产总值 | 第一产业 | 第二产业 | | | 第三产业 | | |
|---|---|---|---|---|---|---|---|---|
| | | | | 工业 | 建筑业 | | # 交通运输仓储及邮政业 | #批发和零售业 |
| **兰州市** | **100.00** | **2.76** | **46.19** | **34.59** | **11.60** | **51.05** | **7.68** | **9.63** |
| 城关区 | 100.00 | 0.27 | 19.17 | 7.14 | 12.04 | 80.56 | 6.57 | 17.84 |
| 七里河区 | 100.00 | 1.28 | 54.79 | 42.47 | 12.32 | 43.93 | 9.44 | 8.62 |
| 西固区 | 100.00 | 1.16 | 72.21 | 61.08 | 11.13 | 26.63 | 4.68 | 7.63 |
| 安宁区 | 100.00 | 0.24 | 59.71 | 46.15 | 13.56 | 40.05 | 0.22 | 6.04 |
| 红古区 | 100.00 | 7.78 | 68.01 | 56.56 | 11.45 | 24.21 | 8.14 | 2.81 |
| 永登县 | 100.00 | 10.33 | 47.45 | 34.35 | 13.10 | 42.22 | 18.52 | 3.01 |
| 皋兰县 | 100.00 | 14.84 | 57.28 | 45.58 | 11.71 | 27.88 | 7.66 | 3.98 |
| 榆中县 | 100.00 | 18.02 | 61.16 | 51.50 | 9.66 | 20.82 | 3.43 | 3.22 |

# 1－11 各县区生产总值指数

（2013 年）（上年＝100）

| | 生产总值 | 第一产业 | 第二产业 | | | 第三产业 | | | 人均 GDP |
|---|---|---|---|---|---|---|---|---|---|
| | | | | 工业 | 建筑业 | | # 交通运输仓储及邮政业 | #批发和零售业 | |
| **兰州市** | **113.40** | **105.80** | **113.50** | **114.10** | **111.90** | **113.60** | **120.70** | **112.20** | **113.05** |
| 城关区 | 114.15 | 105.63 | 114.05 | 116.05 | 112.15 | 114.20 | 121.31 | 112.75 | 113.83 |
| 七里河区 | 114.10 | 105.72 | 114.35 | 114.93 | 112.15 | 114.04 | 119.32 | 114.71 | 113.34 |
| 西固区 | 107.72 | 105.80 | 105.90 | 104.82 | 112.15 | 112.95 | 120.75 | 112.66 | 107.60 |
| 安宁区 | 114.37 | 105.52 | 115.39 | 116.18 | 112.15 | 112.95 | 123.55 | 110.23 | 114.78 |
| 红古区 | 119.86 | 105.68 | 123.37 | 125.42 | 111.00 | 112.92 | 117.55 | 113.03 | 118.80 |
| 永登县 | 119.37 | 105.88 | 126.14 | 130.23 | 111.00 | 113.80 | 118.81 | 115.83 | 119.80 |
| 皋兰县 | 123.60 | 105.67 | 130.88 | 135.23 | 111.00 | 115.57 | 119.13 | 129.13 | 122.77 |
| 榆中县 | 122.03 | 105.74 | 131.07 | 135.46 | 111.00 | 113.35 | 119.46 | 119.87 | 121.80 |

# 主要统计指标解释

**行政区划**　指国家对行政区域的划分。根据宪法规定，我国的行政区域划分如下：（1）全国分为省、县、自治区、直辖市；（2）省、自治区分为自治州、县、自治县、市；（3）自治州分为县、自治县、市；（4）县、自治县分为乡、民族乡、镇；（5）直辖市和较大的市区分为区、县；（6）国家在必要时设立的特别行政区。

**耕地面积**　指经过开垦用以种植农作物并经常进行耕耘的土地面积。包括种有作物的土地面积、休闲地、新开荒地和抛荒未满三年的土地面积。

**林业面积**　指成品种植乔木、竹类、灌木、沿海红树林等林木的土地面积，包括有林地、灌木林、疏林地、未成林造林地、迹地、苗圃等。

**草地面积**　指牧区和农区用于放牧牲畜或割草，植被盖度在5%以上的草原、草坡、草山等面积。包括天然的和人工种植或改良的草地面积。

**气　温**　指空气的温度，我国一般以摄氏度（℃）为单位表示。气象观测的温度表是放在离地面约1.5米处通风良好的百叶箱里测量的，因此，通常说的气温指的是离地面1.5米处百叶箱中的温度。其统计计算方法为：

**月平均气温**　是将全月各日的平均气温相加，除以该月的天数而得。

**年平均气温**　是将12个月的平均气温累加后除以12而得。

**降水量**　指从天空降落到地面的液态或固态（经融化后）水、未经蒸发、渗透、流失而在地面上积聚的深度。其统计计算方法为：

月降水量是将全月各日的降水量累加而得。

年降水量是将12个月的月降水量累加而得。

**日照时数**　指太阳实际照射地面的时间。其统计方法与降水量相同。

**可比价格**　指计算各种总量指标所采用的扣除了价格变动因素的价格，可进行不同时期总量指标的对比。按可比价格计算总量指标有两种方法：一种是直接用产品产量乘某一年的不变价格计算；另一种是用价格指数进行缩减。

**平均增长速度**　我国计算平均增长速度有两种方法：一种是习惯上经常使用的“水平法”，又称几何平均法，是以间隔期最后一年的水平同基期水平对比来计算平均每年增长（或下降）速度；另一种是“累计法”，又称代数平均法或方程法，是以间隔期内各年水平的总和同基期水平对比来计算平均每年增长（或下降）速度。

在一般正常情况下，两种方法计算的平均每年增长速度比较接近；但在经济发展不平衡、出现大起大落时，两种方法计算的结果差别较大。

企业（单位）登记注册类型　是以在工商行政管理机关登记注册的各类企业为划分对

象，以工商行政管理部门对企业登记注册的类型为依据，将企业登记注册类型分为内资企业、港澳台商投资企业和外商投资企业三大类。内资企业包括国有企业、集体企业、股份合作企业、联营企业、有限责任公司、股份有限公司、私营公司和其他企业；港澳台商投资企业和外商投资企业分别包括合资经营企业、合作经营企业、独资经营企业和股份有限公司。对不在工商行政管理部门进行登记注册的行政机关、事业单位和社会团体，主要按其经费来源和管理方式进行划分。

**国有企业**　指企业全部资产归国家所有，并按《中华人民共和国企业法人登记管理条例》规定登记注册的非公司制的经济组织。不包括有限责任公司中的国有独资公司。

**集体企业**　指企业资产归集体所有，并按《中华人民共和国企业法人登记管理条例》规定登记注册的经济组织。

**股份合作企业**　指以合作制为基础，由企业职工共同出资入股，吸收一定比例的社会资产投资组建，实行自主经营，自负盈亏，共同劳动，民主管理，按劳分配与按股分红相结合的一种集体经济组织。

**联营企业**　指两个及两个以上相同或不同所有制性质的企业法人或事业单位法人，按自愿、平等、互利的原则，共同投资组成经济组织。联营企业包括国有联营企业、集体联营企业、国有与集体联营企业和其他联营企业。

**有限责任公司**　指根据《中华人民共和国公司登记管理条例》规定登记注册，由两个以上、五十个以下的股东共同出资，每个股东以其所认缴的出资额对公司承担有限责任，公司以其全部资产对其债务承担责任的经济组织。有限责任公司包括国有独资公司以及其他有限责任公司。

**股份有限公司**　指根据《中华人民共和国公司登记管理条例》规定登记注册，其全部注册资本由等额股份构成并通过发行股票筹集资本，股东以其认购的股份对公司承担有限责任，公司以其全部资产对其债务承担责任的经济组织。

**私营企业**　指由自然人投资设立或由自然人控投，以雇佣劳动为基础的营利性经济组织。包括按照《公司法》、《合伙企业法》、《私营企业暂行条例》规定登记注册的私营有限责任公司、私营股份有限公司、私营合伙企业和私营独资企业。

**其他企业**　指上述企业之外的其他内资经济组织。

**与港澳台商合资经营企业**　指港澳台地区投资企业与内地企业依照《中华人民共和国中外合资经营企业法》及有关法律的规定，按合同规定的比例投资设立、分享利润和分担风险的企业。

**与港澳台商合作经营企业**　指港澳台地区投资者与内地企业依照《中华人民共和国中外合作经营企业法》及有关法律的规定，依照合作合同的约定进行投资或提供条件设立、分配利润和分担风险的企业。

**港澳台商独资经营企业**　指依照《中华人民共和国外资企业法》及有关法律的规定，在内地由港澳台地区投资者全额投资设立的企业。

**港澳台商投资股份有限公司**　指根据国家有关规定，经外贸部依法批准设立，其中港、澳、台商的股本占公司注册资本的比例达25%以上的股份有限公司。凡其中港、澳、台商的股本占公司注册资本的比例小于25%的，属于内资企业中的股份有限公司。

**中外合资经营企业**　指外国企业或外国人与中国内地企业依照《中华人民共和国中外合资企业法》及有关法律的规定，按合同规定的比例投资设立、分享利润和分担风险的企业。

**中外合作经营企业**　指外国企业或外国人与中国内地企业依照《中华人民共和国中外合作经营企业法》及有关法律的规定，依照合作合同的约定进行投资或提供条件设立、分配利润和分担风险的企业。

**外资企业**　指依照《中华人民共和国外资企业法》及有关法律的规定，在中国内地由外国投资者全额投资设立的企业。

**外商投资股份有限公司**　指根据国家有关规定，经外经贸部部依法批准设立，其中外资的股本占公司注册资本的比例达25%以上的股份有限公司。凡其中外资股本占公司注册资本的比例小于25%的，属于内资企业中的股份有限公司。

**行政机关、事业单位和社会团体**　参照企业登记注册类型，主要按其经费来源和管理方式划分。具体规定如下：

（1）行政机关：包括国家机关和政党机关，原则上均列为“国有”。但有特殊规定的，如供销社等，则列为“集体”。

（2）事业单位：包括经国家机构编制部门和有关业务主管部门批准成立的各类事业单位，不包括实行企业化管理的事业单位。事业单位的划分办法如下：

①由国家财政预算拔款或列入财政预算外资金管理以及经费主要来源于国有主管部门或国有上级单位的事业单位，列为“国有”。

②经费主要来源于集体单位的事业单位，列为“集体”。

③公民个人（或个人合伙）开办的事业单位，列为“私营”。

④上述以外的其他事业单位，如果其经费来源不明确，按管理方式进行归类。

（3）社会团体：包括经民政部门批准成立以及未纳入社会团体管理条例范围的工会、妇联等各类社会团体。社会团体的划分办法如下：

①未纳入民政部社会团体管理条例范围的工会、妇联、共青团、青联、工商联、科协、侨联等社会团体，国家拔款设立的基金会或基金管理组织以及经费主要来源于国有业务主管部门或国有上级单位的社会团体，列为“国有”。

②经费主要来源于集体单位的社会团体，列为“集体”。

③公民个人（或个人合伙）开办的社会团体，划为“私营”。

④上述以外的其他社会团体，如果其经费来源不明确，改按管理方式进行归类。

**进出口总额**　海关进出口总额指实际进出我国国境的货物总金额。包括对外贸易实际进出口货物，来料加工装配进出口货物，国家间、联合国及国际组织无偿援助物资和赠送品，华侨、港澳台同胞和外籍华人捐赠品，租赁期满归承租人所有的租赁货物，进料加工进出口货物，边境地方贸易及边境地区小额贸易进出口货物（边民互市贸易除外），中外合资企业、中外合作经营企业、外商独资经营企业进出口货物和公用物品，到、离岸价格在规定限额以上的进出口货样和广告品（无商业价值、无使用价值和免费提供出口的除外），从保税仓库提取在中国境内销售的进口货物，以及其他进出口货物。进出口总额用以观察一个国家在对外贸易方面的总规模。我国规定出口货物按离岸价格统计，进口货物按到岸价格统计。

**国际旅游（外汇）收入**　指入境旅游的外国人、华侨、港澳同胞和台湾同胞在中国大陆旅游过程中发生的一切旅游支出，对于国家来说就是国际旅游（外汇）收入。

**地区生产总值（GDP）**　指一个国家（或地区）所有常住单位在一定时期内生产活动的最终成果。地区生产总值有三种表现形态，即价值形态、收入形态和产品形态。从价值形态看，它是所有常住单位在一定时期内生产的全部货物和服务价值超过同期中间投入的全部非固定资产货物和服务价值的差额、即所有常住单位的增加值之和；从产品形态看，它是所有常住单位在一定时期内最终使用的货物和服务价值与货物和服务净出口价值之和。在实际核算中，地区生产总值有三种计算方法，即生产法、收入法和支出法。三种方法分别从不同的方面反映地区生产总值及其构成。

三次产业是根据社会生产活动历史发展的顺序对产业结构的划分，产品直接取自自然界的部门称为第二产业，为生产和消费提供各种服务的部门称为第三产业。它是世界上较为通用的产业结构分类，但各国的划分不尽一致。

我国的三次产业划分是：

第一产业：农业（包括种植业、林业、牧业和渔业）。

第二产业：工业（包括采掘业、制造业、电力、煤气及水的生产和供应业）和建筑业。

第三产业：除第一、第二产业以外的其他各业。由于第三产业包括的行业多、范围广、根据我国的实际情况，第三产业可分为两大部分：一是流通部门，二是服务部门。具体又可分为四个层次：

第一层次：流通部门，包括交通运输、仓储及邮电通信业、批发和零售贸易、餐饮业。

第二层次：为生产和生活服务的部门，包括金融、保险业、地质勘查业、水利管理业，记地产业，社会服务业、农、林、牧、渔服务业，交通运输辅助业，综合技术服务业等。

第三层次：为提高科学文化水平和居民素质服务的部门，包括教育、文化艺术及广播电影电视业，卫生、体育和社会福利业，科学研究业等。

第四层次：为社会公共需要服务的部门，包括国家机关、政党机关和社会团体以及军队、警察等。

**支出法国内生产总值**　　指一个国家（或地区）所有常住单位在一定时期内用于最终消费，资本形成总额，以及货物和服务的净出口总额，它反映本期生产的国内生产总值的使用及构成。

**最终消费**　　指常住单位在一定时期内对于货物和服务的全部最终消费支出，也就是常住单位为满足物质、文化和精神生活的需要，从本国经济领土和国外购买的货物和服务的支出；不包括非常住单位在本国经济领土内的消费支出。最终消费分为居民消费和政府消费。

**居民消费**　　指常住住户对货物和服务的全部最终消费支出。居民消费按市场价格计算，即按居民支付的购买者价格计算。购买者价格是购买者取得货物所支付的价格，包括购买者支付的运输和商业费用。居民消费除了直接以货币形式购买货物和服务的消费之外，还包括以其他方式获得的货物和服务的消费支出，即所谓的虚拟消费支出。居民虚拟消费支出包括以下几种类型：单位以实物报酬及实物转移的形式提供给劳动者的货物和服务；住户生产并由本住户消费了的货物和服务，其中的服务仅指住户的自有住房服务；金融机构提供的金融媒介服务；保险公司提供的保险服务。

**政府消费**　　指政府部门为全社会提供公共服务的消费支出和免费或以较低价格向住户提供的货物和服务的净支出。前者等于政府服务的产出价值减去政府单位所获得的经营收入的价值，政府服务的产出价值等于它的经常性业务支出加上固定资产折旧；后者等于政府部门免费或以较低价格向住户提供的货物和服务的市场价值减去向住户收取的价值。

**资本形成总额**　　指常住单位在一定时期内获得的减去处置的固定资产加存货的变动，包括固定资本形成总额和存货增加。

**固定资本形成总额**　　指常住单位购置、转入和自产自用的固定资产，扣除固定资产的销售和转出后的价值，分有形固定资产形成总额和无形固定资产形成总额。有形固定资产形成总额包括一定时期内完成的建筑工程、安装工程和设备工器购置（减处置）价值，以及土地改良、新增役、种、奶、毛、娱乐用牲畜和新增经济林木价值。无形固定资产形成总额包括矿藏的勘探，计算机软件、娱乐和文学艺术品原件等获得减处置。

**存货增加**　　指常住单位存货实物最变动的市场价值，即期末价值减去期初价值的差额。存货增加可以是正值，也可是负值；正值表示存货上升，负值表示存货下降。它包括生产单位购进的原材料、燃料和储备物资等存货，以及生产单位生产的产成品、在制品等。

**货物和服务净出口**　　指货物和服务出口减货物和服务进口的差额。出口包括常住单位向非常住单位出售或无偿转让的各种货物和服务的价值；进口包括常住单位从常住单位购买或无偿得到的各种货物和服务的价值。由于服务活动的提供与使用同时发生，因此服务的进出口业务并不发生出入境现象，一般把常住单位从国外得到的服务作为进口，非常住单位从本国得到的服务作为出口。货物的出口和进口都按离岸价格计算。

**劳动者报酬**　指劳动者因从事生产活动所获得的全部报酬。包括劳动者获得的各种形式的工资、奖金和津贴，既包括货币形式的，也包括实物形式的；还包括劳动者所享受的公费医疗和医药卫生费、上下班交通补贴和单位支付的社会保险费等。对于个体经济来说，其所有者所获得的劳动报酬和经营利润不易区分，这两部分统一作为劳动者报酬处理。

**生产税净额**　指生产税减生产补贴后的余额。生产税指政府对生产单位生产、销售和从事经营活动以及因从事生产活动使用某些生产要素（如固定资产、土地、劳动力）所征收的各种税、附加费和规费。生产补贴与生产税相反，指政府对生产单位的单方面收入转移，因此视为负生产税，包括政策亏损补贴、粮食系统价格补贴、外贸企业出口退税收等。

**固定资产折旧**　指一定时期内为弥补固定资产损耗按照核定的固定资产折旧率提取的固定资产折旧，或按国民经济核算统一规定的折旧率虚拟计算的固定资产折旧。它反映了固定资产在当期生产中的转移价值。各类企业和企业化管理的事业单位的固定资产折旧是指实际计提并计入成本费中的折旧费；不计提折旧的政府机关、非企业化管理的事业单位和居民住房的固定资产折旧是按照统一规定的折旧率和固定资产原值计算的虚拟折旧。原则上，固定资产折旧应按固定资产的重置价值计算，但是目前我国尚不具备对全社会固定资产进行重估价的基础，所以暂时只能采用上述办法。

**营业盈余**　指常住单位创造的增加值扣除劳动者报酬、生产税净额和固定资产折旧后的余额。它相当于企业的营业利润加上生产补贴，但要扣除从利润中开支的工资和福利等。

# 二、人　口

# 2-1 人口数及构成(户籍数)

单位:万人

| 年份 | 年末户籍总人口 | 按性别分 | | | | 按城乡分 | | | |
|---|---|---|---|---|---|---|---|---|---|
| | | 男 | | 女 | | 非农业人口 | | 农业人口 | |
| | | 人口数 | 比重(%) | 人口数 | 比重(%) | 人口数 | 比重(%) | 人口数 | 比重(%) |
| 1979 | 210.35 | 110.72 | 52.64 | 99.63 | 47.36 | 97.75 | 46.47 | 112.60 | 53.53 |
| 1980 | 214.50 | 112.68 | 52.53 | 101.82 | 47.47 | 100.17 | 46.70 | 114.33 | 53.30 |
| 1981 | 215.98 | 113.53 | 52.57 | 102.45 | 47.43 | 102.42 | 47.42 | 113.56 | 52.58 |
| 1982 | 221.96 | 116.09 | 52.30 | 105.87 | 47.70 | 103.56 | 46.66 | 118.40 | 53.34 |
| 1983 | 222.84 | 116.74 | 52.39 | 106.10 | 47.61 | 107.63 | 48.30 | 115.21 | 51.70 |
| 1984 | 225.59 | 118.09 | 52.35 | 107.50 | 47.65 | 109.68 | 48.62 | 115.91 | 51.38 |
| 1985 | 228.71 | 119.60 | 52.29 | 109.11 | 47.71 | 112.69 | 49.27 | 116.02 | 50.73 |
| 1986 | 233.40 | 121.73 | 52.16 | 111.67 | 47.84 | 116.53 | 49.93 | 116.87 | 50.07 |
| 1987 | 237.49 | 123.55 | 52.02 | 113.94 | 47.98 | 119.24 | 50.21 | 118.25 | 49.79 |
| 1988 | 241.98 | 126.00 | 52.07 | 115.98 | 47.93 | 122.66 | 50.69 | 119.32 | 49.31 |
| 1989 | 246.74 | 128.27 | 51.99 | 118.47 | 48.01 | 125.56 | 50.89 | 121.18 | 49.11 |
| 1990 | 251.69 | 131.54 | 52.26 | 120.15 | 47.74 | 127.10 | 50.50 | 124.59 | 49.50 |
| 1991 | 255.01 | 132.70 | 52.04 | 122.31 | 47.96 | 129.85 | 50.92 | 125.16 | 49.08 |
| 1992 | 258.38 | 134.10 | 51.90 | 124.28 | 48.10 | 132.20 | 51.16 | 126.18 | 48.84 |
| 1993 | 261.21 | 135.43 | 51.85 | 125.78 | 48.15 | 133.87 | 51.25 | 127.34 | 48.75 |
| 1994 | 265.67 | 137.73 | 51.84 | 127.94 | 48.16 | 138.70 | 52.21 | 126.97 | 47.79 |
| 1995 | 270.84 | 140.11 | 51.73 | 130.73 | 48.27 | 142.99 | 52.80 | 127.85 | 47.20 |
| 1996 | 276.09 | 142.41 | 51.58 | 133.68 | 48.42 | 147.54 | 53.44 | 128.55 | 46.56 |
| 1997 | 280.46 | 144.57 | 51.55 | 135.89 | 48.45 | 150.65 | 53.72 | 129.81 | 46.28 |
| 1998 | 283.93 | 146.22 | 51.50 | 137.71 | 48.50 | 153.75 | 54.15 | 130.18 | 45.85 |
| 1999 | 287.19 | 148.08 | 51.56 | 139.11 | 48.44 | 156.58 | 54.52 | 130.61 | 45.48 |
| 2000 | 290.68 | 149.62 | 51.47 | 141.06 | 48.53 | 159.75 | 54.96 | 130.93 | 45.04 |
| 2001 | 296.51 | 152.47 | 51.42 | 144.04 | 48.58 | 164.87 | 55.60 | 131.64 | 44.40 |
| 2002 | 300.95 | 154.67 | 51.39 | 146.28 | 48.61 | 170.09 | 56.52 | 130.86 | 43.48 |
| 2003 | 304.36 | 156.53 | 51.43 | 147.83 | 48.57 | 175.54 | 57.68 | 128.82 | 42.32 |
| 2004 | 308.11 | 158.53 | 51.45 | 149.58 | 48.55 | 180.27 | 58.51 | 127.84 | 41.49 |
| 2005 | 311.74 | 160.29 | 51.42 | 151.45 | 48.58 | 183.93 | 59.00 | 127.81 | 41.00 |
| 2006 | 313.64 | 160.94 | 51.31 | 152.70 | 48.69 | 185.69 | 59.20 | 127.95 | 40.80 |
| 2007 | 319.28 | 163.68 | 51.27 | 155.6 | 48.73 | 198.53 | 62.18 | 120.75 | 37.82 |
| 2008 | 322.28 | 165.09 | 51.23 | 157.19 | 48.77 | 201.63 | 62.56 | 120.65 | 37.44 |
| 2009 | 323.59 | 165.2 | 51.05 | 158.39 | 48.95 | 202.77 | 62.66 | 120.82 | 37.34 |
| 2010 | 323.54 | 165.09 | 51.03 | 158.44 | 48.97 | 202.92 | 62.72 | 120.62 | 37.28 |
| 2011 | 323.3 | 164.35 | 50.84 | 158.95 | 49.16 | 202.67 | 62.69 | 120.63 | 37.31 |
| 2012 | 321.52 | 163.03 | 50.71 | 158.49 | 49.29 | 202.5 | 62.98 | 119.02 | 37.02 |
| 2013 | 321.43 | 162.74 | 50.63 | 158.69 | 49.37 | 201.41 | 62.66 | 120.02 | 37.34 |

# 2－2 人口自然变动情况

| 年份 | 出生人口(人) | 出生率(‰) | 死亡人口(人) | 死亡率(‰) | 自然增长率(‰) |
|---|---|---|---|---|---|
| 1979 | 30212 | 14.36 | 9410 | 4.73 | 9.63 |
| 1980 | 23621 | 11.01 | 9702 | 4.85 | 6.16 |
| 1981 | 35132 | 16.27 | 9940 | 4.82 | 11.45 |
| 1982 | 36541 | 16.46 | 10409 | 4.70 | 11.76 |
| 1983 | 34831 | 15.63 | 10403 | 4.68 | 10.95 |
| 1984 | 33714 | 14.91 | 10441 | 4.62 | 10.29 |
| 1985 | 31721 | 13.87 | 10430 | 4.55 | 9.32 |
| 1986 | 37634 | 16.12 | 10430 | 4.46 | 11.66 |
| 1987 | 39136 | 16.48 | 10400 | 4.69 | 11.79 |
| 1988 | 39024 | 16.13 | 10411 | 4.67 | 11.46 |
| 1989 | 35728 | 14.48 | 9549 | 3.87 | 10.61 |
| 1990 | 32518 | 12.92 | 9539 | 3.79 | 9.13 |
| 1991 | 34554 | 13.55 | 12546 | 4.92 | 8.63 |
| 1992 | 33693 | 13.04 | 13229 | 5.12 | 7.92 |
| 1993 | 33905 | 12.98 | 10762 | 4.12 | 8.86 |
| 1994 | 31987 | 12.04 | 10228 | 3.85 | 8.19 |
| 1995 | 38621 | 14.40 | 12398 | 4.62 | 9.78 |
| 1996 | 41756 | 15.27 | 12428 | 4.54 | 10.73 |
| 1997 | 34588 | 12.34 | 14824 | 5.28 | 7.06 |
| 1998 | 31938 | 11.24 | 15842 | 5.56 | 5.68 |
| 1999 | 26837 | 9.39 | 11002 | 3.85 | 5.54 |
| 2000 | 39386 | 13.62 | 19904 | 6.88 | 6.74 |
| 2001 | 32626 | 11.00 | 10324 | 3.48 | 7.52 |
| 2002 | 28276 | 9.40 | 12730 | 4.22 | 5.18 |
| 2003 | 26083 | 8.62 | 12399 | 4.10 | 4.52 |
| 2004 | 30509 | 9.96 | 18249 | 5.96 | 4.00 |
| 2005 | 32817 | 10.59 | 11202 | 3.61 | 6.98 |
| 2006 | 31249 | 9.99 | 12962 | 4.15 | 5.84 |
| 2007 | 36346 | 11.49 | 12180 | 3.85 | 7.64 |
| 2008 | 33596 | 10.47 | 13462 | 4.20 | 6.27 |
| 2009 | 31660 | 9.81 | 17641 | 5.46 | 4.35 |
| 2010 | 35785 | 11.06 | 25904 | 8.0 | 3.06 |
| 2011 | 30598 | 9.46 | 11342 | 3.51 | 5.95 |
| 2012 | 34178 | 10.60 | 20381 | 6.32 | 4.28 |
| 2013 | 34295 | 10.67 | 11817 | 3.68 | 6.99 |

# 2-3 各县区人口情况

（2013年）

| | 土地面积（平方公里） | 常住人口（万人） | 户籍人口 | | | 人口密度（人/平方公里） |
|---|---|---|---|---|---|---|
| | | | 年末总户数（万户） | 年末总人口（万人） | #非农业人口 | |
| **兰州市** | **13 085.60** | **364.16** | **104.93** | **321.43** | **201.41** | **246** |
| 城关区 | 222.00 | 129.25 | 31.51 | 92.67 | 91.22 | 4 174 |
| 七里河区 | 420.50 | 56.76 | 16.06 | 46.75 | 38.94 | 1 112 |
| 西固区 | 383.60 | 36.65 | 11.38 | 32.33 | 26.70 | 843 |
| 安宁区 | 85.90 | 28.02 | 6.19 | 19.34 | 19.34 | 2 251 |
| 红古区 | 519.60 | 13.83 | 5.18 | 14.33 | 9.57 | 276 |
| 永登县 | 5 652.20 | 42.28 | 16.05 | 53.31 | 7.56 | 94 |
| 皋兰县 | 2 556.00 | 13.48 | 6.11 | 18.56 | 3.21 | 73 |
| 榆中县 | 3 245.80 | 43.89 | 12.44 | 44.14 | 4.86 | 136 |

# 2－4 就业基本情况

单位：万人

| | 1995 | 2000 | 2008 | 2009 | 2010 | 2011 | 2012 | 2013 |
|---|---|---|---|---|---|---|---|---|
| **从业人员合计** | **161.22** | **145.67** | **157.15** | **162.72** | **176.48** | **179.72** | **181.95** | **196.26** |
| 第一产业 | 43.61 | 45.43 | 41.75 | 41.08 | 40.78 | 41.19 | 40.75 | 39.64 |
| 第二产业 | 61.96 | 43.88 | 42.37 | 44.72 | 47.16 | 47.25 | 47.16 | 52.50 |
| 第三产业 | 55.64 | 56.36 | 73.03 | 76.92 | 88.54 | 91.28 | 94.04 | 104.12 |
| **从业人员构成** | **100.00** | **100.00** | **100.00** | **100.00** | **100.00** | **100.00** | **100.00** | **100.00** |
| 第一产业 | 27.05 | 31.39 | 26.57 | 25.25 | 23.11 | 22.92 | 22.4 | 20.20 |
| 第二产业 | 38.43 | 30.12 | 26.96 | 27.48 | 26.72 | 26.29 | 25.92 | 26.75 |
| 第三产业 | 34.52 | 38.69 | 46.47 | 47.27 | 50.17 | 50.79 | 51.68 | 53.05 |
| **按城乡分从业人员** | **161.22** | **145.67** | **157.15** | **162.72** | **176.48** | **179.72** | **181.95** | **196.26** |
| 城镇从业人员 | 87.40 | 64.06 | 86.59 | 92.03 | 105.33 | 108.99 | 110.93 | 127.01 |
| #国有单位 | 70.03 | 51.78 | 34.32 | 37.33 | 40.43 | 38.8 | 39.13 | 36.46 |
| 城镇集体单位 | 15.20 | 9.06 | 1.76 | 1.74 | 1.91 | 1.92 | 2.02 | 2.55 |
| 股份合作单位 | 2.16 | 3.22 | 0.33 | 0.22 | 0.23 | 0.19 | 0.19 | 0.13 |
| 联营单位 | | | 0.03 | 0.04 | 0.25 | 0.04 | 0.03 | 0.20 |
| 有限责任公司 | | | 11.52 | 10.56 | 8.19 | 11.00 | 11.63 | 20.06 |
| 股份有限公司 | | | 4.52 | 3.8 | 3.83 | 4.09 | 4.48 | 8.10 |
| 私营企业 | 1.69 | 6.38 | 18.57 | 20.17 | 30.67 | 31.48 | 29.07 | 31.66 |
| 港澳台商投资单位 | | | 0.31 | 0.31 | 0.27 | 0.05 | 0.13 | 0.66 |
| 外商投资单位 | | | 0.21 | 0.43 | 0.36 | 0.40 | 0.50 | 1.04 |
| 其他 | | | 0.15 | 0.25 | 0.27 | 0.27 | 0.21 | 0.40 |
| 个体 | 6.14 | 6.44 | 14.87 | 17.18 | 18.92 | 20.75 | 23.54 | 25.75 |
| 乡村从业人员 | 65.99 | 68.79 | 70.56 | 70.69 | 71.15 | 70.73 | 71.02 | 69.25 |
| **城镇单位从业人数** | **87.39** | **64.06** | **53.15** | **54.68** | **55.74** | **56.76** | **58.32** | **69.60** |
| #国有单位 | 70.03 | 51.78 | 34.32 | 37.33 | 37.63 | 38.8 | 39.13 | 36.46 |
| 城镇集体单位 | 15.20 | 9.06 | 1.76 | 1.74 | 1.91 | 1.92 | 2.02 | 2.55 |
| 其他单位 | 2.16 | 3.22 | 17.07 | 15.61 | 16.20 | 16.04 | 17.17 | 30.59 |
| **城镇单位女性从业人员** | | | **18.21** | **18.13** | **18.28** | **18.17** | **19.96** | **23.14** |
| **城镇登记失业人数** | **1.70** | **2.96** | **1.89** | **2.12** | **2.37** | **2.15** | **1.44** | **1.44** |
| **城镇登记失业率(%)** | | **2.60** | **2.8** | **3.09** | **3.12** | **2.94** | **1.63** | **1.71** |
| **下岗失业人员再就业人数** | | **0.96** | **2.49** | **2.03** | **1** | **2.72** | **3.17** | **1.41** |

# 2－5 城乡劳动力资源配置情况

单位：万人

| | 合计 | 城镇 | 乡村 |
|---|---|---|---|
| **年末劳动力资源总数** | **292.56** | **201.88** | **90.68** |
| #当年新增加的劳动力资源 | 3.35 | 2.01 | 1.34 |
| **年末16岁以上全部人数** | **311.61** | **217.64** | **93.97** |
| #不计入劳动力资源的人数 | 18.45 | 15.16 | 3.29 |
| **经济活动人口** | **199.93** | **130.68** | **69.25** |
| 从业人员 | 196.26 | 127.01 | 69.25 |
| **按就业身份分组** | | | |
| 在岗职工 | 64.93 | 64.93 | |
| 私营业主 | 10.69 | 8.76 | 1.93 |
| 个体户主 | 14.60 | 11.76 | 2.84 |
| 私营企业和个体从业人员 | 44.87 | 36.89 | 7.98 |
| 农村劳动力 | 56.50 | | 56.50 |
| 其他从业人员 | 4.67 | 4.67 | |
| **按经济类型分组** | | | |
| 国有经济 | 36.46 | 36.46 | |
| 集体经济 | 59.05 | 2.55 | 56.50 |
| 私营经济 | 39.67 | 31.66 | 8.01 |
| 个体经济 | 30.49 | 25.75 | 4.74 |
| 联营经济 | 0.20 | 0.20 | |
| 股份制经济 | 28.29 | 28.29 | |
| 外商投资经济 | 1.04 | 1.04 | |
| 港、澳、台投资经济 | 0.66 | 0.66 | |
| 其他经济 | 0.40 | 0.40 | |
| **按国民经济行业分组** | | | |
| 农林牧渔业 | 39.64 | 1.44 | 38.20 |
| 采矿业 | 2.84 | 1.55 | 1.29 |
| 制造业 | 20.68 | 15.09 | 5.59 |
| 电力、燃气及水的生产和供应业 | 2.00 | 2.00 | |
| 建筑业 | 26.98 | 17.89 | 9.09 |
| 交通运输、仓储和邮政业 | 42.19 | 37.16 | 5.03 |
| 信息传输、计算机服务和软件业 | 10.32 | 6.65 | 3.67 |
| 批发和零售业 | 10.06 | 7.28 | 2.78 |
| 住宿和餐饮业 | 2.53 | 2.22 | 0.31 |
| 金融业 | 2.54 | 2.42 | 0.12 |
| 房地产业 | 2.39 | 2.39 | |
| 租赁和商务服务业 | 5.46 | 4.26 | 1.20 |
| 科学研究、技术服务和地质勘查业 | 4.36 | 4.19 | 0.17 |
| 水利、环境和公共设施管理 | 2.13 | 1.68 | 0.45 |
| 居民服务和其他服务业 | 3.76 | 3.49 | 0.27 |
| 教育 | 7.26 | 6.79 | 0.47 |
| 卫生、社会保障和社会福利业 | 3.30 | 3.06 | 0.24 |
| 文化、体育和娱乐业 | 1.95 | 1.66 | 0.29 |
| 公共管理和社会组织 | 5.87 | 5.79 | 0.08 |
| **非经济活动人口** | **92.63** | **71.20** | **21.43** |
| #16岁以上在校学生 | 43.41 | 39.75 | 3.66 |

# 2-6 从业人员

单位:万人

| 年份 | 从业人员合计 | 单位从业人员 | 国有单位 | 集体单位 | 其他单位 | 城镇私营企业及个体劳动者 | 农村劳动者 |
|---|---|---|---|---|---|---|---|
| 1979 | 103.23 | 61.66 | 53.11 | 8.55 | | 0.05 | 41.52 |
| 1980 | 106.56 | 59.93 | 53.12 | 6.81 | | 0.20 | 44.43 |
| 1981 | 108.90 | 63.00 | 55.84 | 7.16 | | 0.72 | 45.18 |
| 1982 | 115.51 | 64.20 | 56.75 | 7.45 | | 0.53 | 50.78 |
| 1983 | 118.74 | 66.22 | 58.05 | 8.17 | | 0.87 | 51.65 |
| 1984 | 123.35 | 67.01 | 58.61 | 8.40 | 0.02 | 1.98 | 54.36 |
| 1985 | 127.98 | 71.05 | 61.68 | 9.37 | 0.03 | 2.57 | 54.36 |
| 1986 | 132.58 | 73.38 | 63.33 | 9.96 | 0.09 | 2.52 | 56.68 |
| 1987 | 135.35 | 75.47 | 65.45 | 9.91 | 0.11 | 2.31 | 57.55 |
| 1988 | 138.54 | 76.36 | 66.25 | 9.97 | 0.14 | 3.50 | 58.68 |
| 1989 | 140.17 | 76.37 | 65.94 | 10.30 | 0.14 | 3.40 | 60.40 |
| 1990 | 143.97 | 79.34 | 67.36 | 11.85 | 0.14 | 2.86 | 61.77 |
| 1991 | 151.47 | 84.86 | 68.87 | 15.81 | 0.19 | 3.84 | 62.78 |
| 1992 | 157.36 | 87.58 | 69.47 | 17.68 | 0.44 | 5.91 | 63.86 |
| 1993 | 160.12 | 87.30 | 69.58 | 17.18 | 0.53 | 8.13 | 64.89 |
| 1994 | 160.89 | 88.14 | 70.33 | 16.67 | 1.14 | 7.29 | 65.46 |
| 1995 | 161.22 | 87.40 | 70.03 | 15.20 | 2.16 | 7.82 | 65.99 |
| 1996 | 162.27 | 86.26 | 68.93 | 15.31 | 2.02 | 9.44 | 66.57 |
| 1997 | 160.26 | 82.64 | 67.83 | 13.00 | 1.81 | 10.39 | 67.23 |
| 1998 | 160.37 | 82.53 | 67.22 | 10.11 | 5.21 | 13.23 | 67.48 |
| 1999 | 152.32 | 65.17 | 51.12 | 9.00 | 5.06 | 19.53 | 67.61 |
| 2000 | 145.70 | 64.06 | 51.78 | 9.06 | 3.22 | 12.82 | 68.79 |
| 2001 | 141.40 | 59.04 | 47.17 | 5.28 | 6.59 | 13.19 | 69.17 |
| 2002 | 153.36 | 59.42 | 46.06 | 4.83 | 8.53 | 13.87 | 80.07 |
| 2003 | 154.23 | 60.01 | 45.18 | 4.13 | 10.90 | 15.85 | 78.25 |
| 2004 | 150.04 | 59.34 | 44.75 | 3.52 | 11.06 | 23.80 | 66.90 |
| 2005 | 150.75 | 57.06 | 43.87 | 3.11 | 10.08 | 23.33 | 70.36 |
| 2006 | 150.63 | 56.71 | 35.35 | 2.69 | 18.67 | 23.09 | 70.83 |
| 2007 | 153.98 | 56.46 | 35.35 | 2.69 | 18.42 | 26.98 | 70.54 |
| 2008 | 157.15 | 53.15 | 34.32 | 1.76 | 17.07 | 33.44 | 70.56 |
| 2009 | 162.72 | 54.68 | 37.33 | 1.74 | 15.61 | 37.35 | 70.69 |
| 2010 | 176.48 | 55.74 | 37.63 | 1.91 | 16.20 | 49.59 | 71.15 |
| 2011 | 179.72 | 56.76 | 38.80 | 1.92 | 16.04 | 52.23 | 70.73 |
| 2012 | 181.95 | 58.32 | 39.13 | 2.02 | 17.17 | 52.61 | 71.02 |
| 2013 | 196.26 | 69.60 | 36.46 | 2.55 | 30.59 | 57.41 | 69.25 |

2－6续表

| 年份 | 从业人员 | 第一产业 | 第二产业 | 第三产业 | 构成(%) 第一产业 | 构成(%) 第二产业 | 构成(%) 第三产业 |
|---|---|---|---|---|---|---|---|
| 1979 | 103.23 | | | | | | |
| 1980 | 106.56 | | | | | | |
| 1981 | 108.90 | | | | | | |
| 1982 | 115.51 | | | | | | |
| 1983 | 118.74 | | | | | | |
| 1984 | 123.35 | | | | | | |
| 1985 | 127.98 | | | | | | |
| 1986 | 132.58 | 38.80 | 56.39 | 37.79 | 29.27 | 42.53 | 28.50 |
| 1987 | 135.35 | 41.60 | 56.40 | 37.35 | 30.74 | 41.67 | 27.60 |
| 1988 | 138.54 | 43.76 | 58.13 | 37.64 | 31.59 | 41.96 | 27.17 |
| 1989 | 140.17 | 43.56 | 57.86 | 38.76 | 31.08 | 41.28 | 27.65 |
| 1990 | 143.97 | 44.99 | 58.54 | 40.44 | 31.25 | 40.66 | 28.09 |
| 1991 | 151.47 | 45.80 | 61.31 | 44.36 | 30.24 | 40.48 | 29.29 |
| 1992 | 157.36 | 46.46 | 63.86 | 47.03 | 29.52 | 40.58 | 29.89 |
| 1993 | 160.12 | 43.43 | 64.83 | 51.86 | 27.12 | 40.49 | 32.39 |
| 1994 | 160.89 | 43.53 | 61.48 | 55.88 | 27.06 | 38.21 | 34.73 |
| 1995 | 161.22 | 43.61 | 61.96 | 55.64 | 27.05 | 38.43 | 34.51 |
| 1996 | 162.27 | 43.57 | 60.48 | 58.23 | 26.85 | 37.27 | 35.88 |
| 1997 | 160.26 | 44.44 | 58.16 | 57.66 | 27.73 | 36.29 | 35.98 |
| 1998 | 160.37 | 44.80 | 55.49 | 60.08 | 27.94 | 34.40 | 37.46 |
| 1999 | 152.32 | 44.60 | 45.91 | 61.80 | 29.28 | 30.14 | 40.57 |
| 2000 | 145.70 | 45.43 | 43.88 | 56.36 | 31.18 | 30.12 | 38.70 |
| 2001 | 141.40 | 45.56 | 39.88 | 55.91 | 32.22 | 28.20 | 39.58 |
| 2002 | 142.96 | 45.04 | 40.09 | 57.83 | 31.51 | 28.04 | 45.45 |
| 2003 | 145.63 | 44.72 | 42.78 | 58.13 | 30.71 | 29.73 | 39.92 |
| 2004 | 150.04 | 41.65 | 48.09 | 59.00 | 27.75 | 32.93 | 39.32 |
| 2005 | 150.75 | 44.68 | 43.18 | 62.89 | 29.64 | 28.64 | 41.72 |
| 2006 | 150.63 | 42.81 | 44.92 | 62.90 | 28.42 | 29.82 | 41.76 |
| 2007 | 153.98 | 42.04 | 45.86 | 66.08 | 27.26 | 29.73 | 43.01 |
| 2008 | 157.15 | 41.75 | 42.37 | 73.03 | 26.57 | 26.96 | 46.47 |
| 2009 | 162.72 | 41.08 | 44.72 | 76.92 | 25.25 | 27.48 | 47.27 |
| 2010 | 176.48 | 40.78 | 47.16 | 88.54 | 23.11 | 26.72 | 50.17 |
| 2011 | 179.72 | 41.19 | 47.25 | 91.28 | 22.92 | 26.29 | 50.79 |
| 2012 | 181.95 | 40.75 | 47.16 | 94.04 | 22.40 | 25.92 | 51.68 |
| 2013 | 196.26 | 39.64 | 52.50 | 104.12 | 20.20 | 26.75 | 53.05 |

# 2－7 全市分行业从业人员

（2013 年）　　单位：万人

| | 从业人员 | 单位从业人员 | 城镇私营企业 | 城镇个体劳动者 | 农村劳动者 |
|---|---|---|---|---|---|
| **合计** | **196.26** | **69.60** | **31.66** | **25.75** | **69.25** |
| 农、林、牧、渔业 | 39.64 | 0.11 | 0.93 | 0.40 | 38.20 |
| 采矿业 | 2.84 | 1.44 | 0.11 | | 1.29 |
| 制造业 | 20.68 | 12.48 | 1.84 | 0.77 | 5.59 |
| 电力、煤气和水生产和供应业 | 2.00 | 1.93 | 0.07 | | |
| 建筑业 | 26.98 | 14.94 | 2.91 | 0.04 | 9.09 |
| 交通、仓储和邮政业 | 42.19 | 2.86 | 16.79 | 17.51 | 5.03 |
| 信息传输、计算机服务和软件 | 10.32 | 5.76 | 0.32 | 0.57 | 3.67 |
| 批发和零售业 | 10.06 | 1.75 | 2.21 | 3.32 | 2.78 |
| 住宿和餐饮业 | 2.53 | 0.99 | 1.16 | 0.07 | 0.31 |
| 金融业 | 2.54 | 2.28 | 0.14 | | 0.12 |
| 房地产业 | 2.39 | 1.97 | 0.42 | | |
| 租赁和商务服务业 | 5.46 | 1.65 | 2.27 | 0.34 | 1.20 |
| 科学研究技术服务和地质勘探业 | 4.36 | 3.42 | 0.75 | 0.02 | 0.17 |
| 水利、环境和公共设施管理 | 2.13 | 1.50 | 0.18 | | 0.45 |
| 居民服务和其他服务业 | 3.76 | 0.18 | 1.02 | 2.29 | 0.27 |
| 教育 | 7.26 | 6.74 | 0.05 | | 0.47 |
| 卫生、社会保障和社会福利业 | 3.30 | 2.76 | 0.07 | 0.23 | 0.24 |
| 文化、体育和娱乐业 | 1.95 | 1.05 | 0.42 | 0.19 | 0.29 |
| 公共管理和社会组织 | 5.87 | 5.79 | | | 0.08 |
| **按三次产业分** | | | | | |
| 第一产业 | 39.64 | 0.11 | 0.93 | 0.40 | 38.20 |
| 第二产业 | 52.50 | 30.79 | 4.93 | 0.81 | 15.97 |
| 第三产业 | 104.12 | 38.70 | 25.80 | 24.54 | 15.08 |

# 2-8 市属分行业从业人员

（2013 年）　　　　单位：万人

| | 从业人员 | 单位从业人员 | 城镇私营企业 | 城镇个体劳动者 | 农村劳动者 |
|---|---|---|---|---|---|
| **合计** | **155.89** | **29.23** | **31.66** | **25.75** | **69.25** |
| 农、林、牧、渔业 | 39.53 | | 0.93 | 0.40 | 38.20 |
| 采矿业 | 1.42 | 0.02 | 0.11 | | 1.29 |
| 制造业 | 12.47 | 4.27 | 1.84 | 0.77 | 5.59 |
| 电力、煤气和水生产和供应业 | 0.86 | 0.79 | 0.07 | | |
| 建筑业 | 17.29 | 5.25 | 2.91 | 0.04 | 9.09 |
| 交通、仓储和邮政业 | 41.36 | 2.03 | 16.79 | 17.51 | 5.03 |
| 信息传输、计算机服务和软件 | 6.15 | 1.59 | 0.32 | 0.57 | 3.67 |
| 批发和零售业 | 9.64 | 1.33 | 2.21 | 3.32 | 2.78 |
| 住宿和餐饮业 | 1.69 | 0.15 | 1.16 | 0.07 | 0.31 |
| 金融业 | 0.80 | 0.54 | 0.14 | | 0.12 |
| 房地产业 | 1.95 | 1.53 | 0.42 | | |
| 租赁和商务服务业 | 4.50 | 0.69 | 2.27 | 0.34 | 1.20 |
| 科学研究技术服务和地质勘探业 | 1.49 | 0.55 | 0.75 | 0.02 | 0.17 |
| 水利、环境和公共设施管理 | 1.97 | 1.34 | 0.18 | | 0.45 |
| 居民服务和其他服务业 | 3.70 | 0.12 | 1.02 | 2.29 | 0.27 |
| 教育 | 3.90 | 3.38 | 0.05 | | 0.47 |
| 卫生、社会保障和社会福利业 | 1.83 | 1.29 | 0.07 | 0.23 | 0.24 |
| 文化、体育和娱乐业 | 1.19 | 0.29 | 0.42 | 0.19 | 0.29 |
| 公共管理和社会组织 | 4.15 | 4.07 | | | 0.08 |
| **按三次产业分** | | | | | |
| 第一产业 | 39.53 | | 0.93 | 0.40 | 38.20 |
| 第二产业 | 32.04 | 10.33 | 4.93 | 0.81 | 15.97 |
| 第三产业 | 84.32 | 18.90 | 25.80 | 24.54 | 15.08 |

# 2－9 全市城镇非私营单位从业人员

单位：人　　　　　　　　　　　　　　　　（2013 年）

| | 合计 | 在岗职工 | 国有单位 | 城镇集体单位 | 其他单位 |
|---|---|---|---|---|---|
| **合计** | **696 063** | **600 478** | **364 647** | **25 485** | **305 931** |
| **按执行会计标准类别分组** | | | | | |
| 企　　业 | 501 370 | 424 715 | 171 925 | 23 975 | 305 470 |
| 事　　业 | 141 689 | 128 685 | 140 110 | 1 392 | 187 |
| 机　　关 | 51 431 | 46 729 | 51 431 | | |
| 民间非营利组织 | | | | | |
| 其　　他 | 1 573 | 348 | 1 181 | 118 | 127 |
| **按国民经济行业分组(GB/T 4754－2011)** | | | | | |
| 农、林、牧、渔业 | 1 134 | 1 054 | 1 070 | 64 | |
| 农　　业 | 18 | 18 | | 18 | |
| 林　　业 | 669 | 645 | 669 | | |
| 畜 牧 业 | 214 | 213 | 168 | 46 | |
| 渔　　业 | | | | | |
| 农、林、牧、渔服务业 | 233 | 178 | 233 | | |
| 采 矿 业 | 14 381 | 14 381 | 194 | 22 | 14 165 |
| 制 造 业 | 124 760 | 114 682 | 19 865 | 3 493 | 101 402 |
| 电力、热力、燃气及水生产和供应业 | 19 267 | 18 426 | 11 040 | 38 | 8 189 |
| 电力、热力生产和供应业 | 13 907 | 13 267 | 9 387 | 38 | 4 482 |
| 燃气生产和供应业 | 1 559 | 1 385 | | | 1 559 |
| 水的生产和供应业 | 2 405 | 2 378 | 257 | | 2 148 |
| 建筑业 | 149 419 | 110 744 | 53 437 | 11 922 | 84 060 |
| 房屋建筑业 | 89 578 | 66 715 | 37 999 | 7 448 | 44 131 |
| 土木工程建筑业 | 41 853 | 31 125 | 8 554 | 2 084 | 31 215 |
| 建筑安装业 | 10 994 | 7 543 | 4 472 | 2 174 | 4 348 |
| 建筑装饰和其他建筑业 | 6 994 | 5 361 | 2 421 | 216 | 4 366 |
| 批发和零售业 | 28 612 | 26 214 | 3 886 | 2 045 | 22 681 |
| 批发业 | 11 081 | 9 735 | 2 242 | 751 | 8 088 |
| 零售业 | 17 531 | 16 479 | 1 644 | 1 294 | 14 593 |
| 交通运输、仓储和邮政业 | 57 531 | 53 149 | 41 331 | 1 068 | 15 132 |
| 铁路运输业 | 30 620 | 30 351 | 29 860 | 90 | 670 |
| 道路运输业 | 14 497 | 13 625 | 841 | 848 | 12 808 |
| 水上运输业 | 46 | 46 | 46 | | |
| 航空运输业 | 1 722 | 1 660 | 1 566 | | 156 |
| 管道运输业 | | | | | |
| 装卸搬运和运输代理业 | 2 196 | 2 139 | 1 951 | | 245 |
| 仓 储 业 | 2 385 | 2 031 | 1 143 | 130 | 1 112 |
| 邮政业 | 6 065 | 3 297 | 5 924 | | 141 |
| 住宿和餐饮业 | 17 544 | 14 698 | 5 043 | 706 | 11 795 |
| 住宿业 | 10 098 | 9 212 | 4 429 | 691 | 4 978 |
| 餐饮业 | 7 446 | 5 486 | 614 | 15 | 6 817 |
| 信息传输、软件和信息技术服务业 | 9 953 | 7 020 | 5 210 | | 4 743 |
| 电信、广播电视和卫星传输服务 | 8 535 | 5 439 | 4 814 | | 3 539 |
| 互联网和相关服务 | | | | | |
| 软件和信息技术服务业 | 1 600 | 1 581 | 396 | | 1 204 |

2-9 续表

| | 合计 | 在岗职工 | 国有单位 | 城镇集体单位 | 其他单位 |
|---|---|---|---|---|---|
| 金融业 | 22 820 | 21 562 | 6 912 | 1 294 | 14 614 |
| 货币金融服务业 | 17 279 | 16 408 | 6 791 | 1 294 | 9 194 |
| 资本市场服务业 | | | | | |
| 保险业 | 5 465 | 5 082 | 45 | | 5 420 |
| 其他金融业 | 76 | 72 | 76 | | |
| 房地产业 | 19 648 | 15 952 | 4 386 | 208 | 15 054 |
| 房地产开发经营 | 12 824 | 11 785 | 3 000 | 99 | 9 725 |
| 物业管理 | 5 777 | 3 120 | 339 | 109 | 5 329 |
| 房地产中介服务 | 25 | 25 | 25 | | |
| 租赁和商务服务业 | 16 459 | 8 010 | 10 467 | 2 929 | 3 063 |
| 租赁业 | 59 | 59 | 2 | 42 | 15 |
| 商务服务业 | 16 400 | 7 951 | 10 465 | 2 887 | 3 048 |
| 科学研究、技术服务业 | 34 224 | 31 648 | 26 998 | 95 | 7 131 |
| 研究和试验发展 | 10 591 | 9 917 | 10 053 | 76 | 462 |
| 专业技术服务业 | 20 130 | 18 298 | 13 520 | 12 | 6 598 |
| 科技推广和应用服务业 | 3 503 | 3 433 | 3 425 | 7 | 71 |
| 水利、环境和公共设施管理业 | 15 054 | 12 766 | 14 350 | | 704 |
| 水利管理业 | 3 479 | 2 857 | 3 359 | | 120 |
| 生态保护和环境治理业 | 1 118 | 926 | 1 118 | | |
| 公共设施管理业 | 10 457 | 8 983 | 9 873 | | 584 |
| 居民服务、修理和其他服务业 | 1 807 | 1 781 | 767 | 322 | 718 |
| 居民服务业 | 1 455 | 1 451 | 450 | 322 | 683 |
| 机动车、电子产品和日用产品修理业 | 317 | 317 | 317 | | |
| 其他服务业 | 35 | 13 | | | 35 |
| 教育 | 67 437 | 64 313 | 66 811 | 61 | 565 |
| 卫生和社会工作 | 27 576 | 21 942 | 25 999 | 1 218 | 359 |
| 卫生 | 26 974 | 21 388 | 25 397 | 1 218 | 359 |
| 社会工作 | 602 | 554 | 602 | | |
| 文化、体育和娱乐业 | 10 482 | 9 438 | 8 926 | | 1 556 |
| 新闻和出版业 | 3 270 | 3 258 | 2 018 | | 1 252 |
| 广播、电视、电影和影视录音制作业 | 3 365 | 2 538 | 3 223 | | 142 |
| 文化艺术业 | 2 731 | 2 530 | 2 720 | | 11 |
| 体育 | 818 | 816 | 818 | | |
| 娱乐业 | 298 | 296 | 147 | | 151 |
| 公共管理、社会保障和社会组织 | 57 955 | 52 698 | 57 955 | | |
| 其中:中国共产党机关 | 2 390 | 1 995 | 2 390 | | |
| 国家机构 | 52 997 | 48 195 | 52 997 | | |
| 人民政协、民主党派 | 691 | 678 | 691 | | |
| 社会保障 | 237 | 224 | 237 | | |
| 群众社团、社会团体和其他成员组织 | 1 640 | 1 606 | 1 640 | | |

# 2－10 市属城镇非私营单位从业人员

（2013 年）　　单位：人

| | 合计 | 在岗职工 | 国有单位 | 城镇集体单位 | 其他单位 |
|---|---|---|---|---|---|
| **合计** | **292 347** | **257 833** | **118 402** | **19 221** | **154 724** |
| **按企、事业机关分** | | | | | |
| 企业 | 183 726 | 160 762 | 11 526 | 17 711 | 154 489 |
| 事业 | 69 733 | 63 360 | 68 154 | 1 392 | 187 |
| 机关 | 37 597 | 33 519 | 37 597 | | |
| 民间非盈利组织 | | | | | |
| 其他 | 1 291 | 192 | 1 125 | 118 | 48 |
| **按国民经济行业分** | | | | | |
| 农、林、牧、渔业 | | | | | |
| 农　业 | | | | | |
| 林　业 | | | | | |
| 畜 牧 业 | | | | | |
| 渔　业 | | | | | |
| 农、林、牧、渔服务业 | | | | | |
| 采 矿 业 | 157 | 153 | | 22 | 135 |
| 制 造 业 | 42 697 | 40 693 | 2 016 | 3 107 | 37 574 |
| 电力、热力、燃气及水生产和供应业 | 7 948 | 7 164 | 1 661 | | 6 287 |
| 电力、热力生产和供应业 | 4 034 | 3 477 | 1 454 | | 2 580 |
| 燃气生产和供应业 | 1 559 | 1 335 | | | 1 559 |
| 水的生产和供应业 | 2 355 | 2 352 | 207 | | 2 148 |
| 建筑业 | 52 489 | 43 101 | 1 082 | 10 087 | 41 320 |
| 房屋建筑业 | 30 040 | 25 994 | 812 | 7 147 | 22 081 |
| 土木工程建筑业 | 14 254 | 12 306 | 270 | 676 | 13 308 |
| 建筑安装业 | 4 694 | 2 776 | | 2 174 | 2 520 |
| 建筑装饰和其他建筑业 | 3 501 | 2 025 | | 90 | 3 411 |
| 批发和零售业 | 20 258 | 18 838 | 1 412 | 1 397 | 17 449 |
| 批发业 | 5 658 | 5 274 | 628 | 165 | 4 865 |
| 零售业 | 14 600 | 13 564 | 784 | 1 232 | 12 584 |
| 交通运输、仓储和邮政业 | 15 935 | 14 994 | 1 125 | 478 | 14 332 |
| 铁路运输业 | 785 | 769 | 25 | 90 | 670 |
| 道路运输业 | 13 745 | 13 104 | 549 | 388 | 12 808 |
| 水上运输业 | 46 | 46 | 46 | | |
| 航空运输业 | 156 | 107 | | | 156 |
| 管道运输业 | | | | | |
| 装卸搬运和运输代理业 | 125 | 124 | | | 125 |
| 仓 储 业 | 856 | 724 | 424 | | 432 |
| 邮政业 | 222 | 120 | 81 | | 141 |
| 住宿和餐饮业 | 13 336 | 11 226 | 729 | 353 | 12 254 |
| 住宿业 | 6 581 | 6 405 | 533 | 338 | 5 710 |
| 餐饮业 | 6 755 | 4 821 | 196 | 15 | 6 544 |
| 信息传输、软件和信息技术服务业 | 1 522 | 1 427 | 375 | | 1 147 |
| 电信、广播电视和卫星传输服务 | 928 | 857 | 196 | | 732 |
| 互联网和相关服务 | | | | | |
| 软件和信息技术服务业 | 594 | 570 | 179 | | 415 |

2－10 续表

| | 合计 | 在岗职工 | 国有单位 | 城镇集体单位 | 其他单位 |
|---|---|---|---|---|---|
| 金融业 | 5 409 | 5 032 | 747 | 376 | 4 286 |
| 货币金融服务业 | 5 373 | 4 999 | 711 | 376 | 4 286 |
| 资本市场服务业 | | | | | |
| 保险业 | 20 | 17 | 20 | | |
| 其他金融业 | 16 | 16 | 16 | | |
| 房地产业 | 15 311 | 12 688 | 1 727 | 203 | 13 381 |
| 房地产开发经营 | 8 816 | 8 230 | 469 | 99 | 8 248 |
| 物业管理 | 5 449 | 3 413 | 212 | 104 | 5 133 |
| 房地产中介服务 | 25 | 25 | 25 | | |
| 租赁和商务服务业 | 6 934 | 3 315 | 3 645 | 1 585 | 1 704 |
| 租赁业 | 23 | 23 | 2 | 6 | 15 |
| 商务服务业 | 6 911 | 3 292 | 3 643 | 1 579 | 1 689 |
| 科学研究、技术服务业 | 5 452 | 5 004 | 3 065 | 12 | 2 375 |
| 研究和试验发展 | 391 | 383 | 391 | | |
| 专业技术服务业 | 3 796 | 3 419 | 1 409 | 12 | 2 375 |
| 科技推广和应用服务业 | 1 265 | 1 202 | 1 265 | | |
| 水利、环境和公共设施管理业 | 13 387 | 10 957 | 12 818 | | 569 |
| 水利管理业 | 2 440 | 1 820 | 2 440 | | |
| 生态保护和环境治理业 | 592 | 440 | 592 | | |
| 公共设施管理业 | 10 355 | 8 697 | 9 786 | | 569 |
| 居民服务、修理和其他服务业 | 1 216 | 1 018 | 211 | 322 | 683 |
| 居民服务业 | 1 216 | 1 018 | 211 | 322 | 683 |
| 机动车、电子产品和日用产品修理业 | | | | | |
| 其他服务业 | | | | | |
| 教育 | 33 793 | 32 819 | 33 087 | 61 | 645 |
| 卫生和社会工作 | 12 900 | 10 590 | 11 379 | 1 218 | 303 |
| 卫生 | 12 478 | 10 208 | 10 957 | 1 218 | 303 |
| 社会工作 | 422 | 382 | 422 | | |
| 文化、体育和娱乐业 | 2 861 | 2 824 | 2 581 | | 280 |
| 新闻和出版业 | 626 | 626 | 626 | | |
| 广播、电视、电影和影视录音制作业 | 821 | 816 | 703 | | 118 |
| 文化艺术业 | 1 099 | 1 066 | 1 088 | | 11 |
| 体育 | 137 | 135 | 137 | | |
| 娱乐业 | 178 | 181 | 27 | | 151 |
| 公共管理、社会保障和社会组织 | 40 742 | 35 990 | 40 742 | | |
| 其中：中国共产党机关 | 1 486 | 1 273 | 1 486 | | |
| 国家机构 | 37 888 | 33 386 | 37 888 | | |
| 人民政协、民主党派 | 325 | 317 | 325 | | |
| 社会保障 | 237 | 222 | 237 | | |
| 群众社团、社会团体和其他成员组织 | 806 | 792 | 806 | | |

# 2－11 按登记注册类型分的其他单位从业人员

单位:万人

| | 2007 | 2008 | 2009 | 2010 | 2011 | 2012 | 2013 |
|---|---|---|---|---|---|---|---|
| 城镇单位从业人员 | 18.42 | 17.03 | 15.61 | 16.20 | 16.04 | 17.17 | 30.59 |
| 内资 | 17.7 | 16.41 | 14.88 | 15.57 | 15.59 | 16.54 | 28.89 |
| 股份合作 | 0.34 | 0.32 | 0.22 | 0.23 | 0.19 | 0.19 | 0.13 |
| 联营 | 0.04 | 0.03 | 0.04 | 0.25 | 0.04 | 0.03 | 0.20 |
| #国有联营 | | | | 0.21 | | | 0.15 |
| 集体联营 | 0.04 | | | | | | 0.02 |
| 有限责任公司 | 11.8 | 10.52 | 10.57 | 10.99 | 11.00 | 11.63 | 20.07 |
| #国有独资 | 2.9 | 3.05 | 3.42 | 2.80 | 3.55 | 3.70 | 3.43 |
| 股份有限公司 | 5.36 | 5.34 | 3.8 | 3.83 | 4.09 | 4.49 | 8.09 |
| 其他 | 0.16 | 0.21 | 0.25 | 0.27 | 0.27 | 0.21 | 0.40 |
| 港、澳、台商投资 | 0.35 | 0.31 | 0.31 | 0.27 | 0.05 | 0.13 | 0.66 |
| 外商投资 | 0.38 | 0.31 | 0.42 | 0.36 | 0.40 | 0.50 | 1.04 |

# 主要统计指标解释

**人口数**　指一定时点、一定地区范围内的有生命的个人的总和。

**出生率**　（又称粗出生率）指在一定时期内（通常为一年）一定地区的出生人数与同期内平均人数（或期中人数）之比。一般用千分率表示。本资料中的出生率指年出生率，其计算公式为：

出生率=出生人数/年平均人数*1000

式中：出生人数指活产婴儿，即胎儿脱离母体时（不管怀孕月数），有过呼吸或其他生命现象。年平均人数指年初、年底人口数的平均数，也可用年中人口数代替。

**死亡率**　（又称粗死亡率）指在一定时期内（通常为一年）一定地区的死亡人数与同期内平均人数（或期中人数）之比，一般用千分率表示。本资料中的死亡率指年死亡率，其计算公式为：

死亡率=年死亡人数/年平均人数*1000

**人口自然增长率**　指在一定时期内（通常为一年）人口自然增加数（出生人数减死亡人数）与该时期内平均人数（或期中人数）之比，一般用千分率表示。计算公式为：

人口自然增长率=（本年出生人数-本年死亡人数）/年平均人数*1000

**社会劳动者人数**　指在16岁以上，有劳动能力，参加或要求参加社会经济活动的人口；包括就业人员和失业人员。

**就业人员**　指从事一定社会劳动并取得劳动报酬或经营收入的人员，包括在岗职工、劳务派遣人员、再就业的离退休人员、私营业主、个体户主、私营和个体业人员、乡镇就业人员、农村就业人员、其他就业人员（包括民办教师、宗教职业者、现役军人等）。这一指标反映了一定时期内全部劳动力资源的实际利用情况，是研究我国基本国情国力的重要指标。

**单位从业人员**　指在各级国家机关、政党机关、社会团体及企业、事业单位中工作，取得工资或其他形式的劳动报酬的全部人员。包括在岗职工、劳务派遣人员、再就业的离退休人员、民办教师以及在各单位中工作的外方人员和港澳台方人员、兼职人员、借用的外单位人员和第二职业者。不包括离开本单位仍保留劳动关系的职工。各单位的就业人员反映了各单位实际参加生产或工作的全部劳动力。

**城镇私营和个体就业人员**　城镇私营就业人员指在工商管理部门注册登记，其经营地址设在县城关镇（含城关镇）以上的私营企业就业人员；包括私营企业投资者和雇工。城镇个体就业人员指在工商管理部门注册登记，并持有城镇户口或在城镇长期居住，经批准从事个体工商经营的就业人员；包括个体经营者和在个体工商户劳动的家庭帮工和雇工。

**城镇登记失业人员**　指有非农业户口，在一定的劳动年龄内，有劳动能力，无业而要求就业，并在当地就业服务机构进行求职登记的人员。

**城镇登记失业率**　指城镇登记失业人数同城镇单位就业人数、城镇私营企业及个体就业人数和城镇登记失业人数之和的比。计算公式为：

城镇登记失业率=城镇登记失业人数/(城镇单位就业人数+城镇私营企业及个体就业人数+城镇登记失业人数）*100%

**职工**　指在国有经济、城镇集体经济、联营经济、股份制经济、外商和港、澳、台投资经济、其他经济单位及其附属机构工作，并由其支付工资的各类人员，不包括返聘的离休人员、民办教师、在国有经济单位工作的外方人员和港、澳、台人员（1998年以后的数据无均为在岗职工数据，其他相关指标如职工工资总额，职工平均工资等指标也从1998年按此口径进行了相应调整）。

**国有单位职工**　指在国有经济单位及其附属机构工作，并由其支付工资的各类人员。

**城镇集体单位职工**　指在城镇集体经济单位及其管理部门工作，并由其支付工资的各类人员。

**其他单位职工**　指在联营经济、股份制经济、外商投资经济、港、澳、台投资经济单位工作，并由其支付工资的各类人员。

**在岗职工**　指在本单位工作并由单位支付工资的人员，以及有工作岗位，但由于学习、病伤产假等原因暂未工作，仍由单位支付工资的人员。

# 三、工业、能源

# 3－1 工业总产值

单位:万元

| 年份 | 工业总产值 | 规模以上工业总产值 | 轻工业 | 重工业 | 规模以下工业总产值 |
|---|---|---|---|---|---|
| 1979 | 387 180 | 382 146 | 68 279 | 313 867 | 5 034 |
| 1980 | 393 214 | 388 655 | 82 644 | 306 011 | 4 559 |
| 1981 | 393 634 | 368 655 | 83 879 | 284 776 | 24 979 |
| 1982 | 402 933 | 397 848 | 94 511 | 303 337 | 5 085 |
| 1983 | 452 318 | 446 016 | 100 809 | 345 207 | 6 302 |
| 1984 | 506 286 | 497 314 | 119 696 | 377 618 | 8 972 |
| 1985 | 650 997 | 636 937 | 170 041 | 466 896 | 14 060 |
| 1986 | 736 686 | 716 432 | 183 217 | 533 215 | 20 254 |
| 1987 | 814 390 | 788 055 | 199 186 | 588 869 | 26 335 |
| 1988 | 974 522 | 935 277 | 255 726 | 679 551 | 39 245 |
| 1989 | 1 236 599 | 1 137 169 | 296 794 | 840 375 | 99 430 |
| 1990 | 1 337 530 | 1 266 043 | 310 566 | 955 477 | 71 487 |
| 1991 | 1 412 200 | 1 337 000 | 320 200 | 1 016 800 | 75 200 |
| 1992 | 1 624 700 | 1 526 000 | 353 200 | 1 172 800 | 98 700 |
| 1993 | 2 148 400 | 1 979 800 | 362 000 | 1 617 800 | 168 600 |
| 1994 | 2 813 500 | 2 536 700 | 424 500 | 2 112 200 | 276 800 |
| 1995 | 3 063 300 | 2 719 400 | 487 600 | 2 231 800 | 343 900 |
| 1996 | 3 337 100 | 2 880 400 | 514 600 | 2 365 800 | 456 700 |
| 1997 | 3 633 400 | 3 026 500 | 612 500 | 2 414 000 | 606 900 |
| 1998 | 3 458 292 | 2 874 587 | 540 416 | 2 334 171 | 583 705 |
| 1999 | 3 525 637 | 2 994 886 | 510 166 | 2 484 720 | 530 751 |
| 2000 | 4 151 708 | 3 822 717 | 633 789 | 3 188 928 | 328 991 |
| 2001 | 4 465 245 | 4 119 243 | 717 486 | 3 401 757 | 346 002 |
| 2002 | 4 855 780 | 4 501 780 | 826 553 | 3 675 227 | 354 000 |
| 2003 | 5 615 352 | 5 266 652 | 924 420 | 4 342 232 | 348 700 |
| 2004 | 6 963 369 | 6 553 669 | 1 017 456 | 5 536 213 | 409 700 |
| 2005 | 8 324 634 | 7 883 023 | 943 905 | 6 939 118 | 441 611 |
| 2006 | 10 121 752 | 9 531 331 | 1 076 998 | 8 454 333 | 590 421 |
| 2007 | 12 466 174 | 11 806 174 | 1 295 577 | 10 510 597 | 660 000 |
| 2008 | 14 266 389 | 13 556 379 | 1 275 307 | 12 281 072 | 710 010 |
| 2009 | 14 096 146 | 13 315 146 | 1 437 491 | 11 877 655 | 781 000 |
| 2010 | 16 843 587 | 15 914 704 | 1 750 149 | 14 164 555 | 928 833 |
| 2011 | 19 738 858 | 18 913 058 | 2 020 394 | 16 892 664 | 825 800 |
| 2012 | 21 236 242 | 20 554 242 | 2 534 796 | 18 019 446 | 682 000 |
| 2013 | 25 008 485 | 24 161 985 | 2 997 312 | 21 164 673 | 846 500 |

注:①2000 年以前工业总产值划分为乡及乡以上和乡以下;
②2011 年及以后规模以上工业企业为年主营业务收入 2000 万元以上。

# 3－2 工业总产值指数

（上年＝100）

| 年份 | 工业总产值 | 规模以上工业总产值 | 轻工业 | 重工业 | 规模以下工业总产值 |
|---|---|---|---|---|---|
| 1979 | 105.46 | 105.33 | 87.34 | 109.91 | 124.23 |
| 1980 | 99.65 | 100.43 | 116.58 | 97.17 | 90.56 |
| 1981 | 94.05 | 94.01 | 55.92 | 103.24 | 99.30 |
| 1982 | 107.26 | 107.30 | 143.71 | 102.52 | 102.12 |
| 1983 | 111.47 | 111.38 | 160.03 | 102.43 | 123.92 |
| 1984 | 110.68 | 110.42 | 110.64 | 110.35 | 142.36 |
| 1985 | 117.13 | 116.89 | 145.79 | 108.55 | 140.03 |
| 1986 | 108.32 | 107.86 | 92.42 | 113.84 | 144.03 |
| 1987 | 109.35 | 109.06 | 114.74 | 107.28 | 125.90 |
| 1988 | 111.10 | 110.36 | 113.50 | 109.31 | 148.84 |
| 1989 | 106.90 | 105.75 | 105.27 | 105.91 | 150.30 |
| 1990 | 108.09 | 106.22 | 105.79 | 106.37 | 157.71 |
| 1991 | 103.27 | 103.16 | 101.95 | 103.58 | 105.14 |
| 1992 | 110.48 | 109.20 | 106.61 | 110.08 | 133.03 |
| 1993 | 109.55 | 106.77 | 101.37 | 108.39 | 149.61 |
| 1994 | 111.00 | 109.74 | 104.62 | 111.48 | 123.97 |
| 1995 | 109.10 | 105.10 | 108.10 | 101.78 | 148.58 |
| 1996 | 109.62 | 104.90 | 101.90 | 107.61 | 138.01 |
| 1997 | 116.40 | 110.90 | 126.73 | 103.74 | 141.96 |
| 1998 | 105.10 | 102.66 | 92.27 | 106.34 | 113.93 |
| 1999 | 106.00 | 106.20 | 105.30 | 106.70 | 105.21 |
| 2000 | 109.88 | 107.10 | 106.45 | 107.30 | |
| 2001 | 112.00 | 111.70 | 114.30 | 110.90 | |
| 2002 | 113.60 | 113.38 | 114.66 | 113.00 | |
| 2003 | 112.60 | 112.94 | 109.95 | 113.89 | |
| 2004 | 114.90 | 114.73 | 109.82 | 115.32 | 104.75 |
| 2005 | 114.65 | 114.82 | 108.43 | 115.98 | 112.17 |
| 2006 | 114.88 | 114.98 | 111.60 | 115.07 | 114.72 |
| 2007 | 121.43 | 122.02 | 113.59 | 123.09 | 110.91 |
| 2008 | 115.19 | 116.02 | 116.41 | 115.83 | 102.51 |
| 2009 | 110.10 | 110.50 | 119.60 | 108.50 | 108.74 |
| 2010 | 112.35 | 112.62 | 118.54 | 111.98 | 110.09 |
| 2011 | 116.31 | 116.18 | 110.64 | 116.73 | 118.40 |
| 2012 | 109.50 | 109.40 | 125.00 | 107.50 | 110.10 |
| 2013 | 115.20 | 116.80 | 117.80 | 116.60 | 112.40 |

# 3－3 工业增加值

单位：万元

| 年份 | 工业增加值 | 比上年增长(%) | 按轻重工业分 | | #规模以上工业增加值 | 比上年增长(%) |
|---|---|---|---|---|---|---|
| | | | 轻工业 | 重工业 | | |
| 1979 | 177 174 | 8.50 | 31 705 | 145 469 | | |
| 1980 | 176 356 | -0.50 | 37 475 | 138 881 | | |
| 1981 | 156 142 | -12.50 | 42 255 | 113 887 | | |
| 1982 | 166 653 | 6.50 | 39 510 | 127 143 | | |
| 1983 | 192 461 | 13.00 | 43 430 | 149 031 | | |
| 1984 | 218 007 | 11.00 | 52 314 | 165 693 | | |
| 1985 | 254 647 | 9.00 | 67 614 | 187 033 | | |
| 1986 | 286 571 | 8.00 | 72 847 | 213 724 | | |
| 1987 | 296 764 | 6.00 | 74 503 | 222 261 | | |
| 1988 | 321 494 | 8.00 | 86 969 | 234 525 | | |
| 1989 | 385 201 | 7.50 | 96 481 | 288 720 | | |
| 1990 | 401 259 | 7.00 | 97 461 | 303 798 | | |
| 1991 | 401 739 | -2.00 | 95 368 | 306 371 | | |
| 1992 | 461 109 | 9.80 | 95 378 | 365 731 | | |
| 1993 | 646 352 | 15.30 | 119 053 | 527 299 | | |
| 1994 | 876 935 | 13.20 | 175 387 | 701 548 | | |
| 1995 | 1 030 058 | 9.20 | 206 012 | 824 046 | | |
| 1996 | 968 213 | 8.40 | 193 643 | 774 570 | | |
| 1997 | 940 371 | 7.00 | 188 074 | 752 297 | | |
| 1998 | 920 899 | 5.00 | 184 180 | 736 719 | 828 299 | 3.66 |
| 1999 | 944 221 | 7.00 | 188 844 | 755 377 | 846 121 | 5.80 |
| 2000 | 1 070 358 | 7.90 | 214 072 | 856 286 | 963 358 | 7.70 |
| 2001 | 1 163 695 | 10.10 | 232 739 | 930 956 | 1 049 095 | 10.00 |
| 2002 | 1 263 817 | 10.90 | 252 764 | 1 011 053 | 1 137 817 | 10.86 |
| 2003 | 1 431 915 | 11.90 | 286 383 | 1 145 532 | 1 295 515 | 12.12 |
| 2004 | 1 677 000 | 13.57 | 335 400 | 1 341 600 | 1 517 200 | 14.58 |
| 2005 | 1 977 008 | 16.46 | 359 940 | 1 617 068 | 1 813 854 | 18.36 |
| 2006 | 2 308 800 | 16.60 | 445 669 | 1 816 131 | 2 123 855 | 17.17 |
| 2007 | 2 678 794 | 17.12 | 485 481 | 2 193 313 | 2 479 248 | 17.98 |
| 2008 | 3 189 304 | 13.16 | 581 414 | 2 607 886 | 2 965 904 | 13.50 |
| 2009 | 3 312 200 | 9.42 | 665 850 | 2 646 350 | 3 081 700 | 9.83 |
| 2010 | 3 990 648 | 11.82 | 841 902 | 3 148 746 | 3 726 746 | 12.3 |
| 2011 | 4 972 500 | 15.15 | 1 073 030 | 3 899 470 | 4 650 290 | 15.0 |
| 2012 | 5 624 200 | 11.80 | 1 208 922 | 4 415 278 | 5 381 538 | 11.5 |
| 2013 | 6 144 500 | 14.10 | 1 731 500 | 4 413 000 | 5 751 291 | 14.20 |

# 3－4 全市及市属工业增加值

（2013 年） 单位：万元

| | 全市 | | 市属 | |
|---|---|---|---|---|
| | 工业增加值 | 比上年增长（%） | 工业增加值 | 比上年增长（%） |
| **总计** | **6 144 500** | **14.1** | **1 501 900** | **21.8** |
| **规模以上工业** | **5 751 291** | **14.2** | **1 226 000** | **23.9** |
| #国有企业 | 720 000 | 17.6 | 77 000 | 33.5 |
| 集体企业 | 103 000 | 42.2 | 98 000 | 42.1 |
| 股份合作企业 | 2 000 | 37.2 | 4 000 | 37.2 |
| 股份制 | 4 557 000 | 12.8 | 734 000 | 20.6 |
| 港澳台及外商商投资企业 | 181 000 | 10.6 | 142 000 | 13.8 |
| 其他经济类型 | 188 000 | 36.4 | 172 000 | 35.2 |
| #轻工业 | 148 800 | 9.2 | 325 000 | 17.6 |
| 重工业 | 4 263 000 | 16.3 | 901 000 | 26.2 |

# 3－5 工业企业单位数及工业总产值

（2013 年） 单位：个、万元

| | 全市 | | 市属 | |
|---|---|---|---|---|
| | 企业单位数 | 工业总产值 | 企业单位数 | 工业总产值 |
| **总计** | **3 485** | **25 008 485** | **3 406** | **6 777 819** |
| **规模以上工业企业** | **390** | **24 161 985** | **311** | **5 931 319** |
| #国有企业 | 36 | 3 578 973 | 9 | 329 962 |
| 集体企业 | 21 | 559 458 | 20 | 546 794 |
| 股份合作企业 | 3 | 21 969 | 3 | 21 969 |
| 股份制企业 | 264 | 18 223 197 | 220 | 3 571 921 |
| 外商及港澳台商投资企业 | 16 | 828 176 | 12 | 573 718 |
| 其他企业 | 50 | 950 212 | 47 | 886 955 |
| #轻工业 | － | 2 997 312 | － | 1 325 323 |
| 重工业 | － | 21 164 672 | － | 4 605 996 |

# 3－6 规模以上工业企业单位数和工业总产值、销售产值

（2013 年）　　　　　　　　　　　　　　　　单位：万元

| | 企业单位数(个) | 工业总产值 | 工业销售产值 |
|---|---|---|---|
| **总计** | **390** | **24 161 985** | **22 958 381** |
| #国有控股企业 | 94 | 18 370 801 | 17 829 451 |
| **按登记注册类型分** | | | |
| 国有企业 | 36 | 3 578 973 | 3 489 996 |
| 集体企业 | 21 | 559 458 | 449 828 |
| 股份合作企业 | 3 | 21 969 | 22 494 |
| 股份制企业 | 264 | 18 223 197 | 17 381 825 |
| 外商及港澳台商投资企业 | 16 | 828 176 | 805 848 |
| 其他企业 | 50 | 950 212 | 808 389 |
| **按轻重工业** | | | |
| 轻工业 | 91 | 2 997 312 | 2 900 534 |
| 重工业 | 299 | 21 164 672 | 20 057 847 |
| **按工业行业大类分** | | | |
| 采掘业 | | | |
| 煤炭开采和洗选业 | 6 | 345 156 | 611 293 |
| 非金属矿采选业 | 4 | 24 589 | 28 854 |
| 制造业 | | | |
| 农副食品加工业 | 18 | 304 093 | 279 918 |
| 食品制造业 | 10 | 172 955 | 145 658 |
| 酒、饮料和精制茶制造业 | 11 | 517 538 | 508 190 |
| 烟草制品业 | 2 | 1 217 973 | 1 210 403 |
| 纺织业 | 5 | 63 583 | 51 362 |
| 纺织服装、服饰业 | 1 | 25 281 | 5 701 |
| 皮革、毛皮、羽毛(绒)及其制品业 | 1 | 21 640 | 37 195 |
| 木材加工及木、竹、藤、棕、草制品业 | 2 | 3 956 | 3 777 |

# 3－6 规模以上工业企业单位数和工业总产值、销售产值（续）

（2013 年）　　单位：万元

| | 企业单位数（个） | 工业总产值 | 工业销售产值 |
|---|---|---|---|
| 家俱制造业 | 1 | 2 305 | 2 305 |
| 造纸及纸制品业 | 4 | 14 610 | 10 015 |
| 印刷和记录媒介复制业 | 5 | 29 083 | 31 834 |
| 石油加工、炼焦及核燃料加工业 | 12 | 6 275 669 | 8 118 159 |
| 化学原料及化学制品制造业 | 43 | 2 724 901 | 1 108 887 |
| 医药制造业 | 15 | 495 954 | 441 327 |
| 化学纤维制造业 | 0 | 14 551 | 0 |
| 橡胶和塑料制品业 | 21 | 243 045 | 226 974 |
| 非金属矿物制品业 | 59 | 1 627 482 | 1 224 377 |
| 黑色金属冶炼及压延加工业 | 35 | 1 866 391 | 1 791 469 |
| 有色金属冶炼及压延加工业 | 15 | 1 923 033 | 2 162 968 |
| 金属制品业 | 20 | 629 959 | 457 709 |
| 通用设备制造业 | 17 | 437 720 | 249 924 |
| 专用设备制造业 | 28 | 801 059 | 825 108 |
| 汽车制造业 | 2 | 91 958 | 91 958 |
| 铁路、船舶、航空航天和其他运输设备制造业 | 3 | 43 864 | 74 793 |
| 电气机械和器材制造业 | 16 | 544 831 | 321 498 |
| 计算机、通信和其他电子设备制造业 | 3 | 33 200 | 38 548 |
| 仪器仪表制造业 | 5 | 40 897 | 20 341 |
| 其他制造业 | 1 | 410 904 | 274 |
| 废弃资源综合利用业 | 1 | 14 933 | 24 929 |
| 金属制品、机械和设备修理业 | 3 | 105 361 | 163 880 |
| 电力、热力的生产和供应业 | 16 | 2 723 586 | 2 372 875 |
| 燃气生产和供应业 | 2 | 265 809 | 264 165 |
| 水的生产和供应业 | 3 | 53 827 | 51 715 |

# 3-7 市属规模以上工业企业单位数和工业总产值、销售产值(续)

(2013 年)　　单位:万元

| | 企业单位数(个) | 工业总产值 | 工业销售产值 |
|---|---|---|---|
| **总计** | **311** | **5 931 319** | **5 313 328** |
| #国有控股企业 | 29 | 940 078 | 928 355 |
| **按登记注册类型分** | | | |
| 国有企业 | 9 | 329 962 | 328 959 |
| 集体企业 | 20 | 546 794 | 437 777 |
| 股份合作企业 | 3 | 21 969 | 22 494 |
| 股份制企业 | 220 | 3 571 921 | 3 202 095 |
| 外商及港澳台商投资企业 | 12 | 573 718 | 565 795 |
| 其他企业 | 47 | 886 955 | 756 208 |
| **按轻重工业分** | | | |
| 轻工业 | - | 1 325 323 | 1 275 548 |
| 重工业 | - | 4 605 996 | 4 037 780 |
| **按工业行业类型分** | | | |
| 采掘业 | | | |
| 煤炭开采和洗选业 | 5 | 108 790 | 99 313 |
| 非金属矿采选业 | 4 | 24 589 | 28 854 |
| 农副食品加工业 | 17 | 192 811 | 178 300 |
| 食品制造业 | 10 | 172 955 | 145 658 |
| 酒、饮料和精制茶制造业 | 10 | 478 418 | 478 580 |
| 纺织业 | 3 | 40 080 | 26 309 |
| 纺织服装、服饰业 | 1 | 6 770 | 5 701 |
| 木材加工及木、竹、藤、棕、草制品业 | 2 | 3 956 | 3 777 |
| 家具制造业 | 1 | 2 305 | 2 305 |
| 造纸及纸制品业 | 4 | 14 610 | 10 015 |

# 3－7 市属规模以上工业企业单位数和工业总产值、销售产值(续)

(2013年)　　　　单位:万元

| | 企业单位数(个) | 工业总产值 | 工业销售产值 |
|---|---|---|---|
| 印刷和记录媒介复制业 | 2 | 3 000 | 5 033 |
| 石油加工、炼焦及核燃料加工业 | 8 | 218 149 | 127 031 |
| 化学原料及化学制品制造业 | 33 | 705 624 | 720 276 |
| 医药制造业 | 12 | 290 517 | 282 344 |
| 化学纤维制造业 | | 14 551 | |
| 橡胶制品业和塑料制品业 | 21 | 237 684 | 226 974 |
| 非金属矿物制品业 | 49 | 858 117 | 703 992 |
| 黑色金属冶炼及压延加工业 | 32 | 638 257 | 549 780 |
| 有色金属冶炼及压延加工业 | 11 | 159 126 | 175 624 |
| 金属制品业 | 16 | 207 302 | 175 766 |
| 通用设备制造业 | 13 | 197 582 | 160 306 |
| 专用设备制造业 | 19 | 308 405 | 287 394 |
| 汽车制造业 | 2 | 91 958 | 91 958 |
| 铁路、船舶、航空航天和其他运输设备制造业 | 1 | 5 708 | 2 882 |
| 电气机械和器材制造业 | 12 | 330 621 | 195 059 |
| 计算机、通信和其他电子设备制造业 | 1 | 5 022 | 8 400 |
| 仪器仪表制造业 | 4 | 19 980 | 17 182 |
| 其他制造业 | 1 | 66 | 274 |
| 废弃资源综合利用业 | 1 | 14 933 | 24 929 |
| 金属制品、机械和设备修理业 | | | |
| 电力、热力的生产和供应业 | 9 | 263 554 | 263 433 |
| 燃气生产和供应业 | 2 | 264 165 | 264 165 |
| 水的生产和供应业 | 3 | 51 715 | 51 715 |

# 3-8 规模以上工业增加值

(2013 年)　　单位:万元

| | 工业增加值 | 比上年增长(%) |
|---|---|---|
| **总计** | **5 751 291** | **14.2** |
| #国有控股企业 | 4 562 000 | 11.6 |
| **按登记注册类型分** | | |
| 国有企业 | 720 000 | 17.6 |
| 集体企业 | 103 000 | 42.2 |
| 股份合作企业 | 2 000 | 37.2 |
| 股份制企业 | 4 557 000 | 12.8 |
| 外商及港澳台商投资企业 | 181 000 | 10.6 |
| 其他企业 | 188 000 | 36.4 |
| **按隶属关系分** | | |
| 中央企业 | 3 696 000 | 9.1 |
| 省属企业 | 830 000 | 25.6 |
| 市及市以下属企业 | 1 225 000 | 23.9 |
| **按轻重工业分** | | |
| 轻工业 | 1 488 000 | 9.2 |
| 重工业 | 4 263 000 | 16.3 |
| **按工业行业分** | | |
| 煤炭开采和洗选业 | 178 169 | 20.0 |
| 非金属矿采选业 | 9 688 | 332.3 |
| 开采辅助活动 | 16 998 | 147.4 |
| 农副食品加工业 | 52 614 | 31.2 |
| 食品制造业 | 30 408 | 15.6 |
| 酒、饮料和精制茶制造业 | 118 641 | 12.4 |
| 烟草制品业 | 958 834 | 6.8 |
| 纺织业 | 22 882 | 16.7 |
| 纺织服装、服饰业 | 9 490 | -8.8 |

# 3－8 规模以上工业增加值(续)

(2013 年)　　单位:万元

| | 工业增加值 | 比上年增长(%) |
|---|---|---|
| 皮革、毛皮、羽毛及其制品和制鞋业 | 5 096 | 15.4 |
| 木材加工及木、竹、藤、棕、草制品业 | 723 | -42.8 |
| 家具制造业 | 859 | -4.2 |
| 造纸及纸制品业 | 3 489 | -3.2 |
| 印刷和记录媒介复制业 | 12 901 | -3.6 |
| 石油加工、炼焦及核燃料加工业 | 1 474 842 | 6.6 |
| 化学原料及化学制品制造业 | 385 323 | 8.0 |
| 医药制造业 | 177 739 | 20.1 |
| 化学纤维制造业 | 3 591 | 36.5 |
| 橡胶制品业和塑料制品业 | 49 290 | 11.2 |
| 非金属矿物制品业 | 328 718 | 29.3 |
| 黑色金属冶炼及压延加工业 | 328 110 | 46.3 |
| 有色金属冶炼及压延加工业 | 322 975 | 18.7 |
| 金属制品业 | 96 051 | 72.9 |
| 通用设备制造业 | 98 064 | 53.3 |
| 专用设备制造业 | 176 745 | 14.9 |
| 汽车制造业 | 7 026 | -9.9 |
| 铁路、船舶、航空航天和其他运输设备制造业 | 17 820 | 10.8 |
| 电气机械和器材制造业 | 95 584 | 13.8 |
| 计算机、通信和其他电子设备制造业 | 13 111 | -1.4 |
| 仪器仪表制造业 | 9 616 | 1.7 |
| 其他制造业 | 68 950 | 4.0 |
| 废弃资源综合利用业 | 5 358 | 17.6 |
| 金属制品、机械和设备修理业 | 35 181 | 13.7 |
| 电力、热力的生产和供应业 | 546 956 | 14.8 |
| 燃气生产和供应业 | 57 415 | 27.1 |
| 水的生产和供应业 | 32 035 | -2.9 |

# 3－9 市属规模以上工业增加值

（2013 年）　　单位：万元

| | 工业增加值 | 比上年增长（%） |
|---|---|---|
| **总计** | **1 225 000** | **23.9** |
| #国有控股企业 | 242 000 | 5.4 |
| **按登记注册类型分** | | |
| 国有企业 | 77 000 | 33.5 |
| 集体企业 | 98 000 | 42.1 |
| 股份合作企业 | 4 000 | 37.2 |
| 股份制企业 | 734 000 | 20.6 |
| 外商及港澳台商投资企业 | 142 000 | 13.8 |
| 其他企业 | 172 000 | 35.2 |
| **按轻重工业分** | | |
| 轻工业 | 325 000 | 17.6 |
| 重工业 | 901 000 | 26.2 |
| **按工业行业分** | | |
| 煤炭开采和洗选业 | 56 157 | 78.5 |
| 非金属矿采选业 | 9 688 | 332.3 |
| 农副食品加工业 | 40 370 | 30.2 |
| 食品制造业 | 30 408 | 15.6 |
| 酒、饮料和精制茶制造业 | 106 067 | 17.0 |
| 纺织业 | 12 372 | 77.8 |
| 纺织服装、服饰业 | 2 625 | 14.8 |
| 木材加工及木、竹、藤、棕、草制品业 | 723 | -42.8 |
| 家具制造业 | 859 | -4.2 |
| 造纸及纸制品业 | 3 489 | -3.2 |
| 印刷和记录媒介复制业 | 1 331 | 39.0 |
| 石油加工、炼焦及核燃料加工业 | 49 486 | 28.8 |
| 化学原料及化学制品制造业 | 120 703 | 23.7 |
| 医药制造业 | 84 778 | 17.7 |
| 化学纤维制造业 | 3 591 | 36.5 |
| 橡胶制品业和塑料制品业 | 48 202 | 11.7 |
| 非金属矿物制品业 | 172 023 | 39.0 |
| 黑色金属冶炼及压延加工业 | 104 874 | 39.5 |
| 有色金属冶炼及压延加工业 | 14 741 | 32.1 |
| 金属制品业 | 28 093 | 50.6 |
| 通用设备制造业 | 42 578 | 32.9 |
| 专用设备制造业 | 67 457 | 7.2 |
| 汽车制造业 | 7 026 | -9.9 |
| 铁路、船舶、航空航天和其他运输设备制造业 | 1 309 | 4.8 |
| 电气机械和器材制造业 | 41 365 | 10.9 |
| 计算机、通信和其他电子设备制造业 | 1 562 | -15.4 |
| 仪器仪表制造业 | 4 583 | 9.2 |
| 其他制造业 | 11 | -76.3 |
| 废弃资源综合利用业 | 5 358 | 17.6 |
| 电力、热力的生产和供应业 | 71 175 | -2.8 |
| 燃气生产和供应业 | 57 060 | 27.7 |
| 水的生产和供应业 | 30 716 | -3.6 |

# 3－10 规模以上独立核算工业企业效益指标

（2013 年）

| | 工业经济效益指数（%） | 总资产贡献率（%） | 资产保值增值率（%） |
|---|---|---|---|
| **总计** | **306.3** | **13.63** | **103.66** |
| #国有控股企业 | 347.57 | 15.55 | 102.04 |
| **按登记注册类型分** | | | |
| 国有企业 | 251 | 5.18 | 144.24 |
| 集体企业 | 192.02 | 9.07 | 114.57 |
| 股份合作企业 | 15.59 | －1.82 | 113.11 |
| 股份制企业 | 345.28 | 15.82 | 99.21 |
| 外商和港澳台商投资企业 | 236.61 | 11.53 | 104.49 |
| 其他企业 | 218.68 | 6.18 | 105.39 |
| **按工业行业分** | | | |
| 采掘业 | | | |
| 煤炭开采和洗选业 | 159.82 | 6.44 | 119.30 |
| 非金属矿采选业 | 305.48 | 15.22 | 118.75 |
| 制造业 | | | |
| 农副食品加工业 | 258.85 | 6.16 | 101.64 |
| 食品制造业 | 172.85 | 5.18 | 107.16 |
| 酒、饮料和精制茶制造业 | 266.06 | 10.47 | 120.93 |
| 烟草制品业 | 2 174.24 | 118.59 | 112.90 |
| 纺织业 | 92.45 | 1.09 | 99.30 |
| 纺织服装、服饰业 | 244.19 | 2.50 | 58.33 |
| 皮革、毛皮、羽毛及其制品和制鞋业 | 145.1 | 11.45 | 117.35 |
| 木材加工及木、竹、藤、棕、草制品业 | 82.27 | 1.37 | 141.86 |
| 家具制造业 | | 5.56 | 106.25 |
| 造纸及纸制品业 | 194.74 | 4.30 | 207.69 |
| 印刷和记录媒介复制业 | 116.53 | 7.31 | 119.21 |
| 石油加工、炼焦及核燃料加工业 | 592.69 | 19.97 | 72.86 |
| 化学原料及化学制品制造业 | 174.92 | 1.26 | 91.81 |
| 医药制造业 | 349.32 | 12.27 | 87.54 |
| 化学纤维制造业 | | 0.00 | 0.00 |
| 橡胶和塑料制品业 | 180.14 | 6.79 | 106.13 |
| 非金属矿物制品业 | 291.18 | 12.90 | 140.26 |
| 黑色金属冶炼及压延加工业 | 245.95 | －5.36 | 53.83 |
| 有色金属冶炼及压延加工业 | 227.59 | －0.24 | 117.40 |
| 金属制品业 | 218.87 | 8.25 | 111.18 |
| 通用设备制造业 | 199.21 | 4.88 | 140.09 |
| 专用设备制造业 | 164.29 | 3.01 | 171.86 |
| 汽车制造业 | 125.06 | 2.82 | 122.56 |
| 铁路、船舶、航空航天和其他运输设备制造业 | 174.4 | 8.42 | 103.11 |
| 电气机械和器材制造业 | 140.72 | 1.65 | 127.62 |
| 计算机、通信和其他电子设备制造业 | 92.91 | 1.40 | 87.64 |
| 仪器仪表制造业 | 146 | 2.11 | 101.36 |
| 其他制造业 | 2.25 | 0.00 | 0.00 |
| 废弃资源综合利用业 | 422.41 | 4.00 | 250.98 |
| 金属制品、机械和设备修理业 | 248.09 | 4.34 | 111.26 |
| 电力、热力的生产和供应业 | 628.18 | 10.75 | 168.27 |
| 燃气生产和供应业 | 309.57 | 8.28 | 106.04 |
| 水的生产和供应业 | 200.71 | 3.88 | 101.73 |

| 资产负债率(%) | 流动资产周转次数(次/年) | 工业成本费用利润率(%) | 全员劳动生产率(元/人、年) | 产品销售率(%) |
|---|---|---|---|---|
| **64.96** | **1.98** | **1.17** | **358 541** | **95.02** |
| 68.59 | 2.23 | -0.04 | 412 851 | 97.05 |
| | | | | |
| 75.21 | 2.31 | 2.06 | 259 928 | 97.51 |
| 66.08 | 1.96 | 3.33 | 168 852 | 80.40 |
| 54.23 | 0.63 | -12.50 | 33 333 | 102.39 |
| 64.51 | 1.91 | 0.70 | 415 785 | 95.38 |
| 28.59 | 2.13 | 7.70 | 218 072 | 97.30 |
| 59.40 | 2.67 | 0.70 | 232 099 | 85.07 |
| | | | | |
| | | | | |
| 78.05 | 1.04 | 1.02 | 126 361 | 177.11 |
| 58.70 | 3.09 | 1.95 | 322 939 | 117.34 |
| | | | | |
| 64.27 | 2.15 | 2.17 | 292 302 | 92.05 |
| 78.50 | 0.85 | 3.73 | 160 044 | 84.22 |
| 50.36 | 2.49 | 7.79 | 252 427 | 98.19 |
| 19.65 | 1.89 | 37.25 | 2 905 557 | 99.38 |
| 22.08 | 1.30 | -2.99 | 99 489 | 80.78 |
| 65.00 | 1.24 | 2.56 | 316 330 | 22.55 |
| 52.97 | 1.90 | 8.39 | 39 197 | 171.88 |
| 16.44 | 0.08 | | 72 256 | 95.48 |
| 5.56 | 1.44 | 4.55 | | 100.00 |
| 70.97 | 1.82 | 2.47 | 174 438 | 68.55 |
| 27.39 | 1.54 | 6.73 | 43 004 | 109.46 |
| 76.52 | 3.06 | -2.23 | 772 169 | 129.36 |
| 56.64 | 1.89 | -2.68 | 222 730 | 40.69 |
| 25.96 | 0.85 | 29.82 | 291 375 | 88.99 |
| | | | | |
| 53.22 | 2.42 | 1.74 | 164 299 | 93.39 |
| 49.45 | 0.90 | 17.53 | 252 860 | 75.23 |
| 92.14 | 2.40 | -5.36 | 338 257 | 95.99 |
| 64.69 | 2.74 | -4.70 | 285 818 | 112.48 |
| 43.75 | 0.82 | 7.05 | 223 375 | 72.66 |
| 70.61 | 1.01 | 6.01 | 188 585 | 57.10 |
| 60.49 | 0.86 | 2.73 | 149 784 | 103.00 |
| 36.30 | 1.54 | 1.75 | 100 366 | 100.00 |
| 43.03 | 0.69 | 17.61 | 65 998 | 170.51 |
| 63.25 | 0.79 | 0.72 | 147 052 | 59.01 |
| 73.15 | 0.27 | 2.80 | 59 597 | 116.11 |
| 29.18 | 0.47 | 3.75 | 160 275 | 49.74 |
| 100.00 | 0.20 | | | 0.07 |
| 26.86 | 2.55 | 0.95 | 535 782 | 166.94 |
| 83.83 | 0.87 | 1.84 | 270 623 | 155.54 |
| 107.61 | 7.34 | 1.73 | 675 254 | 87.12 |
| 66.90 | 2.06 | 6.37 | 337 734 | 99.38 |
| 23.12 | 1.81 | 15.89 | 139 281 | 96.08 |

# 3－11 规模以上独立核算工业企业主要经济指标

（2013年）

| | 企业单位数 | #亏损企业 | 全部从业人员年平均人数 | 流动资产合计 |
|---|---|---|---|---|
| **总计** | **395** | **105** | **163 200** | **9 890 800** |
| #国有控股企业 | 91 | 23 | 110 700 | 7 095 400 |
| **按登记注册类型分** | | | | |
| 国有企业 | 36 | 11 | 25 000 | 1 171 800 |
| 集体企业 | 23 | 5 | 6 500 | 185 000 |
| 股份合作企业 | 3 | 1 | 600 | 17 100 |
| 股份制企业 | 267 | 70 | 114 700 | 7 986 400 |
| 外商和港澳台商投资企业 | 16 | 3 | 8 300 | 302 200 |
| 其他企业 | 50 | 15 | 8 100 | 228 300 |
| **按轻重工业** | | | | |
| 轻工业 | 91 | 14 | 32 000 | 1 732 000 |
| 重工业 | 304 | 91 | 131 200 | 8 158 800 |
| **按工业行业分** | | | | |
| 煤炭开采和洗选业 | 8 | 4 | 14 200 | 311 200 |
| 黑色金属采选业 | | | | |
| 有色金属矿采选业 | | | | |
| 非金属矿采选业 | 4 | 1 | 200 | 6 200 |
| 农副食品加工业 | 23 | 4 | 2 000 | 134 600 |
| 食品制造业 | 9 | 3 | 1 800 | 145 300 |
| 饮料制造业 | 10 | 1 | 4 700 | 163 200 |
| 烟草制品业 | 2 | 1 | 3 300 | 715 000 |
| 纺织业 | 4 | 1 | 2 300 | 37 800 |
| 纺织服装、鞋、帽制造业 | | | | |
| 皮革、毛皮、羽毛（绒）及其制品业 | 1 | 0 | 1 300 | 34 500 |
| 木材加工及木、竹、藤、棕、草制品业 | 2 | 1 | 100 | 5 000 |
| 家具制造业 | 1 | 0 | 100 | 1 600 |
| 造纸及纸制品业 | 4 | 1 | 200 | 5 200 |
| 印刷和记录媒介复制业 | 9 | 1 | 3 200 | 36 500 |
| 石油加工、炼焦及核燃料加工业 | 11 | 4 | 19 000 | 2 568 700 |
| 化学原料及化学制品制造业 | 47 | 13 | 16 900 | 450 400 |
| 医药制造业 | 14 | 1 | 5 500 | 349 600 |
| 化学纤维制造业 | | | | |
| 橡胶制品业和塑料制品业 | 24 | 3 | 3 300 | 103 900 |
| 非金属矿物制品业 | 58 | 16 | 14 000 | 1 031 000 |
| 黑色金属冶炼及压延加工业 | 30 | 15 | 9 100 | 641 500 |
| 有色金属冶炼及压延加工业 | 13 | 7 | 11 000 | 569 000 |
| 金属制品业 | 23 | 4 | 4 600 | 258 600 |
| 通用设备制造业 | 18 | 4 | 5 500 | 214 000 |
| 专用设备制造业 | 25 | 8 | 12 000 | 819 900 |
| 交通运输设备制造业 | 2 | 0 | 1 100 | 61 700 |
| 电气机械和器材制造业 | 17 | 5 | 6 700 | 353 700 |
| 通信设备、计算机及其电子设备制造业 | 4 | 1 | 700 | 96 000 |
| 仪器仪表及文化、办公用机械制造业 | 5 | 0 | 2 400 | 148 800 |
| 金属制品、机械和设备制造业 | 3 | 0 | 3 300 | 175 900 |
| 电力、热力的生产和供应业 | 16 | 6 | 8 100 | 214 900 |
| 燃气生产和供应业 | 2 | 0 | 1 700 | 96 500 |
| 水的生产和供应业 | 2 | 0 | 2 200 | 21 700 |

单位:个、万元、人

| 年末负债合计 | 主营业务收入 | 主营业业务税金及附加 | 营业费用 | 管理费用 | 利润总额（亏损为负） | 利税总额 |
|---|---|---|---|---|---|---|
| **13 455 100** | **19 752 100** | **1 708 600** | **370 500** | **910 700** | **219 600** | **2 520 600** |
| 10 347 000 | 14 912 300 | 1 675 200 | 216 100 | 756 300 | -42 700 | 2 102 200 |
| | | | | | | |
| 2 508 300 | 2 618 900 | 9 800 | 44 800 | 117 700 | 53 000 | 137 000 |
| 211 400 | 362 100 | 4 900 | 10 500 | 12 800 | 11 600 | 25 400 |
| 32 700 | 10 700 | 0 | 300 | 2 100 | -1 500 | -1 200 |
| 10 290 700 | 15 506 500 | 1 673 900 | 244 000 | 725 200 | 110 800 | 2 266 800 |
| 194 700 | 643 800 | 14 400 | 57 500 | 36 100 | 44 600 | 76 100 |
| 217 300 | 610 100 | 5 600 | 13 400 | 16 800 | 4 200 | 19 600 |
| | | | | | | |
| 1 127 100 | 2 840 800 | 820 300 | 129 500 | 131 600 | 293 800 | 1 312 500 |
| 12 328 000 | 16 911 300 | 888 300 | 241 000 | 779 100 | -71 100 | 1 211 200 |
| | | | | | | |
| 767 400 | 352 200 | 6 900 | 5 500 | 62 100 | 3 100 | 46 100 |
| | | | | | | |
| 6 900 | 21 000 | 0 | 700 | 1 000 | 600 | 1 300 |
| 110 700 | 281 800 | 200 | 6 600 | 8 300 | 7 300 | 9 900 |
| 172 300 | 128 200 | 200 | 12 200 | 5 800 | 4 900 | 7 600 |
| 280 700 | 410 200 | 15 600 | 44 700 | 13 600 | 22 100 | 49 800 |
| 173 500 | 1 374 800 | 798 900 | 16 800 | 34 000 | 154 800 | 1 111 600 |
| 15 300 | 49 000 | 500 | 1 700 | 5 400 | -1 500 | 600 |
| | | | | | | |
| 26 800 | 64 900 | 0 | 1 700 | 3 400 | 5 000 | 5 000 |
| 2 400 | 3 600 | 0 | 0 | 700 | 0 | 0 |
| 100 | 2 300 | 0 | 100 | 100 | 100 | 100 |
| 6 300 | 9 500 | 0 | 300 | 500 | 100 | 200 |
| 28 100 | 60 900 | 1 400 | 5 400 | 11 000 | 4 200 | 7 100 |
| 3 599 500 | 7 815 500 | 848 700 | 47 700 | 352 300 | -159 200 | 830 100 |
| 644 600 | 869 000 | 4 800 | 20 700 | 55 600 | -20 700 | 2 500 |
| 223 000 | 321 400 | 2 400 | 35 600 | 31 900 | 81 500 | 101 200 |
| | | | | | | |
| 66 900 | 220 200 | 900 | 4 400 | 6 800 | 5 100 | 7 900 |
| 864 100 | 969 200 | 6 600 | 36 800 | 52 700 | 158 200 | 204 500 |
| 1 266 400 | 1 545 500 | 800 | 42 800 | 50 000 | -85 500 | -77 500 |
| 1 263 000 | 1 603 000 | 3 400 | 33 500 | 30 100 | -75 000 | -45 000 |
| 184 600 | 257 800 | 1 900 | 6 900 | 12 300 | 16 500 | 32 600 |
| 287 900 | 217 200 | 700 | 8 400 | 20 300 | 10 900 | 16 200 |
| 937 400 | 681 100 | 3 500 | 14 800 | 62 400 | 20 200 | 41 500 |
| 71 000 | 53 000 | 300 | 100 | 5 300 | 300 | 900 |
| 344 400 | 275 100 | 1 000 | 12 100 | 21 400 | 2 800 | 8 300 |
| 77 800 | 37 900 | 100 | 1 400 | 1 800 | 1 900 | 2 700 |
| 155 000 | 45 700 | 200 | 1 200 | 7 500 | 600 | 1 300 |
| 214 000 | 161 200 | 600 | 1 300 | 11 400 | 3 500 | 8 000 |
| 1 333 500 | 1 584 600 | 7 100 | 0 | 5 000 | 28 000 | 102 400 |
| 190 900 | 195 100 | 900 | 6 100 | 14 700 | 11 800 | 22 200 |
| 58 500 | 44 400 | 300 | 0 | 10 600 | 6 700 | 9 500 |

# 3-12 市属规模以上独立核算工业企业效益指标

（2013年）

| | 工业经济效益指数(%) | 总资产贡献率(%) | 资本保值增值率(%) |
|---|---|---|---|
| **总计** | **202.88** | **6.83** | **96.07** |
| #国有控股企业 | 171.59 | 7.26 | 99.14 |
| **按登记注册类型分** | | | |
| 国有企业 | 259.61 | 7.60 | 112.83 |
| 集体企业 | 185.01 | 8.84 | 111.70 |
| 股份合作企业 | 35.79 | -1.82 | 113.11 |
| 股份制企业 | 196.96 | 5.80 | 89.58 |
| 外商和港澳台商投资企业 | 242.28 | 12.15 | 105.72 |
| 其他企业 | 227.29 | 7.36 | 106.00 |
| **按工业行业分** | | | |
| 采掘业 | | | |
| 煤炭开采和洗选业 | 251.22 | 11.28 | 128.57 |
| 非金属矿采选业 | 305.48 | 15.22 | 118.75 |
| 制造业 | 0.00 | 0.00 | 0.00 |
| 农副食品加工业 | 254.69 | 3.92 | 102.18 |
| 食品制造业 | 172.76 | 5.13 | 107.16 |
| 酒、饮料和精制茶制造业 | 273.06 | 19.15 | 109.85 |
| 烟草制品业 | 89.73 | 28.13 | 76.67 |
| 纺织业 | 262.56 | 18.90 | 121.77 |
| 纺织服装、服饰业 | 111.88 | 2.50 | 58.33 |
| 皮革、毛皮、羽毛及其制品和制鞋业 | | | |
| 木材加工及木、竹、藤、棕、草制品业 | 82.27 | 1.37 | 141.86 |
| 家具制造业 | 70.54 | 5.56 | 106.25 |
| 造纸及纸制品业 | 194.74 | 4.30 | 207.69 |
| 印刷和记录媒介复制业 | 148.16 | 0.00 | 100.00 |
| 石油加工、炼焦及核燃料加工业 | 863.33 | 15.95 | 126.92 |
| 化学原料及化学制品制造业 | 164.57 | 6.35 | 101.96 |
| 医药制造业 | 248.83 | 9.49 | 70.79 |
| 化学纤维制造业 | | | |
| 橡胶和塑料制品业 | 178.23 | 6.79 | 106.13 |
| 非金属矿物制品业 | 224.78 | 7.84 | 115.17 |
| 黑色金属冶炼及压延加工业 | 288.80 | 0.47 | 72.55 |
| 有色金属冶炼及压延加工业 | 163.02 | 5.93 | 113.18 |
| 金属制品业 | 193.49 | 12.94 | 116.96 |
| 通用设备制造业 | 191.62 | 6.84 | 145.16 |
| 专用设备制造业 | 208.35 | 6.00 | 109.24 |
| 汽车制造业 | 125.06 | 2.82 | 122.56 |
| 铁路、船舶、航空航天和其他运输设备制造业 | 174.87 | 4.88 | 240.00 |
| 电气机械和器材制造业 | 143.87 | 1.33 | 156.00 |
| 计算机、通信和其他电子设备制造业 | 83.24 | 2.22 | 68.39 |
| 仪器仪表制造业 | 148.63 | 1.97 | 101.42 |
| 其他制造业 | 65.98 | | |
| 废弃资源综合利用业 | 422.41 | 4.00 | 250.98 |
| 金属制品、机械和设备修理业 | 60.39 | 12.26 | 100.00 |
| 电力、热力的生产和供应业 | 263.09 | 6.36 | 378.89 |
| 燃气生产和供应业 | 307.49 | 7.82 | 106.04 |
| 水的生产和供应业 | 197.77 | 3.88 | 101.73 |

| 资产负债率(%) | 流动资产周转次数(次/年) | 工业成本费用利 润 率(%) | 全员劳动生产率(元/人、年) | 产品销售率(%) |
|---|---|---|---|---|
| **59.78** | **1.59** | **3.54** | **204 849** | **89.58** |
| 69.35 | 1.45 | 3.93 | 143 195 | 98.75 |
| | | | | |
| 64.60 | 1.80 | 6.14 | 265 517 | 99.70 |
| 62.41 | 2.15 | 2.52 | 163 333 | 80.06 |
| 54.23 | 0.63 | -12.50 | 66 667 | 102.39 |
| 64.58 | 1.36 | 3.08 | 202 762 | 89.65 |
| 29.21 | 1.85 | 10.99 | 208 824 | 98.62 |
| 55.51 | 3.11 | 0.85 | 235 616 | 85.26 |
| | | | | |
| 52.63 | 1.37 | 1.70 | 280 786 | 91.29 |
| 58.70 | 3.09 | 1.95 | 322 939 | 117.34 |
| 0.00 | 0.00 | 0.00 | 0 | 0.00 |
| 65.16 | 1.58 | 0.57 | 310 537 | 92.47 |
| 78.50 | 0.85 | 3.73 | 160 044 | 84.22 |
| 46.53 | 2.77 | 7.85 | 235 706 | 100.03 |
| 28.13 | 3.00 | -2.20 | 0 | 0.00 |
| 7.93 | 2.27 | 7.47 | 247 436 | 65.64 |
| 65.00 | 1.24 | 2.56 | 87 511 | 84.22 |
| 0.00 | 0.00 | 0.00 | 0 | 0.00 |
| 16.44 | 0.08 | 0.00 | 72 256 | 95.48 |
| 5.56 | 1.44 | 4.55 | 0 | 100.00 |
| 70.97 | 1.82 | 2.47 | 174 438 | 68.55 |
| 90.28 | 1.38 | 0.00 | 133 071 | 167.77 |
| 49.39 | 3.88 | 2.84 | 1 237 145 | 58.23 |
| 66.50 | 2.45 | 1.46 | 134 115 | 102.08 |
| 22.08 | 0.80 | 20.33 | 197 157 | 97.19 |
| | | | | |
| 53.22 | 2.42 | 1.74 | 160 675 | 95.49 |
| 62.92 | 1.48 | 4.36 | 229 364 | 82.04 |
| 85.84 | 2.58 | -1.72 | 361 634 | 86.14 |
| 50.51 | 4.95 | 0.89 | 98 273 | 110.37 |
| 41.26 | 2.16 | 4.80 | 156 070 | 84.79 |
| 63.90 | 0.98 | 9.55 | 146 821 | 81.13 |
| 57.30 | 1.07 | 4.24 | 217 603 | 93.19 |
| 36.30 | 1.54 | 1.75 | 100 366 | 100.00 |
| 70.73 | 0.81 | 6.25 | 130 946 | 50.48 |
| 62.27 | 0.96 | 0.24 | 147 731 | 59.00 |
| 73.52 | 0.27 | 0.00 | 52 061 | 167.26 |
| 29.87 | 0.42 | 4.51 | 152 772 | 86.00 |
| 100.00 | 0.20 | 0.00 | | 414.20 |
| 26.86 | 2.55 | 0.95 | 535 782 | 166.94 |
| 57.55 | 0.79 | 1.28 | | 0.00 |
| 115.01 | 1.72 | -0.99 | 229 596.00 | 99.95 |
| 66.90 | 2.06 | 6.37 | 335 645.00 | 100.00 |
| 23.12 | 1.81 | 15.89 | 133 550.00 | 100.00 |

# 3－13 市属规模以上独立核算工业企业主要经济指标

（2013 年）

| | 企业单位数 | #亏损企业 | 全部从业人员年平均人数 | 流动资产合计 |
|---|---|---|---|---|
| **总计** | **322** | **85** | **63 800** | **3 233 200** |
| #国有控股企业 | 28 | 6 | 17 000 | 635 800 |
| **按登记注册类型分** | | | | |
| 国有企业 | 13 | 2 | 2 900 | 147 500 |
| 集体企业 | 20 | 5 | 6 000 | 165 800 |
| 股份合作企业 | 3 | 1 | 600 | 17 100 |
| 股份制企业 | 227 | 61 | 40 200 | 2 496 300 |
| 外商和港澳台商投资企业 | 12 | 2 | 6 800 | 218 600 |
| 其他企业 | 47 | 14 | 7 300 | 187 900 |
| **按轻重工业** | | | | |
| 轻工业 | 77 | 13 | 16 900 | 696 000 |
| 重工业 | 245 | 72 | 46 900 | 2 537 200 |
| **按工业行业分** | | | | |
| 煤炭开采和洗选业 | 7 | 4 | 2 100 | 27 700 |
| 黑色金属采选业 | | | | |
| 有色金属矿采选业 | | | | |
| 非金属矿采选业 | 4 | 1 | 200 | 6 200 |
| 农副食品加工业 | 22 | 4 | 1 500 | 117 000 |
| 食品制造业 | 9 | 3 | 1 800 | 145 300 |
| 饮料制造业 | 9 | 1 | 4 500 | 146 200 |
| 烟草制品业 | 1 | 1 | 400 | 3 000 |
| 纺织业 | 3 | | 500 | 11 600 |
| 纺织服装、鞋、帽制造业 | | | | |
| 木材加工及木、竹、藤、棕、草制品业 | 2 | 1 | 100 | 5 000 |
| 家具制造业 | 1 | | 100 | 1 600 |
| 造纸及纸制品业 | 4 | 1 | 200 | 5 200 |
| 印刷和记录媒介复制业 | 5 | 1 | 300 | 7 700 |
| 文教体育用品制造业 | | | | |
| 石油加工、炼焦及核燃料加工业 | 7 | 2 | 400 | 20 800 |
| 化学原料及化学制品制造业 | 38 | 8 | 9 100 | 228 700 |
| 医药制造业 | 12 | 1 | 3 700 | 184 700 |
| 化学纤维制造业 | | | | |
| 橡胶和塑料制品业 | 23 | 3 | 3 100 | 83 400 |
| 非金属矿物制品业 | 51 | 16 | 11 100 | 954 600 |
| 黑色金属冶炼及压延加工业 | 27 | 12 | 3 000 | 172 800 |
| 有色金属冶炼及压延加工业 | 9 | 3 | 1 500 | 39 600 |
| 金属制品业 | 19 | 3 | 1 900 | 61 300 |
| 通用设备制造业 | 14 | 3 | 2 800 | 134 300 |
| 专用设备制造业 | 19 | 8 | 3 400 | 236 600 |
| 交通运输设备制造业 | 1 | | 600 | 26 400 |
| 电气机械和器材制造业 | 13 | 4 | 2 800 | 196 800 |
| 通信设备、计算机及其电子设备制造业 | 3 | 1 | 600 | 94 800 |
| 仪器仪表及文化、办公用机械制造业 | 3 | | 300 | 31 300 |
| 金属制品、机械和设备制造业 | 1 | | 700 | 10 400 |
| 电力、热力的生产和供应业 | 9 | 4 | 3 100 | 151 400 |
| 燃气生产和供应业 | 2 | | 1 700 | 96 500 |
| 水的生产和供应业 | 2 | | 2 200 | 21 700 |

单位:个、万元、人

| 年末负债合计 | 主营业务收入 | 主营业务税金及附加 | 营业费用 | 管理费用 | 利润总额（亏损为负） | 利税总额 |
|---|---|---|---|---|---|---|
| **3 498 500** | **4 589 400** | **35 400** | **162 600** | **200 300** | **255 100** | **411 300** |
| 1 060 100 | 843 700 | 7 400 | 21 700 | 61 700 | 47 700 | 100 500 |
| | | | | | | |
| 240 700 | 265 700 | 1 100 | 6 500 | 18 600 | 15 800 | 27 300 |
| 174 300 | 356 000 | 4 100 | 11 500 | 12 800 | 8 700 | 21 800 |
| 32 700 | 10 700 | | 300 | 2 100 | -1 500 | -1 200 |
| 2 713 300 | 2 967 700 | 10 700 | 77 800 | 126 500 | 189 100 | 277 100 |
| 165 600 | 404 100 | 14 100 | 53 500 | 25 300 | 38 100 | 66 400 |
| 171 900 | 585 200 | 5 400 | 13 000 | 15 000 | 4 900 | 19 900 |
| | | | | | | |
| 606 200 | 1 035 600 | 18 100 | 74 300 | 52 300 | 75 600 | 124 100 |
| 2 892 300 | 3 553 800 | 17 300 | 88 300 | 148 000 | 179 500 | 287 200 |
| | | | | | | |
| 26 500 | 34 600 | 400 | 1 500 | 4 400 | 600 | 3 400 |
| | | | | | | |
| | | | | | | |
| 6 900 | 21 000 | | 700 | 1 000 | 600 | 1 300 |
| 95 300 | 179 900 | 200 | 3 000 | 4 200 | 2 400 | 5 000 |
| 172 300 | 128 200 | 200 | 12 200 | 5 800 | 4 900 | 7 600 |
| 156 600 | 398 600 | 15 500 | 43 600 | 11 200 | 21 400 | 48 900 |
| 900 | 9 000 | 100 | 400 | 1 200 | -200 | 900 |
| 4 500 | 26 300 | 300 | 500 | 1 700 | 1 800 | 3 200 |
| | | | | | | |
| 2 400 | 3 600 | | | 700 | | |
| 100 | 2 300 | | 100 | 100 | 100 | 100 |
| 6 300 | 9 500 | | 300 | 500 | 100 | 200 |
| 9 000 | 13 400 | | 400 | 700 | 600 | 800 |
| | | | | | | |
| 12 200 | 93 900 | 600 | 1 400 | 1 200 | 2 500 | 4 300 |
| 331 400 | 563 400 | 3 800 | 12 700 | 23 800 | 9 000 | 23 600 |
| 108 000 | 166 100 | 1 200 | 11 700 | 13 100 | 35 500 | 44 500 |
| | | | | | | |
| 61 100 | 200 000 | 800 | 3 500 | 5 700 | 3 400 | 6 000 |
| 713 700 | 773 300 | 4 600 | 31 200 | 34 400 | 132 200 | 165 100 |
| 232 900 | 453 900 | 400 | 5 500 | 5 500 | -3 600 | 900 |
| 35 800 | 230 600 | 200 | 2 700 | 3 500 | 400 | 2 100 |
| 41 100 | 135 500 | 1 100 | 3 300 | 5 600 | 5 600 | 8 800 |
| 135 800 | 132 200 | 500 | 7 800 | 11 500 | 9 900 | 14 400 |
| 227 500 | 205 500 | 800 | 6 800 | 18 900 | 8 000 | 16 900 |
| 27 200 | 44 800 | 300 | | 3 700 | 200 | 900 |
| 201 900 | 181 100 | 600 | 4 600 | 7 500 | 1 300 | 5 200 |
| 77 400 | 35 300 | 100 | 1 100 | 1 600 | 400 | 1 100 |
| 25 900 | 13 400 | 100 | 800 | 3 100 | 600 | 1 100 |
| 6 100 | 8 200 | 200 | | 400 | 100 | 1 300 |
| 522 600 | 262 800 | 1 500 | | 3 400 | -1 600 | 11 500 |
| 190 900 | 195 100 | 900 | 6 100 | 14 700 | 11 800 | 22 200 |
| 58 500 | 44 400 | 300 | | 10 600 | 6 700 | 9 500 |

# 3－14 规模以上工业企业分行业主要指标构成

（2013 年）

| | 工业总产值 | 工业增加值 | 工业销售产值 |
|---|---|---|---|
| **总计** | **100.00** | **100.00** | **100.00** |
| 煤炭开采和洗选业 | 1.43 | 3.10 | 2.66 |
| 非金属矿采选业 | 0.10 | 0.17 | 0.13 |
| 农副食品加工业 | 1.26 | 0.91 | 1.22 |
| 食品制造业 | 0.72 | 0.53 | 0.63 |
| 酒、饮料和精制茶制造业 | 2.14 | 2.06 | 2.21 |
| 烟草制品业 | 5.04 | 16.67 | 5.27 |
| 纺织业 | 0.26 | 0.40 | 0.22 |
| 纺织服装、服饰业 | 0.10 | 0.17 | 0.02 |
| 皮革、毛皮、羽毛（绒）及其制品业 | 0.09 | 0.09 | 0.16 |
| 木材加工及木、竹、藤、棕、草制品业 | 0.02 | 0.01 | 0.02 |
| 家具制造业 | 0.01 | 0.01 | 0.01 |
| 造纸及纸制品业 | 0.06 | 0.06 | 0.04 |
| 印刷和记录媒介复制业 | 0.12 | 0.22 | 0.14 |
| 石油加工、炼焦及核燃料加工业 | 25.97 | 25.64 | 35.36 |
| 化学原料及化学制品制造业 | 11.28 | 6.70 | 4.83 |
| 医药制造业 | 2.05 | 3.09 | 1.92 |
| 化学纤维制造业 | 0.06 | 0.06 | 0.00 |
| 橡胶和塑料制品业 | 1.01 | 0.86 | 0.99 |
| 非金属矿物制品业 | 6.74 | 5.72 | 5.33 |
| 黑色金属冶炼及压延加工业 | 7.72 | 5.70 | 7.80 |
| 有色金属冶炼及压延加工业 | 7.96 | 5.62 | 9.42 |
| 金属制品业 | 2.61 | 1.67 | 1.99 |
| 通用设备制造业 | 1.81 | 1.71 | 1.09 |
| 专用设备制造业 | 3.32 | 3.07 | 3.59 |
| 汽车制造业 | 0.38 | 0.12 | 0.40 |
| 铁路、船舶、航空航天和其他运输设备制造业 | 0.18 | 0.31 | 0.33 |
| 电气机械和器材制造业 | 2.25 | 1.66 | 1.40 |
| 计算机、通信和其他电子设备制造业 | 0.14 | 0.23 | 0.17 |
| 仪器仪表制造业 | 0.17 | 0.17 | 0.09 |
| 金属制品、机械和设备修理业 | | | |
| 电力、热力的生产和供应业 | 11.27 | 9.51 | 10.34 |
| 燃气生产和供应业 | 1.10 | 1.00 | 1.15 |
| 水的生产和供应业 | 0.22 | 0.56 | 0.23 |

单位:%

| 年末资产总计 | 年末负债总计 | 产品销售收入 | 应交增值税 |
|---|---|---|---|
| **100.00** | **100.00** | **100.00** | **100.00** |
| 4.64 | 5.70 | 1.78 | 5.98 |
| 0.04 | 0.05 | 0.11 | 0.12 |
| 0.88 | 0.82 | 1.43 | 0.39 |
| 1.08 | 1.28 | 0.65 | 0.43 |
| 2.74 | 2.09 | 2.08 | 2.04 |
| 4.47 | 1.29 | 6.96 | 26.84 |
| 0.28 | 0.11 | 0.25 | 0.27 |
| 0.00 | 0.00 | 0.00 | 0.00 |
| 0.24 | 0.20 | 0.33 | 0.00 |
| 0.07 | 0.02 | 0.02 | 0.02 |
| 0.01 | 0.00 | 0.01 | 0.00 |
| 0.04 | 0.05 | 0.05 | 0.02 |
| 0.41 | 0.21 | 0.31 | 0.24 |
| 22.65 | 26.75 | 39.57 | 23.90 |
| 5.64 | 4.79 | 4.40 | 2.99 |
| 3.23 | 1.66 | 1.63 | 2.92 |
| 0.00 | 0.00 | 0.00 | 0.00 |
| 0.77 | 0.50 | 1.11 | 0.32 |
| 8.92 | 6.42 | 4.91 | 6.75 |
| 6.67 | 9.41 | 7.82 | 1.21 |
| 9.46 | 9.39 | 8.12 | 4.51 |
| 2.13 | 1.37 | 1.31 | 2.40 |
| 1.98 | 2.14 | 1.10 | 0.78 |
| 7.75 | 6.97 | 3.45 | 2.91 |
| 0.57 | 0.53 | 0.27 | 0.07 |
| 0.00 | 0.00 | 0.00 | 0.00 |
| 2.65 | 2.56 | 1.39 | 0.75 |
| 0.54 | 0.58 | 0.19 | 0.10 |
| 1.29 | 1.15 | 0.23 | 0.10 |
| 1.25 | 1.59 | 0.82 | 0.68 |
| 6.00 | 9.91 | 8.02 | 11.41 |
| 1.37 | 1.42 | 0.99 | 1.39 |
| 1.30 | 0.43 | 0.22 | 0.41 |

# 3－15 各县区规模以上工业企业主要经济指标

（2013 年）

| | 城关区 | 七里河区 | 西固区 |
|---|---|---|---|
| 企业及单位数(个) | 57 | 56 | 70 |
| #亏损企业 | 10 | 10 | 13 |
| 工业销售产值 | 1 045 100 | 3 143 300 | 9 635 000 |
| #出口交货值 | 7 400 | 41 900 | 6 900 |
| 全部从业人员年平均人数 | 19 200 | 28 100 | 45 900 |
| 年末资产总计 | 1 756 900 | 3 315 992 | 6 544 000 |
| #产成品 | 71 200 | 93 000 | 273 300 |
| 流动资产合计 | 893 000 | 2 015 300 | 3 378 500 |
| 固定资产合计 | 565 700 | 1 065 000 | 3 076 900 |
| 年末负债合计 | 892 800 | 1 789 782 | 4 749 100 |
| 年末所有者权益 | 864 100 | 1 526 210 | 1 794 900 |
| 主营业务收入 | 957 900 | 2 534 300 | 9 195 800 |
| #主营业务销售税金及附加 | 6 000 | 810 800 | 858 800 |
| 管理费用 | 84 100 | 126 900 | 438 100 |
| 利润总额 | 105 500 | 148 500 | －142 900 |
| 利税总额 | 149 700 | 1 141 600 | 896 500 |
| 工业经济效益综合指数(%) | 203.80 | 198.66 | 357.14 |
| 总资产贡献率(%) | 9.26 | 37.50 | 16.14 |
| 资产负债率(%) | 80.82 | 52.36 | 72.58 |
| 流动资产周转次数(次/年) | 1.15 | 1.28 | 2.88 |
| 工业成本费用利润率(%) | 9.70 | 11.88 | －1.69 |
| 全员劳动生产率(元/人、年) | 181 503 | 500 584 | 446 509 |
| 产品销售率(%) | 91.38 | 95.90 | 97.58 |

单位:万元

| 安宁区 | 红古区 | 永登县 | 皋兰县 | 榆中县 |
|---|---|---|---|---|
| 61 | 20 | 58 | 41 | 32 |
| 15 | 11 | 24 | 11 | 11 |
| 2 771 225 | 2 063 000 | 1 684 600 | 835 431 | 1 562 200 |
| 16 115 | 78 600 | 77 200 | 0 | 0 |
| 16 977 | 22 100 | 13 900 | 5 159 | 11 900 |
| 2 107 873 | 2 692 200 | 1 585 200 | 453 133 | 2 197 900 |
| 75 719 | 88 700 | 62 900 | 33 900 | 123 200 |
| 883 200 | 1 069 600 | 518 500 | 197 053 | 935 700 |
| 726 200 | 1 244 800 | 977 300 | 166 094 | 1 078 600 |
| 1 316 298 | 1 615 600 | 1 236 900 | 326 850 | 1 527 600 |
| 791 575 | 1 076 600 | 348 300 | 126 283 | 670 300 |
| 2 171 393 | 1 200 900 | 1 448 200 | 754 208 | 1 489 300 |
| 16 169 | 10 500 | 3 500 | 1 469 | 2 000 |
| 46 062 | 91 600 | 40 800 | 18 229 | 64 900 |
| 108 144 | 56 600 | -1 900 | 13 973 | -68 300 |
| 199 000 | 129 600 | 31 700 | 26 159 | -53 600 |
| 138.00 | 94.83 | 228.36 | 303.61 | 203.80 |
| 10.17 | 6.71 | 4.42 | 8.57 | -1.76 |
| 62.45 | 60.01 | 78.02 | 72.13 | 66.45 |
| 2.51 | 1.19 | 2.86 | 3.83 | 1.59 |
| 5.42 | 4.30 | -0.13 | 1.87 | -4.41 |
| 298 993 | 270 588 | 247 204 | 330 756 | 271 963 |
| 91.15 | 87.89 | 88.25 | 88.00 | 97.34 |

# 3-16 规模以上工业企业主要产品产量

| | 1995 | 2009 | 2010 | 2011 | 2012 | 2013 | 比上年增长(%) |
|---|---|---|---|---|---|---|---|
| 原煤(万吨) | 147.38 | 452.76 | 486.03 | 511.37 | 716.32 | 714.57 | 0.2 |
| 原油加工(万吨) | 106.15 | 1 045.19 | 1 033.72 | 1 053.36 | 1 002.12 | 1 050.02 | 4.8 |
| 汽油(万吨) | 82.90 | 236.16 | 201.70 | 221.55 | 209.86 | 220.93 | 5.3 |
| 煤油(万吨) | 33.87 | 45.66 | 29.48 | 28.75 | 34.27 | 68.06 | 98.6 |
| 柴油(万吨) | 115.60 | 458.72 | 457.62 | 477.32 | 444.42 | 429.49 | -3.4 |
| 润滑油(万吨) | 35.52 | 17.35 | 23.93 | 25.23 | 24.82 | 41.21 | -12.1 |
| 燃料油(万吨) | 84.14 | 6.61 | 16.35 | 12.52 | 15.63 | 19.12 | 22.4 |
| 焦炭(万吨) | 0.60 | 43.59 | 44.99 | 44.92 | 42.18 | 38.96 | -7.6 |
| 发电量总(万千瓦时) | 458 103 | 1 644 050 | 1 692 679 | 1 821 306 | | 2 103 773 | 3.4 |
| 啤酒(千升) | 75 593 | 436 922 | 470 152 | 432 683 | 447 037 | 456 851 | 2.2 |
| 合成洗涤剂(万吨) | 3.26 | 2.25 | 1.74 | 1.39 | 0.05 | 0.05 | 15.5 |
| 卷烟(万支) | 817 500 | 2 265 221 | 2 395 810 | 2 602 713 | 2 771 520 | 3 197 558 | 15.4 |
| 纱(万吨) | 0.79 | 0.34 | 0.32 | 0.32 | 0.11 | | |
| 绒线(毛线)(吨) | 4 236 | | | | | | |
| 毛机织物(呢绒)(万米) | 411.00 | 451.75 | 490.40 | 491.60 | 459.00 | 386.20 | -15.9 |
| 合成橡胶(万吨) | 5.19 | 16.36 | 18.64 | 18.35 | 17.79 | 16.54 | -7.0 |
| 合成纤维单体(万吨) | 2.07 | 1.99 | 2.40 | 2.38 | 2.46 | 2.15 | -12.6 |
| 塑料制品(万吨) | 2.01 | 5.70 | 5.25 | 4.53 | 7.91 | 10.97 | 24.0 |
| #塑料薄膜(万吨) | 1.04 | 1.74 | 1.80 | 1.72 | 1.31 | 1.59 | 5.4 |
| 机制纸板(万吨) | 0.64 | | | | | | |
| 合成氨(万吨) | 16.51 | 35.06 | 30.02 | 25.36 | 28.11 | 15.04 | -46.5 |
| 农用化肥(万吨) | 11.28 | 30.38 | 21.61 | 16.35 | 18.12 | 9.51 | -47.5 |
| #氮肥(万吨) | 9.98 | 30.38 | 21.61 | 16.35 | 18.12 | 9.51 | -47.5 |
| 磷肥(万吨) | 6.40 | | | | | | |
| 乙烯(万吨) | 7.27 | 69.38 | 69.48 | 69.39 | 64.67 | 63.16 | -2.3 |
| 聚丙烯树脂(万吨) | 5.75 | 39.95 | 38.93 | 40.06 | 40.07 | 39.62 | -1.1 |
| 水泥(万吨) | 151.09 | 516.05 | 548.06 | 568.56 | 847.17 | 966.90 | 5.0 |
| 平板玻璃(万重量箱) | 258.25 | 508.09 | 653.89 | 577.14 | 496.79 | 600.07 | 20.8 |
| 钢材(万吨) | 1.38 | 144.29 | 138.62 | 163.17 | 212.98 | 380.42 | 78.6 |
| 铁合金(万吨) | 11.54 | 40.80 | 45.54 | 44.93 | 38.50 | 49.84 | 22.3 |
| 原铝(电解铝)(万吨) | 17.66 | 75.74 | 79.71 | 61.73 | 84.89 | 87.84 | 3.5 |
| 变压器(万千伏安) | 34.51 | 212.69 | 227.76 | 224.99 | 294.02 | 261.29 | -11.1 |
| 家用洗衣机(万台) | 30.32 | 9.50 | 8.34 | 6.47 | 5.97 | 4.08 | -31.7 |

## 3－17 各县区规模以上工业增加值

（2013 年） 单位：亿元

| | 规模以工业增加值 | 比上年增长（%） |
|---|---|---|
| **兰州市** | **575.13** | **14.20** |
| 城关区 | 34.30 | 17.00 |
| 七里河区 | 140.71 | 15.00 |
| 西固区 | 189.32 | 4.70 |
| 安宁区 | 58.40 | 16.30 |
| 红古区 | 56.30 | 25.70 |
| 永登县 | 33.36 | 32.90 |
| 皋兰县 | 17.06 | 37.80 |
| 榆中县 | 32.34 | 40.10 |

## 3－18 规模以上工业企业主要能源消费与库存

（2013 年）

| | 年初库存量 | 本年消费量 | | | 年末库存量 |
|---|---|---|---|---|---|
| | | | 工业生产消费量 | 非工业生产消费量 | |
| 原煤（万吨） | 122.15 | 1 268.94 | 1 250.48 | 18.46 | 86.28 |
| 焦炭（万吨） | 12.72 | 242.85 | 242.67 | 0.17 | 10.37 |
| 原油（万吨） | 17.11 | 1 051.07 | 1 051.07 | | 12.36 |
| 汽油（万吨） | 0.02 | 0.88 | 0.39 | 0.49 | 0.01 |
| 煤油（万吨） | | 0.02 | 0.02 | | |
| 柴油（万吨） | 0.24 | 3.09 | 2.47 | 0.63 | 0.24 |
| 燃料油（万吨） | | 1.32 | 1.32 | | |
| 天然气（亿立方米） | 0.02 | 6.76 | 6.59 | 0.17 | 0.02 |
| 热力（万百万千焦） | | 2 449.43 | 2 366.96 | 82.47 | |
| 电力（亿千瓦小时） | | 316.51 | 302.98 | 13.53 | |

# 3－19 规模以上工业企业主要能源品种消费量

（2013 年）

| | 煤炭(万吨) | 焦炭(万吨) | 天然气(亿立方米) | 原油(万吨) |
|---|---|---|---|---|
| **规模以上工业企业** | **1 329.13** | **242.85** | **6.76** | **1 051.07** |
| 轻工业 | 6.64 | | 0.61 | |
| 重工业 | 1 322.50 | 242.85 | 6.15 | 1 051.07 |
| 采掘业 | 80.91 | 2.21 | | |
| 煤炭开采和洗选业 | 80.72 | 2.21 | | |
| 黑色金属矿采选业 | | | | |
| 非金属矿采选业 | 0.18 | | | |
| 制造业 | 591.50 | 240.64 | 6.73 | 1 051.07 |
| 农副食品加工业 | 0.54 | | 0.01 | |
| 食品制造业 | 1.67 | | | |
| 饮料制造业 | 1.46 | | 0.23 | |
| 烟草制品业 | | | 0.06 | |
| 纺织业 | 0.01 | | | |
| 纺织服装、鞋、帽制造业 | | | | |
| 皮革、毛皮、羽毛(绒)等 | 0.87 | | 0.01 | |
| 木材加工及木、竹、藤等 | 0.06 | | | |
| 家具制造业 | | | | |
| 造纸及纸制品业 | 0.11 | | | |
| 印刷业和记录媒介的复制 | | | 0.01 | |
| 文教体育用品制造业 | | | | |
| 石油加工炼焦及核燃料 | 41.41 | | 3.44 | 1 051.07 |
| 化学原料及化学制品制造 | 29.48 | 34.90 | 0.16 | |
| 医药制造业 | 1.04 | | 0.15 | |
| 化学纤维制造业 | | | | |
| 橡胶和塑料制品业 | 0.10 | 0.17 | | |
| 非金属矿物制品业 | 135.49 | 5.15 | 1.37 | |
| 黑色金属冶炼及压延 | 119.66 | 173.09 | | |
| 有色金属冶炼及压延 | 254.22 | 27.24 | 0.82 | |
| 金属制品业 | 0.68 | | 0.02 | |
| 通用设备制造业 | 0.92 | 0.05 | 0.01 | |
| 专用设备制造业 | 1.07 | | 0.14 | |
| 汽车制造业 | 1.66 | | | |
| 铁路、船舶、航空航天和其他运输设备制造业 | | | 0.04 | |
| 电气机械及器材制造业 | 0.24 | 0.03 | 0.15 | |
| 通信设备、计算机及其他 | 0.52 | | 0.04 | |
| 仪器仪表及文化、办公用 | | | | |
| 电力、煤气及水的生产等 | 656.72 | | 0.04 | |
| 电力、热力的生产和供应 | 656.61 | | 0.03 | |
| 燃气生产和供应业 | | | | |
| 水的生产和供应业 | 0.12 | | | |

| 汽油(万吨) | 柴油(万吨) | 燃料油（万吨） | 炼厂干气（万吨） | 其他石油制品(万吨) | 热力（万百万千焦） | 电力（亿千瓦时） |
|---|---|---|---|---|---|---|
| **0.88** | **3.09** | **1.32** | **66.41** | **41.70** | **2 449.43** | **316.51** |
| 0.14 | 0.20 | | | | 26.44 | 4.65 |
| 0.74 | 2.89 | 1.32 | 66.41 | 41.70 | 2 422.99 | 311.86 |
| 0.06 | 0.30 | | | | | 5.44 |
| 0.06 | 0.29 | | | | | 5.42 |
| | | | | | | |
| | 0.01 | | | | | 0.02 |
| 0.68 | 2.72 | | 66.41 | 41.70 | 2 444.32 | 287.10 |
| 0.02 | | | | | | 0.23 |
| | 0.01 | | | | | 0.32 |
| 0.01 | 0.16 | | | | | 1.29 |
| | | | | | | 0.24 |
| 0.01 | 0.01 | | | | 21.32 | 0.18 |
| | | | | | | |
| | | | | | | 0.05 |
| | | | | | | 0.02 |
| | | | | | | |
| | | | | | | 0.04 |
| 0.01 | | | | | | 0.10 |
| | | | | | | |
| 0.06 | 0.13 | 1.32 | 66.04 | 41.70 | 2 211.72 | 22.48 |
| 0.16 | 0.27 | | 0.37 | | 134.28 | 34.03 |
| 0.04 | 0.01 | | | | | 0.59 |
| | | | | | | |
| 0.06 | 0.06 | | | | 3.88 | 1.13 |
| 0.04 | 1.13 | | | 0.01 | 8.97 | 20.13 |
| 0.04 | 0.04 | | | | 39.85 | 57.37 |
| 0.05 | 0.36 | | | | | 146.29 |
| 0.05 | 0.01 | | | | 1.98 | 0.33 |
| 0.02 | 0.01 | | | | | 0.33 |
| 0.06 | 0.02 | | | | 22.32 | 0.95 |
| 0.01 | 0.02 | | | | | 0.06 |
| | | | | | | 0.11 |
| 0.03 | 0.01 | | | | | 0.50 |
| | | | | | 22.32 | 0.13 |
| | | | | | | 0.08 |
| 0.13 | 0.07 | | | | 5.11 | 23.97 |
| 0.10 | 0.06 | | | | | 22.49 |
| 0.02 | 0.01 | | | | | 0.48 |
| 0.02 | | | | | 5.11 | 0.99 |

# 主要统计指标解释

**工业**　指从事自然资源的开采，对采掘品和农产品进行加工和再加工的物质部门。具体包括：（1）对自然资源的开采，如采矿、晒盐、森林采伐等（但不包括禽兽捕猎和水产捕捞）；（2）对农副产品的加工、再加工、如粮油加工、食品加工、轧花、缫丝、纺织、制革等；（3）对采掘品的加工、再加工、如炼铁、炼钢、化工生产、石油加工、机器制造、木材加工等，以及电力、自来水、煤气的生产和供应等；（4）对工业品的修理、翻新，如机器设备的修理、交通运输工具（包括小卧车）的修理等。

1984年以前农村的村及村以下办工业归属农业，1984年以后划归工业。

**工业统计调查单位**　工业统计调查单位分为两类：独立核算法人工业企业和工业活动单位。

（1）独立核算法人工业企业 是指从事工业生产经营活动的单位。独立核算法人工业企业应同时具备以下条件：①依法成立，有自己的名称、组织机构和场所，能够承担民事责任；②独立拥有和使用资产、承担负债，有权与其他单位签订合同；③独立核算盈亏，并能够编制资产负债表。

（2）工业活动单位 是指在一个场所从事一种或主要从事一种工业生产活动的经济单位。它包括独立核算工业企业按主营业务活动（即工业生产活动）划分的主营业务活动单位和非工业企业所属的工业生产活动单位（即原非独立核算工业生产单位）。工业活动单位，一般应同时具备以下三个条件：①具有一个场所，从事一种或主要从事一种工业活动；②单独组织工业生产、经营或业务活动；③单独核算收入和支出。

本年鉴中涉及的企业登记注册类型：

（1）国有及国有控股企业 指国有企业加上国有控股企业。国有企业（即过去的全民所有制工业或国营工业）是指企业全部资产归国家所有，并按《中华人民共和国企业法人登记管理条例》规定登记注册的非公司制的经济组织。包括国有企业、国有独资公司和国有联营企业。1957年以前的公私合营和私营工业，后均改造为国营工业，1992年改为国有工业，这部分工业的资料不单独分列时，均包括在国有企业内。国有控股企业是对混合所有制经济的企业进行的“国有控股”分类。它是指这些企业的全部资产中国有资产（股份）相对其他所有者中的任何一个所有者占资（股）最多的企业。该分组反映了国有经济控股情况。

（2）集体企业 指企业资产归集体所有，并按《中华人民共和国企业法人登记管理条例》规定登记注册的经济组织。是社会主义公有制经济的组成部分。包括城乡所有使用集体投资举办的企业，以及部分个人通过集资自愿放弃所有权并依法经工商行政管理机关认定为集体所有制的企业。

（3）股份合作企业 指以合作制为基础，由企业职工共同出资入股，吸收一定比例的社会资产投资组建，实行自主经营，自负盈亏，共同劳动，民主管理，按劳分配与按股分红相结合的一种集体经济组织。

（4）联营企业 指两个及两个以上相同或不同所有制性质的企业法人或事业单位法人，按自愿、平等、互利的原则，共同投资组成的经济组织。联营企业包括：

国有联营企业指国有企业与国有企业间的联营；

集体联营企业指集体企业与集体企业间的联营；

国有与集体联营企业指国有企业与集体企业间的联营。

（5）有限责任公司 指根据《中华人民共和国公司登记管理条例》规定登记注册，由两个以上，五十个以下的股东共同出资，每个股东以其所认缴的出资额对公司承担有限责任，公司以其全部资产对其债务承担责任的经济组织。

有限责任公司包括国有独资公司以及其他有限责任公司。

（6）股份有限公司 指根据《中华人民共和国企业法人登记管理条例》规定登记注册，其全部注册资本由等额股份构成并通过发行股票筹集体资本，股东以其认购的股份对公司承担的有限责任，公司以其全部资产对其债务承担责任的经济组织。

（7）私营企业 指由自然人投资设立或由自然人控股，以雇佣劳动为基础的营利性经济组织。包括按照《公司法》、《合伙企业法》、《私营企业暂行条例》规定登记注册的私营有限责任公司、私营股份有限公司、私营合伙企业和私营独资企业。

（8）港、澳、台商投资企业 指企业注册登记类型中的港、澳、台资合资、合作、独资经营企业和股份有限公司之和。

（9）外商投资企业 指企业注册登记类型中的中外合资、合作经营企业、外资企业和外商投资股份有限公司之和。

“三资”企业系指港、澳、台商投资企业和外资企业的简称。

**规模以上工业企业**　　规模以上工业为年主营业务收入2000万元以上的企业。

**轻工业**　　指主要提供生活消费品和制作手工工具的工业。按其所使用的原料不同，可分为两大类：（1）以农产品为原料的轻工业，是指直接或间接以农产品为基本原料的轻工业。主要包括食品制造、饮料制造、烟草加工、纺织、缝纫、皮革和毛皮制作、造纸以及印刷等工业；（2）以非农产品为原料的轻工业，是指以工业品为原料的轻工业。主要包括文教体育用品、化学药品制造、合成纤维制造、日用化学制品、日用玻璃制品、日用金属制品、手工工具制造、医疗器械制造、文化和办公用机械制造等工业。

**重工业**　　是指为国民经济各部门提供物质技术基础的主要生产资料的工业。按其生产性质和产品用途，可以分为下列三类：（1）采掘（伐）工业，是指对自然资源的开采，包括石油开采、煤炭开采、金属矿开采、非金属矿开采和木材采伐等工业；（2）原材料工业，指向国民经济各部门提供基本材料、动力和燃料的工业。包括金属冶炼及加工、炼焦及焦炭、化学、化工原料、水泥、人造板以及电力、石油和煤炭加工等工业；（3）加工工业，是指对工业原材料进行再加工制造的工业。包括装备国民经济各部门的机械设备制造工业、金属结构、水泥制品等工业，以及为农业提供的生产资料如化肥、农药等工业。

根据上述划分原则，修理业中以重工业产品为修理作业对象的划为重工业，反之划为轻工业。

**工业总产值** 是以货币表现的工业企业在一定时期内生产的已出售或可供出售工业产品总量，它反映一定时间内工业生产的总规模和总水平。它包括：在本企业内不再进行加工，经检验，包装入库（规定不需包装的产品除外）的成品价值，对外加工费收入，自制半成品、在产品期末初差额价值。工业总产值采用“工厂法”计算，即以工业企业作为一个整体，按企业工业生产活动的最终成果来计算，企业内部不允许重复计算，不能把企业内部各个车间（分厂）生产的成果相加。但在企业之间、行业之间、地区之间存在着重复计算。

轻重工业总产值的划分是按“工厂法”计算的，即一个工业企业生产的主要产品性质属于轻工业，则该企业的全部总产值作为轻工业总产值；如它的主要产品性质属于重工业，则该企业的全部总产值作为重工业总产值。

**工业增加值** 是指工业行业在报告期内以货币表现的工业生产活动的最终成果。

**实收资本** 指企业实际收到的投资人投入的资本。按投资主体可分为国家资本、集体资本、法人资本、个人资本、港澳台资本和外商资本等。

**资产合计** 指企业拥有或控制的能以货币计量的经济资源。包括各种财产、债权和其他权利。资产按其流动性划分为流动资产、长期投资、固定资产、无形及递延资产和其他资产。

（1）流动资产 指企业可以在一年内或者超过一年的一个生产周期内变现或耗用的资产合计。包括现金及各种存款、短期投资、应收及预付款项、存货等。

（2）固定资产 指企业固定资产净值、固定资产清理、在建工程、待处理固定资产损失所占用的资金合计。

（3）无形资产 指企业长期使用而没有实物形态的资产。包括专利权、非专利技术、商标权、著作权、土地使用权、商誉等。

**负债合计** 指企业承担能以货币计量，将以资产或劳务偿付的债务。负债一般按偿还期长短分为流动负债和长期负债、递延税项等。

（1）流动负债 指企业在一年内或者超过一年的一个营周期内需要偿还的债务合计，其中包括短期借款、应付及预收款项、应付工资、应交税金和应交利润等。

（2）长期负债 指企业在一年以上或者超过一年的一个营业周期以上需要偿还的债务合计，其中包括长期借款、应付债务、长期应付款项等。

**所有者权益**　指企业投资人对企业净资产的所有权。企业净资产等于企业全部资产减去全部负债后的余额，其中包括投资者对企业的最初投入，以及资本公积金、盈余公积金和未分配利润，对股份制企业即为股东权益。

**固定资产原价**　指企业在建造、购置、安装、改建、扩建、技术改造某项固定资产时所支出的全部货币总额。它一般包括买价、包装费、运杂费和安装费等。

**固定资产净值**　是指固定资产原价减去历年已提折旧额后的净额。

**流动资产**　是指可以在一年或者超过一年的一个营业周期内变现或者耗用的资产，包括现金及各种存款、短期投资、应收及预付货款、存货等。

**产品销售收入**　指企业销售产品和提供劳务等主要经营业务取得的收入总额。

**产品销售成本**　指企业销售品和提供劳务等主要经营业务的实际成本。

**产品销售税金及附加**　指企业销售产品和提供工业性劳务等主要经营业务应负担的城市维护建设税、消费税、资源税和教育费附加。

**产品销售利润**　指企业销售产品和提供工业性劳务等主要经营业务收入扣除其成本、费用、税金后的利润。

**利润总额**　指企业实现的利润。

**应交增值税**　指企业在报告期内应交纳的增值税额。

**总资产贡献率**　反映企业全部资产的获利能力，是企业经营业绩和管理水平的集中表现，是评价和考核企业盈利能力的核心指标。计算公式为：

总资产贡献率=（利润总额+税金总额+利息支出）/平均资产总额*100%

**资产负债率** 该指标既反映企业经营风险的大小，也反映企业利用债权人提供的资金从事经营活动的能力。计算公式为：

资产负债率=负债总额/资产总额*100%

**工业成本费用利润率** 指在一定时期内实现的利润与成本费用之比，是反映工业生产成本及费用投入的经济效益指标，同时也是反映降低成本的经济效益的指标。计算公式为：

工业成本费用利润率（%）=利润总额/成本及费用总额*100%

**工业增加值率**　指在一定时期内工业增加值占同期工业总产值的比重，反映降低中间消耗的经济效益。计算公式为：

工业增加值率（%）=工业增加值（现价）/工业总产值*100%

**流动资产周转次数**　指在一定时期内流动资产完成的周转次数，反映流动资产的周转速度。计算公式为：

流动资产周转次数=产品销售收入/全部流动资产平均余额

**产品销售率**　指报告期工业销售产值与同期全部工业总产值之比，是反映工业产品已实现销售的程度，分析工业产销衔接情况，研究工业产品满足社会需求程度的指标。计算公式为：

产品销售率（%）=工业销售产值/工业总产值（现价）*100%

**全员劳动生产率**　指根据产品的价值量指标计算的平均每一个从业人员在单位时间内的产品生产量。是考核企业经济活动的重要指标，是企业生产技术水平、经营管理水平、职工技术熟练程度和劳动积极性的综合表现。目前我国的全员劳动生产率是将工业企业的工业增加值除以同一时期全部从业人员的平均人数来计算的。计算公式为：

全员劳动生产率（%）=工业增加值/全部从业人员平均人数*100%

# 四、交通运输业

# 4－1 交通运输业基本情况

| | 2008 | 2009 | 2010 | 2011 | 2012 | 2013 | 比上年增长(%) |
|---|---|---|---|---|---|---|---|
| **客运量总计(万人)** | **3 150.41** | **3 373.04** | **3 963.16** | **4 388.82** | **4 829.07** | **5 326.85** | **10.31** |
| 铁路 | 777.16 | 874.19 | 975.81 | 1 042.06 | 996.95 | 1 042.03 | 4.52 |
| 公路 | 2 253.18 | 2 346.24 | 2 627.00 | 2 965.86 | 3 373.82 | 3 719.86 | 10.26 |
| 民用航空 | 120.07 | 152.61 | 360.36 | 380.90 | 458.30 | 564.96 | 23.27 |
| **货运量总计(万吨)** | **7 206.66** | **7 358.37** | **8 054.29** | **8 907.70** | **9 671.89** | **10 509.61** | **8.66** |
| 铁路 | 1 318.65 | 1 202.33 | 1 221.15 | 1 214.52 | 1 003.95 | 974.43 | -2.94 |
| 公路 | 5 887.00 | 6 155.00 | 6 832.00 | 7 663.50 | 8 664.34 | 9 531 | 10.00 |
| 民用航空 | 1.01 | 1.04 | 2.56 | 2.68 | 3.60 | 4.18 | 16.10 |
| **公路货运周转量(万吨公里)** | **268 812.00** | **299 187.00** | **348 553.00** | **408 905.50** | **575 369.50** | **822 779.60** | **43.00** |
| **公路旅客周转量(万人公里)** | **236 636.00** | **247 188.81** | **286 738.00** | **331 490.90** | **481 164.50** | **544 721.33** | **13.21** |

# 4－2 客运量和货运量

| 年份 | 客运量合计(万人) | | | | 货运量合计(万吨) | | | |
|---|---|---|---|---|---|---|---|---|
| | | 铁路 | 公路 | 民航 | | 铁路 | 公路 | 民航 |
| 1984 | 1 165.40 | 451.60 | 709.00 | 4.80 | 1 721.11 | 1 040.00 | 681.00 | 0.11 |
| 1985 | 1 000.00 | 466.00 | 527.00 | 7.00 | 1 541.17 | 817.00 | 724.00 | 0.17 |
| 1986 | 1 120.60 | 503.00 | 606.00 | 11.60 | 1 723.17 | 942.00 | 781.00 | 0.17 |
| 1987 | 1 166.50 | 517.00 | 638.00 | 11.50 | 1 977.20 | 1 073.00 | 904.00 | 0.20 |
| 1988 | | | | | | | | |
| 1989 | 1 273.00 | 510.00 | 753.00 | 10.00 | 2 075.23 | 905.00 | 1 170.00 | 0.23 |
| 1990 | 1 037.00 | 405.00 | 620.00 | 12.00 | 2 282.18 | 892.00 | 1 390.00 | 0.18 |
| 1991 | 1 162.50 | 409.00 | 736.00 | 17.50 | 2 529.25 | 896.00 | 1 633.00 | 0.25 |
| 1992 | 1 250.30 | 434.00 | 790.00 | 26.30 | 3 015.30 | 1 191.00 | 1 824.00 | 0.30 |
| 1993 | 1 303.20 | 446.60 | 828.00 | 28.60 | 2 701.30 | 703.00 | 1 998.00 | 0.30 |
| 1994 | 1 342.00 | 460.00 | 863.00 | 19.00 | 2 849.35 | 599.00 | 2 249.00 | 0.35 |
| 1995 | 1 380.50 | 448.00 | 904.00 | 28.50 | 3 245.40 | 724.00 | 2 521.00 | 0.40 |
| 1996 | 1 476.70 | 415.70 | 1 002.50 | 58.50 | 3 558.62 | 725.00 | 2 833.30 | 0.32 |
| 1997 | 1 568.50 | 431.10 | 1 082.40 | 55.00 | 3 932.34 | 742.00 | 3 190.00 | 0.34 |
| 1998 | 1 693.10 | 443.30 | 1 223.50 | 26.30 | 4 272.95 | 698.20 | 3 574.40 | 0.35 |
| 1999 | 1 832.00 | 459.00 | 1 345.00 | 28.00 | 4 749.00 | 764.00 | 3 985.00 | 0.41 |
| 2000 | 2 002.00 | 476.00 | 1 483.00 | 43.00 | 5 167.00 | 815.00 | 4 351.00 | 0.53 |
| 2001 | 2 140.80 | 499.40 | 1 608.00 | 33.40 | 5 400.60 | 758.00 | 4 642.00 | 0.60 |
| 2002 | 2 253.30 | 556.30 | 1 662.00 | 35.00 | 5 633.89 | 823.90 | 4 809.00 | 0.99 |
| 2003 | 2 208.73 | 473.87 | 1 695.00 | 39.86 | 5 580.78 | 652.98 | 4 927.00 | 0.80 |
| 2004 | 2 416.48 | 567.15 | 1 798.00 | 51.33 | 5 785.81 | 782.93 | 5 002.00 | 0.88 |
| 2005 | 2 545.68 | 586.77 | 1 896.00 | 62.91 | 5 972.19 | 820.55 | 5 151.00 | 0.64 |
| 2006 | 2 731.67 | 635.90 | 1 995.62 | 100.15 | 6 263.85 | 903.10 | 5 360.00 | 0.75 |
| 2007 | 2 925.50 | 672.53 | 2 112.37 | 140.60 | 6 839.45 | 1 234.50 | 5 604.00 | 0.95 |
| 2008 | 3 150.41 | 777.16 | 2 253.18 | 120.07 | 7 206.66 | 1 318.65 | 5 887.00 | 1.01 |
| 2009 | 3 373.04 | 847.19 | 2 346.24 | 152.61 | 7 358.27 | 1 202.23 | 6 155.00 | 1.04 |
| 2010 | 3 802.30 | 975.81 | 2 627.00 | 199.49 | 8 054.29 | 1 221.15 | 6 832.00 | 1.14 |
| 2011 | 4 388.82 | 1 042.06 | 2 965.86 | 380.90 | 8 907.7 | 1 214.52 | 7 663.50 | 2.68 |
| 2012 | 4 829.07 | 996.95 | 3 373.82 | 458.30 | 9 671.89 | 1 003.95 | 8 664.34 | 3.60 |
| 2013 | 5 326.85 | 1 042.03 | 3 719.86 | 564.96 | 10 509.61 | 974.43 | 9 531.00 | 4.18 |

# 4－3 邮电业务基本情况

| | 2008 | 2009 | 2010 | 2011 | 2012 | 2013 |
|---|---|---|---|---|---|---|
| 邮电业务总量(亿元) | 28.50 | 29.36 | 36.05 | 44.27 | 48.90 | 53.38 |
| 电信业务总量(亿元) | 26.58 | 27.64 | 34.35 | 42.43 | 47.14 | 51.4 |
| 邮政业务总量(亿元) | 1.92 | 1.72 | 1.70 | 1.84 | 1.76 | 1.98 |
| 函件(万件) | 1 122.21 | 1 301.93 | 1 182.71 | 1 129.56 | 1 548.69 | 1 573.58 |
| 普通包件(万件) | 29.93 | 27.86 | 26.14 | 8.94 | 9.99 | 9.41 |
| 代办特快专递(万件) | 79.19 | 66.18 | 71.00 | 72.42 | 68.24 | 61.61 |
| 报刊期发数(万份) | | | | 5 750.71 | 6 458.60 | 6 497.37 |
| 固定长途电话(万分) | | | | 27 084.31 | 23 156.38 | 18 791.68 |
| 本地电话年末用户(万户) | 113.92 | 98.38 | 104.66 | 105.45 | 94.39 | 92.57 |
| #住宅电话年末用户 | 45.56 | 74.98 | 88.29 | 89.15 | 51.85 | 53.16 |
| 公用电话(万户) | 14.00 | 23.40 | 16.37 | 16.30 | 15.78 | 16.63 |
| 年末移动电话用户(万户) | 263.90 | 293.54 | 349.25 | 390.04 | 418.93 | 469.36 |
| 国际互联网用户(户) | 296 900 | 382 000 | 500 400 | 468 600 | 496 900 | 540 000 |
| 邮电局所(处) | 164 | 165 | 165 | 145 | 147 | 146 |
| 集邮业务(万枚) | 817.72 | 822.31 | 650.83 | 1 159.35 | 921.52 | 862.54 |

注:报刊期发数由原来的期末数变为累计数。

# 主要统计指标解释

**货（客）运量**　指在一定时期内，各种运输工具实际运送的货物（旅客）数量。它是反映运输业为国民经济和人民生活服务的数量指标，也是制定和检查运输生产计划、研究运输发展规模和速度的重要指标。货运按吨计算，客运按人计算。货物不论运输距离长短、货物类别，均按实际重量统计。旅客不论行程远近或票价多少，均按一人一次客运量统计；半价票、小孩票也按一人统计。

**邮电业务总量**　指以价值量形式表现的邮电通信企业为社会提供各类邮电通信服务的总数量。邮电业务量按专业分类包括函件、包件、汇票、报刊发行、邮政快件、特快专递、邮政储蓄、集邮、公众电报、用户电报、传真、长途电话、出租电路、移动电话、分组交换数据通信、出租代维等。计算方法为各类产品乘以相应的平均单价（不变价）之和，再加上出租电路和设备、代用户维护电话交换机和线路等的服务收入。它综合反映了一定时期邮电业务发展的总成果，是研究邮电业务量构成和发展趋势的重要指标。计算公式为：

邮电业务总量=Σ（各类邮电业务量×不变单价）+出租代维及其他业务收入

**移动电话用户**　是指通过移动电话交换机进入移动电话网、占用移动电话号码的电话用户。用户数量以报告期末在移动电话营业部门实际办理登记手续进入移动电话网的户数进行计算，一部移动电话统计为一户。

**电话用户**　指接入国家公众固定电话网，并按固定电话业务进行经营管理的电话用户。1997年以前，电话用户分为市内电话用户和农村电话用户。“市内电话用户”是指接入县城及县以上城市的电话网上的电话用户；“农村电话用户”是指接入县邮电局农话台及县以下农村电话交换点，以县城为中心（除市话用户外）联通县、乡（镇）、行政村、村民小组的用户。从1997年起，电话用户数分组调整为以用户所在区域划分为“城市电话用户”和“乡村电话用户”，与过去的按市内电话和农村电话划分方法不同。而电话用户总数、电话机总部数统计范围不变。

**城市电话用户**　指直辖市、省辖市、地级市、县级市的市区、市郊区及县城（包括县人民政府所在地的县城关区或行政建制相当于县人民政府所在地的镇）范围内接入局用交换机的电话用户数，包括分布在农村地区的独立工矿区、林区、驻军等接入局用交换机的电话用户数。

**乡村电话用户**　指县城关区以下的集镇和农村接入局用交换机的电话用户数。

**住宅电话用户**　是指安装在居民住宅或农民家里并按照住宅电话登记注册和收费的电话用户。包括私人付费、单位付费和按规定免费安装的住宅电话用户。

**局用交换机容量**　是指安装在本地电信运营商内用于接结续本地固定电话的电话交换机容量，有倍增设备按倍增后的数量计算。包括现用和备用的人工或自动交换机的全部容量。

# 五、农 业

## 5－1 各县区农村基本情况

（2013 年）

| | 乡镇数（个） | #镇 | 村民委员会（个） | 乡村户数（万户） | 乡村人口（万人） |
|---|---|---|---|---|---|
| **兰州市** | **61.00** | **35.00** | **765.00** | **33.22** | **127.44** |
| 城关区 | 0.00 | 0.00 | 37.00 | 1.53 | 4.79 |
| 七里河区 | 6.00 | 4.00 | 62.00 | 2.17 | 9.15 |
| 西固区 | 6.00 | 2.00 | 49.00 | 2.37 | 7.95 |
| 安宁区 | | | | | |
| 红古区 | 4.00 | 3.00 | 38.00 | 1.38 | 5.74 |
| 永登县 | 18.00 | 13.00 | 240.00 | 11.44 | 46.02 |
| 皋兰县 | 7.00 | 5.00 | 71.00 | 4.48 | 15.46 |
| 榆中县 | 20.00 | 8.00 | 268.00 | 9.85 | 38.33 |

## 5－2 各县区农村劳动力情况

（2013 年）

单位：万人

| | 农村劳动力 | #乡村从业人员 | #农林牧渔业 | 工业 | 建筑业 | 交通运输仓储及邮政业 | 批发零售贸易业 | 住宿和餐饮业 |
|---|---|---|---|---|---|---|---|---|
| 兰州市 | 80.24 | 69.25 | 38.20 | 5.59 | 5.09 | 3.67 | 2.38 | 1.96 |
| 城关区 | 2.66 | 2.31 | 0.79 | 0.29 | 0.02 | 0.21 | 0.27 | 0.15 |
| 七里河区 | 5.73 | 5.17 | 3.13 | 0.58 | 0.17 | 0.23 | 0.21 | 0.14 |
| 西固区 | 4.94 | 4.46 | 1.80 | 0.71 | 0.32 | 0.36 | 0.23 | 0.19 |
| 安宁区 | | | | | | | | |
| 红古区 | 3.89 | 3.12 | 1.88 | 0.25 | 0.24 | 0.24 | 0.17 | 0.10 |
| 永登县 | 29.34 | 25.66 | 13.43 | 2.06 | 1.84 | 1.47 | 0.84 | 0.73 |
| 皋兰县 | 9.25 | 8.26 | 4.67 | 0.66 | 0.56 | 0.50 | 0.25 | 0.23 |
| 榆中县 | 24.43 | 20.27 | 12.50 | 1.04 | 1.94 | 0.66 | 0.41 | 0.42 |

# 5－3 农林牧渔业增加值

单位：万元

| 年份 | 农林牧渔业增加值 | | | | | |
|---|---|---|---|---|---|---|
| | | 农业 | 林业 | 牧业 | 渔业 | 服务业 |
| 1979 | 7 788.36 | 6 638.07 | 110.88 | 1 038.06 | 1.38 | |
| 1980 | 9 392.15 | 8 045.01 | 132.86 | 1 213.24 | 1.04 | |
| 1981 | 7 994.08 | 6 504.60 | 193.21 | 1 295.24 | 1.03 | |
| 1982 | 8 420.08 | 6 584.56 | 455.83 | 1 378.05 | 2.00 | |
| 1983 | 11 178.75 | 8 947.76 | 676.09 | 1 553.05 | 1.85 | |
| 1984 | 14 017.15 | 11 046.91 | 994.06 | 1 974.45 | 1.73 | |
| 1985 | 18 976.08 | 15 294.47 | 1 041.19 | 2 635.64 | 4.78 | |
| 1986 | 22 036.67 | 17 611.67 | 911.00 | 3 492.48 | 21.52 | |
| 1987 | 23 296.91 | 18 423.25 | 746.92 | 4 077.74 | 49.00 | |
| 1988 | 30 603.00 | 22 452.91 | 741.23 | 7 239.48 | 169.38 | |
| 1989 | 38 054.41 | 27 624.39 | 716.71 | 9 578.27 | 135.05 | |
| 1990 | 42 605.00 | 31 278.31 | 1 198.86 | 9 800.29 | 327.54 | |
| 1991 | 50 054.63 | 36 455.46 | 1 287.62 | 11 901.63 | 409.92 | |
| 1992 | 55 261.00 | 41 527.47 | 968.69 | 12 226.92 | 537.92 | |
| 1993 | 65 390.76 | 49 687.61 | 1 320.88 | 13 853.49 | 528.78 | |
| 1994 | 95 391.00 | 67 546.45 | 2 431.70 | 24 568.40 | 844.45 | |
| 1995 | 118 296.96 | 89 095.33 | 2 856.17 | 25 149.63 | 1 195.83 | |
| 1996 | 137 205.13 | 103 602.91 | 3 229.00 | 29 073.27 | 1 299.17 | |
| 1997 | 140 826.62 | 101 431.00 | 3 262.37 | 34 891.39 | 1 240.97 | |
| 1998 | 152 430.54 | 116 295.29 | 3 248.73 | 31 399.17 | 1 487.35 | |
| 1999 | 156 129.94 | 119 674.18 | 2 851.99 | 31 506.43 | 2 097.34 | |
| 2000 | 158 915.80 | 121 106.04 | 3 299.07 | 33 007.61 | 1 503.08 | |
| 2001 | 168 914.30 | 129 533.55 | 2 800.48 | 34 706.09 | 1 874.18 | |
| 2002 | 176 821.31 | 135 578.93 | 2 300.11 | 37 217.84 | 1 724.43 | |
| 2003 | 185 709.77 | 140 560.98 | 2 754.87 | 38 760.00 | 1 700.40 | |
| 2004 | 206 062.21 | 147 959.34 | 2 409.67 | 51 800.50 | 1 665.82 | 2 226.83 |
| 2005 | 221 299.01 | 162 258.36 | 1 174.17 | 53 642.65 | 1 880.66 | 2 343.17 |
| 2006 | 227 335.06 | 165 709.78 | 1 634.15 | 55 151.49 | 2 141.87 | 2 697.77 |
| 2007 | 260 863.43 | 198 151.39 | 1 425.23 | 56 178.84 | 2 177.63 | 2 930.35 |
| 2008 | 281 007.69 | 223 506.73 | 1 756.52 | 47 491.08 | 2 732.45 | 5 520.91 |
| 2009 | 305 453.65 | 248 499.34 | 1 911.75 | 46 525.01 | 2 669.97 | 5 847.58 |
| 2010 | 337 891.83 | 275 887.33 | 2 861.70 | 52 612.57 | 496.06 | 6 025.21 |
| 2011 | 400 073.13 | 324 875.17 | 3 864.68 | 62 003.54 | 640.14 | 8 689.60 |
| 2012 | 445 480.50 | 363 945.30 | 3 845.21 | 67 444.56 | 676.85 | 9 568.58 |
| 2013 | 491 187.84 | 403 270.68 | 3 544.58 | 72 682.30 | 1 104.16 | 10 586.12 |

注：1、自 2003 年起农林牧渔业增加值为新行业口径，新增农林牧渔服务业；包括农业、林业、牧业、渔业和农林牧渔服务业增加值；

2、2008 年农林牧渔业有关数据为农普口径统计数据，增速为可比速度。

# 5－4 农林牧渔业增加值指数

（上年＝100）

| 年份 | 农林牧渔业增加值 | 农业 | 林业 | 牧业 | 渔业 | 服务业 |
|---|---|---|---|---|---|---|
| 1979 | 91.22 | 90.94 | 97.74 | 91.90 | 120.64 | |
| 1980 | 116.38 | 116.52 | 100.82 | 117.47 | 76.63 | |
| 1981 | 80.78 | 77.28 | 140.01 | 92.49 | 84.28 | |
| 1982 | 110.09 | 105.85 | 240.79 | 108.59 | 193.66 | |
| 1983 | 124.86 | 128.12 | 140.26 | 106.71 | 93.45 | |
| 1984 | 117.78 | 114.97 | 140.86 | 121.65 | 92.58 | |
| 1985 | 128.48 | 131.52 | 85.46 | 135.44 | 358.13 | |
| 1986 | 109.90 | 108.54 | 87.89 | 122.57 | 198.01 | |
| 1987 | 97.50 | 97.07 | 81.89 | 101.32 | 394.66 | |
| 1988 | 100.60 | 101.82 | 85.77 | 98.42 | 113.07 | |
| 1989 | 109.64 | 107.26 | 79.81 | 129.21 | 119.04 | |
| 1990 | 110.88 | 110.45 | 115.30 | 106.56 | 129.05 | |
| 1991 | 112.49 | 116.61 | 74.64 | 102.90 | 98.43 | |
| 1992 | 107.23 | 108.74 | 96.52 | 102.31 | 106.62 | |
| 1993 | 102.74 | 92.72 | 169.67 | 137.29 | 159.33 | |
| 1994 | 101.18 | 101.96 | 104.93 | 98.72 | 101.45 | |
| 1995 | 101.20 | 102.73 | 97.83 | 96.67 | 120.55 | |
| 1996 | 105.83 | 107.53 | 102.31 | 101.04 | 106.33 | |
| 1997 | 103.60 | 100.78 | 97.72 | 113.47 | 95.79 | |
| 1998 | 107.10 | 112.87 | 101.33 | 90.94 | 114.79 | |
| 1999 | 120.42 | 119.27 | 121.58 | 127.15 | 107.02 | |
| 2000 | 107.60 | 107.09 | 116.48 | 107.45 | 90.42 | |
| 2001 | 105.50 | 105.60 | 98.00 | 106.00 | 105.80 | |
| 2002 | 104.80 | 105.40 | 70.70 | 105.70 | 107.80 | |
| 2003 | 104.90 | 104.84 | 130.00 | 104.87 | 100.00 | |
| 2004 | 103.27 | 100.94 | 96.61 | 111.90 | 96.76 | 115.17 |
| 2005 | 104.05 | 104.88 | 42.69 | 104.20 | 112.90 | 105.22 |
| 2006 | 103.11 | 101.97 | 135.51 | 104.92 | 113.92 | 115.13 |
| 2007 | 103.69 | 107.59 | 79.45 | 92.52 | 101.67 | 108.62 |
| 2008 | 105.71 | 103.96 | 123.90 | 115.74 | 103.87 | 103.32 |
| 2009 | 103.17 | 106.39 | 105.00 | 104.80 | 116.99 | 103.74 |
| 2010 | 105.01 | 104.89 | 138.64 | 109.08 | 34.11 | 99.46 |
| 2011 | 105.20 | 104.37 | 119.38 | 104.65 | 118.54 | 139.21 |
| 2012 | 106.70 | 107.26 | 95.30 | 104.56 | 100.37 | 106.29 |
| 2013 | 105.80 | 106.35 | 88.06 | 103.19 | 155.96 | 107.01 |

## 5－5 农林牧渔业增加值及构成

| | 绝对数(万元) | | 构成(%) | | 比上年增长(%) |
|---|---|---|---|---|---|
| | 2012 | 2013 | 2012 | 2013 | |
| **农林牧渔业增加值** | **445 480.50** | **491 187.84** | **100.00** | **100.00** | **5.80** |
| 农业 | 363 945.30 | 403 270.68 | 81.70 | 82.10 | 6.35 |
| 林业 | 3 845.21 | 3 544.58 | 0.86 | 0.72 | －11.94 |
| 牧业 | 67 444.56 | 72 682.30 | 15.14 | 14.80 | 3.19 |
| 渔业 | 676.85 | 1 104.16 | 0.15 | 0.22 | 55.96 |
| 农林牧渔服务业 | 9 568.58 | 10 586.12 | 2.15 | 2.16 | 7.01 |

## 5－6 各县区农林牧渔业增加值

(2013 年)

单位:万元

| | 农林牧渔业增加值 | | | | | | 比上年增长(%) |
|---|---|---|---|---|---|---|---|
| | | 农业 | 林业 | 牧业 | 渔业 | 服务业 | |
| **兰州市** | **491 187.84** | **403 270.68** | **3 544.58** | **72 682.30** | **1 104.16** | **10 586.12** | **5.80** |
| 城关区 | 16 070.33 | 13 877.16 | 824.47 | 617.30 | | 751.40 | 5.63 |
| 七里河区 | 43 388.88 | 30 047.72 | 53.01 | 10 561.82 | | 2 726.33 | 5.72 |
| 西固区 | 36 404.18 | 30 514.58 | 15.46 | 5 547.37 | 144.77 | 182.00 | 5.80 |
| 安宁区 | 3 138.31 | 1 937.92 | 365.59 | 684.52 | | 150.28 | 5.52 |
| 红古区 | 79 121.09 | 71 120.63 | 146.13 | 7 417.18 | 94.94 | 342.21 | 5.68 |
| 永登县 | 115 339.72 | 86 903.45 | 648.77 | 26 340.94 | 809.82 | 636.74 | 5.88 |
| 皋兰县 | 61 807.15 | 51 878.95 | 1 360.59 | 6 850.85 | 0.76 | 1 716.00 | 5.67 |
| 榆中县 | 135 918.18 | 116 990.27 | 130.56 | 14 662.32 | 53.87 | 4 081.16 | 5.74 |

# 5－7 农林牧渔业总产值

| | 农林牧渔业总产值(万元) | | 构成(%) | |
|---|---|---|---|---|
| | 2013 | 2012 | 2013 | 2012 |
| **农林牧渔业总产值** | **797 047.49** | **714 174.78** | **100.00** | **100.00** |
| 农业产值 | 636 353.61 | 565 749.56 | 79.84 | 79.22 |
| 谷物 | 78 687.15 | 75 221.06 | 9.87 | 10.53 |
| 豆类 | 8 788.71 | 9 490.71 | 1.10 | 1.33 |
| 油料 | 12 557.47 | 12 421.43 | 1.58 | 1.74 |
| 麻类 | | | | |
| 薯类 | 36 965.22 | 37 539.60 | 4.64 | 5.26 |
| 蔬菜 | 412 688.85 | 359 020.80 | 51.78 | 5.03 |
| 瓜类 | 20 042.45 | 18 673.58 | 2.51 | 2.61 |
| 中药材 | 12 007.27 | 7 359.83 | 1.51 | 1.04 |
| 林业产值 | 7 775.75 | 7 355.68 | 0.98 | 1.03 |
| 林木的培育和种植 | 7 751.72 | 7 332.96 | 0.97 | 1.03 |
| 木材采运 | 22.75 | 22.72 | | |
| 林产品的采集 | 1.28 | | | |
| 牧业产值 | 110 664.84 | 103 174.60 | 13.88 | 14.45 |
| 牲畜 | 41 535.32 | 37 037.17 | 5.21 | 5.19 |
| 大牲畜 | | | | |
| 猪 | 48 664.00 | 46 439.90 | 6.11 | 6.50 |
| 羊 | 13 205.70 | 11 925.30 | 1.66 | 1.67 |
| 家禽饲养 | 19 597.85 | 18 716.02 | 2.46 | 2.63 |
| 渔业产值 | 1 537.45 | 1 092.72 | 0.19 | 0.15 |
| 农林牧渔服务业产值 | 40 715.84 | 36 802.22 | 5.11 | 5.15 |

# 5－8 农作物播种面积

| | 1995 | 2005 | 2008 | 2009 | 2010 | 2011 | 2012 | 2013 |
|---|---|---|---|---|---|---|---|---|
| **总播种面积(万亩)** | **319.95** | **304.16** | **309.66** | **319.89** | **320.03** | **328.63** | **333.36** | **345.19** |
| **谷物及其它作物播种面积** | | **237.81** | **231.25** | **238.2** | **236.83** | **238.93** | **234.88** | **236.93** |
| 粮食作物 | 256.29 | 187.18 | 188.69 | 199.5 | 194.94 | 197.12 | 195.25 | 196.26 |
| #夏粮 | 200.80 | 119.30 | 101.52 | 103.8 | 96.2 | 93.63 | 89.58 | 86.82 |
| 秋粮 | 55.49 | 67.88 | 87.17 | 95.7 | 98.74 | 103.49 | 105.67 | 109.44 |
| #谷物 | 182.74 | 112.82 | 119.9 | 131.68 | 127.2 | 128.30 | 127.38 | 126.47 |
| #小麦 | 159.81 | 75.67 | 68 | 73.24 | 68.58 | 67.41 | 66.26 | 65.16 |
| 玉米 | 8.75 | 14.32 | 34.48 | 41.55 | 47.81 | 51.43 | 52.00 | 52.62 |
| 豆类 | 40.56 | 32.45 | 20.78 | 18.74 | 19.94 | 19.26 | 17.18 | 15.74 |
| 大豆 | 0.87 | 0.62 | 0.59 | 0.18 | 0.22 | 0.24 | 0.19 | 0.15 |
| 薯类 | 32.99 | 41.91 | 48.01 | 49.08 | 47.8 | 49.56 | 50.69 | 54.05 |
| 油料 | 22.66 | 29.88 | 24.71 | 25.09 | 25.14 | 24.39 | 22.71 | 20.64 |
| 甜菜 | 1.58 | 0.53 | 0.69 | 0.57 | 0.56 | 0.52 | 0.44 | 0.46 |
| **蔬菜园艺播种面积** | | **57.95** | **68.81** | **71.96** | **73.43** | **75.72** | **82.08** | **88.74** |
| 蔬菜 | 20.66 | 57.73 | 68.61 | 71.65 | 73.17 | 75.47 | 81.85 | 88.49 |
| 花卉 | | 0.22 | 0.2 | 0.31 | 0.26 | 0.25 | 0.23 | 0.25 |
| **瓜果播种面积** | | **5.54** | **6.83** | **6.84** | **7.01** | **7.22** | **7.65** | **7.81** |
| 瓜类 | 2.73 | 5.03 | 6.56 | 6.53 | 6.76 | 6.97 | 7.43 | 7.62 |
| 草莓 | | 0.51 | 0.27 | 0.31 | 0.25 | 0.25 | 0.20 | 0.19 |
| **药材播种面积** | **0.64** | **2.86** | **2.77** | **2.89** | **2.76** | **6.76** | **8.75** | **11.71** |
| **占总播种面积比重(%)** | **100.00** | **100.00** | **100.00** | **100.00** | **100.00** | **100.00** | **100.00** | **100.00** |
| **谷物及其它作物播种面积** | | **78.19** | **74.68** | **74.46** | **74.00** | **72.70** | **70.46** | **68.64** |
| 粮食作物 | 80.10 | 61.54 | 60.93 | 62.37 | 60.91 | 59.98 | 58.57 | 56.86 |
| #夏粮 | 62.76 | 39.22 | 32.78 | 32.45 | 30.06 | 28.49 | 26.87 | 25.15 |
| 秋粮 | 17.34 | 22.32 | 28.15 | 29.92 | 30.85 | 31.49 | 31.70 | 31.70 |
| #谷物 | 57.12 | 37.09 | 38.72 | 41.16 | 39.75 | 39.04 | 38.21 | 36.64 |
| #小麦 | 49.95 | 24.88 | 21.96 | 22.90 | 21.43 | 20.51 | 19.88 | 18.88 |
| 玉米 | 2.73 | 4.71 | 11.13 | 12.99 | 14.94 | 15.65 | 15.60 | 15.24 |
| 豆类 | 12.68 | 10.67 | 6.71 | 5.86 | 6.23 | 5.86 | 5.15 | 4.56 |
| 大豆 | 0.27 | 0.20 | 0.19 | 0.06 | 0.07 | 0.07 | 0.06 | 0.04 |
| 薯类 | 10.31 | 13.78 | 15.5 | 15.34 | 14.94 | 15.08 | 15.21 | 15.66 |
| 油料 | 7.08 | 9.82 | 7.98 | 7.84 | 7.86 | 7.42 | 6.81 | 5.98 |
| 甜菜 | 0.49 | 0.17 | 0.22 | 0.18 | 0.17 | 0.16 | 0.13 | 0.13 |
| **蔬菜园艺播种面积** | | **19.05** | **22.22** | **22.50** | **22.94** | **23.04** | **24.62** | **25.71** |
| 蔬菜 | 6.46 | 18.98 | 22.16 | 22.40 | 22.86 | 22.97 | 24.55 | 25.64 |
| 花卉 | | 0.07 | 0.06 | 0.10 | 0.08 | 0.08 | 0.07 | 0.07 |
| **瓜果播种面积** | | **1.82** | **2.21** | **2.14** | **2.19** | **2.20** | **2.29** | **2.26** |
| 瓜类 | 0.85 | 1.65 | 2.12 | 2.04 | 2.11 | 2.12 | 2.23 | 2.21 |
| 草莓 | | 0.17 | 0.09 | 0.10 | 0.08 | 0.08 | 0.06 | 0.06 |
| **药材播种面积** | **0.20** | **0.94** | **0.89** | **0.90** | **0.86** | **2.06** | **2.62** | **3.39** |

注：自 2003 年起其他农作物、经济作物的划分有变化。

## 5－9 各县区农作物播种面积

(2013 年)　　单位:万亩

| | 农作物播种面积 | 粮食 | #小麦 | #玉米 | 油料 | 药材 | 蔬菜 | 果园面积 |
|---|---|---|---|---|---|---|---|---|
| **兰州市** | **345.19** | **196.26** | **65.16** | **52.62** | **20.64** | **11.71** | **88.49** | **16.81** |
| 城关区 | 2.84 | 0.22 | 0.01 | 0.21 | | | 2.40 | 0.73 |
| 七里河区 | 16.29 | 3.96 | 1.18 | 2.49 | 0.16 | 0.05 | 12.07 | 1.01 |
| 西固区 | 8.33 | 1.11 | 0.39 | 0.65 | 0.07 | 0.04 | 6.92 | 1.51 |
| 安宁区 | 0.42 | | | | | | 0.41 | 0.32 |
| 红古区 | 11.88 | 2.33 | 0.59 | 1.71 | 0.15 | | 8.73 | 2.02 |
| 永登县 | 134.40 | 89.61 | 35.57 | 14.62 | 10.38 | 2.05 | 13.16 | 3.56 |
| 皋兰县 | 43.76 | 19.77 | 7.88 | 2.66 | 4.01 | | 13.13 | 7.14 |
| 榆中县 | 127.27 | 79.26 | 19.54 | 30.28 | 5.87 | 9.57 | 31.67 | 0.52 |

## 5－10 耕地面积

(2013 年)

| | 合计 | 城关区 | 七里河区 | 西固区 | 安宁区 | 红古区 | 永登县 | 皋兰县 | 榆中县 |
|---|---|---|---|---|---|---|---|---|---|
| **年初耕地面积(万亩)** | **314.44** | **1.64** | **15.14** | **5.38** | **0.28** | **6.98** | **137.78** | **42.19** | **105.05** |
| **当年增加耕地面积(万亩)** | **0.54** | | | **0.07** | **0.01** | **0.45** | | | **0.01** |
| #新开荒地面积 | 0.50 | | | 0.07 | 0.01 | 0.42 | | | |
| 治河造田面积 | 0.01 | | | | | | | | 0.01 |
| **当年减少的耕地面积(万亩)** | **1.19** | | | | | **0.02** | | | **1.17** |
| 国家基建占地(亩) | 2 925.39 | | | | | 200.00 | | | 2 725.39 |
| 乡村基建占地(亩) | 35.50 | | | | | | | | 35.50 |
| 农民庄基占地(亩) | | | | | | | | | |
| 因灾废弃(亩) | | | | | | | | | |
| 还林还牧(亩) | 908.00 | | | | | | | | 908.00 |
| 其他(亩) | 8 001.30 | | | | | | | | 8 001.30 |
| **年末耕地面积(万亩)** | **313.79** | **1.64** | **15.14** | **5.45** | **0.29** | **7.41** | **137.78** | **42.19** | **103.89** |
| 水田 | 0.10 | | | | | | | | 0.10 |
| 旱地 | 313.69 | 1.64 | 15.14 | 5.45 | 0.29 | 7.41 | 137.78 | 42.19 | 103.79 |
| **在册耕地退耕造林面积(亩)** | **908.00** | | | | | | | | **908.00** |
| **在册耕地退耕种草面积(亩)** | | | | | | | | | |

# 5－11 主要农产品产量

| | 1995 | 2005 | 2008 | 2009 | 2010 | 2011 | 2012 | 2013 |
|---|---|---|---|---|---|---|---|---|
| **主要农产品产量(万吨)** | | | | | | | | |
| 粮食 | 29.57 | 32.30 | 38.75 | 38.79 | 40.38 | 42.39 | 44.2 | 46.86 |
| 夏粮 | 19.47 | 18.65 | 18.38 | 16.52 | 18.08 | 16.97 | 17.14 | 17.53 |
| 秋粮 | 10.10 | 13.64 | 20.37 | 22.27 | 22.3 | 25.42 | 27.06 | 29.33 |
| 谷物 | 21.72 | 20.97 | 27.46 | 27.91 | 29.58 | 31.45 | 32.03 | 33.67 |
| #稻谷 | 0.01 | 0.06 | 0.06 | 0.01 | 0.02 | 0.05 | 0.04 | 0.04 |
| 小麦 | 16.92 | 12.23 | 12.3 | 11.75 | 12.44 | 12.25 | 11.99 | 12.71 |
| 玉米 | 3.94 | 5.46 | 11.55 | 13.75 | 14.32 | 16.97 | 17.65 | 18.59 |
| 豆类 | 2.85 | 4.35 | 2.83 | 2.58 | 3.22 | 2.67 | 2.95 | 2.67 |
| 薯类 | 5.00 | 7.00 | 8.46 | 8.3 | 7.59 | 8.28 | 9.21 | 10.52 |
| 油料 | 1.20 | 2.39 | 2.11 | 1.98 | 2.26 | 2.23 | 2.56 | 2.53 |
| #胡麻子油 | 0.73 | 1.79 | 1.64 | 1.56 | 1.77 | 1.63 | 2.04 | 1.89 |
| 油菜籽 | 0.46 | 0.60 | 0.42 | 0.36 | 0.45 | 0.53 | 0.47 | 0.53 |
| 甜菜 | 1.78 | 0.61 | 0.7 | 0.45 | 0.53 | 0.51 | 0.44 | 0.53 |
| 烟叶 | 0.07 | 0.07 | | 0.02 | | 0.01 | 0.02 | 0.01 |
| 百合 | 1.43 | 3.45 | 3.03 | | | | | |
| 药材 | 0.06 | 0.70 | 0.62 | 0.76 | 0.63 | 0.99 | 1.26 | 1.69 |
| 蔬菜 | 65.63 | 152.86 | 172.3 | 186.66 | 198.09 | 209.23 | 229.29 | 251.58 |
| 水果 | 9.22 | 10.58 | 12.34 | 12.65 | 12.9 | 13.1 | 13.56 | 14.49 |
| **农产品单位面积产量(公斤/亩)** | | | | | | | | |
| 粮食 | 115.40 | 172.56 | 205.35 | 194.45 | 187.91 | 215.07 | 226.36 | 238.76 |
| 谷物 | 118.87 | 185.85 | 229.02 | 211.93 | 232.51 | 245.1 | 251.45 | 266.23 |
| 油菜籽 | 83.84 | 81.17 | 79.25 | 64.19 | 83.75 | 81.56 | 85.82 | 91.58 |
| 甜菜 | 1 128.26 | 1 151.89 | 1 016 | 782.11 | 953.57 | 986.54 | 1 002.27 | 1 160.43 |
| 烟叶 | 113.05 | 428.56 | 178.08 | 131.46 | 204.57 | 219.1 | 263.13 | 176.83 |

## 5－12 分县区农产品产量

（2013 年） 单位：吨

| | 粮食 | #小麦 | #玉米 | 蔬菜 | 油料 |
|---|---|---|---|---|---|
| 兰州市 | 468 566.06 | 127 080.59 | 185 924.77 | 2 515 814.25 | 25 349.04 |
| 城关区 | 728.80 | 15.00 | 713.80 | 84 773.50 | |
| 七里河区 | 14 148.15 | 1 474.75 | 12 338.00 | 215 339.00 | 170.00 |
| 西固区 | 4 816.80 | 1 010.00 | 3 655.40 | 262 207.00 | 101.50 |
| 安宁区 | | | | 10 212.00 | |
| 红古区 | 13 864.81 | 2 402.34 | 11 312.27 | 598 023.00 | 328.52 |
| 永登县 | 205 821.60 | 75 567.10 | 49 649.00 | 342 799.00 | 11 396.60 |
| 皋兰县 | 53 500.00 | 15 839.00 | 16 314.00 | 273 481.00 | 6 487.29 |
| 榆中县 | 175 685.90 | 30 772.40 | 91 942.30 | 728 979.75 | 6 865.13 |

## 5－13 水果、水产品生产情况

| | 1995 | 2005 | 2008 | 2009 | 2010 | 2011 | 2012 | 2013 |
|---|---|---|---|---|---|---|---|---|
| 水果产量（吨） | 92 180.62 | 105 806.98 | 123 421.41 | 126 452.88 | 128 975.81 | 131 001.07 | 135 606.01 | 144 939.77 |
| #苹果 | 39 148.16 | 46 944.60 | 58 166.40 | 59 437.80 | 60 267.45 | 62 926.84 | 64 873.99 | 69 017.84 |
| 梨 | 30 049.93 | 21 352.58 | 22 508.60 | 24 938.15 | 22 912.88 | 23 136.23 | 23 027.55 | 24 714.53 |
| 葡萄 | 822.67 | 2 499.60 | 3 395.46 | 3 021.65 | 3 152.70 | 3 310.00 | 4 447.60 | 4 661.50 |
| 红枣 | 1 406.10 | 3 584.55 | 4 362.80 | 4 827.90 | 5 087.00 | 4 112.70 | 4 672.90 | 5 208.90 |
| 杏子 | 1 253.78 | 2 348.93 | 5 438.94 | 5 429.28 | 5 919.88 | 3 898.10 | 3 921.15 | 4 652.84 |
| 桃子 | 17 892.60 | 27 994.80 | 28 588.35 | 27 418.10 | 29 964.00 | 31 276.90 | 32 980.50 | 35 083.96 |
| 草莓 | 1 607.38 | 8 570.00 | 4 447.30 | 4 544.60 | 4 161.52 | | | 3 075.80 |
| 果园面积（万亩） | 19.39 | 15.35 | 16.08 | 15.89 | 16.09 | 16.35 | 16.46 | 16.81 |
| #苹果园 | 9.25 | 5.24 | 5.32 | 5.21 | 5.18 | 5.09 | 5.10 | 5.20 |
| 梨园 | 5.00 | 4.10 | 3.85 | 3.73 | 3.67 | 3.63 | 3.61 | 3.63 |
| 桃园 | 3.80 | 4.23 | 3.92 | 3.85 | 3.82 | 3.73 | 3.71 | 3.68 |
| 杏园 | 0.63 | 0.86 | 1.38 | 1.37 | 1.6 | 1.53 | 1.70 | 1.73 |
| 水产品产量（吨） | 1 196.30 | 1 627.00 | 1 726.00 | 1 950.50 | 1 161.60 | 1 263.00 | 1 256.00 | 1 689.50 |
| 水产品养殖面积（亩） | 7 806 | 6 934 | 6 220 | 12 746 | 7 295 | 7 318 | 7 301 | 7 464 |

## 5－14 分县区水果、水产品生产情况

（2013 年）

| | 水果产量（吨） | #苹果 | 桃子 | 水产品产量（吨） | 水产品养殖面积（亩） |
|---|---|---|---|---|---|
| **兰州市** | **144 939.77** | **69 017.84** | **35 083.96** | **1 689.50** | **7 464.00** |
| 城关区 | 18 874.00 | 15 385.90 | 1 338.00 | | |
| 七里河区 | 12 963.00 | 4 598.00 | 5 594.00 | | |
| 西固区 | 19 453.00 | 7 793.10 | 1 900.50 | 265.00 | 464.00 |
| 安宁区 | 3 727.00 | 28.00 | 3 243.00 | | |
| 红古区 | 48 093.50 | 26 908.23 | 11 253.26 | 167.00 | 385.00 |
| 永登县 | 7 893.00 | 2 273.90 | 312.00 | 1 126.00 | 4 412.00 |
| 皋兰县 | 29 008.00 | 9 510.00 | 11 230.00 | 30.00 | 30.00 |
| 榆中县 | 4 928.27 | 2 520.71 | 213.20 | 101.50 | 2 173.00 |

## 5－15 林业生产

| | 1995 | 2005 | 2008 | 2009 | 2010 | 2011 | 2012 | 2013 |
|---|---|---|---|---|---|---|---|---|
| **当年造林面积（万亩）** | **5.79** | **5.22** | **6.15** | **4.28** | **6.62** | **4.80** | **4.76** | **6.04** |
| 人工造林 | 5.79 | 5.22 | 6.15 | 4.28 | 6.62 | 4.80 | 4.76 | 5.04 |
| 飞机播种造林 | | | | | | | | |
| #防护林 | 2.04 | 4.85 | 3.92 | 2.02 | 2.22 | 2.20 | 2.89 | 2.70 |
| 用材林 | 0.40 | | 0.06 | 0.06 | | | 0.01 | 0.01 |
| 经济林 | 1.24 | 0.37 | 2.17 | 1.22 | 4.40 | 2.60 | 1.86 | 3.23 |
| **幼林抚育作业面积（万亩）** | **11.09** | **8.65** | **28.86** | **32.88** | **37.05** | **18.04** | **16.86** | **10.90** |
| **成林抚育作业面积（万亩）** | **4.40** | **18.91** | **20.31** | **18.05** | **17.54** | **33.41** | **34.93** | **36.75** |
| **迹地更新（万亩）** | **0.01** | | | | | | | |
| **当年零星（四旁）植树（万株）** | **294.63** | **285.72** | **248.52** | **250.54** | **223.59** | **236.19** | **206.04** | **230.93** |
| 年末实有育苗面积（万亩） | 0.36 | 0.91 | 0.68 | 0.80 | 0.69 | 1.27 | 2.01 | 1.84 |
| #本年新育面积（万亩） | 0.15 | 0.21 | 0.18 | 0.18 | 0.16 | 0.17 | 0.75 | 0.51 |
| **林产品产量（吨）** | | | | | | | | |
| #核桃 | 25.40 | 10.00 | 9.00 | 192.00 | 195.00 | | | 601.60 |
| 花椒 | 56.80 | 80.40 | 81.20 | 98.64 | 82.54 | | | 60.30 |

# 5－16 牲畜存栏及畜产品产量

| | 1995 | 2005 | 2008 | 2009 | 2010 | 2011 | 2012 | 2013 |
|---|---|---|---|---|---|---|---|---|
| 大牲畜年末头数(万头) | 14.59 | 14.68 | 10.44 | 10.51 | 10.66 | 10.28 | 9.82 | 9.34 |
| #牛 | 2.78 | 5.22 | 4.44 | 4.69 | 4.86 | 4.91 | 4.79 | 4.98 |
| #良种乳牛 | 0.67 | 2.58 | 1.8 | 2.41 | 2.48 | 2.49 | 2.55 | 2.64 |
| 马 | 1.09 | 0.72 | 0.16 | 0.16 | 0.22 | 0.2 | 0.19 | 0.25 |
| 骡 | 5.76 | 4.81 | 3.34 | 3.25 | 3.09 | 2.94 | 2.74 | 2.22 |
| 驴 | 4.94 | 3.93 | 2.5 | 2.41 | 2.49 | 2.24 | 2.10 | 1.89 |
| 肉猪出栏头数(万头) | 45.52 | 46.43 | 29.23 | 31.08 | 33.32 | 31.72 | 33.41 | 34.76 |
| 猪年末头数(万头) | 45.84 | 41.03 | 28.94 | 31.44 | 34.39 | 34.55 | 35.53 | 36.50 |
| 羊年末只数(万只) | 53.78 | 63.02 | 53.15 | 55.04 | 60.46 | 61.79 | 60.62 | 61.93 |
| 山羊 | 6.76 | 7.93 | 6.86 | 7.04 | 8.82 | 10.61 | 9.20 | 8.79 |
| 绵羊 | 47.02 | 55.09 | 46.29 | 48 | 51.64 | 51.18 | 51.42 | 53.14 |
| 肉类产品(万吨) | 4.3 | 4.19 | 2.81 | 2.92 | 3.14 | 3.06 | 3.20 | 3.31 |
| #猪牛羊肉(吨) | 37 939.79 | 38 983.00 | 25 391.1 | 26 450.5 | 28 436.9 | 27 346.2 | 28 559.80 | 29 781.70 |
| 猪肉(吨) | 32 911.54 | 33 458.40 | 21 045.6 | 22 377.6 | 23 990.4 | 22 838.4 | 24 055.20 | 25 027.20 |
| 牛肉(吨) | 524.39 | 462.50 | 555 | 576 | 633 | 806.5 | 700.50 | 786.50 |
| 羊肉(吨) | 4 503.86 | 5 062.10 | 3 790.5 | 3 496.9 | 3 813.5 | 3 701.3 | 3 804.10 | 3 968.00 |
| 牛奶产量(吨) | 40 320.39 | 85 368.10 | 52 750.8 | 61 601 | 64 993.3 | 65 380.8 | 66 569.50 | 68 865.30 |
| 羊奶产量(吨) | 114.14 | 124.00 | 153 | 99 | 141 | 387 | 256.00 | 274.00 |
| 绵羊毛(吨) | 1 306.50 | 966.68 | 798.98 | 852.4 | 926.93 | 945.64 | 942.81 | 973.02 |
| 山羊毛(吨) | 68.10 | 39.77 | 34.56 | 35.34 | 44.24 | 53.23 | 46.18 | 44.13 |
| 羊绒(吨) | 16.46 | 10.72 | 9.13 | 9.69 | 12.68 | 15.73 | 13.46 | 12.63 |
| 禽蛋产量(万吨) | 1.32 | 1.50 | 1.46 | 1.61 | 1.73 | 1.89 | 1.94 | 1.90 |
| 蜂蜜产量(吨) | 13.12 | | | 0.9 | | | | |

## 5－17 分县区畜牧业生产情况

（2013 年）

| | 大牲畜存栏（万头） | 羊存栏数（万只） | 牛出栏数（万头） | 猪出栏数（万头） | 羊出栏数（万只） | 绵羊毛产量（吨） | 猪牛羊肉总产量（吨） |
|---|---|---|---|---|---|---|---|
| **兰州市** | **9.34** | **61.93** | **0.75** | **34.76** | **26.03** | **973.02** | **29 781.70** |
| 城关区 | 0.17 | 0.53 | 0.03 | 0.64 | 0.25 | 7.05 | 536.80 |
| 七里河区 | 1.24 | 2.20 | 0.14 | 2.15 | 0.71 | 34.00 | 1 808.70 |
| 西固区 | 0.47 | 1.62 | 0.04 | 1.55 | 0.88 | 23.55 | 1 304.80 |
| 安宁区 | 0.06 | 0.20 | 0.00 | 0.34 | 0.24 | 4.00 | 285.60 |
| 红古区 | 0.73 | 4.22 | 0.07 | 3.06 | 1.66 | 61.20 | 2 569.40 |
| 永登县 | 2.64 | 30.94 | 0.17 | 12.85 | 10.06 | 545.00 | 10 939.50 |
| 皋兰县 | 0.26 | 10.10 | 0.00 | 3.74 | 5.74 | 177.54 | 3 553.80 |
| 榆中县 | 3.77 | 12.12 | 0.30 | 10.43 | 6.49 | 120.68 | 8 783.10 |

## 5－18 受灾面积和成灾面积

单位:万亩

| 年份 | 受灾面积 | 成灾面积 | 成灾面积占受灾面积(%) | 水灾 | | 旱灾 | |
|---|---|---|---|---|---|---|---|
| | | | | 受灾面积 | 成灾面积 | 受灾面积 | 成灾面积 |
| 1992 | 124.90 | 92.62 | 74.16 | 5.59 | 3.22 | 81.62 | 64.32 |
| 1993 | 94.84 | 60.86 | 64.17 | 0.03 | 0.03 | 27.85 | 19.51 |
| 1994 | 88.65 | 71.92 | 81.13 | 2.34 | 2.24 | 64.04 | 51.61 |
| 1995 | 217.71 | 192.91 | 88.61 | 2.47 | 2.02 | 188.66 | 171.63 |
| 1996 | 39.66 | 26.00 | 65.56 | 0.79 | 0.73 | 6.03 | 5.14 |
| 1997 | 137.75 | 99.55 | 72.27 | 21.01 | 20.80 | 89.77 | 57.62 |
| 1998 | 52.03 | 37.75 | 72.55 | 12.10 | 7.75 | 21.49 | 18.10 |
| 1999 | 133.22 | 97.84 | 73.44 | 8.69 | 6.36 | 95.52 | 68.71 |
| 2000 | 191.45 | 153.75 | 80.31 | 1.96 | 1.93 | 172.37 | 138.94 |
| 2001 | 120.35 | 92.78 | 77.09 | 1.17 | 0.98 | 101.61 | 77.68 |
| 2002 | 54.96 | 39.53 | 71.93 | 3.50 | 2.26 | 17.99 | 14.62 |
| 2003 | 77.81 | 58.62 | 75.34 | 1.41 | 0.82 | 44.81 | 34.53 |
| 2004 | 148.35 | 123.37 | 83.16 | 3.78 | 3.77 | 116.67 | 104.04 |
| 2005 | 122.87 | 100.36 | 81.68 | 5.84 | 5.06 | 110.21 | 91.62 |
| 2006 | 153.78 | 118.81 | 77.26 | 2.23 | 2.08 | 137.08 | 104.79 |
| 2007 | 128.05 | 98.71 | 77.09 | 5.00 | 3.77 | 110.85 | 87.60 |
| 2008 | 100.76 | 67.50 | 67.00 | 0.68 | 0.54 | 80.82 | 53.58 |
| 2009 | 124.49 | 91.64 | 73.61 | 0.02 | 0.02 | 111.79 | 82.2 |
| 2010 | 159.92 | 106.48 | 66.58 | 5.05 | 3.93 | 107.57 | 69.24 |
| 2011 | 151.06 | 112.56 | 74.51 | 1.59 | 1.07 | 130.28 | 99.57 |
| 2012 | 122.51 | 84.82 | 69.24 | 18.14 | 16.41 | 86.44 | 53.72 |
| 2013 | 136.79 | 72.03 | 52.66 | 7.14 | 6.41 | 111.41 | 50.77 |

# 5－19 农业现代化

| | 1995 | 2005 | 2008 | 2009 | 2010 | 2011 | 2012 | 2013 |
|---|---|---|---|---|---|---|---|---|
| **农业机械化** | | | | | | | | |
| 当年机耕地面积(万亩) | 101.95 | 145.67 | 145.61 | 146.09 | 146.75 | 161.28 | 174.66 | 191.39 |
| 占总耕地地面积(%) | 31.05 | 47.89 | 46.19 | 46.45 | 45.86 | 51.36 | 52.39 | 60.99 |
| 当年机播面积(万亩) | 31.00 | 47.65 | 49.57 | 105.6 | 90.14 | 102.17 | 111.57 | 121.40 |
| 占总播种面积(%) | 9.69 | 15.67 | 14.58 | 33.01 | 28.17 | 31.09 | 33.47 | 35.17 |
| **农业水利化** | | | | | | | | |
| 有效灌溉面积(万亩) | 105.14 | 116.20 | 117.7 | 118.65 | 119.08 | 114.61 | 122.13 | 121.72 |
| 占总播种面积(%) | 32.86 | 38.20 | 36.86 | 37.09 | 37.21 | 34.88 | 36.64 | 35.26 |
| 水平梯田面积(万亩) | 63.94 | 91.99 | 95.97 | 97.81 | 97.21 | 101.89 | 111.39 | 114.57 |
| 占总播种面积(%) | 19.98 | 30.24 | 30.05 | 30.58 | 30.38 | 31 | 33.41 | 33.19 |
| 条田面积(万亩) | 51.04 | 53.51 | 54.53 | 54.53 | 54.33 | 54.29 | 39.48 | 39.44 |
| **农业电气化** | | | | | | | | |
| 农村用电量(万千瓦时) | 58 608 | 36 761 | 38 203.64 | 40 441.99 | 41 883.3 | 42 920.68 | 42 697.73 | 45 037.55 |
| 农村生产用电(万千瓦时) | 51 179 | 27 886 | 27 524.3 | 29 447.04 | 30 080.45 | 30 367.06 | 29 847.23 | 31 046.83 |
| 农民生活用电(万千瓦时) | 7 429 | 8 875 | 10 679.34 | 10 994.95 | 11 802.85 | 12 553.62 | 12 850.5 | 13 990.72 |
| 农村水电站(个) | 2 | 9.00 | 12 | 14 | 14 | 14 | 14 | 15 |
| 已通电村(个) | 790 | 782 | 788 | 788 | 785 | 786 | 779 | 764 |
| 占全市总数(%) | 98.26 | 96.66 | 99.87 | 99.87 | 99.49 | 99.62 | 99.87 | 99.87 |
| **农业化学化** | | | | | | | | |
| 农用化肥施用量(实物量)(吨) | 84 683 | 137 212 | 133 000.34 | 131 810.47 | 137 957.7 | 139 492.89 | 142 677.32 | 145 841.03 |
| 农用化肥施用量(折纯量)(吨) | 23 252 | 45 045 | 39 313.32 | 40 647.18 | 42 725.74 | 43 931.91 | 45 307.66 | 48 191.29 |
| 农用塑料薄膜使用量(吨) | 2 349 | 5 106 | 6 528.86 | 7 025.44 | 8 266.21 | 8 726.14 | 9 099.54 | 11 189.85 |

# 5－20 农用机械、用电、化肥、水利情况

（2013 年）

| | 合计 | 城关区 | 七里河区 | 西固区 |
|---|---|---|---|---|
| 农业机械化程度 | | | | |
| 机耕面积（千公顷） | 127.59 | 0.31 | 2.07 | 2.00 |
| 占总耕地面积比重（%） | 60.99 | 0.28 | 0.21 | 0.55 |
| 机播面积（千公顷） | 80.93 | 0.03 | 0.95 | 0.43 |
| 机收面积（千公顷） | 44.18 | | | 0.07 |
| 农业机械拥有量 | | | | |
| 农业机械总动力（千瓦） | 1 595 334.10 | 35 501.00 | 177 000.00 | 144 108.00 |
| 大中型拖拉机（混合台） | 2 769.00 | 2.00 | 35.00 | 40.00 |
| （千瓦） | 58 975.18 | 32.00 | 702.00 | 925.00 |
| 小型拖拉机（混合台） | 33 224.00 | 32.00 | 1 418.00 | 951.00 |
| （千瓦） | 316 250.98 | 2 746.00 | 11 149.00 | 10 467.00 |
| 农用排灌动力机械（混合台） | 5 605.00 | 197.00 | 807.00 | 219.00 |
| （千瓦） | 283 279.30 | 14 930.00 | 30 375.00 | 10 866.00 |
| #农用水泵（台） | 5 017.00 | 1 990.00 | 807.00 | 215.00 |
| 收获机械（混合部） | 52.00 | | | 2.00 |
| 畜牧业机械（混合部） | 4 469.00 | 17.00 | 836.00 | 1.00 |
| 渔业机械（部） | | | | |
| 农产品初加工机械（混合部） | 4 098.00 | | 59.00 | 127.00 |
| 农村电气化（万千瓦时） | | | | |
| 农村生产用量 | 31 046.84 | 1 545.49 | 1 738.40 | 2 780.90 |
| 农民生活用电 | 13 990.72 | 1 669.87 | 843.90 | 1 091.60 |
| 农村化肥施用量 | | | | |
| 按实物价值量计算（吨） | 145 841.03 | 1 438.40 | 6 857.00 | 5 369.20 |
| 按折纯法计算（吨） | 48 191.29 | 386.85 | 2 544.25 | 2 003.04 |
| 农村水利情况 | | | | |
| 年末有效灌溉面积（万亩） | 121.72 | 1.21 | 5.96 | 4.02 |
| 机电灌溉面积（万亩） | 57.53 | 1.16 | 1.66 | 3.54 |
| 保证灌溉面积（万亩） | 103.02 | 1.16 | 4.81 | 3.54 |
| 本年新增（万亩） | 1.06 | | | 0.12 |
| 水平梯田（万亩） | 114.57 | 0.75 | 7.27 | 1.94 |
| 本年新增（万亩） | 3.44 | | | |
| 条田（万亩） | 39.44 | 0.11 | 0.15 | 0.97 |
| 本年新增（万亩） | | | | |
| 机电井达到数（眼） | 1 274.00 | 9.00 | 50.00 | |
| 已配套机电井合计（眼） | 1 251.00 | 9.00 | 50.00 | |
| 水窖（眼） | 261 748.00 | 3 990.00 | 8 980.00 | 3 779.00 |

| 安宁区 | 红古区 | 永登县 | 皋兰县 | 榆中县 |
|---|---|---|---|---|
| | | | | |
| | 3.33 | 55.33 | 21.48 | 43.07 |
| | 0.67 | 0.60 | 0.76 | 0.62 |
| | 1.06 | 34.03 | 14.30 | 30.13 |
| | 1.47 | 16.27 | 10.30 | 16.07 |
| | | | | |
| 2 121.60 | 137 080.00 | 383 537.60 | 320 000.00 | 395 985.90 |
| | 237.00 | 1 705.00 | 186.00 | 564.00 |
| | 8 285.00 | 30 322.95 | 4 378.00 | 14 330.23 |
| | 4 625.00 | 12 032.00 | 5 139.00 | 8 739.00 |
| | 43 137.00 | 120 338.07 | 61 124.00 | 67 289.91 |
| 42.00 | 126.00 | 841.00 | 2 159.00 | 1 214.00 |
| 630.00 | 9 572.00 | 13 948.30 | 100 568.00 | 102 390.00 |
| 42.00 | 131.00 | 673.00 | 283.00 | 872.00 |
| | 14.00 | 20.00 | 2.00 | 14.00 |
| 79.00 | 202.00 | 1 296.00 | 271.00 | 1 767.00 |
| | | | | |
| | 212.00 | 1 258.00 | 921.00 | 1 521.00 |
| | | | | |
| 1 202.90 | 2 936.00 | 7 465.14 | 10 387.14 | 2 990.86 |
| 1 274.50 | 1 517.00 | 3 983.09 | 859.44 | 2 715.32 |
| | | | | |
| 1 209.60 | 11 307.40 | 33 179.97 | 17 077.00 | 69 402.46 |
| 379.72 | 4 384.00 | 10 588.67 | 6 163.90 | 21 740.86 |
| | | | | |
| 0.29 | 6.19 | 51.45 | 22.57 | 30.03 |
| 0.28 | 2.43 | 8.35 | 22.23 | 17.88 |
| 0.29 | 5.64 | 43.45 | 20.84 | 23.29 |
| 0.01 | 0.25 | 0.37 | 0.15 | 0.16 |
| | 0.85 | 40.76 | 3.54 | 59.47 |
| | | 2.00 | | 1.44 |
| | 0.35 | 28.12 | | 9.74 |
| | | | | |
| 2.00 | | 586.00 | 79.00 | 548.00 |
| 2.00 | | 586.00 | 75.00 | 529.00 |
| | 4 819.00 | 58 736.00 | 41 534.00 | 139 910.00 |

# 5－21 农业机械拥有量

| | 1995 | 2005 | 2008 | 2009 | 2010 | 2011 | 2012 | 2013 |
|---|---|---|---|---|---|---|---|---|
| 农业机械总动力合计（万千瓦） | 95.36 | 129.54 | 139.82 | 136.82 | 140.54 | 145.12 | 153.42 | 159.53 |
| #柴油发动机动力（万千瓦） | 44.06 | 82.28 | 92.58 | 95.46 | 99.16 | 103.95 | 110.00 | 114.04 |
| 汽油发动机动力（万千瓦） | 16.77 | 12.55 | 12.94 | 6.01 | 6.16 | 6.08 | 6.09 | 6.05 |
| 电动机动力（万千瓦） | 34.53 | 34.71 | 34.3 | 35.35 | 35.21 | 35.09 | 37.33 | 39.45 |
| 农业机械原值（亿元） | 3.83 | 6.83 | 7.11 | 8.95 | 7.26 | 7.01 | 8.48 | 8.84 |
| 农业机械净值（亿元） | 2.68 | 4.48 | 4.64 | 5.45 | 4.58 | 4.46 | 5.24 | 5.56 |
| 农用大中型拖拉机（台） | 962 | 225 | 592 | 736 | 875 | 1 764 | 2 302 | 2 769 |
| 大中型拖拉机（万千瓦） | 3.33 | 1.11 | 1.88 | 1.92 | 2.24 | 3.83 | 5.35 | 5.90 |
| 小型拖拉机（台） | 22 187 | 8 505 | 14 245 | 19 070 | 20 944 | 25 546 | 29 439 | 33 224 |
| 小型拖拉机（万千瓦） | 20.67 | 7.81 | 13.32 | 19.33 | 20.92 | 25.04 | 28.05 | 31.63 |
| 大中型拖拉机配套农具（部） | 306 | 150 | 357 | 1 051 | 1 169 | 3 119 | 3 770 | 4 683 |
| 小型拖拉机配套农具（部） | 15 140 | 13 393 | 24 462 | 29 180 | 33 359 | 56 517 | 71 900 | 81 261 |
| 农用排灌动力机械动力（万千瓦） | 27.83 | 27.21 | 26.49 | 28.9 | 29.02 | 28.54 | 28.28 | 28.33 |
| 联合收获机（台） | 2 | 17 | 25 | 26 | 34 | 44 | 43 | 52 |
| 机动脱粒机（台） | 366 | 667 | 628 | 457 | 732 | 717 | 1 298 | 1 452 |
| 机动喷雾机（部） | 122 | 130 | 187 | 126 | 332 | 480 | 528 | 348 |
| 农用运输车（辆） | 17 790 | 56 206 | 56 964 | 58 121 | 58 490 | 58 755 | 58 911 | 59 432 |

# 5－22 水库、灌溉情况

| | 1995 | 2005 | 2008 | 2009 | 2010 | 2011 | 2012 | 2013 |
|---|---|---|---|---|---|---|---|---|
| 水库数(座) | 15 | 11 | 11 | 11 | 11 | 14 | 14 | 24 |
| 大型水库 | | | | | | | | |
| 中型水库 | 1 | 1 | 1 | 1 | 1 | 1 | 1 | 5 |
| 小型水库 | 14 | 10 | 10 | 10 | 10 | 13 | 13 | 19 |
| 水库库容量(万立方米) | 1 727 | 1 591 | 1 591 | 1 591 | 1 591 | 12 951.39 | 12 951.39 | 15 105.37 |
| 大型水库 | | | | | | | | |
| 中型水库 | 1 034 | 1 034 | 1 034 | 1 034 | 1 034 | 7 594 | 7 594 | 12 520.00 |
| 小型水库 | 693 | 557 | 557 | 557 | 557 | 5 357.39 | 5 357.39 | 2 585.37 |
| 灌溉面积(万亩) | 120.38 | 152.99 | 155.57 | 158.73 | 158.73 | 160.92 | 163.47 | 156.95 |
| 有效灌溉面积(万亩) | 111.23 | 130.47 | 132.59 | 133.86 | 135 | 136.05 | 137.05 | 133.50 |
| 旱涝保收面积(万亩) | 90.54 | 110.64 | 112.76 | 114.03 | 115.5 | 82.28 | 86.91 | 120.11 |
| 机电灌溉面积(万亩) | 70.46 | 76.55 | 77.38 | 67.72 | 67.06 | 57.28 | 53.66 | 51.39 |
| 机电提灌面积(万亩) | 63.53 | 67.20 | 67.56 | 60.66 | 61.22 | 92.58 | 70.18 | 77.08 |
| 水利工程年供水量(万立方米) | 60 713 | 75 068 | 48 420 | 140 004 | 138 770 | 138 447 | 180 898.01 | 117 833.14 |
| 为水利发电年供水量(万立方米) | | | | | | | 5 567 | |
| 为农业年供水量(万立方米) | 57 102 | 65 891 | 46 248 | 43 850 | 44 841 | 44 928 | 69 188.26 | 62 759.40 |
| 为工业年供水量(万立方米) | 1 527 | 5 270 | 779 | 74 012 | 70 909 | 71 092 | 57 559.43 | 28 211.07 |
| 为城乡生活年供水量(万立方米) | 2 084 | 3 907 | 1 393 | 19 193 | 19 991 | 19 617 | 25 107.88 | 15 112.90 |

注:此表为水利部门数据。

# 主要统计指标解释

**农林牧渔业总产值** 指以货币表现的农、林、牧、渔业全部产品的总量，它反映一定时期内农业生产总规模和总成果。农林牧渔业总产值的计算方法通常是按农、林、牧、渔业产品及其副产品的产量分别乘以各自单位产品价格求得分项产品产值，产量不易统计的，则采用间接方法匡算其产值；然后将四业产品产值相加即为农林牧渔业总产值。

**粮食产量** 指全社会的产量。包括国有经济经营的、集体统一的和农民家庭经营的粮食产量，还包括工矿企业办的农场和其他生产单位的产量。粮食除包括稻谷、小麦、玉米、高粱、谷子及其他杂粮外，还包括薯类和豆类。其产量计算方法，豆类按去豆荚后的干豆计算；薯类（包括甘薯和马铃薯，不包括芋头和木薯）1963年以前按每4公斤鲜薯折1公斤粮食计算，从1964年开始改为按5公斤鲜薯折1公斤粮食计算。大中城市（50万以上和省会城市）郊区作为蔬菜的薯类（如马铃薯等）按鲜品计算，并且不作粮食统计。其他粮食一律按脱粒后的原粮计算。

**油料产量** 指全部油料作物的生产量。包括花生、油菜籽、芝麻、向日葵籽、胡麻籽（亚麻籽）和其他油料。不包括大豆油、木本油料和野生油料。花生以带壳干花生计算。

**水产品产量** 指人工养殖的水产品和天然生长的水产品的捕捞量。包括海水的鱼类、虾蟹类、贝类和藻类以及内陆水域的鱼类、虾蟹类和贝类，不包括淡水生植物。

**猪、牛、羊肉产量** 指当年出栏并已屠宰、除去头蹄下水后带骨肉（即胴体重）的重量。

**期初（末）畜禽存栏头（只）数** 指报告期初（末）农村各种合作经济组织和国营农场、农民个人、机关、团体、学校、工矿企业、部队等单位以及城镇居民饲养的大牲畜、猪、羊、家禽等畜禽的存栏数。

**常用耕地** 是指耕地总资源中专门种植农作物并经常进行耕种、能够正常收获的土地。包括当年实际耕种的熟地；弃耕、休闲不满三年，随时可以复耕的地；开荒利用三年以上的地。不包括临时种植农作物的坡度在25度以上的陡坡地；在河套、湖畔、库区临时开发的成片或零星土地；也不包括已列为国家和省（区、市）退耕计划但临时耕种的土地。

**农作物播种面积** 指实际播种或移植有农作物的面积。凡是实际种植有农作物的面积，不论种植在耕地上还是种植在非耕地上，均包括在农作物播种面积中。在播种季节基本结束后，因遭灾而重新改种和补种的农作物面积，也包括在内。

**有效灌溉面积** 指具有一定的水源，地块比较平整，灌溉工程或设备已经配套、在一般年景下当年能够进行正常灌溉的耕地面积。在一般情况下，有效灌溉面积应等于灌溉工程或设备已经配备，能够进行正常灌溉的水田和水浇地面积之和。

**农用化肥施用量** 指本年内实际用于农业生产的化肥数量，包括氮肥、磷肥、钾肥和复合肥。化肥施用量要求按实物量及折纯量两种方法统计。折纯量是指把氮肥、磷肥、钾肥分别按含氮、含五氧化二磷、含氧化钾的百分之一百成份进行折算后的数量。复合肥按其所含主要成分折算。实物量统计，就是按化肥实际施用的重量计算，即不论何种化肥，均按固有的实物形态计算，有一斤算一斤。

**农业机械总动力** 指主要用于农、林、牧、渔业的各种动力机械的的动力总和。包括耕地机械、排灌机械、收获机械、农用运输机械、植物保护机械、牧业机械、林业机械、渔业机械和其他农业机械内燃机按引擎马力折成瓦特计算、电动机按功率折成瓦特计算。不包括专门用于乡、镇、村、组办工业、基本建设、非农业运输、科学试验和教学等非农业生产方面用的动力机械与作业机械。

**农林牧渔业劳动力** 指农村社会直接参加农林牧渔业生产活动的劳动力。

# 六、固定资产投资、建筑业

# 6－1 固定资产投资

单位:万元

| 年份 | 固定资产投资总额 | 国有经济 | 集体经济 | 个体经济 | 其他经济 | 市属固定资产投资总额 |
|---|---|---|---|---|---|---|
| 1979 | 30 970 | 30 970 | | | | 8 875 |
| 1980 | 45 515 | 45 189 | | | | 8 629 |
| 1981 | 49 608 | 46 869 | 2 739 | | | 14 099 |
| 1982 | 65 863 | 54 724 | 11 139 | | | 17 282 |
| 1983 | 68 185 | 63 869 | 4 316 | | | 18 693 |
| 1984 | 80 607 | 73 520 | 7 087 | | | 24 117 |
| 1985 | 106 617 | 92 987 | 11 230 | 2 401 | | 32 386 |
| 1986 | 135 289 | 120 540 | 10 166 | 4 583 | | 40 495 |
| 1987 | 170 828 | 155 704 | 9 647 | 5 477 | | 49 620 |
| 1988 | 184 714 | 161 854 | 14 337 | 8 523 | | 50 458 |
| 1989 | 163 592 | 142 486 | 13 312 | 7 794 | | 50 598 |
| 1990 | 203 301 | 186 193 | 8 878 | 8 230 | | 60 796 |
| 1991 | 205 313 | 188 241 | 8 505 | 8 567 | | 57 760 |
| 1992 | 255 004 | 231 065 | 15 316 | 8 623 | | 79 856 |
| 1993 | 362 019 | 275 363 | 42 470 | 10 629 | 33 557 | 130 755 |
| 1994 | 545 365 | 405 267 | 46 822 | 18 178 | 75 098 | 174 739 |
| 1995 | 660 237 | 528 561 | 40 131 | 16 630 | 74 915 | 179 779 |
| 1996 | 902 797 | 732 937 | 57 879 | 16 140 | 95 841 | 186 265 |
| 1997 | 1 036 486 | 841 993 | 59 069 | 18 058 | 117 366 | 209 781 |
| 1998 | 1 248 269 | 993 449 | 62 958 | 21 496 | 170 366 | 322 432 |
| 1999 | 1 391 029 | 1 080 780 | 60 885 | 44 423 | 204 941 | 429 830 |
| 2000 | 1 537 434 | 1 188 921 | 69 891 | 33 154 | 245 468 | 596 366 |
| 2001 | 1 724 216 | 1 230 185 | 46 631 | 50 677 | 396 723 | 667 010 |
| 2002 | 1 945 440 | 1 389 500 | 68 088 | 48 789 | 439 063 | 807 061 |
| 2003 | 2 106 367 | 1 420 813 | 41 905 | 46 482 | 597 167 | 908 420 |
| 2004 | 2 319 181 | 1 469 824 | 50 025 | 42 277 | 757 055 | 1 024 253 |
| 2005 | 2 595 851 | 1 520 212 | 96 180 | 48 942 | 930 517 | 1 237 937 |
| 2006 | 2 982 056 | 1 572 539 | 82 446 | 40 928 | 1 286 143 | 1 607 977 |
| 2007 | 3 586 085 | 1 726 413 | 98 337 | 46 380 | 1 714 955 | 2 099 459 |
| 2008 | 4 319 841 | 2 084 418 | 152 440 | 81 385 | 2 001 598 | 2 626 370 |
| 2009 | 5 061 847 | 2 736 103 | 151 086 | 85 631 | 2 089 027 | 2 961 185 |
| 2010 | 6 606 877 | 3 432 545 | 191 678 | 64 072 | 2 918 582 | 3 683 399 |
| 2011 | 8 705 683 | 3 815 066 | 249 850 | 19 436 | 4 621 331 | 5 701 293 |
| 2012 | 12 391 809 | 5 089 519 | 321 357 | 259 869 | 6 721 064 | 9 525 441 |
| 2013 | 13 168 629 | 5 679 060 | 241 479 | | 7 248 090 | 9 708 727 |

# 6－2 固定资产投资

单位:万元、万平方米

| | 2005 | 2008 | 2009 | 2010 | 2011 | 2012 | 2013 |
|---|---|---|---|---|---|---|---|
| 固定资产投资总额 | 2 595 851 | 4 319 841 | 5 061 847 | 6 606 877 | 8 705 683 | 12 391 809 | 13 168 629 |
| #住宅投资 | 576 824 | 899 651 | 897 986 | 1 547 943 | 1 996 932 | 2 136 540 | 3 003 148 |
| 按登记注册类型分 | | | | | | | |
| 内资 | 2 430 819 | 4 162 194 | 4 901 552 | 6 419 861 | 8 407 029 | 11 957 652 | 13 085 506 |
| 国有 | 1 520 212 | 2 084 418 | 2 736 103 | 3 432 545 | 3 815 066 | 4 704 132 | 5 679 060 |
| 集体 | 96 180 | 152 440 | 151 086 | 191 678 | 249 850 | 316 407 | 241 479 |
| 股份合作 | 39 589 | 1 750 | 8 598 | 5 743 | 15 775 | 11 380 | 43 600 |
| 国有联营 | | 3 497 | 2 733 | 6 152 | 5 000 | 38 035 | 1 900 |
| 集体联营 | 6 861 | 22 315 | 12 640 | 4 080 | 9 600 | 9 400 | 10 |
| 国有与集体联营 | 316 | | | | | 2 880 | 2 500 |
| 其他联营 | 3 860 | 34 633 | 31 072 | 35 689 | 34 461 | 176 204 | 74 100 |
| 国有独资公司 | 11 492 | 59 577 | 96 647 | 240 963 | 368 896 | 427 712 | 628 555 |
| 其他有限责任公司 | 381 900 | 909 661 | 954 129 | 1 216 608 | 2 113 314 | 3 085 940 | 2 627 389 |
| 股份有限公司 | 170 545 | 280 787 | 355 127 | 397 625 | 756 635 | 935 587 | 1 065 762 |
| 私营 | 126 953 | 472 335 | 418 222 | 716 384 | 897 206 | 1 983 551 | 2 362 713 |
| 其他 | 23 969 | 59 396 | 49 564 | 108 322 | 122 390 | 266 424 | 358 438 |
| 个体经济 | 48 942 | 81 385 | 85 631 | 64 072 | 19 436 | 259 869 | |
| 港澳台商投资 | 121 639 | 62 234 | 68 229 | 36 708 | 162 783 | 58 029 | 15 255 |
| 外商投资经济 | 43 393 | 95 413 | 92 066 | 150 308 | 135 271 | 116 259 | 67 868 |
| 按隶属关系分 | | | | | | | |
| 中央 | 827 500 | 1 056 765 | 1 386 576 | 2 076 401 | 1 728 107 | 1 255 081 | 1 368 482 |
| 省级 | 530 414 | 636 706 | 714 086 | 847 077 | 1 276 283 | 1 611 287 | 2 091 420 |
| 市属 | 1 237 937 | 2 626 370 | 2 961 185 | 3 683 399 | 5 701 293 | 9 525 441 | 9 708 727 |
| 按产业分 | | | | | | | |
| 第一产业 | 27 330 | 43 535 | 49 290 | 45 359 | 53 421 | 249 364 | 107 072 |
| 第二产业 | 896 659 | 1 662 217 | 1 861 236 | 2 181 756 | 2 722 631 | 3 878 839 | 3 630 735 |
| #工业 | 811 582 | 1 573 010 | 1 736 861 | 2 052 830 | 2 579 495 | 3 468 329 | 3 564 878 |
| 第三产业 | 1 671 862 | 2 614 089 | 3 151 321 | 4 379 762 | 5 929 631 | 8 263 606 | 9 430 822 |
| 按管理渠道分 | | | | | | | |
| 城镇固定资产投资 | 2 500 073 | 4 189 269 | 4 756 602 | 5 919 779 | 8 563 531 | 12 150 671 | 13 010 065 |
| 城镇项目投资 | 1 972 324 | 3 264 171 | 3 770 522 | 4 736 964 | 6 966 807 | 9 917 578 | 10 142 011 |
| 房地产开发 | 525 726 | 925 125 | 986 080 | 1 182 815 | 1 596 724 | 2 233 093 | 2 868 054 |
| 农村固定资产投资 | 95 778 | 130 545 | 200 752 | 229 098 | 142 152 | 241 138 | 158 564 |
| 非农户(50万元以上) | 45 963 | 73 663 | 139 724 | 177 152 | 142 152 | 241 138 | 158 564 |
| 非农户(50万元以下) | 7 396 | 19 749 | | | | | |
| 农村私人 | 42 419 | 37 133 | 61 028 | 51 946 | | | |
| 按构成分 | | | | | | | |
| 建筑安装工程 | 1 625 761 | 2 396 342 | 2 815 024 | 4 253 694 | 5 505 621 | 8 176 695 | 9 049 208 |
| 设备工具器具购置 | 670 684 | 1 019 164 | 1 310 471 | 1 436 852 | 1 990 412 | 2 851 986 | 2 056 397 |
| 其他费用 | 299 406 | 904 335 | 936 352 | 916 331 | 1 209 650 | 1 363 128 | 2 063 024 |
| 房屋建筑面积 | | | | | | | |
| 施工面积 | 1 965.46 | 1 969.68 | 2 480.41 | 2 909.99 | 3 579.98 | 4 815.33 | 5 924.38 |
| #住宅 | 1 236.98 | 1 250.74 | 1 534.23 | 1 875.76 | 2 408.35 | 2 789.87 | 3 275.74 |
| 竣工面积 | 571.29 | 463.7 | 601.17 | 600.59 | 479.25 | 1 108.43 | 714.01 |
| #住宅 | 365.21 | 267.29 | 376.46 | 303.84 | 258.71 | 404.96 | 320.72 |
| 本年资金来源 | 2 618 400 | 4 405 929 | 5 224 874 | 7 295 779 | 8 843 760 | 12 931 318 | 15 664 947 |
| 国家预算内资金 | 71 301 | 181 513 | 293 945 | 487 965 | 589 405 | 584 292 | 671 531 |
| 国内贷款 | 457 786 | 944 146 | 778 383 | 1 126 580 | 1 730 257 | 2 609 199 | 2 917 933 |
| 债券 | 23 353 | | | | | | 3 620 |
| 利用外资 | 10 369 | 8 962 | 12 839 | 10 587 | 5 808 | 9 600 | |
| 自筹资金 | 1 567 497 | 2 437 996 | 3 239 517 | 4 539 803 | 5 586 572 | 8 268 508 | 10 049 700 |
| 其他资金 | 488 094 | 833 312 | 900 190 | 1 130 844 | 931 718 | 1 459 719 | 2 022 163 |
| 本年新增固定资产 | 1 270 302 | 3 209 110 | 2 487 808 | 3 756 514 | 4 100 138 | 9 512 818 | 6 647 819 |

# 6－3 市属固定资产投资

单位:万元、万平方米

| | 2005 | 2008 | 2009 | 2010 | 2011 | 2012 | 2013 |
|---|---|---|---|---|---|---|---|
| 投资总额 | 1 237 937 | 2 626 370 | 2 961 185 | 3 683 399 | 5 701 293 | 9 525 441 | 9 708 727 |
| #住宅投资 | 420 720 | 725 483 | 697 611 | 1 081 354 | 1 542 309 | 1 638 734 | 2 232 634 |
| 按登记注册类型分 | | | | | | | |
| 内资 | 1 087 905 | 2 470 498 | 2 800 890 | 3 534 871 | 5 525 924 | 9 099 485 | 9 625 604 |
| 国有 | 291 123 | 822 841 | 964 649 | 1 107 761 | 1 887 557 | 2 976 394 | 3 211 868 |
| 集体 | 81 686 | 145 193 | 147 169 | 190 778 | 235 912 | 312 752 | 223 604 |
| 股份合作 | 35 789 | 1 750 | 8 598 | | 10 135 | 11 380 | 43 600 |
| 国有联营 | | 3 497 | 2 733 | 6 152 | | 7 705 | 1 900 |
| 集体联营 | 6 861 | 11 315 | 12 640 | 4 080 | 9 600 | 9 400 | 10 |
| 国有与集体联营 | 316 | | | | | 2 880 | 2 500 |
| 其他联营 | 3 310 | 34 633 | 31 072 | 35 689 | 32 761 | 160 204 | 74 100 |
| 国有独资公司 | 9 926 | 13 377 | 19 704 | 28 465 | 118 712 | 185 450 | 354 661 |
| 其他有限责任公司 | 374 516 | 713 306 | 860 153 | 1 031 383 | 1 834 959 | 2 685 686 | 2 350 037 |
| 股份有限公司 | 101 313 | 107 525 | 206 055 | 244 652 | 365 791 | 499 365 | 650 673 |
| 私营 | 117 197 | 467 335 | 418 222 | 716 384 | 897 206 | 1 983 551 | 2 362 713 |
| 其他 | 16 926 | 57 341 | 44 264 | 105 455 | 113 855 | 264 718 | 349 938 |
| 个体经济 | 48 942 | 81 385 | 85 631 | 64 072 | 19 436 | 259 869 | |
| 港澳台商投资 | 121 639 | 60 459 | 68 229 | 36 708 | 49 498 | 55 628 | 15 255 |
| 外商投资经济 | 28 393 | 95 413 | 92 066 | 111 820 | 125 871 | 110 459 | 67 868 |
| 按产业分 | | | | | | | |
| 第一产业 | 26 380 | 43 535 | 49 290 | 44 487 | 48 621 | 227 474 | 107 072 |
| 第二产业 | 267 319 | 625 587 | 755 464 | 876 779 | 1 143 793 | 2 790 695 | 2 372 490 |
| #工业 | 209 250 | 560 240 | 695 651 | 828 918 | 1 058 242 | 2 496 218 | 2 349 620 |
| 第三产业 | 944 238 | 1 957 248 | 2 156 431 | 2 762 133 | 4 508 879 | 6 507 272 | 7 229 165 |
| 按管理渠道分 | | | | | | | |
| 城镇固定资产投资 | 1 146 549 | 2 495 825 | 2 900 157 | 3 454 301 | 5 561 641 | 9 284 653 | 9 550 163 |
| 城镇项目投资 | 669 850 | 1 615 498 | 2 065 441 | 2 444 603 | 4 265 357 | 7 424 857 | 7 180 043 |
| 房地产开发 | 474 676 | 880 327 | 834 716 | 1 009 698 | 1 296 284 | 7 859 796 | 2 370 120 |
| 农村固定资产投资 | 91 388 | 130 545 | 200 752 | 229 098 | 139 652 | 240 788 | 158 564 |
| 非农户(50 万元以上) | 41 573 | 73 663 | 139 724 | 177 152 | 139 652 | 240 788 | 158 564 |
| 非农户(50 万元以下) | 7 396 | 19 749 | | | | | |
| 农村私人 | 42 419 | 37 133 | 61 028 | 51 946 | | | |
| 按构成分 | | | | | | | |
| 建筑安装工程 | 944 293 | 1 609 765 | 1 748 491 | 2 429 457 | 3 884 407 | 6 547 256 | 6 885 246 |
| 设备工具器具购置 | 98 490 | 346 127 | 506 161 | 514 619 | 838 952 | 1 803 359 | 1 226 806 |
| 其他费用 | 195 154 | 670 478 | 706 533 | 739 323 | 977 934 | 1 174 826 | 1 596 675 |
| 房屋建筑面积 | | | | | | | |
| 施工面积 | 1 341.83 | 1 464.45 | 1 877.19 | 2 160.54 | 2 694.94 | 3 828.84 | 4 744.02 |
| #住宅 | 870.52 | 958.06 | 1 230.43 | 1 450.98 | 1 908.12 | 2 245.24 | 2 674.00 |
| 竣工面积 | 435.55 | 367.27 | 497.82 | 428.24 | 329.00 | 911.50 | 532.55 |
| #住宅 | 279.78 | 213.82 | 314.07 | 225.39 | 159.13 | 330.17 | 242.97 |
| 本年资金来源 | 1 268 321 | 2 729 815 | 3 114 368 | 4 222 495 | 5 829 950 | 10 114 311 | 11 923 362 |
| 国家预算内资金 | 43 004 | 79 068 | 157 550 | 170 626 | 255 612 | 313 563 | 237 044 |
| 国内贷款 | 210 185 | 421 125 | 455 516 | 771 795 | 1 185 606 | 2 421 610 | 2 610 507 |
| 债券 | 5 353 | | | | | | 3 620 |
| 利用外资 | 10 369 | 1 362 | 4 761 | 10 010 | 5 808 | 9 000 | |
| 自筹资金 | 653 308 | 1 566 637 | 1 813 256 | 2 491 927 | 3 640 096 | 6 103 126 | 7 377 607 |
| 其他资金 | 346 102 | 661 623 | 683 285 | 778 137 | 742 828 | 1 267 012 | 1 694 584 |
| 本年新增固定资产 | 706 475 | 1 931 865 | 1 702 864 | 2 017 970 | 2 662 048 | 7 263 303 | 4 526 724 |

# 6－4 国有经济固定资产投资

单位:万元、万平方米

| | 2005 | 2008 | 2009 | 2010 | 2011 | 2012 | 2013 |
|---|---|---|---|---|---|---|---|
| 投资总额 | 1 520 212 | 2 084 418 | 2 736 103 | 3 432 545 | 3 815 066 | 5 169 879 | 6 309 515 |
| #住宅投资 | 191 866 | 271 523 | 311 934 | 630 780 | 710 386 | 747 552 | 1 096 580 |
| 按隶属关系分 | | | | | | | |
| 中央 | 815 600 | 956 047 | 1 236 307 | 1 794 146 | 1 320 656 | 999 477 | 1 147 402 |
| 省级 | 412 550 | 305 530 | 535 147 | 530 638 | 606 853 | 1 000 853 | 1 593 684 |
| 市属 | 292 062 | 822 841 | 964 649 | 1 107 761 | 1 887 557 | 3 169 549 | 3 568 429 |
| 按构成分 | | | | | | | |
| 建筑安装工程 | 840 932 | 1 022 985 | 1 476 485 | 2 213 366 | 2 472 919 | 3 666 124 | 4 449 433 |
| 设备工具器具购置 | 555 376 | 549 866 | 794 402 | 836 271 | 836 269 | 927 025 | 811 640 |
| 其他费用 | 123 904 | 511 567 | 465 216 | 382 908 | 505 878 | 576 730 | 1 048 442 |
| 按产业分 | | | | | | | |
| 第一产业 | 12 106 | 9 946 | 14 696 | 11 773 | 8 294 | 49 656 | 17 479 |
| 第二产业 | 606 629 | 849 566 | 1 178 021 | 1 221 747 | 1 035 555 | 1 044 570 | 1 368 856 |
| 第三产业 | 901 477 | 1 224 906 | 1 543 386 | 2 199 025 | 2 771 217 | 4 075 653 | 4 923 180 |
| 按管理渠道分 | | | | | | | |
| 城镇固定资产投资 | 1 520 212 | 2 069 073 | 2 736 103 | 2 930 898 | 3 794 404 | 5 137 674 | 6 299 891 |
| 城镇项目投资 | 1 501 288 | 2 008 706 | 2 448 009 | 2 766 107 | 3 521 347 | 4 752 287 | 5 805 460 |
| 房地产开发 | 18 924 | 60 367 | 138 829 | 164 791 | 273 057 | 385 387 | 494 431 |
| 农村固定资产投资 | | 15 345 | 44 772 | 43 647 | 20 662 | 32 205 | 9 624 |
| 非农户(50 万元以上) | | 15 345 | 44 772 | 43 647 | 20 662 | 32 205 | 9 624 |
| 非农户(50 万元以下) | | | | | | | |
| 农村私人 | | | | | | | |
| 本年新增固定资产 | 656 925 | 1 281 043 | 1 049 671 | 2 001 337 | 1 919 870 | 4 568 679 | 3 116 323 |
| 固定资产交付使用率(%) | 43.21 | 61.46 | 38.36 | 58.30 | 50.32 | 88.37 | 49.39 |
| 房屋建筑面积(万平方米) | | | | | | | |
| 施工面积 | 782.68 | 709.91 | 911.47 | 1 021.08 | 1 252.59 | 1 581.23 | 1 998.82 |
| #住宅 | 437.55 | 430.23 | 499.37 | 663.65 | 872.75 | 903.72 | 1 054.32 |
| 竣工面积 | 197.65 | 141.63 | 166.49 | 241.65 | 178.20 | 479.51 | 281.8 |
| #住宅 | 133.07 | 73.00 | 92.96 | 124.99 | 107.05 | 187.19 | 144.58 |
| 本年资金来源 | 1 472 994 | 2 052 868 | 2 681 382 | 3 476 067 | 3 727 006 | 5 127 881 | 6 871 944 |
| 国家预算内资金 | 66 590 | 167 736 | 283 333 | 444 520 | 562 941 | 460 543 | 662 811 |
| 国内贷款 | 311 204 | 590 697 | 549 834 | 637 345 | 1 109 253 | 1 708 648 | 1 759 375 |
| 债券 | 18 353 | | | | | | 3 620 |
| 利用外资 | 2 658 | 7 600 | 12 839 | 5 887 | 4 608 | 9 600 | |
| 自筹资金 | 873 332 | 1 010 359 | 1 575 192 | 1 970 539 | 1 833 894 | 2 586 125 | 3 994 993 |
| 其他投资 | 200 857 | 276 476 | 260 184 | 417 776 | 216 310 | 262 965 | 451 145 |

# 6－5 各县区固定资产投资

（2013 年）　　单位：万元

| | 固定资产投资总额 | 增长（%） | 房地产投资 | 增长（%） |
|---|---|---|---|---|
| 兰州市 | 13 168 629 | 27.42 | 2 868 054 | 28.43 |
| 城关区 | 2 941 857 | 25.10 | 1 642 431 | 28.66 |
| 七里河区 | 1 774 425 | 25.15 | 367 534 | 28.31 |
| 西固区 | 1 766 571 | 25.11 | 187 054 | 30.89 |
| 安宁区 | 1 561 420 | 25.13 | 494 326 | 28.86 |
| 红古区 | 526 306 | 25.08 | 123 852 | 11.14 |
| 永登县 | 513 388 | 25.07 | 23 202 | 119.32 |
| 皋兰县 | 284 114 | 25.10 | 1 645 | －73.60 |
| 榆中县 | 788 789 | 25.14 | 28 010 | 83.36 |
| 兰州新区 | 3 011 759 | 35.85 | | |

# 6-6 500万元以上项目投资汇总表(不含房地产开发)

(2013年)　　单位:万元、平方米、个

| | 总计 | 按隶属关系 | | | 城乡分组 | |
|---|---|---|---|---|---|---|
| | | 中央 | 省级 | 市及市以下 | 城镇 | 农村非农户 |
| 计划总投资 | 31 546 169 | 3 254 489 | 5 437 525 | 22 854 155 | 31 284 694 | 261 475 |
| #本年新开工项目 | 20 156 799 | 2 238 158 | 3 336 226 | 14 582 415 | 19 904 284 | 252 515 |
| 自开始建设累计完成投资 | 14 788 013 | 1 773 373 | 2 744 004 | 10 270 636 | 14 622 489 | 165 524 |
| 自年初累计完成投资 | 10 300 575 | 1 225 063 | 1 736 905 | 7 338 607 | 10 142 011 | 158 564 |
| #住宅 | 1 091 080 | 83 540 | 354 314 | 653 226 | 1 066 280 | 24 800 |
| 按建设性质分 | | | | | | |
| #新建 | 7 495 230 | 615 227 | 1 063 937 | 5 816 066 | 7 420 566 | 74 664 |
| 扩建 | 1 267 305 | 231 218 | 293 351 | 742 736 | 1 212 605 | 54 700 |
| 改建和技术改造 | 820 988 | 226 936 | 274 795 | 319 257 | 811 988 | 9 000 |
| 按构成分 | | | | | | |
| 建筑工程 | 6 304 985 | 414 795 | 1 207 071 | 4 683 119 | 6 202 767 | 102 218 |
| 安装工程 | 475 056 | 147 087 | 49 699 | 278 270 | 464 748 | 10 308 |
| 设备工器具购置 | 2 002 838 | 594 955 | 229 724 | 1 178 159 | 1 971 470 | 31 368 |
| #用于更新的设备 | 360 579 | 93 778 | 51 443 | 215 358 | 350 341 | 10 238 |
| 其他费用 | 1 517 696 | 68 226 | 250 411 | 1 199 059 | 1 503 026 | 14 670 |
| 新增固定资产 | 5 947 053 | 740 406 | 1 373 191 | 3 833 456 | 5 832 293 | 114 760 |
| 按经济类型分 | | | | | | |
| 内资企业 | 10 248 272 | 1 225 063 | 1 736 905 | 7 286 304 | 10 089 708 | 158 564 |
| 国有企业 | 5 184 629 | 1 009 858 | 1 199 784 | 2 974 987 | 5 175 005 | 9 624 |
| 集体企业 | 239 579 | | 17 875 | 221 704 | 212 129 | 27 450 |
| 股份合作企业 | 43 600 | | | 43 600 | 43 600 | |
| 联营企业 | 78 510 | | | 78 510 | 78 510 | |
| 有限责任公司 | 2 101 614 | 20 887 | 303 550 | 1 777 177 | 2 087 424 | 14 190 |
| 股份有限公司 | 1 013 666 | 194 318 | 208 696 | 610 652 | 1 010 666 | 3 000 |
| 私营企业 | 1 270 095 | | | 1 270 095 | 1 193 495 | 76 600 |
| 其他企业 | 316 579 | | 7 000 | 309 579 | 288 879 | 27 700 |
| 港澳台商投资企业 | 6 163 | | | 6 163 | 6 163 | |
| 外商投资企业 | 46 140 | | | 46 140 | 46 140 | |
| 个体经营 | | | | | | |
| 按行业分组 | | | | | | |
| 农、林、牧、渔业 | 107 072 | | | 107 072 | 85 278 | 21 794 |
| 农业 | 23 170 | | | 23 170 | 23 170 | |
| 林业 | 28 800 | | | 28 800 | 28 800 | |
| 畜牧业 | 42 791 | | | 42 791 | 25 621 | 17 170 |
| 渔业 | | | | | | |
| 农、林、牧、渔服务业 | 12 311 | | | 12 311 | 7 687 | 4 624 |

6－6续表1

| | 总计 | 按隶属关系 | | | 城乡分组 | |
|---|---|---|---|---|---|---|
| | | 中央 | 省级 | 市及市以下 | 城镇 | 农村非农户 |
| 采矿业 | 193 324 | 0 | 114 992 | 78 332 | 184 324 | 9 000 |
| 煤炭开采和洗选业 | 160 810 | 0 | 113 000 | 47 810 | 160 810 | 0 |
| 石油和天然气开采业 | 9 200 | 0 | 0 | 9 200 | 9 200 | 0 |
| 黑色金属矿采选业 | 0 | 0 | 0 | 0 | 0 | 0 |
| 有色金属矿采选业 | 0 | 0 | 0 | 0 | 0 | 0 |
| 非金属矿采选业 | 21 322 | 0 | 0 | 21 322 | 12 322 | 9 000 |
| 开采辅助活动 | 1 992 | 0 | 1 992 | 0 | 1 992 | 0 |
| 其他采矿业 | 0 | 0 | 0 | 0 | 0 | 0 |
| 制造业 | 2 901 182 | 411 957 | 477 222 | 2 012 003 | 2 850 082 | 51 100 |
| 农副食品加工业 | 52 107 | 0 | 0 | 52 107 | 48 307 | 3 800 |
| 食品制造业 | 69 676 | 0 | 0 | 69 676 | 69 676 | 0 |
| 酒、饮料和精制茶制造业 | 30 530 | | | 30 530 | 30 530 | |
| 烟草制品业 | 31 442 | 31 442 | | | 31 442 | |
| 纺织业 | 18 000 | | 18 000 | | 18 000 | |
| 纺织服装、服饰业 | 25 557 | | | 25 557 | 25 557 | |
| 皮革、毛皮、羽毛及其制品和制鞋业 | 4 000 | | 4 000 | | 4 000 | |
| 木材加工和木、竹、藤、棕、草制品 | 29 340 | | | 29 340 | 29 340 | |
| 家具制造业 | 2 600 | | | 2 600 | 2 600 | |
| 造纸和纸制品业 | 16 000 | | | 16 000 | 16 000 | |
| 印刷和记录媒介复制业 | | | | | | |
| 文教、工美、体育和娱乐用品制造业 | 12 980 | | | 12 980 | 12 980 | |
| 石油加工、炼焦和核燃料加工业 | 483 156 | 297 646 | | 185 510 | 483 156 | |
| 化学原料和化学制品制造业 | 191 687 | 6 340 | 2 750 | 182 597 | 186 687 | 5 000 |
| 医药制造业 | 115 849 | 16 192 | 15 286 | 84 371 | 115 849 | |
| 化学纤维制造业 | | | | | | |
| 橡胶和塑料制品业 | 69 924 | | | 69 924 | 69 924 | |
| 非金属矿物制品业 | 544 020 | 18 500 | 34 058 | 491 462 | 544 020 | |
| 黑色金属冶炼和压延加工业 | 189 926 | | 127 781 | 62 145 | 189 926 | |
| 有色金属冶炼和压延加工业 | 62 415 | 19 007 | 1 250 | 42 158 | 53 415 | 9 000 |
| 金属制品业 | 208 300 | | 39 238 | 169 062 | 197 500 | 10 800 |
| 通用设备制造业 | 119 453 | | | 119 453 | 109 953 | 9 500 |
| 专用设备制造业 | 314 294 | | 197 859 | 116 435 | 314 294 | |
| 汽车制造业 | 4 300 | | | 4 300 | 4 300 | |
| 铁路、船舶、航空航天和运输设备 | 13 830 | 13 830 | | | 13 830 | |
| 电气机械及器材制造业 | 74 237 | | 35 000 | 39 237 | 61 237 | 13 000 |
| 计算机、通信和其他电子设备制造业 | 113 887 | | | 113 887 | 113 887 | |
| 仪器仪表制造业 | 25 332 | 9 000 | | 16 332 | 25 332 | |
| 其他制造业 | 37 300 | | | 37 300 | 37 300 | |
| 废弃资源综合利用业 | 34 540 | | | 34 540 | 34 540 | |
| 金属制品、机械和设备修理业 | 6 500 | | 2 000 | 4 500 | 6 500 | |
| 电力、热力、燃气及水生产和供应业 | 470 372 | 150 874 | 60 213 | 259 285 | 466 972 | 3 400 |
| 电力、热力生产和供应业 | 301 751 | 145 988 | 47 811 | 107 952 | 301 751 | |
| 燃气生产和供应业 | 74 621 | 4 886 | 11 477 | 58 258 | 71 221 | 3 400 |
| 水的生产和供应业 | 94 000 | | 925 | 93 075 | 94 000 | |
| 建筑业 | 65 857 | 23 593 | 19 394 | 22 870 | 65 857 | |
| 房屋建筑业 | 14 550 | | 4 960 | 9 590 | 14 550 | |
| 土木工程建筑业 | 42 207 | 23 593 | 9 334 | 9 280 | 42 207 | |
| 建筑安装业 | 4 100 | | 4 100 | | 4 100 | |
| 建筑装饰和其他建筑业 | 5 000 | | 1 000 | 4 000 | 5 000 | |

6－6续表2

| | 总计 | 按隶属关系 | | | 城乡分组 | |
|---|---|---|---|---|---|---|
| | | 中央 | 省级 | 市及市以下 | 城镇 | 农村非农户 |
| 批发和零售业 | 408 844 | 12 000 | 5 100 | 391 744 | 408 844 | |
| 批发业 | 106 685 | | 5 100 | 101 585 | 106 685 | |
| 零售业 | 302 159 | 12 000 | | 290 159 | 302 159 | |
| 交通运输、仓储和邮政业 | 949 272 | 67 969 | 422 881 | 458 422 | 946 272 | 3 000 |
| 铁路运输业 | 265 441 | 67 969 | 197 462 | 10 | 265 441 | |
| 道路运输业 | 332 124 | | 107 965 | 224 159 | 332 124 | |
| 水上运输业 | | | | | | |
| 航空运输业 | 69 007 | | 69 007 | | 69 007 | |
| 管道运输业 | | | | | | |
| 装卸搬运和运输代理业 | 16 900 | | | 16 900 | 16 900 | |
| 仓储业 | 260 068 | | 42 715 | 217 353 | 257 068 | 3 000 |
| 邮政业 | 5 732 | | 5 732 | | 5 732 | |
| 住宿和餐饮业 | 225 342 | | | 225 342 | 225 342 | |
| 住宿业 | 176 642 | | | 176 642 | 176 642 | |
| 餐饮业 | 48 700 | | | 48 700 | 48 700 | |
| 信息传输、软件和信息服务业 | 335 642 | 248 177 | | 87 465 | 335 642 | |
| 电信、广电和卫星传输服务 | 248 177 | 248 177 | | | 248 177 | |
| 互联网和相关服务 | | | | | | |
| 软件和信息技术服务业 | 87 465 | | | 87 465 | 87 465 | |
| 金融业 | 41 036 | 4 800 | 27 506 | 8 730 | 41 036 | |
| 货币金融服务 | 41 036 | 4 800 | 27 506 | 8 730 | 41 036 | |
| 资本市场服务 | | | | | | |
| 保险业 | | | | | | |
| 其他金融业 | | | | | | |
| 房地产业 | 1 570 943 | 116 866 | 397 448 | 1 056 629 | 1 533 893 | 37 050 |
| 房地产业 | 1 570 943 | 116 866 | 397 448 | 1 056 629 | 1 533 893 | 37 050 |
| 租赁和商务服务业 | 236 116 | 15 516 | 131 | 220 469 | 233 596 | 2 520 |
| 租赁业 | 7 735 | | | 7 735 | 7 735 | |
| 商务服务业 | 228 381 | 15 516 | 131 | 212 734 | 225 861 | 2 520 |
| 科学研究和技术服务业 | 42 778 | 21 249 | 4 194 | 17 335 | 42 778 | |
| 研究和试验发展 | 8 035 | 1 700 | | 6 335 | 8 035 | |
| 专业技术服务业 | 25 103 | 9 909 | 4 194 | 11 000 | 25 103 | |
| 科技推广和应用服务业 | 9 640 | 9 640 | | | 9 640 | |
| 水利、环境和公共设施管理业 | 2 151 456 | | | 2 151 456 | 2 151 456 | |
| 水利管理业 | 31 528 | | | 31 528 | 31 528 | |
| 生态保护和环境治理业 | | | | | | |
| 公共设施管理业 | 2 119 928 | | | 2 119 928 | 2 119 928 | |
| 居民服务、修理和其他服务业 | 16 250 | | | 16 250 | 13 250 | 3 000 |
| 居民服务业 | 11 600 | | | 11 600 | 8 600 | 3 000 |
| 机动车、电子和日用品修理业 | | | | | | |
| 其他服务业 | 4 650 | | | 4 650 | 4 650 | |

6－6 续表 3

| | 总计 | 按隶属关系 | | | 城乡分组 | |
|---|---|---|---|---|---|---|
| | | 中央 | 省级 | 市及市以下 | 城镇 | 农村非农户 |
| 教育 | 130 624 | 31 942 | 67 653 | 31 029 | 130 624 | |
| 教育 | 130 624 | 31 942 | 67 653 | 31 029 | 130 624 | |
| 卫生和社会工作 | 182 715 | 84 352 | 41 273 | 57 090 | 182 715 | |
| 卫生 | 178 125 | 84 352 | 36 683 | 57 090 | 178 125 | |
| 社会工作 | 4 590 | | 4 590 | | 4 590 | |
| 文化、体育和娱乐业 | 98 856 | | 24 183 | 74 673 | 95 856 | 3 000 |
| 新闻和出版业 | 3 892 | | 3 892 | | 3 892 | |
| 广播、电视、电影和录音制作 | 7 773 | | | 7 773 | 7 773 | |
| 文化艺术业 | 46 211 | | 20 291 | 25 920 | 43 211 | 3 000 |
| 体育 | 32 160 | | | 32 160 | 32 160 | |
| 娱乐业 | 8 820 | | | 8 820 | 8 820 | |
| 公共管理、社会保障和社会组织 | 172 894 | 35 768 | 74 715 | 62 411 | 148 194 | 24 700 |
| 中国共产党机关 | | | | | | |
| 国家机构 | 107 128 | 6 302 | 74 715 | 26 111 | 107 128 | |
| 人民政协、民主党派 | | | | | | |
| 社会保障 | 3 000 | | | 3 000 | 3 000 | |
| 群众团体、社会团体和其他组织 | 61 166 | 29 466 | | 31 700 | 36 466 | 24 700 |
| 基层群众自治组织 | 1 600 | | | 1 600 | 1 600 | |
| 国际组织 | | | | | | |
| 国际组织 | | | | | | |
| 房屋建筑面积 | | | | | | |
| 施工面积 | 29 530 590 | 1 876 581 | 5 513 312 | 22 140 697 | 28 993 638 | 536 952 |
| 住宅 | 10 134 903 | 849 388 | 2 305 781 | 6 979 734 | 9 948 801 | 186 102 |
| 竣工面积 | 5 308 758 | 568 119 | 1 215 801 | 3 524 838 | 5 087 556 | 221 202 |
| 住宅 | 1 743 231 | 296 000 | 453 765 | 993 466 | 1 693 129 | 50 102 |
| 本年资金来源合计 | 11 466 939 | 1 326 560 | 1 967 552 | 8 172 827 | 11 274 276 | 192 663 |
| 上年末结余资金 | 85 565 | 28 475 | 6 423 | 50 667 | 85 565 | |
| 本年资金来源小计 | 11 381 374 | 1 298 085 | 1 961 129 | 8 122 160 | 11 188 711 | 192 663 |
| 国家预算内资金 | 671 531 | 336 266 | 98 221 | 237 044 | 670 497 | 1 034 |
| 国内贷款 | 1 825 833 | 11 585 | 227 941 | 1 586 307 | 1 822 833 | 3 000 |
| 债券 | 3 620 | | | 3 620 | 3 620 | |
| 利用外资 | | | | | | |
| 自筹资金 | 8 468 490 | 901 455 | 1 536 580 | 6 030 455 | 8 306 894 | 161 596 |
| 企、事业单位自有资金 | 1 041 298 | 142 786 | 197 770 | 700 742 | 1 035 528 | 5 770 |
| 其他资金来源 | 411 900 | 48 779 | 98 387 | 264 734 | 384 867 | 27 033 |
| 各项应付款合计 | 379 833 | 39 846 | 127 141 | 212 846 | 364 533 | 15 300 |
| 工程款 | 268 020 | 16 088 | 115 744 | 136 188 | 256 520 | 11 500 |

# 6－7 房地产开发企业投资、资金来源和土地开发情况汇总表

（2013 年）　　　　单位：万元、平方米

| | 总计 | 按经济类型分组 | | | 按隶属关系分组 | | |
|---|---|---|---|---|---|---|---|
| | | 国有 | 集体 | 其他 | 中央 | 省属 | 市及市以下级 |
| **计划总投资** | **16 019 341** | **2 210 242** | **12 500** | **13 796 599** | **691 312** | **1 632 262** | **13 695 767** |
| 自开始建设累计完成投资 | 8 782 940 | 1 613 029 | 8 690 | 7 161 221 | 475 767 | 844 593 | 7 462 580 |
| **本年完成投资** | **2 868 054** | **494 431** | **1 900** | **2 371 723** | **143 419** | **354 515** | **2 370 120** |
| 配套工程投资 | 8 166 | 2 573 | | 5 593 | 1 738 | 125 | 6 303 |
| **按构成分组** | | | | | | | |
| 建筑工程 | 1 956 450 | 380 569 | 1 900 | 1 573 981 | 124 992 | 178 264 | 1 653 194 |
| 安装工程 | 312 717 | 27 194 | | 285 523 | | 42 054 | 270 663 |
| 设备工器具购置 | 53 559 | 2 816 | | 50 743 | | 4 912 | 48 647 |
| 其他费用 | 545 328 | 83 852 | | 461 476 | 18 427 | 129 285 | 397 616 |
| #旧建筑物购置费 | 11 518 | | | 11 518 | | | 11 518 |
| 土地购置费 | 322 186 | 50 687 | | 271 499 | 10 684 | 108 253 | 203 249 |
| **按工程用途分** | | | | | | | |
| 商品住宅 | 1 912 068 | 354 767 | 924 | 1 556 377 | 110 502 | 222 158 | 1 579 408 |
| #90 平方米以下 | 813 023 | 69 116 | | 743 907 | 53 346 | 84 044 | 675 633 |
| #140 平方米以上住房 | 113 445 | 9 799 | | 103 646 | | 21 898 | 91 547 |
| #别墅、高档公寓 | 76 399 | | | 76 399 | | | 76 399 |
| 办公楼 | 138 893 | 33 123 | | 105 770 | 7 931 | 53 203 | 77 759 |
| 商业营业用房 | 435 377 | 53 832 | 976 | 380 569 | 1 300 | 39 343 | 394 734 |
| 其他 | 381 716 | 52 709 | | 329 007 | 23 686 | 39 811 | 318 219 |
| 本年新增固定资产 | 700 766 | 74 860 | | 625 906 | | 7 498 | 693 268 |
| **本年资金来源合计** | **5 421 617** | **601 940** | **1 900** | **4 817 777** | **165 090** | **367 944** | **4 888 583** |
| 上年末结余资金 | 1 138 044 | 74 091 | | 1 063 953 | 709 | 49 954 | 1 087 381 |
| 本年资金来源小计 | 4 283 573 | 527 849 | 1 900 | 3 753 824 | 164 381 | 317 990 | 3 801 202 |
| 国内贷款 | 1 092 100 | 140 661 | | 951 439 | | 67 900 | 1 024 200 |
| 银行贷款 | 1 031 445 | 140 661 | | 890 784 | | 67 900 | 963 545 |
| 非银行金融机构贷款 | 60 655 | | | 60 655 | | | 60 655 |
| 自筹资金 | 1 581 210 | 198 126 | 1 900 | 1 381 184 | 95 381 | 138 677 | 1 347 152 |
| #自有资金 | 749 159 | 109 229 | 1 900 | 638 030 | 83 306 | 21 264 | 644 589 |
| 其他资金来源 | 1 610 263 | 189 062 | | 1 421 201 | 69 000 | 111 413 | 1 429 850 |
| #定金及预收款 | 1 147 730 | 134 470 | | 1 013 260 | 69 000 | 110 550 | 968 180 |
| 个人按揭贷款 | 242 534 | 8 068 | | 234 466 | | 863 | 241 671 |
| **本年各项应付款合计** | **1 127 963** | **143 437** | | **984 526** | | **188 090** | **939 873** |
| #工程款 | 524 924 | 78 455 | | 446 469 | | 74 448 | 450 476 |
| 待开发土地面积 | 1 138 200 | | | 1 138 200 | | 33 924 | 1 104 276 |
| 本年购置土地面积 | 1 695 258 | 113 831 | | 1 581 427 | 48 245 | 52 822 | 1 594 191 |
| 本年土地成交价款 | 299 392 | 29 675 | | 269 717 | 10 684 | 36 303 | 252 405 |
| 拆迁补偿费 | 41 136 | | | 41 136 | | | 41 136 |
| 土地使用权出让金 | 229 134 | 29 675 | | 199 459 | 10 684 | 36 303 | 182 147 |
| 契税 | 3 875 | 566 | | 3 309 | | 1 085 | 2 790 |

## 6－7 房地产开发企业投资、资金来源和土地开发情况汇总表（续表）

（2013 年）　　单位：万元、平方米

| | 总计 | 按资质等级分 | | | | | |
|---|---|---|---|---|---|---|---|
| | | 一级 | 二级 | 三级 | 四级 | 暂定 | 其他 |
| **计划总投资** | **16 019 341** | **480 000** | **4 369 280** | **5 511 423** | **145 497** | **5 468 106** | **45 035** |
| 自开始建设累计完成投资 | 8 782 940 | 214 342 | 2 936 526 | 2 843 618 | 68 394 | 2 683 060 | 37 000 |
| **本年完成投资** | **2 868 054** | **32 568** | **752 784** | **869 690** | **13 920** | **1 162 292** | **36 800** |
| 配套工程投资 | 8 166 | | 2 133 | 5 028 | | 1 005 | |
| **按构成分组** | | | | | | | |
| 建筑工程 | 1 956 450 | 24 986 | 566 137 | 604 894 | 8 501 | 726 282 | 25 650 |
| 安装工程 | 312 717 | 3 741 | 86 854 | 114 191 | 3 959 | 92 822 | 11 150 |
| 设备工器具购置 | 53 559 | 285 | 13 825 | 11 483 | 840 | 27 126 | |
| 其他费用 | 545 328 | 3 556 | 85 968 | 139 122 | 620 | 316 062 | |
| #旧建筑物购置费 | 11 518 | | | 7 528 | | 3 990 | |
| 土地购置费 | 322 186 | | 48 057 | 58 580 | 183 | 215 366 | |
| **按工程用途分** | | | | | | | |
| 商品住宅 | 1 912 068 | 11 081 | 517 652 | 604 131 | 9 091 | 737 333 | 32 780 |
| #90 平方米以下 | 813 023 | 110 | 143 472 | 344 027 | 5 797 | 286 837 | 32 780 |
| #140 平方米以上住房 | 113 445 | 114 | 16 290 | 47 277 | 15 | 49 749 | |
| #别墅、高档公寓 | 76 399 | | 10 | 1 100 | | 75 289 | |
| 办公楼 | 138 893 | 9 152 | 17 194 | 41 956 | 95 | 70 496 | |
| 商业营业用房 | 435 377 | 6 158 | 143 004 | 129 940 | 2 079 | 154 196 | |
| 其他 | 381 716 | 6 177 | 74 934 | 93 663 | 2 655 | 200 267 | 4 020 |
| 本年新增固定资产 | 700 766 | | 259 000 | 306 456 | 13 760 | 121 550 | |
| **本年资金来源合计** | **5 421 617** | **140 213** | **1 405 810** | **1 504 443** | **49 317** | **2 291 834** | **30 000** |
| 上年末结余资金 | 1 138 044 | 13 931 | 451 491 | 360 496 | 4 516 | 307 610 | |
| 本年资金来源小计 | 4 283 573 | 126 282 | 954 319 | 1 143 947 | 44 801 | 1 984 224 | 30 000 |
| 国内贷款 | 1 092 100 | 38 500 | 269 689 | 228 917 | 7 270 | 545 724 | 2 000 |
| 银行贷款 | 1 031 445 | 38 500 | 261 629 | 183 987 | 7 120 | 538 209 | 2 000 |
| 非银行金融机构贷款 | 60 655 | | 8 060 | 44 930 | 150 | 7 515 | |
| 自筹资金 | 1 581 210 | | 293 585 | 541 735 | 10 370 | 731 520 | 4 000 |
| #自有资金 | 749 159 | | 121 128 | 262 798 | 5 709 | 355 524 | 4 000 |
| 其他资金来源 | 1 610 263 | 87 782 | 391 045 | 373 295 | 27 161 | 706 980 | 24 000 |
| #定金及预收款 | 1 147 730 | 87 782 | 308 006 | 187 512 | 9 187 | 555 243 | |
| 个人按揭贷款 | 242 534 | | 76 375 | 58 748 | 3 495 | 103 916 | |
| **本年各项应付款合计** | **1 127 963** | **1 278** | **260 921** | **320 893** | **4 427** | **532 444** | **8 000** |
| #工程款 | 524 924 | 600 | 167 181 | 154 019 | 3 156 | 199 968 | |
| 待开发土地面积 | 1 138 200 | | 28 445 | 534 138 | | 575 617 | |
| 本年购置土地面积 | 1 695 258 | | 221 322 | 154 575 | 2 706 | 1 090 050 | 226 605 |
| 本年土地成交价款 | 299 392 | | 38 403 | 38 838 | 183 | 215 915 | 6 053 |
| 拆迁补偿费 | 41 136 | | | 3 849 | | 37 287 | |
| 土地使用权出让金 | 229 134 | | 32 803 | 15 069 | 183 | 175 639 | 5 440 |
| 契税 | 3 875 | | 338 | 426 | 5 | 3 106 | |

# 6-8 房地产开发企业(单位)财务状况汇总表

(2013年)　　单位:千元、人

| | 总计 | 按经济类型分组 | | | 按隶属关系分组 | | |
|---|---|---|---|---|---|---|---|
| | | 国有 | 集体 | 其他 | 中央 | 省级 | 市及市以下级 |
| **期初存货** | **41 741 742** | **2 887 686** | **38 374** | **38 815 682** | **2 724 536** | **3 551 131** | **35 466 075** |
| **期末资产负债** | | | | | | | |
| 流动资产合计 | 105 734 138 | 5 107 108 | 224 491 | 100 402 539 | 3 880 052 | 9 347 408 | 92 506 678 |
| #存货 | 55 232 311 | 3 302 798 | 47 339 | 51 882 174 | 2 532 072 | 5 668 875 | 47 031 364 |
| 固定资产原价 | 3 911 409 | 103 745 | 42 081 | 3 765 583 | 53 699 | 146 800 | 3 710 910 |
| 累计折旧 | 1 155 500 | 35 310 | 15 088 | 1 105 102 | 22 918 | 26 339 | 1 106 243 |
| 其中:本年折旧 | 197 846 | 3 682 | 943 | 193 221 | 1 415 | 7 958 | 188 473 |
| 资产总计 | 120 176 855 | 6 094 641 | 252 878 | 113 829 336 | 4 203 848 | 9 866 216 | 106 106 791 |
| 负债合计 | 99 904 196 | 5 228 976 | 190 551 | 94 484 669 | 3 261 066 | 8 814 705 | 87 828 425 |
| 所有者权益合计 | 20 272 659 | 865 665 | 62 327 | 19 344 667 | 942 782 | 1 051 511 | 18 278 366 |
| #实收资本 | 14 079 375 | 774 183 | 82 038 | 13 223 154 | 794 655 | 949 331 | 12 335 389 |
| **损益及分配** | | | | | | | |
| 主营业务收入 | 16 526 855 | 2 571 730 | 13 821 | 13 941 304 | 1 688 996 | 1 011 801 | 13 826 058 |
| 土地转让收入 | 59 323 | | | 59 323 | | | 59 323 |
| 商品房屋销售收入 | 15 426 067 | 2 552 549 | 6 460 | 12 867 058 | 1 665 234 | 966 100 | 12 794 733 |
| 房屋出租收入 | 318 715 | 18 242 | 1 032 | 299 441 | 23 736 | 10 231 | 284 748 |
| 其他收入 | 722 750 | 939 | 6 329 | 715 482 | 26 | 35 470 | 687 254 |
| 主营业务成本 | 12 639 222 | 2 204 426 | 18 274 | 10 416 522 | 1 438 321 | 798 143 | 10 402 758 |
| 主营业税金及附加 | 1 094 029 | 157 841 | 919 | 935 269 | 95 036 | 56 929 | 942 064 |
| 其他业务利润 | 127 832 | | | 127 832 | | | 127 832 |
| 销售费用 | 482 385 | 29 165 | 76 | 453 144 | 7 936 | 24 011 | 450 438 |
| 管理费用 | 1 318 573 | 51 935 | 7 464 | 1 259 174 | 18 298 | 96 682 | 1 203 593 |
| #税金 | 54 413 | 5 815 | 1 256 | 47 342 | 2 533 | 4 109 | 47 771 |
| 财务费用 | 426 897 | 5 604 | 776 | 420 517 | -5 282 | 585 | 431 594 |
| #利息收入 | 72 592 | 1 090 | 54 | 71 448 | 5 338 | 9 076 | 58 178 |
| #利息支出 | 342 250 | 5 823 | 740 | 335 687 | | 7 652 | 334 598 |
| 投资收益 | -2 849 | 19 | 0 | -2 868 | -4 687 | 500 | 1 338 |
| 营业利润 | 418 055 | 122 709 | -13 688 | 309 034 | 126 586 | 34 916 | 256 553 |
| 营业外收入 | 63 036 | 482 | 1 | 62 553 | 272 | 426 | 62 338 |
| 营业外支出 | 73 872 | 668 | | 73 204 | 258 | 4 275 | 69 339 |
| 利润总额 | 400 937 | 122 523 | -13 687 | 292 101 | 126 600 | 31 067 | 243 270 |
| 应交所得税 | 310 843 | 27 004 | 0 | 283 839 | 26 191 | 21 624 | 263 028 |
| **人工成本** | | | | | | | |
| 应付职工薪酬 | 764 460 | 36 630 | 2 491 | 725 339 | 15 581 | 73 125 | 675 754 |

# 6－8 房地产开发企业(单位)财务状况汇总表(续表)

(2013 年)　　　　单位:千元、人

| | 总计 | 按企业资质等级分组 | | | | | |
|---|---|---|---|---|---|---|---|
| | | 一级 | 二级 | 三级 | 四级 | 暂定 | 其他 |
| **期初存货** | **41 741 742** | **1 220 344** | **14 000 273** | **16 655 501** | **665 851** | **9 182 372** | **17 401** |
| **期末资产负债** | | | | | | | |
| 流动资产合计 | 105 734 138 | 2 464 524 | 30 963 277 | 37 898 942 | 1 903 802 | 32 130 698 | 372 895 |
| #存货 | 55 232 311 | 247 045 | 15 409 995 | 20 763 171 | 991 816 | 17 761 069 | 59 215 |
| 固定资产原价 | 3 911 409 | 37 287 | 1 760 633 | 1 395 621 | 106 016 | 596 787 | 15 065 |
| 累计折旧 | 1 155 500 | 12 783 | 527 791 | 441 301 | 34 526 | 134 622 | 4 477 |
| 其中:本年折旧 | 197 846 | 2 871 | 67 190 | 86 653 | 5 239 | 32 849 | 3 044 |
| 资产总计 | 120 176 855 | 3 448 631 | 35 546 145 | 41 630 785 | 2 129 988 | 36 480 839 | 940 467 |
| 负债合计 | 99 904 196 | 2 116 359 | 28 231 253 | 35 126 716 | 1 489 021 | 32 027 512 | 913 335 |
| 所有者权益合计 | 20 272 659 | 1 332 272 | 7 314 892 | 6 504 069 | 640 967 | 4 453 327 | 27 132 |
| #实收资本 | 14 079 375 | 116 000 | 3 163 895 | 5 591 212 | 739 201 | 4 426 529 | 42 538 |
| **损益及分配** | | | | | | | |
| 主营业务收入 | 16 526 855 | 1 478 806 | 6 497 363 | 5 562 939 | 167 498 | 2 820 237 | 12 |
| 土地转让收入 | 59 323 | | | 8 291 | 51 000 | 32 | |
| 商品房屋销售收入 | 15 426 067 | 1 470 542 | 6 291 077 | 5 068 366 | 111 653 | 2 484 429 | |
| 房屋出租收入 | 318 715 | 8 264 | 185 878 | 79 959 | 3 493 | 41 121 | |
| 其他收入 | 722 750 | | 20 408 | 406 323 | 1 352 | 294 655 | 12 |
| 主营业务成本 | 12 639 222 | 1 311 723 | 4 947 268 | 4 449 447 | 141 402 | 1 789 369 | 13 |
| 主营业税金及附加 | 1 094 029 | 53 499 | 405 125 | 399 169 | 15 099 | 221 128 | 9 |
| 其他业务利润 | 127 832 | | 43 759 | 40 208 | 11 | 43 854 | |
| 销售费用 | 482 385 | 11 221 | 91 968 | 120 614 | 4 788 | 253 691 | 103 |
| 管理费用 | 1 318 573 | 22 299 | 329 303 | 513 589 | 30 958 | 414 263 | 8 161 |
| #税金 | 54 413 | 781 | 11 049 | 30 085 | 499 | 11 969 | 30 |
| 财务费用 | 426 897 | 17 520 | 112 882 | 151 403 | 8 764 | 136 291 | 37 |
| #利息收入 | 72 592 | 772 | 30 500 | 13 581 | 301 | 27 161 | 277 |
| #利息支出 | 342 250 | 7 | 71 003 | 133 167 | 7 961 | 130 040 | 72 |
| 投资收益 | －2 849 | 2 017 | 4 332 | －2 599 | | 862 | －7 461 |
| 营业利润 | 418 055 | 60 717 | 627 228 | －52 111 | －37 297 | －164 273 | －16 209 |
| 营业外收入 | 63 036 | 640 | 8 556 | 15 172 | 1 | 38 624 | 43 |
| 营业外支出 | 73 872 | 5 327 | 30 908 | 14 088 | 506 | 22 423 | 620 |
| 利润总额 | 400 937 | 56 030 | 604 986 | －50 226 | －37 802 | －147 804 | －24 247 |
| 应交所得税 | 310 843 | 14 830 | 137 966 | 74 237 | 3 042 | 80 768 | |
| **人工成本** | | | | | | | |
| 应付职工薪酬 | 764 460 | 43 599 | 260 368 | 247 179 | 14 648 | 193 816 | 4 850 |

# 6－9 房地产开发企业施工、销售和空置情况汇总表

（2013 年）　　　　单位：万元、平方米

| | 总计 | 按经济类型分组 | | | 按隶属关系分组 | | |
|---|---|---|---|---|---|---|---|
| | | 国有 | 集体 | 其他 | 中央 | 省属 | 市及市以下级 |
| **房屋施工面积合计** | **29 713 246** | **4 489 916** | **52 182** | **25 171 148** | **1 874 001** | **2 539 705** | **25 299 540** |
| 住宅 | 22 612 547 | 3 449 252 | 25 380 | 19 137 915 | 1 426 803 | 1 425 454 | 19 760 290 |
| #90 平方米以下住宅 | 7 399 897 | 1 308 888 | | 6 091 009 | 991 019 | 514 345 | 5 894 533 |
| #140 平米以上住宅 | 2 097 792 | 170 122 | | 1 927 670 | 55 896 | 109 027 | 1 932 869 |
| #别墅、高档公寓 | 213 502 | | | 213 502 | | | 213 502 |
| 办公楼 | 761 552 | 175 154 | | 586 398 | 76 342 | 266 017 | 419 193 |
| 商业营业用房用房 | 3 045 160 | 322 774 | 26 802 | 2 695 584 | 53 264 | 333 655 | 2 658 241 |
| 其他 | 3 293 987 | 542 736 | | 2 751 251 | 317 592 | 514 579 | 2 461 816 |
| **房屋竣工面积合计** | **1 831 334** | **250 200** | | **1 581 134** | | **30 625** | **1 800 709** |
| 住宅 | 1 463 986 | 189 200 | | 1 274 786 | | 27 757 | 1 436 229 |
| #90 平方米以下住宅 | 383 612 | 88 342 | | 295 270 | | 524 | 383 088 |
| #140 平米以上住宅 | 116 067 | 2 002 | | 114 065 | | 4 210 | 111 857 |
| #别墅、高档公寓 | | | | | | | |
| 办公楼 | 9 500 | | | 9 500 | | | 9 500 |
| 商业营业用房用房 | 212 253 | 49 796 | | 162 457 | | 1 531 | 210 722 |
| 其他 | 145 595 | 11 204 | | 134 391 | | 1 337 | 144 258 |
| **商品房销售面积** | **2 922 219** | **172 320** | **2 156** | **2 747 743** | **76 103** | **145 625** | **2 700 491** |
| 住宅 | 2 720 325 | 163 212 | 2 156 | 2 554 957 | 76 103 | 136 733 | 2 507 489 |
| #90 平方米以下住宅 | 530 528 | 18 572 | | 511 956 | 355 | 27 872 | 502 301 |
| #140 平米以上住宅 | 174 385 | 3 434 | | 170 951 | 3 240 | 5 347 | 165 798 |
| #别墅、高档公寓 | 25 370 | | | 25 370 | | | 25 370 |
| 办公楼 | 29 488 | | | 29 488 | | | 29 488 |
| 商业营业用房 | 165 635 | 9 108 | | 156 527 | | 8 892 | 156 743 |
| 其他 | 6 771 | | | 6 771 | | | 6 771 |
| **商品房销售额** | **1 610 121** | **89 724** | **646** | **1 519 751** | **49 528** | **77 094** | **1 483 499** |
| 住宅 | 1 413 545 | 84 627 | 646 | 1 328 272 | 49 528 | 71 605 | 1 292 412 |
| #90 平方米以下住宅 | 242 933 | 6 700 | | 236 233 | 239 | 15 542 | 227 152 |
| #140 平米以上住宅 | 117 721 | 2 179 | | 115 542 | 2 121 | 1 506 | 114 094 |
| #别墅、高档公寓 | 25 496 | | | 25 496 | | | 25 496 |
| 办公楼 | 32 130 | | | 32 130 | | | 32 130 |
| 商业营业用房 | 161 499 | 5 097 | | 156 402 | | 5 489 | 156 010 |
| 其他 | 2 947 | | | 2 947 | | | 2 947 |
| **空置面积合计** | **1 233 766** | **78 917** | | **1 154 849** | | **79 619** | **1 154 147** |
| 商品住宅 | 880 614 | 45 644 | | 834 970 | | 78 781 | 801 833 |
| #90 平方米以下住宅 | 179 726 | 1 690 | | 178 036 | | 15 536 | 164 190 |
| #140 平米以上住宅 | 136 249 | | | 136 249 | | 8 516 | 127 733 |
| #别墅、高档公寓 | | | | | | | |
| 办公楼 | 48 441 | | | 48 441 | | | 48 441 |
| 商业营业用房 | 269 767 | 29 273 | | 240 494 | | 838 | 268 929 |
| 其他 | 34 944 | 4 000 | | 30 944 | | | 34 944 |

# 6－9 房地产开发企业施工、销售和空置情况汇总表(续表)

(2013 年)　　单位:万元、平方米

| | 总计 | 按资质等级分 | | | | | |
|---|---|---|---|---|---|---|---|
| | | 一级 | 二级 | 三级 | 四级 | 暂定 | 其他 |
| **房屋施工面积合计** | **29 713 246** | **789 725** | **8 856 180** | **9 510 632** | **195 351** | **10 235 223** | **126 135** |
| 商品住宅 | 22 612 547 | 333 100 | 6 908 333 | 7 359 279 | 165 485 | 7 757 488 | 88 862 |
| #90 平方米以下住宅 | 7 399 897 | 4 173 | 1 664 402 | 2 456 644 | 89 220 | 3 096 596 | 88 862 |
| #140 平米以上住宅 | 2 097 792 | 77 264 | 1 009 673 | 713 491 | 1 150 | 296 214 | |
| #别墅、高档公寓 | 213 502 | | 60 000 | 19 886 | 0 | 133 616 | |
| 办公楼 | 761 552 | 130 337 | 204 607 | 219 660 | 216 | 206 732 | |
| 商业营业用房用房 | 3 045 160 | 105 130 | 771 270 | 974 661 | 10 651 | 1 183 448 | |
| 其他 | 3 293 987 | 221 158 | 971 970 | 957 032 | 18 999 | 1 087 555 | 37 273 |
| **房屋竣工面积合计** | **1 831 334** | | **653 282** | **818 574** | **14 837** | **344 641** | |
| 商品住宅 | 1 463 986 | | 491 916 | 706 691 | 8 492 | 256 887 | |
| #90 平方米以下住宅 | 383 612 | | 119 240 | 106 835 | 792 | 156 745 | |
| #140 平米以上住宅 | 116 067 | | 85 638 | 16 474 | | 13 955 | |
| #别墅、高档公寓 | | | | | | | |
| 办公楼 | 9 500 | | | | | 9 500 | |
| 商业营业用房 | 212 253 | | 85 570 | 61 931 | 4 404 | 60 348 | |
| 其他 | 145 595 | | 75 796 | 49 952 | 1 941 | 17 906 | |
| **商品房销售面积** | **2 922 219** | **87 903** | **731 542** | **1 011 400** | **33 472** | **1 057 902** | |
| 商品住宅 | 2 720 325 | 87 903 | 706 947 | 931 054 | 19 411 | 975 010 | |
| #90 平方米以下住宅 | 530 528 | 1 585 | 148 193 | 115 168 | 4 113 | 261 469 | |
| #140 平米以上住宅 | 174 385 | | 57 053 | 40 583 | | 76 749 | |
| #别墅、高档公寓 | 25 370 | | | | | 25 370 | |
| 办公楼 | 29 488 | | 1 543 | 19 424 | 8 521 | | |
| 商业营业用房 | 165 635 | | 23 052 | 56 138 | 5 540 | 80 905 | |
| 其他 | 6 771 | | | 4 784 | | 1 987 | |
| **商品房销售额** | **1 610 121** | **80 172** | **396 045** | **451 965** | **21 777** | **660 162** | |
| 商品住宅 | 1 413 545 | 80 172 | 382 028 | 398 623 | 7 475 | 545 247 | |
| #90 平方米以下住宅 | 242 933 | 1 500 | 63 944 | 45 038 | 1 186 | 131 265 | |
| #140 平米以上住宅 | 117 721 | | 44 494 | 22 624 | | 50 603 | |
| #别墅、高档公寓 | 25 496 | | | | | 25 496 | |
| 办公楼 | 32 130 | | 1 770 | 20 478 | 9 882 | | |
| 商业营业用房 | 161 499 | | 12 247 | 30 822 | 4 420 | 114 010 | |
| 其他 | 2 947 | | | 2 042 | | 905 | |
| **空置面积合计** | **1 233 766** | | **505 755** | **578 095** | **14 608** | **135 308** | |
| 商品住宅 | 880 614 | | 377 875 | 407 226 | 9 202 | 86 311 | |
| #90 平方米以下住宅 | 179 726 | | 56 959 | 84 600 | 5 173 | 32 994 | |
| #140 平米以上住宅 | 136 249 | | 65 142 | 67 459 | 280 | 3 368 | |
| #别墅、高档公寓 | | | | | | | |
| 办公楼 | 48 441 | | 4 917 | 43 224 | 300 | | |
| 商业营业用房 | 269 767 | | 115 984 | 104 000 | 4 786 | 44 997 | |
| 其他 | 34 944 | | 6 979 | 23 645 | 320 | 4 000 | |

# 6－10 建筑企业生产汇总表(总承包和专业承包)

(2013 年)

| | 企业个数 | | | 合同情况(万元) | | |
|---|---|---|---|---|---|---|
| | 建筑业企业个数(个) | 其中:有工作量的建筑业企业个数(个) | 亏损企业个数(个) | 签订的合同额 | 其中:上年结转合同额 | 其中:本年新签合同额 |
| **总计** | **493** | **443** | **117** | **14 629 684** | **5 426 462** | **9 203 222** |
| 其中:国有及国有控股企业 | 67 | 67 | 8 | 10 728 757 | 3 490 475 | 7 238 281 |
| **按登记注册类型分组** | | | | | | |
| 内资企业 | 488 | 439 | 115 | 14 619 164 | 5 418 183 | 9 200 981 |
| 国有企业 | 27 | 27 | 4 | 4 911 700 | 1 659 173 | 3 252 527 |
| 集体企业 | 31 | 31 | 9 | 200 912 | 39 329 | 161 584 |
| 其他企业 | 430 | 381 | 102 | 9 506 552 | 3 719 681 | 5 768 870 |
| 港、澳、台商投资企业 | 3 | 3 | 2 | 10 111 | 8 279 | 1 832 |
| 外商投资企业 | 2 | 1 | | 409 | | 409 |
| **按国民经济行业分组** | | | | | | |
| 房屋建筑业 | 117 | 98 | 19 | 7 956 100 | 2 744 515 | 5 211 585 |
| 土木工程建筑业 | 122 | 113 | 20 | 5 416 979 | 2 290 612 | 3 126 367 |
| 建筑安装业 | 96 | 89 | 39 | 963 290 | 359 706 | 603 584 |
| 建筑装饰和其他建筑业 | 158 | 143 | 39 | 293 315 | 31 629 | 261 686 |
| **按隶属关系分组** | | | | | | |
| 中央 | 19 | 19 | 2 | 3 849 240 | 1 478 732 | 2 370 508 |
| 省(自治区、直辖市) | 71 | 69 | 10 | 7 433 363 | 2 297 848 | 5 135 515 |
| 市级市以下 | 403 | 355 | 105 | 3 347 081 | 1 649 882 | 1 697 199 |
| **按企业资质等级分组** | | | | | | |
| 施工总承包 | 202 | 179 | 33 | 13 955 355 | 5 246 372 | 8 708 983 |
| 专业承包 | 291 | 264 | 84 | 674 329 | 180 090 | 494 239 |
| 按地区分 | | | | | | |
| 城关区 | 350 | 312 | 92 | 8 817 062 | 3 406 914 | 5 410 148 |
| 七里河区 | 64 | 57 | 9 | 3 740 846 | 1 382 626 | 2 358 220 |
| 西固区 | 41 | 39 | 10 | 1 123 000 | 226 015 | 896 985 |
| 安宁区 | 13 | 13 | 2 | 706 930 | 345 992 | 360 938 |
| 红古区 | 8 | 5 | 1 | 43 007 | 9 443 | 33 565 |
| 永登县 | 8 | 8 | 2 | 78 245 | 13 186 | 65 059 |
| 皋兰县 | 4 | 4 | | 44 908 | 14 071 | 30 836 |
| 榆中县 | 5 | 5 | 1 | 75 686 | 28 215 | 47 471 |
| 按营业状态分 | | | | | | |
| 营业 | 486 | 442 | 117 | 14 629 662 | 5 426 454 | 9 203 208 |
| 停业(歇业) | 7 | 1 | | 22 | 8 | 14 |
| 按控股情况分 | | | | | | |
| 国有控股 | 67 | 67 | 8 | 10 728 757 | 3 490 475 | 7 238 281 |
| 集体控股 | 52 | 49 | 16 | 296 801 | 69 935 | 226 867 |
| 私人控股 | 348 | 305 | 90 | 3 061 939 | 1 573 499 | 1 488 440 |
| 港澳台商控股 | 1 | 1 | 1 | 599 | 268 | 331 |
| 其他 | 25 | 21 | 2 | 541 588 | 292 285 | 249 303 |

| 承包工程完成情况(万元) | | | | 建筑业总产值(万元) | | |
|---|---|---|---|---|---|---|
| 直接从建设单位承揽工程完成的产值 | 其中:自行完成施工产值 | 其中:分包出去工程的产值 | 从建设单位以外承揽工程完成的产值 | 建筑业总产值 | 其中:装饰装修产值 | 其中:在外省完成的产值 |
| 7 591 485 | 7 534 271 | 57 214 | 112 157 | 7 646 428 | 186 048 | 1 857 074 |
| 5 257 089 | 5 228 374 | 28 715 | 50 118 | 5 278 493 | 42 676 | 1 335 022 |
| 7 587 734 | 7 530 520 | 57 214 | 112 157 | 7 642 677 | 185 315 | 1 857 074 |
| 2 375 459 | 2 371 028 | 4 431 | 3 602 | 2 374 630 | 28 859 | 523 543 |
| 148 415 | 148 395 | 20 | 6 690 | 155 086 | 8 003 | 50 |
| 5 063 859 | 5 011 096 | 52 763 | 101 865 | 5 112 961 | 148 452 | 1 333 485 |
| 3 342 | 3 342 | | | 3 342 | 324 | |
| 409 | 409 | | | 409 | 409 | |
| 4 399 663 | 4 390 424 | 9 240 | 35 564 | 4 425 987 | 88 203 | 706 455 |
| 2 352 895 | 2 334 727 | 18 168 | 29 281 | 2 364 008 | 1 895 | 902 052 |
| 576 312 | 547 086 | 29 225 | 40 076 | 587 163 | 1 822 | 228 620 |
| 262 615 | 262 034 | 581 | 7 236 | 269 270 | 94 128 | 19 947 |
| 1 526 321 | 1 520 440 | 5 881 | 26 028 | 1 546 468 | | 858 727 |
| 4 043 240 | 4 018 956 | 24 283 | 30 526 | 4 049 482 | 45 746 | 627 644 |
| 2 021 924 | 1 994 875 | 27 050 | 55 603 | 2 050 478 | 140 302 | 370 703 |
| 7 100 899 | 7 046 797 | 54 102 | 97 365 | 7 144 163 | 89 524 | 1 804 683 |
| 490 586 | 487 474 | 3 112 | 14 792 | 502 265 | 96 524 | 52 391 |
| 4 262 748 | 4 251 091 | 11 657 | 67 046 | 4 318 137 | 119 363 | 1 535 036 |
| 1 745 620 | 1 738 375 | 7 245 | 6 435 | 1 744 810 | 23 079 | 121 928 |
| 943 877 | 906 019 | 37 857 | 37 926 | 943 945 | 40 228 | 166 210 |
| 456 871 | 456 871 | | | 456 871 | 1 832 | 33 900 |
| 38 789 | 38 790 | | | 38 790 | | |
| 47 933 | 47 478 | 455 | 750 | 48 228 | 1 546 | |
| 35 350 | 35 350 | | | 35 350 | | |
| 60 297 | 60 297 | | | 60 297 | | |
| 7 591 466 | 7 534 255 | 57 211 | 112 155 | 7 646 410 | 186 031 | 1 857 073 |
| 19 | 16 | 3 | 2 | 18 | 17 | 1 |
| 5 257 089 | 5 228 374 | 28 715 | 50 118 | 5 278 493 | 42 676 | 1 335 022 |
| 224 832 | 222 795 | 2 037 | 8 707 | 231 503 | 8 494 | 2 473 |
| 1 823 248 | 1 807 376 | 15 872 | 39 926 | 1 847 301 | 110 922 | 415 830 |
| 324 | 324 | | | 324 | 324 | |
| 285 992 | 275 402 | 10 590 | 13 406 | 288 807 | 23 632 | 103 749 |

## 6－10 建筑企业生产汇总(总承包和专业承包)续一

(2013 年)

| | 建筑业总产值(万元) | | | 施工机械设备 | | |
|---|---|---|---|---|---|---|
| | 建筑工程产值 | 安装工程产值 | 其他产值 | 年末自有施工机械设备(净值)(万元) | 年末自有施工机械设备(总台数)(台) | 年末自有施工机械设备(总功率)(千瓦) |
| 总计 | 6 760 201 | 630 621 | 255 605 | 183 411 | 37 432 | 1 785 283 |
| 其中:国有及国有控股企业 | 4 654 594 | 459 154 | 164 745 | 102 350 | 19 200 | 691 887 |
| 按登记注册类型分组 | | | | | | |
| 内资企业 | 6 756 544 | 630 527 | 255 605 | 183 409 | 37 412 | 1 785 262 |
| 国有企业 | 2 034 074 | 283 461 | 57 095 | 28 619 | 8 939 | 398 957 |
| 集体企业 | 133 946 | 7 102 | 14 037 | 7 752 | 3 304 | 91 636 |
| 其他企业 | 4 588 524 | 339 964 | 184 473 | 147 038 | 25 169 | 1 294 669 |
| 港、澳、台商投资企业 | 3 342 | | | 2 | 20 | 21 |
| 外商投资企业 | 315 | 94 | | | | |
| 按国民经济行业分组 | | | | | | |
| 房屋建筑业 | 4 141 337 | 157 062 | 127 588 | 74 134 | 17 298 | 1 051 125 |
| 土木工程建筑业 | 2 183 061 | 148 509 | 32 437 | 89 736 | 11 294 | 574 237 |
| 建筑安装业 | 243 243 | 293 101 | 50 819 | 8 557 | 3 424 | 77 837 |
| 建筑装饰和其他建筑业 | 192 560 | 31 949 | 44 761 | 10 984 | 5 416 | 82 084 |
| 按隶属关系分组 | | | | | | |
| 中央 | 1 324 522 | 171 679 | 50 266 | 33 299 | 6 797 | 415 761 |
| 省(自治区、直辖市) | 3 662 380 | 270 980 | 116 122 | 79 281 | 14 241 | 600 005 |
| 市级市以下 | 1 773 299 | 187 962 | 89 217 | 70 831 | 16 394 | 769 517 |
| 按企业资质等级分组 | | | | | | |
| 施工总承包 | 6 442 896 | 502 704 | 198 563 | 169 087 | 30 861 | 1 697 565 |
| 专业承包 | 317 305 | 127 917 | 57 042 | 14 324 | 6 571 | 87 718 |
| 按地区分 | | | | | | |
| 城关区 | 3 984 510 | 170 930 | 162 697 | 131 866 | 22 871 | 1 122 516 |
| 七里河区 | 1 539 264 | 174 261 | 31 285 | 18 863 | 3 865 | 109 294 |
| 西固区 | 670 937 | 222 863 | 50 145 | 14 811 | 4 862 | 429 790 |
| 安宁区 | 400 183 | 53 518 | 3 169 | 8 844 | 2 357 | 71 972 |
| 红古区 | 30 686 | 8 104 | | 3 189 | 501 | 13 860 |
| 永登县 | 44 269 | 945 | 3 014 | 2 000 | 1 093 | 10 235 |
| 皋兰县 | 30 056 | | 5 295 | 1 820 | 1 371 | 20 735 |
| 榆中县 | 60 296 | | | 2 018 | 512 | 6 881 |
| 按营业状态分 | | | | | | |
| 营业 | 6 760 199 | 630 606 | 255 604 | 183 411 | 37 432 | 1 785 283 |
| 停业(歇业) | 2 | 15 | 1 | | | |
| 按控股情况分 | | | | | | |
| 国有控股 | 4 654 594 | 459 154 | 164 745 | 102 350 | 19 200 | 691 887 |
| 集体控股 | 197 600 | 19 285 | 14 617 | 8 106 | 3 512 | 96 919 |
| 私人控股 | 1 645 798 | 135 489 | 66 014 | 65 170 | 12 934 | 954 436 |
| 港澳台商控股 | 324 | | | | | |
| 其他 | 261 885 | 16 693 | 10 229 | 7 785 | 1 786 | 42 041 |

| 竣工产值 | 房屋建筑施工面积(万平方米) | | | | 主要建筑材料消耗量 | |
|---|---|---|---|---|---|---|
| | 房屋建筑施工面积 | 其中:本年新开工面积 | 其中:实行投标承包面积 | 其中:本年新开工 | 钢材(吨) | 木材(立方米) |
| 3 053 029 | 4 409.92 | 1 809.38 | 3 387.03 | 1 514.64 | 2 127 341 | 376 418 |
| 2 014 446 | 3 186.20 | 1 296.17 | 2 490.86 | 1 118.63 | 1 520 967 | 231 183 |
| 3 052 296 | 4 407.52 | 1 808.53 | 3 387.03 | 1 514.64 | 2 127 256 | 376 350 |
| 1 180 231 | 1 629.86 | 678.68 | 1 507.74 | 660.63 | 785 153 | 127 828 |
| 78 629 | 67.76 | 38.00 | 57.98 | 36.60 | 25 640 | 5 027 |
| 1 793 436 | 2 709.90 | 1 091.85 | 1 821.31 | 817.41 | 1 316 463 | 243 495 |
| 324 | 2.40 | 0.85 | | | 48 | |
| 409 | | | | | 37 | 68 |
| 2 109 805 | 4 323.24 | 1 742.88 | 3 313.14 | 1 455.02 | 1 514 168 | 318 684 |
| 439 934 | 70.34 | 57.69 | 65.40 | 56.45 | 551 201 | 30 664 |
| 300 050 | 8.15 | 3.98 | 5.89 | 2.27 | 46 747 | 3 764 |
| 203 240 | 8.19 | 4.83 | 2.60 | 0.90 | 15 225 | 23 306 |
| 406 632 | 196.25 | 67.18 | 193.62 | 65.94 | 213 576 | 3 683 |
| 1 615 397 | 3 155.13 | 1 282.59 | 2 401.29 | 1 080.92 | 1 310 832 | 230 974 |
| 1 031 000 | 1 058.54 | 459.61 | 792.13 | 367.78 | 602 933 | 141 761 |
| 2 795 618 | 4 397.43 | 1 803.02 | 3 382.53 | 1 511.89 | 2 066 648 | 350 580 |
| 257 411 | 12.49 | 6.36 | 4.50 | 2.75 | 60 693 | 25 838 |
| 1 501 730 | 1 728.81 | 633.60 | 1 459.43 | 554.80 | 973 466 | 107 800 |
| 788 147 | 1 510.94 | 733.85 | 1 405.92 | 716.27 | 643 677 | 151 535 |
| 430 254 | 697.93 | 205.17 | 80.49 | 25.91 | 270 127 | 62 626 |
| 209 078 | 259.39 | 134.28 | 254.29 | 129.97 | 114 868 | 27 701 |
| 24 476 | 23.61 | 20.93 | 11.44 | 6.89 | 4 197 | 692 |
| 37 896 | 63.61 | 26.01 | 59.52 | 26.01 | 19 536 | 5 578 |
| 20 979 | 42.65 | 24.36 | 40.97 | 23.61 | 16 661 | 10 388 |
| 40 469 | 82.98 | 31.18 | 74.97 | 31.18 | 84 809 | 10 098 |
| 3 053 014 | 4 409.92 | 1 809.38 | 3 387.03 | 1 514.64 | 2 127 341 | 376 418 |
| 15 | | | | | | |
| 2 014 446 | 3 186.20 | 1 296.17 | 2 490.86 | 1 118.63 | 1 520 967 | 231 183 |
| 132 238 | 108.17 | 48.31 | 97.39 | 46.91 | 43 764 | 11 409 |
| 823 406 | 966.64 | 392.28 | 713.77 | 314.91 | 513 106 | 126 089 |
| 324 | 1.40 | 0.85 | | | 48 | |
| 82 615 | 147.51 | 71.77 | 85.01 | 34.19 | 49 456 | 7 737 |

## 6－10 建筑企业生产汇总(总承包和专业承包)续二

(2013 年)

| 指标名称 | 主要建筑材料消耗量 | | | | 补充资料(万元) |
|---|---|---|---|---|---|
| | 水泥(吨) | 平板玻璃(重量箱) | 平板玻璃(平方米) | 铝材(吨) | 企业总产值 |
| **总计** | **6 486 652** | **234 772** | **1 582 857** | **46 548** | **7 865 161** |
| 其中:国有及国有控股企业 | 3 889 350 | 52 969 | 224 483 | 30 426 | 5 443 092 |
| **按登记注册类型分组** | | | | | |
| 内资企业 | 6 486 540 | 234 648 | 1 582 547 | 46 541 | 7 861 410 |
| 国有企业 | 1 449 933 | 25 611 | 86 217 | 24 236 | 2 529 870 |
| 集体企业 | 433 128 | 8 034 | 76 903 | 933 | 161 753 |
| 其他企业 | 4 603 479 | 201 003 | 1 419 427 | 21 372 | 5 169 787 |
| 港、澳、台商投资企业 | | | | | 3 342 |
| 外商投资企业 | 112 | 124 | 310 | 7 | 409 |
| **按国民经济行业分组** | | | | | |
| 房屋建设业 | 2 893 616 | 218 668 | 1 218 405 | 41 377 | 4 532 622 |
| 土木工程建设业 | 3 487 555 | 7 733 | 55 105 | 3 234 | 2 445 802 |
| 建筑安装业 | 61 068 | 834 | 1 409 | 78 | 594 001 |
| 建筑装饰和其他建筑业 | 44 413 | 7 537 | 307 938 | 1 859 | 292 736 |
| **按隶属关系分组** | | | | | |
| 中央 | 1 276 200 | 275 | 275 | 108 | 1 587 465 |
| 省(自治区、直辖市) | 3 273 872 | 54 697 | 300 143 | 9 424 | 4 169 115 |
| 市级市以下 | 1 936 580 | 179 800 | 1 282 439 | 37 016 | 2 108 581 |
| **按企业资质等级分组** | | | | | |
| 施工总承包 | 6 314 867 | 225 976 | 1 271 235 | 40 252 | 7 295 350 |
| 专业承包 | 171 785 | 8 796 | 311 622 | 6 296 | 569 811 |
| **按地区分** | | | | | |
| 城关区 | 4 345 814 | 118 267 | 683 183 | 9 392 | 4 408 838 |
| 七里河区 | 1 068 888 | 89 626 | 573 972 | 588 | 1 866 959 |
| 西固区 | 725 648 | 5 856 | 126 980 | 4 271 | 949 272 |
| 安宁区 | 85 308 | 9 746 | 45 052 | 4 545 | 457 427 |
| 红古区 | 20 490 | 185 | 751 | 20 | 38 790 |
| 永登县 | 50 887 | 6 252 | 48 511 | 2 802 | 48 228 |
| 皋兰县 | 72 140 | 1 995 | 62 029 | 1 519 | 35 350 |
| 榆中县 | 117 477 | 2 845 | 42 379 | 23 411 | 60 297 |
| **按营业状态分** | | | | | |
| 营业 | 6 486 652 | 234 772 | 1 582 857 | 46 548 | 7 865 143 |
| 停业(歇业) | | | | | 18 |
| **按控股情况分** | | | | | |
| 国有控股 | 3 889 350 | 52 969 | 224 483 | 30 426 | 5 443 091 |
| 集体控股 | 494 516 | 8 272 | 77 405 | 1 014 | 238 704 |
| 私人控股 | 2 041 420 | 167 907 | 1 145 820 | 13 023 | 1 882 196 |
| 港澳台商控股 | | | | | 324 |
| 其他 | 61 366 | 5 624 | 135 149 | 2 085 | 300 846 |

| 房屋建筑竣工面积(万平方米) | | | | | | | |
|---|---|---|---|---|---|---|---|
| 合计 | 住宅房屋 | 商业及服务用房屋 | 办公用房屋 | 科研、教育、医疗用房屋 | 文化、体育、娱乐用房屋 | 厂房及建筑物 | 仓库 |
| 1 136.51 | 828.32 | 78.76 | 32.98 | 79.86 | 12.26 | 75.60 | 5.06 |
| 804.85 | 561.57 | 54.00 | 22.22 | 65.59 | 11.62 | 67.57 | 4.97 |
| 1 135.11 | 827.47 | 78.21 | 32.98 | 79.86 | 12.26 | 75.60 | 5.06 |
| 411.28 | 305.26 | 20.81 | 12.27 | 42.87 | 9.66 | 16.55 | 0.41 |
| 22.31 | 8.43 | 3.15 | 0.86 | 4.23 | 0.02 | 0.90 | 0.03 |
| 701.52 | 513.77 | 54.25 | 19.85 | 32.76 | 2.58 | 58.15 | 4.62 |
| 1.40 | 0.85 | 0.55 | | | | | |
| 1 097.04 | 805.90 | 73.95 | 26.45 | 78.90 | 12.26 | 72.26 | 4.17 |
| 24.86 | 13.25 | 2.46 | 5.63 | 0.96 | | 1.67 | 0.89 |
| 7.73 | 4.17 | 0.55 | 0.90 | | | 1.59 | |
| 6.88 | 5.00 | 1.80 | | | | | |
| 49.26 | 40.36 | | 1.21 | | | 0.80 | |
| 804.12 | 564.68 | 54.13 | 21.00 | 64.81 | 11.62 | 66.81 | 4.97 |
| 283.13 | 223.28 | 24.63 | 10.77 | 15.05 | 0.64 | 7.99 | 0.09 |
| 1 128.23 | 822.47 | 76.41 | 32.98 | 79.86 | 12.26 | 75.52 | 5.06 |
| 8.28 | 5.85 | 2.35 | | | 0.00 | 0.08 | |
| 424.75 | 293.15 | 30.10 | 14.64 | 35.80 | 5.59 | 28.54 | 2.49 |
| 343.70 | 286.22 | 18.65 | 4.94 | 17.63 | 4.69 | 10.95 | |
| 221.67 | 156.72 | 16.41 | 1.88 | 16.77 | 0.00 | 21.97 | 0.86 |
| 81.14 | 56.65 | 12.76 | 6.08 | 0.92 | 1.99 | 0.29 | 1.62 |
| 13.18 | 0.24 | | | | | 12.95 | 0.00 |
| 18.66 | 14.26 | | 3.47 | 0.90 | | | 0.03 |
| 6.05 | 1.24 | 0.45 | 0.49 | 3.29 | | | |
| 27.36 | 19.84 | 0.39 | 1.48 | 4.54 | | 0.90 | 0.06 |
| 1 136.51 | 828.32 | 78.76 | 32.98 | 79.86 | 12.26 | 75.60 | 5.06 |
| 804.85 | 561.57 | 54.00 | 22.22 | 65.59 | 11.62 | 67.57 | 4.97 |
| 34.44 | 16.28 | 3.28 | 2.33 | 6.65 | 0.02 | 0.94 | 0.09 |
| 237.13 | 197.79 | 19.13 | 4.98 | 6.99 | 0.62 | 6.12 | |
| 1.40 | 0.85 | 0.55 | | | | | |
| 58.68 | 51.84 | 1.80 | 3.45 | 0.63 | | 0.97 | |

# 6－11 劳务分包建筑业企业汇总表(劳务分包)

(2013年)

| | 企业个数 | 企业个数(有工作量) | 建筑业总产值(万元) | 其中:装饰装修产值 | 资产负债(万元) | | |
|---|---|---|---|---|---|---|---|
| | | | | | 固定资产原价 | 资产总计 | 负债合计 |
| **总计** | **3** | **2** | **932** | **91** | **92** | **912** | **764** |
| 其中:国有及国有控股 | | | | | | | |
| **按登记注册类型分组** | | | | | | | |
| 内资企业 | 3 | 2 | 932 | 91 | 92 | 912 | 764 |
| 港、澳、台商投资企业 | | | | | | | |
| 外商投资企业 | | | | | | | |
| **按国民经济行业分组** | | | | | | | |
| 房屋建筑业 | 1 | | | | | | |
| 土木工程建筑业 | | | | | | | |
| 建筑安装业 | 1 | 1 | 841 | | 56 | 749 | 680 |
| 建筑装饰和其他建筑业 | 1 | 1 | 91 | 91 | 36 | 163 | 84 |
| **按隶属关系分组** | | | | | | | |
| 中央 | | | | | | | |
| 省(自治区、直辖市) | | | | | | | |
| 地区(州、盟、省辖市) | | | | | | | |
| 市级市以下 | 3 | 2 | 932 | 91 | 92 | 912 | 764 |
| **按企业资质等级分组** | | | | | | | |
| 劳务分包 | 3 | 2 | 932 | 91 | 92 | 912 | 764 |
| **按营业状态分** | | | | | | | |
| 营业 | 3 | 2 | 932 | 91 | 92 | 912 | 764 |
| 停业(歇业) | | | | | | | |
| **按控股情况分** | | | | | | | |
| 集体控股 | 1 | 1 | 841 | | 56 | 749 | 680 |
| 私人控股 | 2 | 1 | 91 | 91 | 36 | 163 | 84 |

| 损益及分配(万元) | | | | | | |
|---|---|---|---|---|---|---|
| 营业收入合计 | 营业成本 | 营业税金及附加 | 管理费用 | 财务费用 | 营业利润 | 利润总额 |
| 932 | 844 | 31 | 58 | -25 | -2 | |
| 932 | 844 | 31 | 58 | -25 | -2 | |
| 841 | 771 | 28 | 3 | -19 | -2 | |
| 91 | 73 | 3 | 5 | -6 | | |
| 932 | 844 | 31 | 58 | -25 | -2 | |
| 932 | 844 | 31 | 58 | -25 | -2 | |
| 932 | 844 | 31 | 58 | -25 | -2 | |
| 841 | 771 | 28 | 53 | -19 | -2 | |
| 91 | 73 | 3 | 5 | -6 | | |

# 6－12 建筑业企业财务情况汇总（总承包和专业承包）

（2013 年）

| | 年初存货 | 年末资产负债（万元） | | | | | |
|---|---|---|---|---|---|---|---|
| | | 流动资产合计 | 应收工程款 | 竣工工程 | 存货 | 固定资产合计 | 固定资产减值准备 |
| **总计** | **911 681** | **5 570 350** | **1 750 981** | | **1 127 139** | **803 846** | **15 253** |
| 其中：国有及国有控股企业 | 516 250 | 3 155 634 | 1 009 396 | | 685 995 | 547 638 | 522 |
| **按登记注册类型分组** | | | | | | | |
| 内资企业 | 911 178 | 5 566 233 | 1 748 970 | | 1 127 036 | 803 655 | 15 253 |
| 国有企业 | 319 040 | 1 316 754 | 511 439 | | 308 212 | 258 027 | 483 |
| 集体企业 | 17 434 | 93 206 | 41 733 | | 16 193 | 13 742 | 10 343 |
| 其他企业 | 574 704 | 4 156 273 | 1 195 798 | 802 631 | 531 886 | 4 427 | |
| 港、澳、台商投资企业 | 502 | 3 758 | 1 816 | | 103 | 191 | |
| 外商投资企业 | 1 | 359 | 195 | | | | |
| **按国民经济行业分组** | | | | | | | |
| 房屋建筑业 | 386 361 | 2 388 880 | 858 739 | | 401 757 | 447 501 | 3 519 |
| 土木工程建筑业 | 388 528 | 2 394 608 | 641 076 | | 594 845 | 212 680 | 57 |
| 建筑安装业 | 112 798 | 561 778 | 182 772 | | 101 385 | 108 744 | 11 358 |
| 建筑装饰和其他建筑业 | 23 994 | 225 084 | 68 394 | | 29 152 | 34 921 | 319 |
| 按隶属关系分组 | | | | | | | |
| 中央 | 237 106 | 1 423 937 | 466 921 | | 313 512 | 95 587 | 483 |
| 省（自治区、直辖市） | 307 085 | 2 046 596 | 696 586 | | 386 907 | 475 921 | 39 |
| 市级市以下 | 367 490 | 2 099 817 | 587 474 | | 426 720 | 232 338 | 14 731 |
| 按企业资质等级分组 | | | | | | | |
| 施工总承包 | 830 736 | 4 902 028 | 1 554 552 | | 1 027 832 | 731 154 | 14 628 |
| 专业承包 | 80 945 | 668 322 | 196 429 | | 99 307 | 72 692 | 625 |
| 按地区分组 | | | | | | | |
| 城关区 | 534 394 | 3 864 927 | 1 130 442 | | 794 252 | 501 156 | 916 |
| 七里河区 | 119 530 | 910 496 | 361 630 | | 126 659 | 129 694 | 12 |
| 西固区 | 160 990 | 473 239 | 155 809 | | 93 020 | 112 512 | 10 830 |
| 安宁区 | 91 652 | 255 570 | 73 459 | | 105 491 | 40 204 | 3 468 |
| 红古区 | 1 497 | 18 077 | 9 600 | | 2 460 | 3 388 | 27 |
| 永登区 | 1 035 | 15 028 | 9 164 | | 1 597 | 4 119 | |
| 皋兰区 | 1 011 | 10 898 | 7 782 | | 731 | 4 741 | |
| 榆中区 | 1 572 | 22 115 | 3 095 | | 2 929 | 8 032 | |
| 按营业状态分 | | | | | | | |
| 营业 | 910 250 | 5 567 316 | 1 750 979 | | 1 127 137 | 803 841 | 15 253 |
| 停业（歇业） | 1 431 | 3 034 | 2 | | 2 | 5 | |
| 按控股情况分组 | | | | | | | |
| 国有控股 | 516 250 | 3 155 634 | 1 009 395 | | 685 995 | 547 637 | 522 |
| 集体控股 | 34 721 | 169 296 | 59 447 | | 27 700 | 20 837 | 10 342 |
| 私人控股 | 327 669 | 1 933 406 | 576 179 | | 370 478 | 207 613 | 4 385 |
| 港澳台商控股 | 26 | 805 | 407 | | 36 | 9 | |
| 外商控股 | | | | | | | |
| 其他 | 33 015 | 311 209 | 105 553 | | 42 930 | 27 750 | 4 |

| 年末资产负债(万元) | | | | | | | | |
|---|---|---|---|---|---|---|---|---|
| 固定资产原价 | 累计折旧 | | 在建工程 | 资产合计 | 流动负债合计 | | 非流动负债合计 | 负债合计 |
| | | 本年折旧 | | | | 应付账款 | | |
| 1 032 732 | 351 771 | 49 518 | 50 736 | 7 567 148 | 5 222 839 | 1 857 624 | 318 548 | 5 723 479 |
| 670 861 | 203 523 | 29 132 | 24 662 | 4 317 771 | 3 306 399 | 1 201 827 | 105 074 | 3 460 506 |
| | | | | | | | | |
| 1 032 201 | 351 431 | 49 483 | 50 736 | 7 559 304 | 5 221 569 | 1 857 229 | 325 259 | 5 728 920 |
| 303 050 | 102 313 | 18 366 | 9 800 | 1 744 877 | 1 371 698 | 519 544 | 65 050 | 1 472 115 |
| 21 652 | 9 414 | 1 093 | 1 344 | 110 948 | 78 153 | 32 082 | 1 167 | 83 022 |
| 707 499 | 239 704 | 30 024 | 39 592 | 5 703 497 | 3 771 718 | 1 305 603 | 259 042 | 4 173 783 |
| 467 | 276 | 33 | | 6 181 | 1 030 | 299 | -6 711 | -5 681 |
| 64 | 64 | | | 1 663 | 240 | 96 | | 240 |
| | | | | | | | | |
| 500 742 | 120 439 | 13 882 | 24 786 | 3 176 247 | 2 220 250 | 838 154 | 88 890 | 2 431 676 |
| 335 667 | 155 807 | 21 705 | 8 784 | 3 344 432 | 2 395 847 | 803 104 | 199 852 | 2 612 852 |
| 141 243 | 49 729 | 10 583 | 15 417 | 757 708 | 504 479 | 180 796 | 28 560 | 533 886 |
| 55 080 | 25 796 | 3 348 | 1 749 | 288 761 | 102 263 | 35 570 | 1 246 | 145 065 |
| | | | | | | | | |
| 176 357 | 97 169 | 17 426 | 312 | 1 782 141 | 1 449 622 | 626 858 | 37 323 | 1 522 197 |
| 534 389 | 125 278 | 12 874 | 24 627 | 2 901 436 | 2 064 081 | 675 257 | 84 734 | 2 277 736 |
| 321 986 | 129 324 | 19 218 | 25 797 | 2 883 571 | 1 709 136 | 555 509 | 196 491 | 1 923 546 |
| | | | | | | | | |
| 911 605 | 295 043 | 40 377 | 44 692 | 6 765 140 | 4 824 800 | 1 721 629 | 314 633 | 5 301 154 |
| 121 127 | 56 728 | 9 141 | 6 044 | 802 008 | 398 039 | 135 995 | 3 915 | 422 325 |
| | | | | | | | | |
| 611 962 | 194 143 | 33 357 | 21 196 | 5 349 090 | 3 741 418 | 1 322 543 | 280 610 | 4 038 710 |
| 190 466 | 75 907 | 8 444 | 14 728 | 1 176 968 | 838 108 | 279 773 | 28 458 | 877 133 |
| 156 047 | 46 538 | 4 950 | 294 | 607 414 | 328 271 | 129 400 | 7 350 | 487 877 |
| 42 617 | 21 637 | 1 694 | 13 271 | 344 188 | 273 008 | 103 192 | 2 428 | 275 488 |
| 5 484 | 2 219 | 71 | | 24 013 | 13 999 | 11 188 | | 15 239 |
| 4 195 | 1 016 | 141 | 163 | 19 338 | 10 960 | 5 781 | -318 | 10 961 |
| 8 464 | 4 847 | 414 | 1 084 | 15 990 | 4 147 | 2 186 | 20 | 4 672 |
| 13 497 | 5 464 | 447 | | 30 147 | 12 928 | 3 561 | | 13 399 |
| | | | | | | | | |
| 1 032 727 | 351 771 | 49 518 | 50 736 | 7 563 615 | 5 222 839 | 1 857 624 | 318 548 | 5 722 479 |
| 5 | | | | 2 983 | | | | 1 000 |
| | | | | | | | | |
| 670 861 | 203 523 | 29 132 | 24 662 | 4 317 770 | 3 306 399 | 1 201 827 | 105 073 | 3 460 506 |
| 35 772 | 16 451 | 1 544 | 1 344 | 196 791 | 124 284 | 50 599 | 1 285 | 131 782 |
| 271 079 | 103 679 | 14 700 | 24 720 | 2 700 164 | 1 531 662 | 508 020 | 185 825 | 1 843 801 |
| 86 | 78 | 8 | | 814 | 514 | 148 | | 514 |
| | | | | | | | | |
| 54 934 | 28 040 | 4 134 | 10 | 351 609 | 259 980 | 97 030 | 26 363 | 286 876 |

# 6－12 建筑业企业财务情况汇总(总承包和专业承包)续一

(2013 年)

| | 年末资产负债(万元) | | | | | | | |
|---|---|---|---|---|---|---|---|---|
| | 所有者权益合计 | 实收资本 | | | | | | |
| | | | 国家资本 | 集体资本 | 法人资本 | 个人资本 | 港澳台资本 | 外商资本 |
| **总计** | **1 843 343** | **1 222 401** | **396 226** | **60 197** | **346 024** | **417 342** | **2 150** | **463** |
| 其中:国有及国有控股企业 | 857 488 | 464 161 | 390 161 | 3 229 | 57 761 | 13 010 | | |
| **按登记注册类型分组** | | | | | | | | |
| 内资企业 | 1 830 058 | 1 210 079 | 396 226 | 58 647 | 335 932 | 417 342 | 1 600 | 333 |
| 国有企业 | 272 762 | 194 750 | 169 315 | | 25 435 | | | |
| 集体企业 | 27 927 | 40 144 | 3 674 | 20 647 | 12 132 | 3 691 | | |
| 其他企业 | 1 529 369 | 975 185 | 233 237 | 38 000 | 298 365 | 413 651 | 1 600 | 333 |
| 港、澳、台商投资企业 | 11 862 | 11 824 | | 1 550 | 9 722 | | 550 | |
| 外商投资企业 | 1 423 | 500 | | | 370 | | | 130 |
| **按国民经济行业分组** | | | | | | | | |
| 房屋建筑业 | 744 021 | 419 025 | 127 250 | 20 597 | 103 436 | 167 293 | 450 | |
| 土木工程建筑业 | 731 804 | 504 851 | 206 602 | 21 756 | 149 079 | 125 914 | 1 500 | |
| 建筑安装业 | 223 822 | 152 267 | 50 594 | 13 781 | 31 014 | 56 346 | 200 | 333 |
| 建筑装饰和其他建筑业 | 143 696 | 146 258 | 11 780 | 4 063 | 62 495 | 67 789 | | 130 |
| **按隶属关系分组** | | | | | | | | |
| 中央 | 259 943 | 223 437 | 187 219 | | 36 218 | | | |
| 省(自治区、直辖市) | 623 701 | 288 650 | 195 825 | 16 441 | 44 958 | 31 426 | | |
| 市级市以下 | 959 699 | 710 314 | 13 182 | 43 756 | 264 848 | 385 916 | 2 150 | 463 |
| **按企业资质等级分组** | | | | | | | | |
| 施工总承包 | 1 463 436 | 907 103 | 375 667 | 41 556 | 224 006 | 263 924 | 1 950 | |
| 专业承包 | 379 907 | 315 298 | 20 559 | 18 641 | 122 018 | 153 418 | 200 | 463 |
| 按地区分 | | | | | | | | |
| 城关区 | 1 310 603 | 813 842 | 256 406 | 16 224 | 242 631 | 296 419 | 1 700 | 463 |
| 七里河区 | 299 836 | 218 136 | 91 410 | 11 164 | 52 325 | 62 787 | 450 | |
| 西固区 | 118 987 | 105 120 | 30 580 | 16 322 | 31 171 | 27 047 | | |
| 安宁区 | 68 699 | 44 323 | 17 100 | 5 119 | 9 902 | 12 201 | | |
| 红古区 | 8 774 | 8 354 | 730 | 2 617 | 1 046 | 3 960 | | |
| 永登县 | 8 377 | 8 136 | | 2 000 | 867 | 5 269 | | |
| 皋兰县 | 11 318 | 10 848 | | 832 | 2 500 | 7 516 | | |
| 榆中县 | 16 749 | 13 644 | | 5 919 | 5 583 | 2 143 | | |
| 按营业状态分 | | | | | | | | |
| 营业 | 1 841 360 | 1 220 293 | 396 226 | 60 197 | 343 966 | 417 292 | 2 150 | 463 |
| 停业(歇业) | 1 983 | 2 108 | | | 2 058 | 50 | | |
| 按控股情况分 | | | | | | | | |
| 国有控股 | 857 487 | 464 161 | 390 161 | 3 229 | 57 761 | 13 010 | | |
| 集体控股 | 65 009 | 74 568 | 5 502 | 48 373 | 15 793 | 4 451 | 450 | |
| 私人控股 | 855 814 | 629 630 | 563 | 3 995 | 241 694 | 381 446 | 1 600 | 333 |
| 港澳台商控股 | 300 | 300 | | 200 | | | 100 | |
| 外商控股 | | | | | | | | |
| 其他 | 64 733 | 53 742 | | 4 400 | 30 776 | 18 435 | | 130 |

| 损益及分配(万元) | | | | | |
|---|---|---|---|---|---|
| 营业收入 | 主营业务收入 | 营业成本 | 主营业务成本 | 营业税金及附加 | 主营业务税金及附加 |
| 7 699 871 | 7 520 793 | 7 084 541 | 6 873 816 | 237 790 | 232 840 |
| 5 377 502 | 5 212 816 | 5 058 377 | 4 891 398 | 151 883 | 150 404 |
| | | | | | |
| 7 696 126 | 7 517 048 | 7 081 782 | 6 871 117 | 229 166 | 224 216 |
| 2 492 525 | 2 364 036 | 2 353 149 | 2 227 505 | 73 961 | 73 096 |
| 119 469 | 118 249 | 105 609 | 104 852 | 4 024 | 3 903 |
| 5 084 132 | 5 034 763 | 4 623 024 | 4 538 760 | 151 181 | 147 217 |
| 3 336 | 3 336 | 2 442 | 2 382 | 8 610 | 8 610 |
| 409 | 409 | 317 | 317 | 14 | 14 |
| | | | | | |
| 4 354 834 | 4 230 550 | 4 058 645 | 3 943 244 | 138 637 | 137 474 |
| 2 507 480 | 2 460 185 | 2 266 515 | 2 213 164 | 63 440 | 62 591 |
| 609 619 | 605 815 | 558 992 | 523 102 | 19 970 | 17 156 |
| 227 938 | 224 243 | 200 389 | 194 306 | 15 743 | 15 619 |
| | | | | | |
| 1 768 336 | 1 740 261 | 1 675 744 | 1 647 786 | 37 453 | 37 126 |
| 3 988 877 | 3 850 223 | 3 741 573 | 3 601 539 | 126 057 | 124 790 |
| 1 942 658 | 1 930 309 | 1 667 224 | 1 624 491 | 74 280 | 70 924 |
| | | | | | |
| 7 143 982 | 6 976 427 | 6 621 279 | 6 421 331 | 211 908 | 207 642 |
| 555 889 | 544 366 | 463 262 | 452 485 | 25 882 | 25 198 |
| | | | | | |
| 4 454 915 | 4 405 044 | 4 060 026 | 3 966 274 | 139 230 | 135 376 |
| 1 840 468 | 1 735 289 | 1 712 807 | 1 615 451 | 54 325 | 53 856 |
| 897 277 | 887 016 | 845 078 | 836 742 | 27 382 | 27 183 |
| 326 247 | 324 864 | 312 908 | 312 358 | 10 653 | 10 636 |
| 39 140 | 26 935 | 33 583 | 23 001 | 1 282 | 873 |
| 46 350 | 46 350 | 36 355 | 36 207 | 1 568 | 1 568 |
| 35 351 | 35 206 | 32 533 | 32 533 | 1 239 | 1 239 |
| 60 125 | 60 090 | 51 250 | 51 250 | 2 111 | 2 111 |
| | | | | | |
| 7 699 748 | 7 520 670 | 7 084 441 | 6 873 716 | 237 789 | 232 839 |
| 123 | 123 | 100 | 100 | 1 | 1 |
| | | | | | |
| 5 377 503 | 5 212 816 | 5 058 377 | 4 891 397 | 151 883 | 150 404 |
| 206 375 | 204 327 | 183 585 | 182 596 | 7 292 | 7 145 |
| 1 737 313 | 1 728 980 | 1 495 930 | 1 454 239 | 67 374 | 64 259 |
| 324 | 324 | 259 | 259 | 7 | 7 |
| | | | | | |
| 378 356 | 374 346 | 346 390 | 345 325 | 11 234 | 11 025 |

# 6－12 建筑业企业财务情况汇总(总承包和专业承包)续二

(2013 年)

| | 损益及分配(万元) | | | | | |
|---|---|---|---|---|---|---|
| | 其他业务利润 | 管理费用 | 税金 | 财务费用 | 利息收入 | 利息支出 |
| 总计 | 13 559 | 245 209 | 5 594 | 66 706 | 9 135 | 70 727 |
| 其中:国有及国有控股企业 | 10 171 | 149 552 | 1 917 | 20 195 | 7 048 | 24 109 |
| 按登记注册类型分组 | | | | | | |
| 内资企业 | 13 559 | 244 550 | 5 586 | 66 448 | 9 135 | 70 727 |
| 国有企业 | 918 | 67 163 | 1 011 | 7 383 | 2 422 | 6 384 |
| 集体企业 | 62 | 6 881 | 198 | 281 | 68 | 321 |
| 其他企业 | 12 579 | 170 506 | 4 377 | 58 784 | 6 645 | 64 022 |
| 港、澳、台商投资企业 | | 591 | 7 | 258 | 9 | 499 |
| 外商投资企业 | | 68 | 1 | 11 | 3 | 37 |
| 按国民经济行业分组 | | | | | | |
| 房屋建筑业 | 3 850 | 110 473 | 1 843 | 17 637 | 6 071 | 20 005 |
| 土木工程建筑业 | 8 251 | 89 803 | 2 988 | 46 481 | 2 360 | 47 046 |
| 建筑安装业 | 969 | 27 909 | 568 | 1 088 | 676 | 2 357 |
| 建筑装饰和其他建筑业 | 489 | 17 024 | 195 | 1 500 | 28 | 1 319 |
| 按隶属关系分组 | | | | | | |
| 中央 | －811 | 54 305 | 890 | 13 531 | 1 656 | 13 840 |
| 省(自治区、直辖市) | 10 850 | 102 713 | 1 377 | 14 694 | 5 394 | 18 093 |
| 市级市以下 | 3 520 | 88 191 | 3 327 | 38 481 | 2 08/5 | 38 794 |
| 按企业资质等级分组 | | | | | | |
| 施工总承包 | 10 613 | 208 979 | 4 800 | 62 886 | 8 594 | 67 656 |
| 专业承包 | 2 946 | 36 230 | 794 | 3 820 | 541 | 3 071 |
| 按地区分 | | | | | | |
| 城关区 | 10 782 | 146 703 | 2 404 | 56 103 | 5 984 | 59 278 |
| 七里河区 | 256 | 44 961 | 1 121 | 9 132 | 1 397 | 9 109 |
| 西固区 | 1 311 | 28 581 | 624 | 314 | 311 | 400 |
| 安宁区 | 822 | 12 647 | 469 | 723 | 1 433 | 1 587 |
| 红古区 | 207 | 2 605 | 82 | 6 | 1 | 8 |
| 永登县 | 0 | 3 527 | 857 | 233 | 1 | 225 |
| 皋兰县 | 145 | 1 149 | 6 | 64 | 0 | 47 |
| 榆中县 | 35 | 5 036 | 31 | 131 | 9 | 73 |
| 按营业状态分 | | | | | | |
| 营业 | 13 559 | 245 170 | 5 594 | 66 662 | 9 135 | 70 727 |
| 停业(歇业) | | 39 | | 44 | | |
| 按控股情况分 | | | | | | |
| 国有控股 | 10 170 | 149 551 | 1 917 | 20 195 | 7 048 | 24 109 |
| 集体控股 | 261 | 11 017 | 235 | 283 | 50 | 329 |
| 私人控股 | 2 754 | 75 853 | 3 251 | 37 853 | 1 747 | 37 834 |
| 港澳台商控股 | | 116 | 7 | －33 | | 59 |
| 外商控股 | | | | | | |
| 其他 | 374 | 8 672 | 184 | 8 376 | 290 | 8 455 |

| 损益及分配(万元) | | | | | | |
|---|---|---|---|---|---|---|
| 营业利润 | 补贴收入 | 营业外收入 | 营业外支出 | 利润总额 | 应交所得税 | 应付职工薪酬(本年贷方累计发生额) |
| 79 560 | 915 | 10 861 | 15 644 | 74 549 | 23 690 | 591 323 |
| 25 855 | 915 | 6 327 | 2 537 | 29 431 | 10 085 | 366 601 |
| | | | | | | |
| 87 827 | 915 | 108 365 | 6 089 | 92 345 | 23 678 | 590 787 |
| -9 009 | 915 | 1 646 | 1 400 | -8 700 | 4 512 | 247 549 |
| 2 004 | | 17 | 68 | 1 983 | 617 | 22 961 |
| 94 832 | | 106 702 | 4 621 | 99 132 | 18 549 | 343 238 |
| -8 278 | | 26 | 9 555 | -17 807 | 9 | 499 |
| 11 | 3 | 37 | 11 | | | |
| | | | | | | |
| 23 352 | 646 | 2 168 | 1 823 | 23 699 | 5 686 | 320 436 |
| 64 932 | 269 | 6 292 | 3 632 | 67 475 | 12 611 | 170 503 |
| -650 | | 2 294 | 491 | 1 168 | 1 483 | 65 062 |
| -8 074 | | 107 | 9 698 | -17 793 | 3 860 | 35 322 |
| | | | | | | |
| -3 373 | | 3 778 | 1 091 | -641 | 4 673 | 128 163 |
| 21 579 | 915 | 2 706 | 1 520 | 22 757 | 5 081 | 251 226 |
| 61 354 | | 4 377 | 13 033 | 52 433 | 13 936 | 211 934 |
| | | | | | | |
| 59 362 | 915 | 9 897 | 5 312 | 63 937 | 19 565 | 530 208 |
| 20 198 | | 964 | 10 332 | 10 612 | 4 125 | 61 115 |
| | | | | | | |
| 75 458 | 269 | 9 128 | 13 618 | 70 879 | 16 729 | 285 987 |
| 15 796 | 646 | 1 524 | 1 717 | 15 462 | 3 413 | 187 074 |
| -3 605 | | 59 | 94 | -3 640 | 2 684 | 76 260 |
| -10 893 | | 139 | 195 | -10 948 | 396 | 22 012 |
| 956 | | 3 | 7 | 951 | 156 | 5 222 |
| 92 | | 8 | 7 | 93 | 84 | 5 107 |
| 366 | | | 5 | 361 | 68 | 2 326 |
| 1 391 | | | 1 | 1 390 | 161 | 7 337 |
| | | | | | | |
| 79 626 | 915 | 10 861 | 15 639 | 74 620 | 23 688 | 590 543 |
| -66 | | | 5 | -71 | 2 | 780 |
| | | | | | | |
| 25 855 | 915 | 6 327 | 2 537 | 29 431 | 10 085 | 366 601 |
| 3 576 | | 40 | 158 | 3 487 | 875 | 29 498 |
| 47 342 | | 2 956 | 12 632 | 37 623 | 12 042 | 170 990 |
| -58 | | 26 | | -33 | | 59 |
| | | | | | | |
| 2 845 | | 1 512 | 317 | 4 041 | 688 | 24 175 |

# 主要统计指标解释

**固定资产投资** 是以货币形式表现的在一定时期内建造和购置固定资产的工作量以及与此有关的费用的总称。该指标是反映固定资产投资规模、结构和发展速度的综合性指标,也是观察工程进度和考核投资效果的重要依据。固定资产投资按登记注册类型可分为国有、集体、个体、联营、股份制、外商、港澳台商、其他等。

**固定资产项目投资** 指各级政府和主管部门审批、核准和备案并在本年开工或往年开工本年继续施工的新建、扩建建设项目。包括需要各级政府审批的政府投资项目；企业投资在政府核准的投资项目目录范围内的需要政府核准的项目；企业投资无需核准（核准目录之外），向当地投资主管部门备案的项目。

**房地产开发投资** 指各种登记注册类型的房地产开发公司、商品房建设公司及其他房地产开发法人单位和附属于其他法人单位实际从事房地产开发或经营活动的单位统一开发的包括统代建、拆迁还建的住宅、厂房、仓库、饭店、宾馆、度假村、写字楼、办公楼等房屋建筑物和配套的服务设施，土地开发工程（如道路、给水、排水、供电、供热、通讯、平整场地等基础设施工程）的投资；不包括单纯的土地交易活动。

**固定资产投资资金来源** 根据固定资产投资的资金来源不同，分为国家预算资金、国内贷款、债券、利用外资、自筹资金和其他资金。

**国家预算资金** 包括中央预算资金和地方预算资金，分为一般预算、政府性基金预算、国有资本经营预算和社保基金预算。各类预算中用于固定资产投资的资金全部作为国家预算资金，其中一般预算中用于固定资产投资的部分包括基建投资、车购税、灾后恢复重建基金和其他财政投资。各级政府债券也应归入国家预算资金。中央预算资金指上述各类财政资金中来源于中央财政的部分。

**国内贷款** 指报告期固定资产投资项目单位向银行及非银行金融机构借入的用于固定资产投资的各种国内借款，包括银行贷款、非银行金融机构贷款等。

银行贷款：是指向各商业银行、政策性银行借入的用于固定资产投资的各项贷款。

非银行金融机构贷款：是指向除上述银行之外从事金融业务的机构借入的用于固定资产投资的各项贷款。

投资项目单位从上级部门、总公司或公司股东处取得的用于固定资产投资的资金中，来源于银行或非银行金融机构贷款的部分，也应归入国内贷款。

**债券** 指企业或金融机构为筹集用于固定资产投资的资金向投资者出具的承诺按一定发行条件还本付息的债务凭证，包括金融债券和企业债券。

**利用外资** 指报告期收到的用于固定资产建造和购置的国外资金(包括设备、材料、技术在内)。包括对外借款(外国政府贷款、国际金融组织贷款、出口信贷、外国银行商业贷款、对外发行债券和股票)、外商直接投资、外商其他投资(包括利用外商投资收益在国内进行固定资产再投资活动的资金)。不包括我国自有外汇资金(国家外汇、地方外汇、留成外汇、调济外汇和国内银行自有资金发放的外汇贷款等)。

**自筹资金** 指固定资产投资单位在报告期收到的，由各企事业单位筹集用于固定资产投资的资金，包括各类企事业单位的自有资金和从其他单位筹集的用于固定资产投资的资金，但不包括各类财政性资金、从各类金融机借入资金和国外资金。自筹资金包括以下三项内容：企、事业单位自有资金、股东投入资金、借入资金。

固定资产投资按隶属关系分 是按建设单位或企业、事业、行政单位的主管上级机关确定的。

(1) 中央：是指中共中央、人大常委会和国务院各部、委、局、总公司以及直属机构直接领导的建设项目和企业、事业、行政单位。这些单位的固定资产投资计划由国务院各部门直接编制和下达，建设中所需物资、主要设备以及建设中的问题都由中央有关部门安排和解决。

(2) 地方：是由省（自治区、直辖市）、地区（州、盟、省辖市）、县（旗、县级市）三级政府及业务主管部门直接领导和管理的建设项目、企业、事业、行政单位。地方项目还包括不隶属以上各级政府及主管部门的建设项目和企业、事业单位，如外商投资企业和无主管部门的企业等。

固定资产投资按建设性质分 建设项目的性质指固定资产再生产的性质，按照整个建设项目情况来确定，一个建设项目只能有一种建设性质。一般分为新建、扩建、改建和技术改造、单纯建造生活设施、迁建、恢复、单纯购置。

(1) 新建：是指从无到有“平地起家”开始建设的项目。现有企业、事业、行政单位投资的项目一般不属于新建。但如有的单位原有基础很小，经过建设后新增的固定资产价值超过该企业、事业、行政单位原有固定资产价值（原值）三倍以上的，也应作为新建。

(2) 扩建：是指在厂内或其他地点，为扩大原有产品的生产能力（或效益）或增加新的产品生产能力，而增建的生产车间（或主要工程）、分厂、独立的生产线的企业、事业单位。行政、事业单位在原单位增建业务性用房（如学校增建教学用房、医院增建门诊部、病房等）也作为扩建。

现有企、事业单位为扩大原有主要产品生产能力或增加新的产品生产能力，增建一个或几个主要生产车间(或主要工程)、分厂，同时进行一些更新改造工程的，也应作为扩建。

(3) 改建和技术改造：是指现有企业、事业单位对原有设施进行技术改造或更新（包括相应配套的辅助性生产、生活福利设施）的建设项目。改建项目包括现有企业、事业单位为适应市场变化的需要，而改变企业的主要产品种类（如军工企业转民产品等）的建设项目。技术改造具体包括以下内容：机器设备和工具的更新改造；生产工艺改革、节约能源和原材料的改造；厂房建筑和公共设施的改造；保护环境进行的“三废”治理改造；劳动条件和生产环境的改造等。

固定资产投资按构成分　固定资产投资活动按其工作内容和实现方式分为建筑工程、安装工程，设备、工具、器具购置，其他费用三个部分。

(1) 建筑工程 是指各种房屋、建筑物的建造工程，又称建筑工作量。这部分投资额必须兴工动料，通过施工活动才能实现，是固定资产投资额的重要组成部分。

(2)安装工程　是指各种设备、装置的安装工程，又称安装工作量。安装工程包括：

(3) 设备、工具、器具购置　指建设单位或企、事业单位购置或自制的，达到固定资产标准的设备、工具、器具的价值。新建单位及扩建单位的新建车间，按照设计或计划要求购置或自制的全部设备、工具、器具，不论是否达到固定资产标准均计入“设备、工具、器具购置”中。

**施工项目个数**　是指本年正式进行过建筑或安装施工活动的建设项目个数。包括本年新开工项目，以前年度开工跨入本年继续施工项目，本年全部建成投产项目、以前年度全部停缓建在本年恢复施工的项目，本年进行过施工又在本年内全部停缓建的项目。

**本年投产项目个数**　是指报告期内按设计文件规定建成主体工程和相应配套的辅助设施，形成生产能力或工程效益，经过验收合格，并且已正式投入生产或交付使用的建设项目。建成投产项目个数是反映报告期建设成果和考核投资效果的重要依据。

**本年新开工项目个数**　是指报告期内新开工的建设项目。包括新开工的新建项目、扩建项目、改建项目、单纯建造生活设施项目、迁建项目和恢复项目。新开工项目的确定以总体设计或计划文件中所规定的永久性工程正式开工为准。本年新开工项目个数是反映全年新开工的固定资产投资规模的指标。

**房屋施工面积**　指报告期内施工的全部房屋建筑面积。包括本期新开工的面积、上期跨入本期继续施工的房屋面积、上期停缓建在本期恢复施工的房屋面积、本期竣工的房屋面积以及本期施工后又停缓建的房屋面积。多层建筑应填各层建筑面积之和。

**房屋竣工面积**　指在报告期内房屋建筑按照设计要求已全部完工，达到住人和使用条件，经验收鉴定合格或达到竣工验收标准，可正式移交使用的各栋房屋建筑面积的总和。竣工面积以房屋单位工程（栋）为核算对象，在整栋房屋符合竣工条件后按其全部建筑面积一次性计算，而不是按各栋施工房屋中已完成的部分或层次分割计算。

**房屋竣工价值**　指在报告期内按规定已经上报竣工的房屋本身的建造价值。一般按房屋设计和预算规定的内容计算。包括竣工房屋本身的基础、结构、房屋、装修以及水、电、卫等附属工程的建造价值，也包括作为房屋建筑组成部分而列入房屋建筑工程预算内的设备（如电梯、通风设备等）的购置和安装费用。竣工房屋价值不仅包括该竣工房屋在报告期内完成的价值，也包括跨年施工的房屋在本期以前完成的价值，一般按结算价格计算。

**房屋建筑面积竣工率** 指一定时期内房屋竣工面积占同期房屋施工面积的比率。

**新增固定资产** 指报告期内已经完成建造和购置过程，并已交付生产或使用单位的固定资产价值。包括本年内建成投入生产或交付使用的工程投资和达到固定资产标准的设备、工具、器具的投资及有关应摊入的费用。该指标是表示固定资产投资成果的价值指标，也是反映建设进度，计算固定资产投资效果的重要指标。

**项目建成投产率** 指一定时期内全部建成投产项目个数与同期施工项目个数的比率。该指标是从建设单位建设速度的角度反映投资效果的指标。

**固定资产交付使用率** 指一定时期新增固定资产与同期完成投资额的比率。该指标是反映固定资产动用速度，衡量建设过程中宏观投资效果的综合指标。由于新增固定资产是较长时期内形成的结果，而投资额则是当年完成的，因此，该指标一般适宜于反映较长时期内固定资产的动用情况。

**商品房销售面积** 指报告期内出售商品房屋的合同总面积(即双方签署的正式买卖合同中所确定的建筑面积)。由现房销售建筑面积和期房销售建筑面积两部分组成。

**商品房销售额** 指报告期内出售商品房屋的合同总价款(即双方签署的正式买卖合同中所确定的合同总价)。该指标与商品房销售面积同口径，由现房销售额和期房销售额两部分组成。

**建筑业统计单位** 指从事房屋、构筑物建造和设备安装活动的法人企业。建筑业法人企业应具有建筑业资质并能够独立核算，同时其应具备以下条件：①依法成立，有自己的名称、组织机构和场所，能够承担民事责任；②独立拥有和使用资产，承担负债，有权与其他单位签订合同；③独立核算盈亏，能够编制资产负债表。

**建筑业总产值** 是以货币形式表现的建筑业企业在一定时期内生产的建筑业产品和提供的服务的总和。建筑业总产值包括：

(1) 建筑工程产值 指列入建筑工程预算内的各种工程价值。

(2) 安装工程产值 指设备安装工程价值，不包括被安装设备本身的价值。

(3) 其他产值 建筑业总产值中除建筑工程、安装工程以外的产值。包括房屋构筑物修理产值、非标准设备制造产值、总包企业向分包企业收取的管理费以及不能明确划分的施工活动所完成的产值。

a.房屋构筑物修理产值：指房屋和构筑物修理所完成的产值，但不包括被修理房屋、构筑物本身价值和生产设备的修理价值。

b.非标准设备制造产值：指加工制造没有定型的非标准生产设备的加工费和原材料价值(如化工厂、炼油厂用的各种罐、槽，矿井生产统一使用的各种漏斗、三角槽、阀门等)以及附属加工厂为本企业承建工程制作的非标准设备的价值。

**建筑业增加值** 指建筑业企业在报告期内以货币形式表现的建筑业生产经营活动的最终成果。

从 2004 年第一次全国经济普查开始，建筑业现价增加值按生产法和分配法(收入法)两种方法计算，以收入法的计算结果为准，即从收入的角度出发，根据生产要素在生产过程中应得的收入份额计算。具体计算方法：经济普查年度建筑业增加值按照《经济普查年度 GDP 核算方案》计算，非经济普查年度建筑业增加值按照《非经济普查年度 GDP 核算方案》计算。

**房屋建筑施工面积** 指在报告期内施过工的全部房屋建筑面积，包括本期新开工的房屋面积、上期施工跨入本期继续施工的房屋面积、上期停缓建在本期恢复施工的房屋面积、本期竣工的房屋面积及本期施工后又停缓建的房屋面积。

**房屋建筑竣工面积** 指在报告期内房屋建筑按照设计要求全部完工，达到了使用条件，经验收鉴定合格，正式移交使用单位的房屋建筑面积。

**年末自有机械设备净值** 指本企业自有机械设备经过使用、磨损后实际存在的价值，即原值减去累计折旧后的净额。

**年末自有机械设备总台数** 指年末本企业（或单位）自有的直接用于工程施工的各种机械设备的台数。不包括附属辅助生产机械设备、运输机械设备、生产试验机械设备的台数。

**年末自有机械设备总功率** 指年末本企业（或单位）自有的直接用于工程施工的各种机械设备年末总功率、按设定能力或查定能力计算。包括施工机械本身的动力和为该机械服务的单独动力设备，如电动机等。但不包括附属辅助生产机械设备、运输机械设备、生产试验机械设备的功率。计量单位用千瓦，动力换算可按 1 马力 = 0.735 千瓦折合成千瓦数。电焊机、变压器、锅炉不计算动力。

**营业收入** 指企业经营主要业务和其他业务所确认的收入总额。营业收入合计包括“主营业务收入”和“其他业务收入”。

**主营业务收入** 指企业确认的销售商品、提供劳务等主营业务的收入。

**主营业务成本** 指企业经营主要业务所发生的成本总额。

**主营业务税金及附加** 指企业经营主要业务应负担的营业税、消费税、城市维护建设税、教育费附加等。

**营业利润** 指企业从事生产经营活动所取得的利润。

# 七、城市建设、环境保护

# 7－1 城市主要经济指标

（2013 年）

| | 单位 | 全市合计 | 市区合计 | 市区占全市比重（%） |
|---|---|---|---|---|
| **人口、劳动力及土地面积** | | | | |
| 年末总人口 | 万人 | 368.57 | 247.08 | 67.04 |
| 年平均人口 | 万人 | 321.48 | 205.9 | 64.05 |
| 常住人口 | 万人 | 364.16 | 264.51 | 63.91 |
| 年出生人口 | 人 | 34295 | 19552 | 57.01 |
| 年死亡人口 | 人 | 11817 | 7314 | 61.89 |
| 年末总户数 | 万户 | 104.93 | 70.33 | 67.03 |
| 年末单位从业人员数 | 万人 | 69.60 | 58.48 | 84.02 |
| 第一产业（农、林、牧、渔业） | 万人 | 0.11 | 0.11 | 100.00 |
| 第二产业 | 万人 | 30.79 | 27.42 | 89.05 |
| 采矿业 | 万人 | 1.44 | 1.40 | 97.22 |
| 制造业 | 万人 | 12.48 | 10.08 | 80.77 |
| 电力、燃气及水的生产和供应业 | 万人 | 1.93 | 1.52 | 78.76 |
| 建筑业 | 万人 | 14.94 | 14.42 | 96.52 |
| 第三产业 | 万人 | 38.70 | 30.95 | 79.97 |
| 交通运输、仓储及邮政业 | 万人 | 5.76 | 2.25 | 39.06 |
| 信息传输、计算机服务和软件业 | 万人 | 0.99 | 0.99 | 100 |
| 批发和零售业 | 万人 | 2.86 | 2.57 | 89.86 |
| 住宿、餐饮业 | 万人 | 1.75 | 1.52 | 86.86 |
| 金融业 | 万人 | 2.28 | 2.05 | 89.91 |
| 房地产业 | 万人 | 1.97 | 1.70 | 86.29 |
| 租赁和商业服务业 | 万人 | 1.65 | 95.15 | 98.13 |
| 科学研究、技术服务和地质勘查业 | 万人 | 3.42 | 3.27 | 95.61 |
| 水利、环境和公共设施管理业 | 万人 | 1.50 | 1.16 | 77.33 |
| 居民服务和其他服务业 | 万人 | 0.18 | 0.18 | 100.00 |
| 教育 | 万人 | 6.74 | 5.51 | 81.75 |
| 卫生、社会保障和社会福利业 | 万人 | 2.76 | 2.36 | 85.51 |
| 文化、体育和娱乐业 | 万人 | 1.05 | 1.02 | 97.14 |
| 公共管理和社会组织 | 万人 | 5.79 | 4.80 | 82.90 |
| 城镇私营和个体从业人员 | 人 | 643381 | 528732 | 82.18 |
| 年末城镇登记失业人员数 | 人 | 14393 | 13105 | 91.05 |
| 行政区域土地面积 | 平方公里 | 13085.6 | 1631.6 | 12.47 |
| 建成区面积 | 平方公里 | | 207.00 | |
| 城市建设用地面积 | 平方公里 | | 198.44 | |
| 居住用地面积 | 平方公里 | | 47.71 | |
| 公共设施用地面积 | 平方公里 | | 20.12 | |
| 工业用地面积 | 平方公里 | | 31.65 | |

7－1 续表 1

| | 单位 | 全市合计 | 市区合计 | 市区占全市比重(%) |
|---|---|---|---|---|
| **综合经济** | | | | |
| 地区生产总值(当年价格) | 万元 | 17762823 | 14927952 | 84.04 |
| 第一产业增加值 | 万元 | 491187 | 178122 | 36.26 |
| 第二产业增加值 | 万元 | 8204264 | 6768955 | 82.51 |
| 第三产业增加值 | 万元 | 9067372 | 7980875 | 88.02 |
| 地区生产总值(2000 年价格) | 万元 | 16261882 | 13841243 | 85.11 |
| 人均地区生产总值 | 元 | 48852 | 52444 | 107.35 |
| 地区生产总值增长率 | % | 13.4 | 15 | |
| **财政、金融、保险** | | | | |
| 公共财政预算内收入 | 万元 | 1244956 | 1156617 | 92.90 |
| 各项税收 | 万元 | 983678 | 911224 | 92.63 |
| 企业所得税 | 万元 | 79587 | 76479 | 96.09 |
| 个人所得税 | 万元 | 30181 | 29523 | 97.82 |
| 公共财政预算内支出 | 万元 | 2423426 | 1979578 | 81.69 |
| 一般性公共服务支出 | 万元 | 391780 | 335957 | 85.75 |
| 科学技术支出 | 万元 | 30475 | 28706 | 94.20 |
| 教育支出 | 万元 | 429490 | 314106 | 73.13 |
| 文化体育与传媒支出 | 万元 | 51481 | 44789 | 87.00 |
| 医疗卫生支出 | 万元 | 211656 | 178563 | 84.36 |
| 节能保护支出 | 万元 | | | |
| 城乡社区事务支出 | 万元 | 202564 | 195261 | 96.39 |
| 交通运输支出 | 万元 | 61352 | 41470 | 67.59 |
| 社会保障和就业支出 | 万元 | 276882 | 224524 | 81.09 |
| 年末金融机构存款余额 | 万元 | 54991505 | 50921474 | 92.60 |
| 城乡居民储蓄年末余额 | 万元 | 20215573 | 18031395 | 89.20 |
| 年末金融机构各项贷款余额 | 万元 | 44077083 | 41864655 | 94.98 |

7-1 续表2

| | 单位 | 全市合计 | 市区合计 | 市区占全市比重(%) |
|---|---|---|---|---|
| **工业** | | | | |
| 工业企业数 | 个 | 395 | 264 | 66.84 |
| 内资企业 | 个 | 378 | 250 | 66.14 |
| 国有企业 | 个 | 21 | 19 | 90.48 |
| 私营企业 | 个 | 135 | 88 | 65.19 |
| 私营独资企业 | 个 | | | |
| 私营股份有限公司 | 个 | | | |
| 港、澳、台商投资企业 | 个 | 8 | 6 | 75.00 |
| 外商投资企业 | 个 | 9 | 8 | 88.89 |
| 工业总产值(当年价) | 万元 | 24149500 | 19686000 | 81.52 |
| 内资企业 | 万元 | 23317200 | 18966600 | 81.34 |
| 国有企业 | 万元 | 2668400 | 2661700 | 99.75 |
| 私营企业 | 万元 | 2519300 | 1794800 | 71.24 |
| 私营独资企业 | 万元 | | | |
| 私营股份有限公司 | 万元 | | | |
| 港、澳、台商投资企业 | 万元 | 202200 | 184200 | 91.10 |
| 外商投资企业 | 万元 | 630100 | 535200 | 84.94 |
| 从业人员年平均人数 | 万人 | 16 | 13 | 81.00 |
| 流动资产合计 | 万元 | 9890800 | 8239600 | 83.31 |
| 固定资产合计 | 万元 | 8901400 | 6678600 | 75.03 |
| 主营业务收入 | 万元 | 19752100 | 16060300 | 81.31 |
| 主营业务成本 | 万元 | 16275200 | 12790600 | 78.59 |
| 主营业务税金及附加 | 万元 | 1708600 | 1701700 | 99.60 |
| 本年应交增值税 | 万元 | 588200 | 535200 | 90.99 |
| 利润总额 | 万元 | 219600 | 275800 | 125.59 |
| 年末邮政局(所)数 | 处 | 146 | 94 | 64.38 |
| 邮政业务收入 | 万元 | 23442.09 | | |
| 电信业务收入 | 万元 | 450978.03 | | |
| 固定电话年末用户数 | 万户 | 86.27 | 65.98 | 76.48 |
| 移动电话年末用户数 | 万户 | 491.89 | 104.80 | 21.31 |
| 3G 移动电话用户 | 万户 | 170.82 | 51.77 | 30.31 |
| 互联网宽带接入用户数 | 万户 | 64.54 | 49.65 | 76.93 |
| 综合能源消费量 | 万吨/标准煤 | 1645.45 | 1000.09 | 60.78 |
| 全社会用电量 | 万千瓦时 | 3144889 | 1370989 | 43.59 |
| 工业用电 | 万千瓦时 | 2632965 | 982131 | 37.30 |
| 居民生活用电 | 万千瓦时 | 145590 | 120991 | 83.10 |

注:工业指标分组为2009年年报口径。

7－1 续表3

| | 单位 | 全市合计 | 市区合计 | 市区占全市比重(%) |
|---|---|---|---|---|
| **内外贸易、外经** | | | | |
| 限额以上批发零售贸易业商品销售总额 | 万元 | 26668613 | 26465288 | 99.24 |
| 社会消费品零售总额 | 万元 | 8438727 | 8045118 | 95.34 |
| 限额以上批发零售企业数(法人数) | 个 | 444 | 402 | 90.54 |
| 零售业 | 个 | 208 | 177 | 85.10 |
| 货物进口额(海关数) | 万美元 | 46886 | | |
| 货物出口额(海关数) | 万美元 | 358785 | | |
| **外商直接投资** | | | | |
| 当年新签项目(合同)个数 | 个 | 8 | 8 | 100.00 |
| 当年实际使用外资金额 | 万美元 | 2132 | 2132 | 100.00 |
| **固定资产投资总额** | | | | |
| 固定资产投资额(不含农村) | 万元 | 13168629 | 8570579 | 65.08 |
| 房地产开发投资额 | 万元 | 2868054 | 2815197 | 98.16 |
| 住宅 | 万元 | 3003148 | 1876885 | 62.50 |
| 全年新增固定资产 | 万元 | 6647819 | 4292948 | 64.58 |
| 商品房屋销售面积 | 万平方米 | 292 | 269 | 91.90 |
| 住宅 | 万平方米 | 272 | 251 | 92.30 |
| 别墅、高档公寓 | 万平方米 | 3 | 3 | 100.00 |
| 商品房屋销售额 | 万元 | 1610121 | 1517933 | 94.27 |
| 住宅 | 万元 | 1413545 | 1335707 | 94.49 |
| 别墅、高档公寓 | 万元 | 25496 | 25496 | 100.00 |
| 待售面积 | 万平方米 | 123 | 118 | 95.62 |
| **教育、科技、文化、卫生** | | | | |
| **学校数** | | | | |
| 普通高等学校 | 所 | 25 | 25 | 100.00 |
| 中等职业教育学校 | 所 | 73 | 61 | 83.56 |
| 普通中学 | 所 | 205 | 122 | 59.51 |
| 小学 | 所 | 607 | 271 | 44.65 |
| 专任教师数 | | | | |
| 普通高等学校 | 人 | 18319 | 18319 | 100.00 |
| 中等职业教育学校 | 人 | 3888 | 3421 | 87.99 |
| 普通中学 | 人 | 13922 | 8837 | 63.48 |
| 小学 | 人 | 14225 | 8518 | 59.88 |
| 在校学生数 | | | | |
| 普通高等学校 | 人 | 464824 | 464824 | 100.00 |

7－1 续表4

| | 单位 | 全市合计 | 市区合计 | 市区占全市比重(%) |
|---|---|---|---|---|
| 高中阶段在校学生数 | 人 | 157268 | 120252 | 76.46 |
| 中等职业教育学校 | 人 | 77587 | 73042 | 94.14 |
| 普通中学 | 万人 | 18.06 | 11.87 | 65.73 |
| 小学 | 万人 | 20.28 | 14.45 | 71.25 |
| 初中毕业生升学率 | % | 99.15 | 99.83 | 100.69 |
| 成人高等学校在校学生数 | 人 | 6928 | 6928 | 100.00 |
| 体育场馆数 | 个 | 9 | 5 | 0.00 |
| 剧场、影剧院数 | 个 | 18 | 17 | 55.56 |
| 公共图书馆图书总藏量 | 千册、件 | 1080 | 900 | 83.33 |
| 医院、卫生院数 | 个 | 165 | 102 | 61.82 |
| 医院、卫生院床位数 | 张 | 21441 | 18507 | 86.32 |
| 医生数(执业医师＋执业助理医师) | 人 | 11349 | 10078 | 88.80 |
| 注册护士 | 人 | 11595 | 10460 | 90.21 |
| **社会保障** | | | | |
| 居民消费价格指数(上年为100) | % | | | |
| 基本养老保险参保人数 | 人 | 402685 | 375836 | 93.33 |
| 基本医疗保险参保人数 | 人 | 822352 | | |
| 失业保险参保人数 | 人 | 573649 | | |
| 社会福利院数 | 个 | 16 | 12 | 75.00 |
| 社会福利院床位数 | 张 | 5205 | 3793 | 72.87 |
| 社区服务设施数 | 个 | 474 | 354 | 74.68 |
| 城镇居民最低生活保障人数 | 人 | 92051 | 78354 | 85.12 |
| **社会治安** | | | | |
| 交通事故死亡人数 | 人 | 185 | 142 | 76.76 |
| 交通事故损失额 | 万元 | 233 | 160 | 68.67 |
| 火灾事故死亡人数 | 人 | 7 | 6 | 85.71 |
| 火灾事故损失额 | 万元 | 700.62 | 584.13 | 83.37 |
| 刑事案件立案数 | 起 | 4352 | 3740 | 85.94 |
| 犯罪人数 | 人 | 3867 | 3128 | 80.89 |
| 青少年人数(年龄25周岁及以下) | 人 | 1058 | 878 | 82.99 |

注:普通高等学校、中等职业教育学校等包含民办院校数据。

# 7-2 城市设施水平

| | 2005 | 2007 | 2008 | 2009 | 2010 | 2011 | 2012 | 2013 |
|---|---|---|---|---|---|---|---|---|
| 建成区面积(平方公里) | 161 | 175.81 | 206.58 | 198.43 | 196.26 | 196.97 | 198.67 | 207 |
| 城市人口密度(人/平方公里) | 1240 | 1055 | 1367 | 1373 | 1614 | 1613 | 9 561 | 8 931 |
| 燃气普及率(%) | 90.50 | 68.03 | 68.23 | 82.11 | 89.37 | 88.98 | 88.71 | 90.10 |
| 年末公用自来水生产能力(万立米/日) | 139.68 | 139.30 | 161.25 | 159.16 | 156.51 | 157.97 | 150.78 | 144.60 |
| #地下水 | 10 | 10 | 14.22 | 14.94 | 12.6 | 12.6 | 12 | 10 |
| 全年供水总量(万立方米) | 23105 | 21770 | 28669.68 | 27891.41 | 24275.92 | 29401.1 | 26 827.67 | 21 818.49 |
| #居民家庭用水 | 10683 | 7299 | 9910.72 | 9856.96 | 9804.14 | 10132.9 | 9 644.75 | 9 337.83 |
| 用水人口(万人) | 187.52 | 190.33 | 194.29 | 195.16 | 188.54 | 187.1 | 186.46 | 174.27 |
| 道路长度(公里) | 1002 | 344 | 857 | 969 | 906.6 | 909.81 | 926.57 | 1 093.22 |
| 道路面积(万平方米) | 1805 | 1313 | 1635 | 1974.2 | 2161.5 | 2168.35 | 2 218.89 | 2 910.44 |
| 人均拥有道路面积(平方米) | 8.35 | 6.69 | 7.65 | 9.23 | 10.89 | 10.97 | 11.18 | 14.79 |
| 排水管道长度(公里) | 733 | 555 | 732 | 781 | 724 | 765.49 | 832.39 | 1 360.50 |
| 桥梁数(个) | 156 | 177 | 192 | 210 | 199 | 202 | 205 | 206 |
| 污水年排放量(万吨) | 18969 | 21900 | 22207 | 25278 | 22318 | 16097.3 | 19 785 | 19 285 |
| 污水年处理量(万吨) | 10315 | 10967 | 13538 | 11345 | 12845 | 10760 | 13 401 | 14 781 |
| 污水日处理能力(万吨) | 13.10 | 46 | 44 | 44 | 44 | 44.46 | 71.90 | 71.90 |
| 污水处理率(%) | 54.38 | 50.08 | 60.96 | 60 | 60 | | 67.73 | 82.03 |
| 防洪堤长度(公里) | 166.5 | 131 | 144 | 191 | 180 | 180 | 180 | 235.20 |
| 绿化覆盖面积(公顷) | 3782.65 | 4413.65 | 5130 | 5737 | 5495 | 4940 | 6 548 | 7 730 |
| 建成区绿化覆盖率(%) | 56.8 | 31.28 | 21.17 | 25.28 | 25.02 | 25.08 | 30.01 | 34.52 |
| 园林绿地面积(公顷) | 3261.81 | 3892.81 | 4593 | 4651 | 4441 | 4471 | 5 494 | 6 584 |
| 公园绿地面积(公顷) | 1311.49 | 1617.98 | 2026 | 1730 | 1714 | 1720 | 1 762 | 2 058 |
| 人均公共绿地面积(平方米) | 8.1 | 8.89 | 9.47 | 8.09 | 8.63 | 8.7 | 8.88 | 10.46 |
| 公园个数(个) | 25 | 14 | 15 | 17 | 14 | 14 | 14 | 16 |
| 公共汽(电)车营运车辆(辆) | 2252 | 2016 | 2135 | 2130 | 2149 | 2163 | 2 270 | 2 745 |
| 标准运营台数(标台) | 2174 | 2494 | 2553 | 2599 | 2666 | 2682 | 2 924 | 3 326 |
| 客运总量(万人次) | 35977 | 47334 | 54226 | 58854 | 61554 | 62050 | 3 373 | 76 427 |
| 出租汽车(辆) | 5847 | 6718 | 5616 | 6738 | 6738 | 6738 | 6 738 | 7 913 |

注:2007 年道路长道路面积等市政设施数据为市政管理系统内数据,与往年数据不可比。

# 7－3 工业废水排放处理情况

| | 2005 | 2006 | 2007 | 2008 | 2009 | 2010 | 2011 | 2012 | 2013 |
|---|---|---|---|---|---|---|---|---|---|
| **工业废水** | | | | | | | | | |
| 工业废水排放量(万吨) | 4 352 | 4 029 | 3 725 | 3 737.12 | 2 945.18 | 2 529.1 | 4 097.28 | 4 624.55 | 4 909.07 |
| 工业废水排放达标量(万吨) | 3 947 | 3 750 | 3 384 | 3 680.77 | 2 905.47 | 2 406.45 | | | |
| 工业废水排放达标率(%) | 90.69 | 89.63 | 90.86 | 98.49 | 98.65 | 95.15 | | | |
| 工业废水中污染物排放量 | | | | | | | | | |
| 化学需氧量(吨) | 3 583 | 3 095 | 2 112 | 2 199.38 | 1 834.62 | 3 103.38 | 4 658.62 | 4 348.47 | 4 445.77 |
| 氨氮(吨) | 267.11 | 281.95 | 229.14 | 205.34 | 134.89 | 209.84 | 2 431.58 | 2 642.68 | 2 723.12 |
| 石油类(吨) | 207.16 | 140.6 | 75.93 | 79.68 | 40.19 | 28.42 | 86.57 | 68.79 | 87.85 |
| 挥发酚(吨) | 0.94 | 0.61 | 0.27 | 0.15 | 0.21 | 0.17 | 8.4 | 0.39 | 0.79 |
| 氰化物(吨) | 0.59 | 0.11 | 0.21 | 0.13 | 0.10 | 0.12 | 0.02 | 0.03 | 0.02 |
| 砷(吨) | 0.17 | 0.15 | 0.18 | 0.21 | 0.20 | 0.12 | | | |
| 铅(吨) | 1.04 | 1.23 | 1.2 | 0.28 | 0.14 | 0.05 | 0.09 | | |
| 镉(吨) | 0.25 | 0.19 | 0.25 | 0.20 | 0.09 | 0.04 | 0.02 | | |
| 六价铬化合物(吨) | 0.10 | 0.88 | 0.64 | 0.29 | 0.11 | 0.12 | 0.15 | 0.002 | 0.01 |
| **工业废气** | | | | | | | | | |
| 工业废气排放量(亿标立方米) | 1 338 | 1 342 | 1 766 | 1 869.68 | 2 070 | 1 805 | 3 183.02 | 3 954.42 | 4 068.37 |
| 二氧化硫排放量(吨) | 60 924 | 69 947 | 64 044 | 71 865 | 70 687 | 69 800 | 92 721.8 | 68 654 | 72 147.79 |
| 氮氧化物排放量(吨) | | 34 349 | 37 431 | 36 644.22 | 43 738 | 45 243 | 79 721.9 | 83 804 | 79 915.08 |
| 工业烟尘排放量(吨) | | 36 457 | 27 237 | 24 084.48 | 19 424 | 21 269 | 39 710.2 | 33 598 | 40 109.20 |
| **工业固体废物** | | | | | | | | | |
| 工业固体废物产生量(万吨) | 160.54 | 258.39 | 412.41 | 372.41 | 485.82 | 507.31 | 604.55 | 627.88 | 624.58 |
| 工业固体废物处置量(万吨) | 0.48 | 34.94 | 21.67 | 22.26 | 30.35 | 29.17 | 43.39 | 23.19 | 14.75 |
| 工业固体废物综合利用量(万吨) | 152.31 | 181.66 | 344.60 | 290.75 | 364.88 | 413.23 | 561.15 | 603.04 | 608.17 |
| 工业固体废物贮存量(万吨) | 4.64 | 41.78 | 54.39 | 59.42 | 102.00 | 82.19 | 0.04 | 1.65 | 1.66 |
| **生活污水** | | | | | | | | | |
| 城镇生活污水排放量(万吨) | 12 375 | 12 625 | 12 740 | 13 859 | 13 923 | 15 147 | 12 000 | 13 687 | |
| 城镇生活污水处理量(万吨) | 4 839 | 5 200 | 5 002 | 5 564 | 8 555 | 10 636 | 9 502.44 | 9 670 | |
| 城镇生活污水处理率(%) | 39.1 | 41.19 | 39.26 | 40.15 | 61.45 | 70.22 | 79.19 | 70.65 | |

注:2011 年环境统计国家启动“十二五”环境统计系统,与“十一五”环境统计在统计口径、方法、范围等方面有所调整变动,故部分统计指标数据与往年不可比。

# 主要统计指标解释

**年末自来水生产能力**　指年底城建部门管理的自来水厂和自备水源的社会单位取水、净化、送水、出厂输水干管等环节的实际生产能力。

**年末供水管道长度**　指从送水泵到用户水表之间所有管道的长度。

**全年供水总量**　指公用自来水厂和自备水源的社会单位全年的供水总量，包括有效供水量及损失水量。

**生活用水量**　指居民日常生活与公共福利设施的用水量，包括居民、饮食店、旅馆、医院、理发店、浴池、洗衣店、游泳池、商店、学校、机关、部队等单位的用水量。

**城市人口用水普及率**　指城市用水人口数与城市人口总数之比。计算公式为：

用水普及率=城市用水人口数/城市人口总数*100%

**全年供气总量**　指全年售给各类用户的全部煤气量，包括工业用量、家庭用量和其他用量。

**城市用气普及率**　指使用煤气（包括人工煤气、液化石油气、天然气）的城市人口数与人口总数之比。计算公式为：

城市用气普及率=城市用气人口数/城市人口总数*100%

**年底实有铺装道路长度**　指除土路外，路面经过铺装宽度在3.5米以上的道路，包括高级、次高级道路和普通道路。

**城市桥梁**　指城市范围内，修建在河道上的桥梁和道路与道路立交、道路跨越铁路的立交桥及人行天桥。包括永久性桥和半永久性桥、不包括临时性桥、铁路桥、涵洞。

**城市下水道总长度**　指所有排水总管、干管、支管及暗渠、检查井、连接井进出水口等长度之和。

**城市污水日处理能力**　指污水处理厂每昼夜处理污水量的设计能力。

**年末实有公共汽（电）车**　指年底可参加营运的全部车辆数，包括营运车辆数和库存查封未参加营运的车辆。不包括非营运车辆，如架线车、油罐车、工程车、货车及其他专用车辆和借入的客运车辆。

**城市园林绿地面积**　指城市公共绿地、专用绿地、生产绿地、防护绿地、郊区风景名胜区的全部面积。

**公共绿地**　指供游览休息的各种公园、动物园、植物园、陵园以及花园、游园和供游览休息用的林荫道绿地、广场绿地，不包括一般栽植的行道树及林荫道的面积。

**工业废水排放量**　指经过企业厂区所有排放口排到企业外部的工业废水量。包括生产废水、外排的直接冷却水、超标排放的矿井地下水和与工业废水混排的厂区生活污水，不包括外排的间接冷却水（清污不分流的间接冷却水应计算在内）。

**工业废水排放达标量**　指各项指标都达到国家或地方排放标准的外排工业废水量，包括未经处理外排达标和经过处理后外排达标两部分。

**工业废气排放量**　指企业厂区内燃料燃烧和生产工艺过程中产生的各种排入空气的含有污染物的气体总量，按标准状态（273K，101325Pa）计算。

**工业二氧化硫排放量**　指企业在燃料燃烧和生产工艺过程中排入大气的二氧化硫数量。

**烟尘排放量**　指企业厂区内燃料燃烧产生的烟气中夹带的颗粒物数量。

**工业粉尘排放量**　指企业在生产工艺过程中排放的颗粒物重量，如钢铁企业的耐火材料粉尘、焦化企业的筛焦系统粉尘、烧结机的粉尘、石灰窑的粉尘、建材企业的水泥粉尘等。不包括电厂排入大气的烟尘。

**工业固体废物产生量**　指企业在生产过程中产生的固体状、半固体状和高浓度液体状废弃物的总量，包括危险废物、冶炼废渣、粉煤灰、炉渣、煤矸石、尾矿、放射性废物和其他废物等；不包括矿山开采的剥离废石和掘进废石（煤矸石和呈酸性或碱性的废石除外）。酸性或碱性废石指采掘的废石其流经水、雨淋水的PH值小于4或PH值大于10.5者。

**工业固体废物处置量**　指将固体废物焚烧或者最终置于符合环境保护规定要求的场所，并不再回取的工业固体废物量（包括当年处置往年的工业固体废物累计贮存量）。处置方法有填埋（其中危险废物应安全填埋）、焚烧、专业贮存场（库）封场处理、深层灌注、回填矿井等。

# 八、商业、物价

# 8－1 社会消费品零售总额

| | 社会消费品零售总额（万元） | 市 | 县 | 县以下 | 构成（%）总额＝100 市 | 县 | 县以下 |
|---|---|---|---|---|---|---|---|
| 1979 | 64 608 | 53 500 | 3 259 | 4849 | 82.80 | 5.04 | 7.51 |
| 1980 | 79 602 | 72 573 | 2 237 | 4792 | 91.20 | 2.81 | 6.02 |
| 1981 | 92 916 | 84 135 | 3 280 | 5501 | 90.50 | 3.53 | 5.92 |
| 1982 | 98 106 | 87 569 | 4 091 | 6446 | 89.30 | 4.17 | 6.57 |
| 1983 | 109 073 | 99 474 | 3 567 | 6032 | 91.20 | 3.27 | 5.53 |
| 1984 | 166 936 | 151 828 | 15 108 | | 90.90 | 9.05 | |
| 1985 | 203 181 | 177 743 | 25 438 | | 87.50 | 12.52 | |
| 1986 | 238 390 | 216 103 | 22 287 | | 90.70 | 9.35 | |
| 1987 | 267 759 | 237 787 | 29 972 | | 88.80 | 11.19 | |
| 1988 | 366 358 | 326 329 | 40 029 | | 89.10 | 10.93 | |
| 1989 | 408 412 | 365 089 | 43 323 | | 89.40 | 10.61 | |
| 1990 | 354 709 | 311 443 | 43 266 | | 87.80 | 12.20 | |
| 1991 | 394 014 | 354 217 | 39 797 | | 89.90 | 10.10 | |
| 1992 | 493 967 | 448 676 | 45 291 | | 90.80 | 9.17 | |
| 1993 | 605 588 | 564 094 | 41 494 | | 93.10 | 6.85 | |
| 1994 | 770 741 | 708 005 | 31 824 | 30912 | 91.90 | 4.13 | 4.01 |
| 1995 | 966 709 | 888 130 | 40 517 | 38062 | 91.90 | 4.19 | 3.94 |
| 1996 | 1 104 678 | 1 015 253 | 49 537 | 39888 | 91.90 | 4.48 | 3.61 |
| 1997 | 1 218 665 | 1 129 795 | 47 545 | 41325 | 92.70 | 3.90 | 3.39 |
| 1998 | 1 354 030 | 1 260 477 | 47 222 | 46331 | 93.10 | 3.49 | 3.42 |
| 1999 | 1 474 674 | 1 373 534 | 48 077 | 53063 | 93.10 | 3.26 | 3.60 |
| 2000 | 1 600 561 | 1 509 263 | 39 784 | 51514 | 94.30 | 2.49 | 3.22 |
| 2001 | 1 738 827 | 1 639 730 | 46 915 | 52182 | 94.30 | 2.70 | 3.00 |
| 2002 | 1 905 594 | 1 794 946 | 57 227 | 53421 | 94.20 | 3.00 | 2.80 |
| 2003 | 2 065 349 | 1 926 373 | 54 154 | 54822 | 93.30 | 2.62 | 2.65 |
| 2004 | 2 280 165 | 2 159 442 | 59 866 | 60857 | 94.70 | 2.63 | 2.67 |
| 2005 | 2 566 724 | 2 427 080 | 67 019 | 72625 | 94.60 | 2.61 | 2.83 |
| 2006 | 2 897 169 | 2 745 380 | 73 430 | 78359 | 94.80 | 2.53 | 2.70 |
| 2007 | 3 375 659 | 3 203 985 | 83 606 | 88068 | 94.90 | 2.47 | 2.63 |
| 2008 | 3 950 438 | 3 757 344 | 94 160 | 98934 | 95.11 | 2.38 | 2.50 |
| 2009 | 4 697 711 | 4 476 705 | 107 783 | 113223 | 95.30 | 2.30 | 2.40 |
| 2010 | 5 451 055 | 4 744 277 | 706 778 | | 87 | 13 | |
| 2011 | 6 397 231 | 5 603 581 | 793 649 | | 88 | 12 | |
| 2012 | 7 491 157 | 6 560 692 | 930 465 | | 88 | 12 | |
| 2013 | 8 438 727 | 7 391 130 | 1 047 597 | | 88 | 12 | |

# 8－1 社会消费品零售总额(续)

| 年份 | 分行业社会消费品零售总额(万元) | | | 构成(%)总额=100 | | |
|---|---|---|---|---|---|---|
| | 批零贸易业 | 住宿和餐饮业 | 其他行业 | 批零贸易业 | 住宿和餐饮业 | 其他行业 |
| 1979 | 55 977 | 2 386 | 3 245 | 86.64 | 3.69 | 5.02 |
| 1980 | 67 896 | 3 290 | 8 416 | 85.29 | 4.13 | 10.57 |
| 1981 | 77 210 | 4 031 | 11 675 | 83.10 | 4.34 | 12.57 |
| 1982 | 81 043 | 3 874 | 13 189 | 82.61 | 3.95 | 13.44 |
| 1983 | 87 159 | 4 648 | 17 267 | 79.91 | 4.26 | 15.83 |
| 1984 | 101 189 | 5 664 | 60 083 | 60.62 | 3.39 | 35.99 |
| 1985 | 137 567 | 17 350 | 48 264 | 67.71 | 8.54 | 23.75 |
| 1986 | 165 123 | 21 034 | 52 233 | 69.27 | 8.82 | 21.91 |
| 1987 | 192 654 | 23 405 | 51 700 | 71.95 | 8.74 | 19.31 |
| 1988 | 263 426 | 32 784 | 70 148 | 71.90 | 8.95 | 19.15 |
| 1989 | 301 917 | 33 918 | 72 577 | 73.92 | 8.30 | 17.77 |
| 1990 | 251 581 | 34 456 | 68 672 | 70.93 | 9.71 | 19.36 |
| 1991 | 293 871 | 33 568 | 66 575 | 74.58 | 8.52 | 16.90 |
| 1992 | 370 852 | 49 427 | 73 688 | 75.08 | 10.01 | 14.92 |
| 1993 | 461 105 | 58 999 | 85 484 | 76.14 | 9.74 | 14.12 |
| 1994 | 540 727 | 111 711 | 118 303 | 70.16 | 14.49 | 15.35 |
| 1995 | 653 752 | 127 310 | 185 647 | 67.63 | 13.17 | 19.20 |
| 1996 | 754 505 | 140 560 | 209 613 | 68.30 | 12.72 | 18.98 |
| 1997 | 788 732 | 186 582 | 243 351 | 64.72 | 15.31 | 19.97 |
| 1998 | 880 561 | 180 563 | 292 906 | 65.03 | 13.34 | 21.63 |
| 1999 | 914 579 | 201 725 | 358 370 | 62.02 | 13.68 | 24.30 |
| 2000 | 1 084 917 | 221 303 | 294 341 | 67.78 | 13.83 | 18.39 |
| 2001 | 1 138 362 | 232 434 | 368 031 | 65.47 | 13.37 | 21.17 |
| 2002 | 1 244 846 | 257 582 | 403 196 | 65.33 | 13.52 | 21.16 |
| 2003 | 1 654 686 | 273 156 | 107 507 | 80.12 | 13.23 | 5.21 |
| 2004 | 1 845 340 | 334 777 | 100 048 | 80.93 | 14.68 | 4.39 |
| 2005 | 2 057 580 | 413 882 | 95 262 | 80.16 | 16.12 | 3.71 |
| 2006 | 2 307 010 | 484 796 | 105 363 | 79.63 | 16.73 | 3.64 |
| 2007 | 2 700 054 | 555 978 | 119 627 | 79.99 | 16.47 | 3.54 |
| 2008 | 3 208 468 | 652 704 | 89 266 | 81.22 | 16.52 | 2.26 |
| 2009 | 3 842 104 | 764 723 | 90 884 | 81.79 | 16.28 | 1.93 |
| 2010 | 4 568 077 | 882 978 | | 83 | 17 | |
| 2011 | 5 288 752 | 1 108 479 | | 83 | 17 | |
| 2012 | 6 195 624 | 1 295 533 | | 83 | 17 | |
| 2013 | 7 033 071 | 1 405 656 | | 83 | 17 | |

# 8-2 县区主要经济指标完成情况

| | 社会消费品零售总额(万元) | |
|---|---|---|
| | 2013 年 | 比上年增长% |
| 兰州市 | 8 438 727 | 14.70 |
| 城关区 | 4 849 904 | 14.86 |
| 七里河区 | 1 489 802 | 14.58 |
| 西固区 | 962 604 | 14.71 |
| 安宁区 | 485 306 | 14.60 |
| 红古区 | 257 502 | 14.15 |
| 永登县 | 163 503 | 13.57 |
| 皋兰县 | 62 604 | 13.55 |
| 榆中县 | 167 502 | 13.68 |

# 8－3 星级住宿业和限额以上餐饮业经营情况

（2013 年）

| | 法人企业数（个） | 年末从业人员数（人） | 营业额（万元） | 客房间数（间） | 床位数（个） | 餐位数（位） | 年末餐饮营业面积（平方米） |
|---|---|---|---|---|---|---|---|
| **总计** | **220** | **21 802** | **295 639** | **12 515** | **20 953** | **77 660** | **334 187** |
| **住宿业** | **76** | **9 656** | **138 091** | **11 724** | **19 628** | **19 012** | **78 655** |
| **按住宿业行业小类分** | | | | | | | |
| 旅游饭店 | 48 | 7 801 | 114 073 | 7 858 | 13 131 | 17 545 | 72 462 |
| 一般旅馆 | 27 | 1 756 | 23 118 | 3 737 | 6 278 | 1 467 | 6 193 |
| 其他住宿业 | 1 | 99 | 900 | 129 | 219 | | |
| **按登记注册类型分** | | | | | | | |
| 内资企业 | 75 | 9 281 | 128 079 | 11 363 | 18 997 | 17 976 | 76 633 |
| 国有企业 | 19 | 2 919 | 46 079 | 2 649 | 4 240 | 7 180 | 28 423 |
| 集体企业 | 5 | 566 | 3 186 | 547 | 1 077 | 987 | 3 850 |
| 有限责任公司 | 34 | 4 603 | 60 138 | 5 462 | 9 364 | 6 501 | 29 274 |
| 国有独资公司 | 2 | 622 | 10 964 | 302 | 462 | 799 | 4 274 |
| 其他有限责任公司 | 32 | 3 981 | 49 174 | 5 160 | 8 902 | 5 702 | 25 000 |
| 私营企业 | 17 | 1 193 | 18 676 | 2 705 | 4 316 | 3 308 | 15 086 |
| 私营独资企业 | 2 | 50 | 546 | 91 | 160 | 320 | 6 000 |
| 私营有限责任公司 | 14 | 1 031 | 17 019 | 2 448 | 3 846 | 2 588 | 8 433 |
| 私营股份有限公司 | 1 | 112 | 1 111 | 166 | 310 | 400 | 653 |
| 外商投资企业 | 1 | 375 | 10 013 | 361 | 631 | 1 036 | 2 022 |
| 中外合资经营企业 | 1 | 375 | 10 013 | 361 | 631 | 1 036 | 2 022 |
| **按控股情况分** | | | | | | | |
| 国有控股 | 30 | 5 117 | 81 091 | 4 711 | 7 647 | 10 029 | 44 172 |
| 集体控股 | 7 | 873 | 8 016 | 868 | 1 636 | 1 387 | 6 330 |
| 私人控股 | 31 | 2 474 | 31 784 | 4 584 | 7 478 | 5 488 | 23 866 |
| 外商控股 | 1 | 375 | 10 013 | 361 | 631 | 1 036 | 2 022 |
| 其他 | 7 | 817 | 7 188 | 1 200 | 2 236 | 1 072 | 2 265 |
| **按经营形式分** | | | | | | | |
| 独立门店 | 69 | 8 732 | 116 518 | 9 659 | 16 863 | 18 054 | 72 046 |
| 连锁门店 | 3 | 69 | 2 093 | 410 | 437 | | |
| 其他 | 4 | 855 | 19 480 | 1 655 | 2 328 | 958 | 6 609 |
| **按星级分** | | | | | | | |
| 五星 | 3 | 986 | 20 935 | 690 | 917 | 3 334 | 19 460 |
| 四星 | 10 | 2 889 | 39 958 | 2 350 | 3 894 | 6 396 | 16 748 |
| 三星 | 20 | 3 076 | 33 458 | 3 083 | 5 613 | 5 125 | 23 817 |
| 二星 | 4 | 348 | 2 210 | 335 | 599 | 780 | 2 288 |
| 其他 | 39 | 2 357 | 41 530 | 5 266 | 8 605 | 3 377 | 16 342 |

# 8－3 星级住宿业和限额以上餐饮业经营情况(续)

(2013 年)

| | 法人企业数(个) | 年末从业人员数(人) | 营业额(万元) | 客房间数(间) | 床位数(个) | 餐位数(位) | 年末餐饮营业面积(平方米) |
|---|---|---|---|---|---|---|---|
| 餐饮业 | 144 | 12 146 | 157 547.5 | 791 | 1 325 | 58 648 | 255 523 |
| 按餐饮业行业小类 | | | | | | | |
| 正餐服务 | 138 | 9 768 | 126 773.1 | 791 | 1 325 | 54 811 | 244 652 |
| 快餐服务 | 3 | 2 154 | 29 356.2 | | | 3 279 | 8 200 |
| 饮料及冷饮服务 | 2 | 190 | 1 053.8 | | | 378 | 2 280 |
| 咖啡馆服务 | 2 | 190 | 1 053.8 | | | 378 | 2 280 |
| 按登记注册类型分 | 1 | 34 | 364.4 | | | 180 | 400 |
| 内资企业 | 1 | 34 | 364.4 | | | 180 | 400 |
| 国有企业 | | | | | | | |
| 集体企业 | 142 | 10 079 | 129 575.7 | 791 | 1 325 | 55 753 | 248 502 |
| 股份合作企业 | 3 | 178 | 2 953.9 | 117 | 236 | 852 | 8 331 |
| 有限责任公司 | 48 | 4 180 | 49 729.5 | 546 | 882 | 19 894 | 92 266 |
| 国有独资公司 | 2 | 32 | 480.0 | | | 284 | 1 400 |
| 其他有限责任公司 | 46 | 4 148 | 49 249.5 | 546 | 882 | 19 610 | 90 866 |
| 股份有限公司 | 8 | 483 | 8 325.3 | | | 6 730 | 13 385 |
| 私营企业 | 80 | 5 151 | 67 442.1 | 128 | 207 | 27 705 | 132 420 |
| 私营独资企业 | 8 | 365 | 6 198.3 | | | 2 490 | 8 460 |
| 私营有限责任公司 | 68 | 4 584 | 58 365.2 | 128 | 207 | 24 325 | 120 010 |
| 私营股份有限公司 | 4 | 202 | 2 878.6 | | | 890 | 3 950 |
| 其他企业 | 3 | 87 | 1 124.9 | | | 572 | 2 100 |
| 港、澳、台商投资企业 | 1 | 122 | 1 051.4 | | | 526 | 1 270 |
| 港、澳、台商独资经营企业 | 1 | 122 | 1 051.4 | | | 526 | 1 270 |
| 外商投资企业 | | | | | | | |
| 中外合资经营企业 | 1 | 1 945 | 26 920.4 | | | 2 369 | 5 760 |
| 外资企业 | 1 | 1 945 | 26 920.4 | | | 2 369 | 5 760 |
| 按控股情况分 | | | | | | | |
| 国有控股 | 5 | 208 | 3 747.9 | 117 | 236 | 1 656 | 10 131 |
| 集体控股 | 4 | 367 | 5 456.0 | | | 1 980 | 5 696 |
| 私人控股 | 119 | 7 696 | 92 797.5 | 466 | 776 | 44 643 | 202 499 |
| 港澳台商控股 | 1 | 122 | 1 051.4 | | | 526 | 1 270 |
| 外商控股 | 1 | 1 945 | 26 920.4 | | | 2 369 | 5 760 |
| 其他 | 14 | 1 808 | 27 574.3 | 208 | 313 | 7 474 | 34 096 |
| 按经营形式分 | | | | | | | |
| 独立门店 | 129 | 8 191 | 111 111.9 | 691 | 1 125 | 50 871 | 222 308 |
| 连锁总店 | 4 | 492 | 6 267.2 | | | 1 857 | 4 406 |
| 连锁门店 | 3 | 707 | 9 578.4 | 100 | 200 | 1 848 | 11 288 |
| 其他 | 8 | 2 756 | 30 590 | | | 4 072 | 17 530 |

## 8－4 限额以上批发零售贸易业商品分类销售额

单位：万元

| | 销售合计 | | 批发 | | 零售 | |
|---|---|---|---|---|---|---|
| | 2013 年 | 2012 年 | 2013 年 | 2012 年 | 2013 年 | 2012 年 |
| **总　　计** | **25 821 757** | **21 742 835** | **21 623 834** | **18 274 381** | **4 197 923** | **3 468 455** |
| 粮油、食品、饮料、烟酒类 | 962 511 | 851 439 | 662 422 | 587 996 | 300 089 | 263 443 |
| 粮油、食品类 | 349 204 | 286 070 | 133 907 | 107 872 | 215 297 | 178 199 |
| 饮料类 | 83 117 | 61 902 | 64 166 | 45 392 | 18 952 | 16 511 |
| 烟酒类 | 530 190 | 503 466 | 464 350 | 434 733 | 65 840 | 68 733 |
| 服装、鞋帽、针纺织品类 | 457 631 | 396 279 | 30 779 | 19 968 | 426 852 | 376 311 |
| 服装类 | 350 046 | 300 259 | 22 672 | 19 968 | 327 374 | 280 290 |
| 鞋帽类 | 71 200 | 61 354 | 3 886 | | 67 314 | 61 354 |
| 针、纺织品类 | 36 385 | 34 666 | 4 221 | | 32 164 | 34 666 |
| 化妆品类 | 85 873 | 82 140 | 34 994 | 38 513 | 50 879 | 43 627 |
| 金银珠宝类 | 211 053 | 158 578 | 61 141 | 49 538 | 149 911 | 109 040 |
| 日用品类 | 117 986 | 98 217 | 31 595 | 28 084 | 86 391 | 70 133 |
| 儿童玩具类 | 1 737 | 1 734 | | | 1 737 | 1 734 |
| 五金、电料类 | 5 416 | 3 900 | 4 540 | 3 153 | 875 | 746 |
| 体育、娱乐用品类 | 7 367 | 6 784 | | | 7 367 | 6 784 |
| 书报杂志类 | 109 255 | 81 258 | 90 805 | 64 157 | 18 451 | 17 101 |
| 电子出版物及音像制品类 | 2 208 | 1 660 | | | 2 208 | 1 660 |
| 家用电器和音像器材类 | 241 904 | 201 330 | 105 344 | 90 146 | 136 560 | 111 184 |
| 中西药品类 | 1 065 808 | 756 394 | 906 843 | 643 760 | 158 965 | 112 634 |
| 文化办公用品类 | 102 648 | 110 145 | 54 046 | 59 765 | 48 601 | 50 380 |
| 家具类 | 5 502 | 5 489 | | | 5 502 | 5 489 |
| 通讯器材类 | 81 472 | 62 875 | 11 957 | 9 907 | 69 515 | 52 969 |
| 煤炭及制品类 | 43 952 | 24 648 | 43 952 | 24 648 | | |
| 石油及制品类 | 16 434 910 | 14 204 749 | 15 165 653 | 13 014 053 | 1 269 257 | 1 190 695 |
| 化工材料及制品类 | 702 150 | 597 759 | 702 150 | 597 759 | | |
| 金属材料类 | 3 090 304 | 2 501 778 | 3 090 304 | 2 501 778 | | |
| 建筑及装潢材料类 | 3 812 | 3 256 | 3 812 | 3 256 | | |
| 机电产品及设备类 | 131 154 | 110 988 | 116 814 | 102 212 | 14 340 | 8 776 |
| 汽车类 | 1 745 393 | 1 264 791 | 322 403 | 243 607 | 1 422 990 | 1 021 184 |
| 种子饲料类 | 62 761 | 38 352 | 62 761 | 38 352 | | |
| 棉麻类 | 43 089 | 38 651 | 43 089 | 38 651 | | |
| 其他类 | 107 598 | 141 378 | 78 428 | 115 080 | 29 170 | 26 298 |

# 8－5 限额以上批发零售贸易业商品销售数量

| | 计量单位 | 购进量 | | 销售量 | | 期末库存量 | |
|---|---|---|---|---|---|---|---|
| | | 2013 年 | 2012 年 | 2013 年 | 2012 年 | 2013 年 | 2012 年 |
| 大米(稻米) | 千克 | 5 128 528 | 5 336 492 | 6 183 642 | 6 172 012 | 786 218 | 296 208 |
| 面粉(小麦面) | 千克 | 5 199 644 | 6 418 631 | 6 133 492 | 6 835 848 | 261 751 | 354 488 |
| 杂粮 | 千克 | 15 084 544 | 13 673 534 | 15 583 662 | 13 911 105 | 330 654 | 198 119 |
| 食用植物油 | 千克 | 6 761 590 | 6 832 534 | 8 243 637 | 6 660 342 | 794 781 | 286 097 |
| 猪肉 | 千克 | 3 078 360 | 2 059 976 | 4 760 114 | 3 015 137 | 27 109 | 114 415 |
| 牛肉 | 千克 | 6 598 | 11 312 | 245 148 | 188 166 | 21 | 13 |
| 羊肉 | 千克 | 6 609 | 10 016 | 143 434 | 147 063 | 18 | 3 |
| 禽肉 | 千克 | 1 540 755 | 1 035 926 | 1 669 359 | 1 160 287 | 24 016 | 29 746 |
| 鲜蛋 | 千克 | 3 903 452 | 2 903 594 | 5 040 193 | 3 758 607 | 27 552 | 84 532 |
| 彩色电视机 | 台 | 246 615 | 258 775 | 275 428 | 360 373 | 23 408 | 122 123 |
| 家用电冰箱 | 台 | 48 262 | 8 511 | 62 148 | 36 371 | 12 984 | 228 |
| 房间空调器 | 台 | 106 315 | 84 457 | 109 184 | 92 660 | 449 | 186 |
| 电脑(微型计算机) | 台 | 227 801 | 222 293 | 213 715 | 235 464 | 31 253 | 19 165 |
| 汽车 | 辆 | 244 697 | 182 675 | 415 716 | 266 050 | 72 637 | 72 869 |
| 其中:轿车 | 辆 | 130 834 | 107 183 | 297 894 | 187 517 | 18 601 | 17 491 |
| 煤炭 | 吨 | 590 897 | 792 293 | 675 101 | 801 658 | 173 718 | 261 839 |
| 汽油 | 吨 | 5 938 643 | 4 827 273 | 6 102 120 | 4 649 871 | 508 677 | 606 295 |
| 柴油 | 吨 | 12 334 344 | 11 753 622 | 12 294 974 | 11 336 960 | 998 808 | 961 976 |
| 钢材 | 吨 | 7 187 320 | 5 125 743 | 6 842 488 | 5 134 399 | 342 324 | 223 850 |
| 铜 | 吨 | 86 203 | 98 208 | 85 719 | 97 844 | 1 100 | 982 |
| 铝 | 吨 | 11 970 | 13 608 | 11 980 | 13 638 | 89 | 73 |
| 水泥 | 吨 | 107 610 | 120 974 | 118 419 | 93 056 | 53 118 | 63 927 |
| 化学肥料 | 吨 | 2 099 339 | 757 356 | 2 102 923 | 757 583 | 57 153 | |

# 8－5 限额以上批发零售贸易业商品销售数量(续一)

| | 法人企业数(个) | 年末从业人员数(个) | 商品购进总额 | 进口额 |
|---|---|---|---|---|
| **零售业** | **208** | **23 178** | **3 200 484.1** | **72 619.0** |
| **按零售行业小类分** | | | | |
| 综合零售 | 46 | 7 953 | 534 847.4 | |
| 百货零售 | 31 | 6 667 | 480 396.2 | |
| 超级市场零售 | 12 | 1 015 | 51 064.2 | |
| 其他综合零售 | 3 | 271 | 3 387.0 | |
| 食品、饮料及烟草制品专门零售 | 11 | 950 | 87 486.9 | |
| 粮油零售 | 4 | 297 | 20 598.6 | |
| 糕点、面包零售 | 1 | 8 | 650.2 | |
| 果品、蔬菜零售 | 1 | 40 | 4 454.7 | |
| 营养和保健品零售 | 3 | 433 | 28 837.4 | |
| 酒、饮料及茶叶零售 | 1 | 5 | 290.0 | |
| 烟草制品零售 | 1 | 167 | 32 656.0 | |
| 纺织、服装及日用品专门零售 | 11 | 839 | 29 664.3 | |
| 纺织品及针织品零售 | 1 | 112 | 3 093.1 | |
| 服装零售 | 9 | 667 | 25 196.7 | |
| 钟表、眼镜零售 | 1 | 60 | 1 374.5 | |
| 文化、体育用品及器材专门零售 | 12 | 606 | 27 230.1 | |
| 文具用品零售 | 1 | 5 | 513.3 | |
| 图书、报刊零售 | 8 | 507 | 18 338.1 | |
| 珠宝首饰零售 | 2 | 83 | 5 614.9 | |
| 工艺美术品及收藏品零售 | 1 | 11 | 2 763.8 | |
| 医药及医疗器材专门零售 | 13 | 4 282 | 132 026.7 | |
| 药品零售 | 12 | 4 274 | 131 056.1 | |
| 医疗用品及器材零售 | 1 | 8 | 970.6 | |
| 汽车、摩托车、燃料及零配件专门零售 | 86 | 6 802 | 2 237 844.4 | 72 619.0 |
| 汽车零售 | 78 | 5 585 | 1 244 167.9 | 72 619.0 |
| 汽车零配件零售 | 2 | 28 | 4 272.5 | |
| 机动车燃料零售 | 6 | 1 189 | 989 404.0 | |
| 家用电器及电子产品专门零售 | 23 | 1 490 | 139 239.7 | |
| 日用家电设备零售 | 3 | 580 | 35 616.5 | |
| 计算机、软件及辅助设备零售 | 18 | 490 | 43 742.5 | |
| 通信设备零售 | 2 | 420 | 59 880.7 | |
| 五金、家具及室内装饰材料专门零售 | 4 | 147 | 3 051.7 | |
| 灯具零售 | 1 | 6 | 686.3 | |
| 家具零售 | 3 | 141 | 2 365.4 | |
| 货摊、无店铺及其他零售业 | 2 | 109 | 9 092.9 | |
| 生活用燃料零售 | 2 | 109 | 9 092.9 | |

| 商品销售总额 | | | 期末商品库存额 | 年末零售营业面积(平方米) |
|---|---|---|---|---|
| | 批发额 | 零售额 | | |
| 4 143 532.4 | 191 955.4 | 3 951 577.0 | 344 065.0 | 1 018 544 |
| | | | | |
| 935 351.8 | 975.3 | 934 376.5 | 93 390.2 | 567 500 |
| 877 837.4 | 475.7 | 877 361.7 | 87 027.5 | 512 371 |
| 53 958.1 | 0.0 | 53 958.1 | 6 230.3 | 50 939 |
| 3 556.3 | 499.6 | 3 056.7 | 132.4 | 4 190 |
| 96 447.7 | 726.9 | 95 720.8 | 10 956.5 | 16 508 |
| 19 627.2 | 314.6 | 19 292.6 | 1 518.2 | 11 474 |
| 650.0 | | 650.0 | 0.5 | 114 |
| 4 723.6 | | 4 723.6 | 798.7 | 300 |
| 38 397.5 | 412.3 | 37 985.2 | 4 802.7 | 4 350 |
| 240.0 | | 240.0 | 50.0 | 170 |
| 32 829.4 | | 32 829.4 | 3 786.4 | 100 |
| 36 427.4 | 4 924.8 | 31 502.6 | 13 473.3 | 30 063 |
| 3 445.3 | 56.9 | 3 388.4 | 801.5 | 1 200 |
| 30 704.6 | 4 867.9 | 25 836.7 | 9 703.0 | 28 363 |
| 2 277.5 | | 2 277.5 | 2 968.8 | 500 |
| 31 942.8 | 109.6 | 31 833.2 | 7 248.2 | 25 881 |
| 475.0 | | 475.0 | 38.3 | 165 |
| 20 173.8 | 109.6 | 20 064.2 | 4 848.6 | 24 520 |
| 7 633.2 | | 7 633.2 | 1 130.5 | 1 146 |
| 3 660.8 | | 3 660.8 | 1 230.8 | 50 |
| 164 661.8 | 3 266.1 | 161 395.7 | 21 950.7 | 61 265 |
| 163 445.6 | 3 266.1 | 160 179.5 | 21 851.4 | 61 135 |
| 1 216.2 | | 1 216.2 | 99.3 | 130 |
| 2 692 474.0 | 164 708.5 | 2 527 765.5 | 176 234.2 | 238 926 |
| 1 418 453.3 | 24 888.5 | 1 393 564.8 | 164 103.3 | 215 536 |
| 4 772.3 | 1 387.9 | 3 384.4 | 656.9 | 3 080 |
| 1 269 248.4 | 138 432.1 | 1 130 816.3 | 11 474.0 | 20 310 |
| 156 788.8 | 16 178.8 | 140 610.0 | 17 032.8 | 45 331 |
| 51 519.2 | 3 161.0 | 48 358.2 | 3 755.8 | 37 093 |
| 45 733.8 | 13 017.8 | 32 716.0 | 10 302.8 | 2 991 |
| 59 535.8 | | 59 535.8 | 2 974.2 | 5 247 |
| 6 903.9 | 1 065.4 | 5 838.5 | 2 923.0 | 16 420 |
| 739.4 | | 739.4 | 892.6 | 8 000 |
| 6 164.5 | 1 065.4 | 5 099.1 | 2 030.4 | 8 420 |
| 22 534.2 | | 22 534.2 | 856.1 | 16 650 |
| 22 534.2 | | 22 534.2 | 856.1 | 16 650 |

## 8－5 限额以上批发零售贸易业商品销售数量(续二)

| | 法人企业数(个) | 年末从业人员数(个) | 商品购进总额 | 进口额 |
|---|---|---|---|---|
| **按登记注册类型分** | | | | |
| **内资企业** | **204** | **22 411** | **3 124 342.5** | **72 619.0** |
| 国有企业 | 7 | 424 | 61 224.4 | |
| 集体企业 | 13 | 527 | 25 028.6 | |
| 有限责任公司 | 82 | 10 751 | 1 440 809.2 | 44 304.1 |
| 国有独资公司 | 6 | 464 | 16 564.0 | |
| 其他有限责任公司 | 76 | 10 287 | 1 424 245.2 | 44 304.1 |
| 股份有限公司 | 5 | 2 268 | 757 858.0 | |
| 私营企业 | 96 | 8 411 | 838 465.9 | 28 314.9 |
| 私营有限责任公司 | 92 | 8 129 | 719 312.5 | 20 014.9 |
| 私营股份有限公司 | 4 | 282 | 119 153.4 | 8 300.0 |
| 其他企业 | 1 | 30 | 956.4 | |
| 港、澳、台商投资企业 | 3 | 662 | 75 498.6 | |
| 港、澳、台商独资经营企业 | 3 | 662 | 75 498.6 | |
| 外商投资企业 | 1 | 105 | 643.0 | |
| 外资企业 | 1 | 105 | 643.0 | |
| 按控股情况分 | | | | |
| 国有控股 | 21 | 2 617 | 1 090 869.2 | |
| 集体控股 | 15 | 1 866 | 126 540.1 | |
| 私人控股 | 137 | 11 392 | 1 237 693.3 | 47 282.1 |
| 港澳台商控股 | 2 | 191 | 53 053.6 | 9 897.5 |
| 外商控股 | 1 | 105 | 643.0 | |
| 其他 | 32 | 7 007 | 691 684.9 | 15 439.4 |
| 按经营形式分 | | | | |
| 独立门店 | 172 | 14 909 | 2 110 885.1 | 72 619.0 |
| 连锁总店(总部) | 15 | 4 798 | 709 653.0 | |
| 连锁门店 | 1 | 1 173 | 81 231.5 | |
| 其他 | 20 | 2 298 | 298 714.5 | |
| 按零售业态分 | | | | |
| 有店铺零售 | 208 | 23 178 | 3 200 484.1 | 72 619.0 |
| 便利店 | 1 | 40 | 1 158.5 | |
| 超市 | 16 | 1 231 | 27 325.3 | |
| 大型超市 | 9 | 2 668 | 170 196.6 | |
| 百货店 | 28 | 4 714 | 378 731.6 | |
| 专业店 | 61 | 7 814 | 1 576 897.0 | 11 138.6 |
| 专卖店 | 86 | 6 266 | 1 025 962.3 | 61 480.4 |
| 家居建材商店 | 1 | 50 | 2 065.4 | |
| 购物中心 | 1 | 112 | 3 093.1 | |
| 厂家直销中心 | 4 | 264 | 14 738.4 | |

| 商品销售总额 | 批发额 | 零售额 | 期末商品库存额 | 年末零售营业面积(平方米) |
| --- | --- | --- | --- | --- |
| 3 997 137.3 | 191 955.4 | 3 805 181.9 | 340 223.8 | 967 181 |
| 60 833.9 | 314.6 | 60 519.3 | 3 838.8 | 21 720 |
| 24 455.0 | 975.3 | 23 479.7 | 4 313.1 | 23 145 |
| 1 620 358.3 | 24 930.2 | 1 595 428.1 | 184 241.4 | 418 464 |
| 29 608.3 | 109.6 | 29 498.7 | 3 555.7 | 18 130 |
| 1 590 750.0 | 24 820.6 | 1 565 929.4 | 180 685.7 | 400 334 |
| 1 110 518.9 | 137 552.5 | 972 966.4 | 16 350.1 | 130 430 |
| 1 180 014.8 | 28 182.8 | 1 151 832.0 | 131 467.4 | 372 692 |
| 1 057 110.2 | 28 011.2 | 1 029 099.0 | 118 168.3 | 368 942 |
| 122 904.6 | 171.6 | 122 733.0 | 13 299.1 | 3 750 |
| 956.4 | | 956.4 | 13.0 | 730 |
| 125 129.7 | | 125 129.7 | 3 358.5 | 24 923 |
| 125 129.7 | | 125 129.7 | 3 358.5 | 24 923 |
| 21 265.4 | | 21 265.4 | 482.7 | 26 440 |
| 21 265.4 | | 21 265.4 | 482.7 | 26 440 |
| | | | | |
| 1 388 857.4 | 136 910.8 | 1 251 946.6 | 24 350.9 | 95 652 |
| 175 229.8 | 975.3 | 174 254.5 | 8 956.2 | 44 545 |
| 1 726 458.4 | 34 406.6 | 1 692 051.8 | 170 886.1 | 481 912 |
| 55 835.8 | | 55 835.8 | 4 635.2 | 20 114 |
| 21 265.4 | | 21 265.4 | 482.7 | 26 440 |
| 775 885.6 | 19 662.7 | 756 222.9 | 134 753.9 | 349 881 |
| | | | | |
| 2 761 193.5 | 46 165.0 | 2 715 028.5 | 229 091.7 | 757 994 |
| 1 007 241.7 | 137 114.8 | 870 126.9 | 27 710.6 | 75 106 |
| 73 757.3 | | 73 757.3 | 60 814.2 | 57 937 |
| 301 339.9 | 8 675.6 | 292 664.3 | 26 448.5 | 127 507 |
| | | | | |
| 4 143 532.4 | 191 955.4 | 3 951 577.0 | 344 065.0 | 1 018 544 |
| 1 380.5 | | 1 380.5 | 23.8 | 2 690 |
| 33 322.8 | | 33 322.8 | 4 986.5 | 32 744 |
| 220 900.6 | 109.6 | 220 791.0 | 71 725.8 | 163 022 |
| 728 204.7 | 975.3 | 727 229.4 | 20 931.0 | 415 455 |
| 1 956 024.1 | 176 189.6 | 1 779 834.5 | 89 178.2 | 199 369 |
| 1 176 197.8 | 13 558.6 | 1 162 639.2 | 150 659.5 | 194 569 |
| 1 890.6 | 1 065.4 | 825.2 | 1 964.3 | 5 000 |
| 3 445.3 | 56.9 | 3 388.4 | 801.5 | 1 200 |
| 21 581.0 | | 21 581.0 | 3 694.4 | 4 395 |

# 8－6 限额以上批发和零售业商品购进、销售、库存总额

单位：万元

| | 法人企业数（个） | 年末从业人员数（个） | 商品购进总额 | 进口额 |
|---|---|---|---|---|
| **总计** | **444** | **37 210** | **19 266 744.4** | **93 787.6** |
| **批发业** | **236** | **14 032** | **16 066 260.3** | **21 168.6** |
| **按批发行业小类分** | | | | |
| 农、林、牧产品批发 | 5 | 251 | 105 239.2 | 147.7 |
| 谷物、豆及薯类批发 | 1 | 30 | 28 603.0 | |
| 饲料批发 | 1 | 26 | 37 331.2 | |
| 棉、麻批发 | 1 | 172 | 31 885.0 | |
| 其他农牧产品批发 | 2 | 23 | 7 420.0 | 147.7 |
| 食品、饮料及烟草制品批发 | 25 | 2 586 | 501 864.1 | |
| 米、面制品及食用油批发 | 5 | 255 | 43 486.4 | |
| 糕点、糖果及糖批发 | 2 | 95 | 9 379.2 | |
| 果品、蔬菜批发 | 4 | 199 | 43 627.0 | |
| 肉、禽、蛋、奶及水产品批发 | 2 | 38 | 0.0 | |
| 盐及调味品批发 | 1 | 770 | 43 729.4 | |
| 营养和保健品批发 | 1 | 12 | 8 611.9 | |
| 酒、饮料及茶叶批发 | 7 | 771 | 72 208.2 | |
| 烟草制品批发 | 1 | 335 | 257 357.1 | |
| 其他食品批发 | 2 | 111 | 23 464.9 | |
| 纺织、服装及家庭用品批发 | 13 | 1 019 | 166 189.9 | |
| 纺织品、针织品及原料批发 | 1 | 13 | 1 200.0 | |
| 服装批发 | 2 | 94 | 25 003.2 | |
| 化妆品及卫生用品批发 | 1 | 121 | 25 715.5 | |
| 厨房、卫生间用具及日用杂货批发 | 1 | 13 | 11 679.7 | |
| 家用电器批发 | 7 | 389 | 87 891.2 | |
| 其他家庭用品批发 | 1 | 389 | 14 700.3 | |
| 文化、体育用品及器材批发 | 7 | 1 116 | 181 845.9 | |
| 文具用品批发 | 2 | 61 | 5 612.3 | |
| 图书批发 | 2 | 271 | 73 278.5 | |
| 首饰、工艺品及收藏品批发 | 3 | 784 | 102 955.1 | |
| 医药及医疗器材批发 | 43 | 3 540 | 874 773.2 | |
| 西药批发 | 33 | 3 114 | 800 780.3 | |
| 中药批发 | 6 | 345 | 68 582.6 | |
| 医疗用品及器材批发 | 4 | 81 | 5 410.3 | |
| 矿产品、建材及化工产品批发 | 100 | 3 614 | 13 691 093.0 | 21 020.9 |
| 煤炭及制品批发 | 9 | 230 | 113 995.8 | |
| 石油及制品批发 | 13 | 1 731 | 9 263 935.9 | |
| 非金属矿及制品批发 | 1 | 29 | 13 167.8 | |
| 金属及金属矿批发 | 54 | 875 | 3 080 296.7 | 21 020.9 |
| 建材批发 | 3 | 88 | 15 114.4 | |
| 化肥批发 | 3 | 241 | 332 620.9 | |
| 其他化工产品批发 | 17 | 420 | 871 961.5 | |
| 机械设备、五金产品及电子产品批发 | 40 | 1 782 | 543 809.5 | |
| 农业机械批发 | 1 | 20 | 418.2 | |
| 汽车批发 | 8 | 503 | 343 718.3 | |
| 汽车零配件批发 | 3 | 123 | 11 236.4 | |
| 摩托车及零配件批发 | 2 | 22 | 16 020.4 | |
| 五金产品批发 | 2 | 51 | 13 090.7 | |
| 电气设备批发 | 1 | 25 | 4 376.0 | |
| 计算机、软件及辅助设备批发 | 12 | 216 | 51 724.4 | |
| 通讯及广播电视设备批发 | 2 | 135 | 10 849.6 | |
| 其他机械设备及电子产品批发 | 9 | 687 | 92 375.5 | |
| 其他批发业 | 3 | 124 | 1 445.5 | |
| 再生物资回收与批发 | 1 | 113 | 1 445.5 | |
| 其他未列明批发业 | 2 | 11 | | |

| 商品销售总额 | 批发额 | 出口额 | 零售额 | 期末商品库存额 | 年末零售营业面积(平方米) |
|---|---|---|---|---|---|
| 26 669 197.7 | 21 821 799.4 | 11 665.9 | 4 847 398.3 | 1 868 878.8 | 1 535 975 |
| 22 525 665.3 | 21 629 844.0 | 11 665.9 | 895 821.3 | 1 524 813.8 | 517 431 |
| | | | | | |
| 96 894.2 | 96 572.5 | 6 215.8 | 321.7 | 9 688.8 | |
| 11 665.0 | 11 665.0 | | | 5 365.6 | |
| 37 590.2 | 37 590.2 | | | 534.2 | |
| 38 337.5 | 38 337.5 | | | 3 245.6 | |
| 9 301.5 | 8 979.8 | 6 215.8 | 321.7 | 543.4 | |
| 671 745.8 | 639 046.4 | | 32 699.4 | 35 252.1 | 6 767 |
| 51 853.7 | 51 842.9 | | 10.8 | 9 737.7 | |
| 8 502.8 | 8 502.8 | | | 1 223.9 | 300 |
| 49 188.3 | 26 002.8 | | 23 185.5 | 918.8 | 3 600 |
| | | | | | 265 |
| 44 410.5 | 44 410.5 | | | 3 391.5 | |
| 8 874.4 | 8 874.4 | | | 851.3 | |
| 85 216.8 | 75 713.7 | | 9 503.1 | 6 483.8 | 2 452 |
| 399 782.5 | 399 782.5 | | | 11 288.3 | |
| 23 916.8 | 23 916.8 | | | 1 356.8 | 150 |
| 179 383.5 | 174 115.2 | | 5 268.3 | 31 398.4 | 2 709 |
| 1 100.0 | 1 100.0 | | | 100.0 | |
| 29 023.4 | 29 023.4 | | | 9 940.4 | |
| 25 803.3 | 25 803.3 | | | 1 053.8 | 60 |
| 12 434.6 | 12 434.6 | | | 900.0 | 1 002 |
| 93 086.9 | 88 753.9 | | 4 333.0 | 9 240.9 | 1 400 |
| 17 935.3 | 17 000.0 | | 935.3 | 10 163.3 | 247 |
| 180 447.8 | 180 447.8 | | | 44 522.5 | 3 556 |
| 6 197.6 | 6 197.6 | | | 546.2 | 820 |
| 72 981.8 | 72 981.8 | | | 6 118.3 | 2 573 |
| 101 268.4 | 101 268.4 | | | 37 858.0 | 163 |
| 1 008 711.3 | 1 007 266.4 | 33.9 | 1 444.9 | 90 042.1 | 48 900 |
| 812 777.4 | 811 332.5 | | 1 444.9 | 80 131.6 | 45 213 |
| 185 424.7 | 185 424.7 | 33.9 | | 9 182.6 | 3 687 |
| 10 509.2 | 10 509.2 | | | 727.9 | |
| 19 834 717.2 | 19 140 283.3 | 5 416.2 | 694 433.9 | 1 250 735.1 | 427 878 |
| 126 014.7 | 125 414.7 | | 600.0 | 16 782.4 | 3 601 |
| 15 165 315.2 | 14 822 203.0 | | 343 112.2 | 1 071 509.6 | 393 770 |
| 14 353.6 | 14 353.6 | | | 4.4 | |
| 3 157 079.0 | 2 811 035.4 | | 346 043.6 | 122 741.6 | 28 327 |
| 17 354.9 | 16 354.9 | | 1 000.0 | 1 721.6 | |
| 438 181.3 | 435 508.3 | | 2 673.0 | 13 749.2 | 2 000 |
| 916 418.5 | 915 413.4 | 5 416.2 | 1 005.1 | 24 226.3 | 180 |
| 552 014.8 | 390 361.7 | | 161 653.1 | 63 131.7 | 27 121 |
| 2 108.1 | 2 108.1 | | | 552.4 | |
| 348 834.0 | 202 140.4 | | 146 693.6 | 17 283.2 | 10 481 |
| 9 892.3 | 6 736.8 | | 3 155.5 | 1 978.1 | 5 122 |
| 16 289.0 | 11 692.0 | | 4 597.0 | 1 566.2 | 960 |
| 10 115.7 | 10 115.7 | | | 3 455.1 | 200 |
| 4 426.6 | 4 426.6 | | | 0.1 | |
| 58 520.7 | 53 825.7 | | 4 695.0 | 3 171.3 | 188 |
| 11 844.6 | 9 796.9 | | 2 047.7 | 548.2 | 200 |
| 89 983.8 | 89 519.5 | | 464.3 | 34 577.1 | 9 970 |
| 1 750.7 | 1 750.7 | | | 43.1 | 500 |
| 1 750.7 | 1 750.7 | | | 43.1 | |
| | | | | | 500 |

## 8-6 限额以上批发和零售贸易业商品购进、销售、库存总额(续)

| | 法人企业数（个） | 从业人员期末人数(人) | 商品购进总额 | 进口额 |
|---|---|---|---|---|
| **按登记注册类型分** | | | | |
| 内资企业 | 233 | 13 816 | 16 044 255.3 | 21 168.6 |
| 国有企业 | 7 | 625 | 313 557.4 | |
| 集体企业 | 3 | 210 | 84 846.7 | |
| 有限责任公司 | 84 | 6 650 | 4 375 756.4 | |
| 国有独资公司 | 2 | 1 065 | 389 929.3 | |
| 其他有限责任公司 | 82 | 5 585 | 3 985 827.1 | |
| 股份有限公司 | 8 | 663 | 8 871 451.5 | |
| 私营企业 | 130 | 5 665 | 2 396 422.6 | 21 168.6 |
| 私营独资企业 | 1 | 22 | 636.6 | |
| 私营合伙企业 | 1 | 20 | 35 243.0 | |
| 私营有限责任公司 | 125 | 5 521 | 2 308 765.1 | 21 168.6 |
| 私营股份有限公司 | 3 | 102 | 51 777.9 | |
| 其他企业 | 1 | 3 | 2 220.7 | |
| 港、澳、台商投资企业 | 2 | 139 | 17 425.0 | |
| 港、澳、台商独资经营企业 | 2 | 139 | 17 425.0 | |
| 外商投资企业 | 1 | 77 | 4 580.0 | |
| 外资企业 | 1 | 77 | 4 580.0 | |
| 按控股情况分 | | | | |
| **国有控股** | **23** | **3 538** | **10 872 273.6** | |
| 集体控股 | 9 | 553 | 291 607.1 | |
| 私人控股 | 169 | 7 407 | 3 558 786.4 | 21 168.6 |
| 港澳台商控股 | 2 | 139 | 17 425.0 | |
| 外商控股 | 1 | 77 | 4 580.0 | |
| 其他 | 32 | 2 318 | 1 321 588.2 | |
| **按经营形式分** | | | | |
| 独立门店 | **141** | **7 879** | **4 531 589.9** | **147.7** |
| 其他 | 95 | 6 153 | 11 534 670.4 | 21 020.9 |

| 商品销售总额 | 批发额 | | 零售额 | 期末商品库存额 | 年末零售营业面积(平方米) |
|---|---|---|---|---|---|
| | | 出口额 | | | |
| 22 499 879.5 | 21 604 058.2 | 11 665.9 | 895 821.3 | 1 523 877.5 | 517 131 |
| 455 540.5 | 455 540.5 | | | 13 341.7 | 778 |
| 94 067.1 | 91 394.1 | | 2 673.0 | 5 589.4 | 2 221 |
| 4 726 219.1 | 3 856 039.1 | 1 300.0 | 870 180.0 | 245 101.1 | 78 435 |
| 494 580.3 | 151 489.4 | | 343 090.9 | 30 110.4 | 500 |
| 4 231 638.8 | 3 704 549.7 | 1 300.0 | 527 089.1 | 214 990.7 | 77 935 |
| 14 647 998.5 | 14 647 296.6 | | 701.9 | 1 045 859.3 | 392 899 |
| 2 573 357.7 | 2 551 091.3 | 10 365.9 | 22 266.4 | 213 983.9 | 42 798 |
| 2 159.2 | 2 159.2 | | | 845.5 | 600 |
| 35 214.6 | 35 214.6 | | | 3 103.6 | |
| 2 475 661.1 | 2 453 394.7 | 10 365.9 | 22 266.4 | 207 399.5 | 42 198 |
| 60 322.8 | 60 322.8 | | | 2 635.3 | |
| 2 696.6 | 2 696.6 | | | 2.1 | |
| 21 679.6 | 21 679.6 | | | 460.7 | |
| 21 679.6 | 21 679.6 | | | 460.7 | |
| 4 106.2 | 4 106.2 | | | 475.6 | 300 |
| 4 106.2 | 4 106.2 | | | 475.6 | 300 |
| | | | | | |
| 16 926 148.1 | 16 240 852.0 | | 685 296.1 | 1 119 265.3 | 395 748 |
| 407 555.6 | 404 180.7 | | 3 374.9 | 32 052.0 | 5 723 |
| 3 748 897.3 | 3 690 655.5 | 11 665.9 | 58 241.8 | 280 521.1 | 51 840 |
| 21 679.6 | 21 679.6 | | | 460.7 | |
| 4 106.2 | 4 106.2 | | | 475.6 | 300 |
| 1 417 278.5 | 1 268 370.0 | | 148 908.5 | 92 039.1 | 63 820 |
| | | | | | |
| 4 907 279.0 | 4 363 390.7 | 7 549.7 | 543 888.3 | 278 710.3 | 71 544 |
| 17 618 386.3 | 17 266 453.3 | 4 116.2 | 351 933.0 | 1 246 103.5 | 445 887 |

# 8－7 限额以上批发和零售业企业财务状况

（2013 年） 单位：万元

| | 法人企业数（个） | 执行《2006年企业会计准则》企业数（个） | 年初存货 | 流动资产合计 | 应收账款 | 存货 |
|---|---|---|---|---|---|---|
| **总计** | **444** | **389** | **2 637 956.3** | **5 037 817.9** | **756 957.5** | **1 778 786.1** |
| **批发业** | **236** | **214** | **1 488 949.3** | **3 953 494.2** | **620 240.4** | **1 519 354.7** |
| **按批发行业小类分** | | | | | | |
| 农、林、牧产品批发 | 5 | 5 | 16 407.7 | 54 057.6 | 11 478.3 | 9 842.3 |
| 谷物、豆及薯类批发 | 1 | 1 | 1 433.9 | 6 940.5 | 794.2 | 5 365.6 |
| 饲料批发 | 1 | 1 | 538.9 | 2 719.8 | 1 962.7 | 534.2 |
| 棉、麻批发 | 1 | 1 | 13 017.0 | 41 764.4 | 8 266.4 | 3 389.8 |
| 其他农牧产品批发 | 2 | 2 | 1 417.9 | 2 632.9 | 455.0 | 552.7 |
| 食品、饮料及烟草制品批发 | 25 | 21 | 34 189.4 | 231 209.2 | 11 895.4 | 33 487.9 |
| 米、面制品及食用油批发 | 5 | 4 | 10 704.8 | 13 588.8 | 2 224.9 | 8 170.0 |
| 糕点、糖果及糖批发 | 2 | 2 | 1 239.6 | 4 496.3 | 1 197.8 | 1 600.5 |
| 果品、蔬菜批发 | 4 | 3 | 90.5 | 3 830.3 | 2 654.4 | 988.7 |
| 肉、禽、蛋、奶及水产品批发 | 2 | 1 | | | | |
| 盐及调味品批发 | 1 | 1 | 4 203.2 | 28 033.4 | 1 201.0 | 3 573.4 |
| 营养和保健品批发 | 1 | 1 | 339.0 | 211.8 | －674.0 | 851.3 |
| 酒、饮料及茶叶批发 | 7 | 6 | 4 223.7 | 24 584.1 | 3 448.4 | 5 658.6 |
| 烟草制品批发 | 1 | 1 | 12 008.1 | 151 870.8 | 0.3 | 11 288.6 |
| 其他食品批发 | 2 | 2 | 1 380.5 | 4 593.7 | 1 842.6 | 1 356.8 |
| 纺织、服装及家庭用品批发 | 13 | 13 | 32 179.0 | 368 907.3 | 66 216.1 | 27 567.9 |
| 纺织品、针织品及原料批发 | 1 | 1 | | 129.0 | | 60.0 |
| 服装批发 | 2 | 2 | 7 764.6 | 14 422.8 | 3 004.4 | 8 466.9 |
| 化妆品及卫生用品批发 | 1 | 1 | 281.7 | 2 246.5 | 682.0 | 352.9 |
| 厨房、卫生间用具及日用杂货批发 | 1 | 1 | 1 410.4 | 3 406.6 | 2 210.8 | 556.8 |
| 家用电器批发 | 7 | 7 | 13 902.4 | 336 695.2 | 59 666.7 | 7 968.0 |
| 其他家庭用品批发 | 1 | 1 | 8 819.9 | 12 007.2 | 652.2 | 10 163.3 |
| 文化、体育用品及器材批发 | 7 | 7 | 36 629.6 | 118 327.6 | 12 799.2 | 44 184.8 |
| 文具用品批发 | 2 | 2 | 663.0 | 385.4 | －174.0 | 546.2 |
| 图书批发 | 2 | 2 | 5 818.8 | 59 196.3 | 6 946.9 | 6 117.2 |
| 首饰、工艺品及收藏品批发 | 3 | 3 | 30 147.8 | 58 745.9 | 6 026.3 | 37 521.4 |
| 医药及医疗器材批发 | 43 | 36 | 61 827.3 | 408 490.5 | 204 802.3 | 82 046.6 |
| 西药批发 | 33 | 27 | 55 153.0 | 339 646.8 | 170 326.4 | 72 213.3 |
| 中药批发 | 6 | 5 | 6 012.9 | 60 505.6 | 28 783.3 | 9 183.7 |
| 医疗用品及器材批发 | 4 | 4 | 661.4 | 8 338.1 | 5 692.6 | 649.6 |
| 矿产品、建材及化工产品批发 | 100 | 93 | 1 257 955.1 | 2 534 164.9 | 256 871.6 | 1 261 301.2 |
| 煤炭及制品批发 | 9 | 9 | 11 353.6 | 81 303.3 | 4 815.9 | 16 148.4 |
| 石油及制品批发 | 13 | 13 | 1 128 141.8 | 1 231 731.4 | 40 056.1 | 1 071 441.8 |
| 金属及金属矿批发 | 1 | 1 | 778.4 | 6 827.6 | 2 143.2 | 366.6 |
| 非金属矿及制品批发 | 54 | 50 | 82 905.1 | 972 156.8 | 117 311.7 | 141 224.6 |
| 建材批发 | 3 | 3 | 2 184.2 | 28 955.0 | 14 174.6 | 2 091.7 |
| 化肥批发 | 3 | 2 | 17 251.6 | 61 780.3 | 90.8 | 13 790.7 |
| 其他化工产品批发 | 17 | 15 | 15 340.4 | 151 410.5 | 78 279.3 | 16 237.4 |
| 机械设备、五金产品及电子产品批发 | 40 | 36 | 49 645.9 | 237 746.9 | 56 011.4 | 60 887.2 |
| 农业机械批发 | 1 | 1 | 552.4 | 1 148.4 | 12.4 | 552.4 |
| 汽车批发 | 8 | 7 | 8 309.2 | 112 775.0 | 21 548.2 | 17 367.0 |
| 汽车零配件批发 | 3 | 3 | 1 918.8 | 2 857.4 | 86.5 | 1 137.7 |
| 摩托车及零配件批发 | 2 | 2 | 1 925.9 | 13 302.3 | 7 712.9 | 1 566.2 |
| 五金产品批发 | 2 | 1 | 337.8 | 5 502.8 | 4 618.0 | 436.8 |
| 电气设备批发 | 1 | 1 | 43.2 | 1 825.4 | 1 772.2 | |
| 计算机、软件及辅助设备批发 | 12 | 12 | 4 307.2 | 14 748.0 | 3 616.3 | 4 724.9 |
| 通讯及广播电视设备批发 | 2 | 2 | 540.5 | 1 596.2 | 213.6 | 498.2 |
| 其他机械设备及电子产品批发 | 9 | 7 | 31 710.9 | 83 991.4 | 16 431.3 | 34 604.0 |
| 其他批发业 | 3 | 3 | 115.3 | 590.2 | 166.1 | 36.8 |
| 再生物资回收与批发 | 1 | 1 | 115.3 | 590.2 | 166.1 | 36.8 |
| 其他未列明批发业 | 2 | 2 | | | | |

| 固定资产合计 | 固定资产原价 | 累计折旧 | 本年折旧 | 在建工程 | 资产总计 |
|---|---|---|---|---|---|
| 551 035.2 | 879 834.4 | 334 028.9 | 65 347.1 | 48 396.1 | 6 174 148.0 |
| 351 908.8 | 551 945.4 | 204 888.7 | 31 148.7 | 33 835.4 | 4 545 714.1 |
| | | | | | |
| 7 506.2 | 10 497.3 | 2 991.1 | 118.9 | | 63 186.6 |
| 170.4 | 250.2 | 79.8 | 16.0 | | 7 130.8 |
| 16.0 | 34.7 | 18.7 | 4.8 | | 2 735.8 |
| 6 854.5 | 9 657.1 | 2 802.6 | 68.3 | | 50 221.8 |
| 465.3 | 555.3 | 90.0 | 29.8 | | 3 098.2 |
| 46 563.5 | 67 887.3 | 26 089.9 | 2 367.2 | 0.3 | 293 434.5 |
| 5 735.8 | 7 217.5 | 1 429.4 | 218.9 | | 20 652.1 |
| 145.5 | 273.6 | 128.1 | 15.3 | | 4 659.8 |
| 7 545.0 | 8 213.2 | 668.2 | 13.7 | | 11 453.7 |
| | | | | | |
| 31 179.6 | 25 626.6 | 11 553.2 | 725.8 | 0.3 | 59 213.0 |
| 2.3 | 19.6 | 17.3 | 0.9 | | 214.2 |
| 1 567.9 | 2 553.4 | 985.5 | 113.7 | | 26 264.1 |
| 0.0 | 23 278.4 | 10 990.6 | 1 202.0 | | 165 995.5 |
| 387.4 | 705.0 | 317.6 | 76.9 | | 4 982.1 |
| 3 909.7 | 6 685.8 | 2 782.4 | 325.6 | 2 520.1 | 377 661.0 |
| 114.4 | 129.0 | 14.6 | 14.6 | | 1 404.4 |
| 120.8 | 310.1 | 189.3 | 46.1 | | 14 914.8 |
| 281.8 | 281.8 | 0.0 | 0.0 | | 2 528.3 |
| 222.5 | 610.8 | 388.3 | 37.5 | | 3 629.1 |
| 521.3 | 1 436.5 | 921.5 | 104.6 | | 337 426.3 |
| 2 648.9 | 3 917.6 | 1 268.7 | 122.8 | 2 520.1 | 17 758.1 |
| 8 877.4 | 13 709.0 | 4 831.6 | 3 889.9 | 24 596.7 | 163 096.6 |
| 81.6 | 109.2 | 27.6 | 17.7 | | 507.9 |
| 8 177.4 | 12 586.5 | 4 409.1 | 3 727.8 | 24 596.7 | 103 192.3 |
| 618.4 | 1 013.3 | 394.9 | 144.4 | | 59 396.4 |
| 16 586.5 | 24 691.9 | 8 105.1 | 2 772.0 | 3 755.7 | 442 083.5 |
| 13 481.8 | 19 879.0 | 6 397.2 | 2 278.2 | 3 480.1 | 368 102.8 |
| 2 871.4 | 4 240.7 | 1 369.3 | 266.8 | 275.6 | 65 409.2 |
| 233.3 | 572.2 | 338.6 | 227.0 | 0.0 | 8 571.5 |
| 258 486.6 | 412 722.6 | 154 268.6 | 19 809.3 | 2 960.9 | 2 935 716.7 |
| 3 983.1 | 6 070.7 | 2 087.6 | 387.1 | 123.9 | 88 035.6 |
| 235 131.0 | 376 719.1 | 141 500.3 | 17 355.0 | 2 791.6 | 1 518 776.1 |
| 89.5 | 93.6 | 4.1 | 0.0 | 0.0 | 6 917.1 |
| 10 312.4 | 16 514.0 | 6 226.6 | 1 259.4 | 25.0 | 1 043 799.9 |
| 997.8 | 3 032.2 | 2 034.4 | 110.5 | 10.9 | 30 063.6 |
| 5 958.7 | 6 797.5 | 934.3 | 279.6 | 9.5 | 68 563.0 |
| 2 014.1 | 3 495.5 | 1 481.3 | 417.7 | 0.0 | 179 561.4 |
| 8 804.6 | 14 360.5 | 5 603.3 | 2 293.7 | 1.7 | 268 680.3 |
| 1 061.4 | 1 115.6 | 54.2 | 18.6 | | 2 329.8 |
| 4 018.1 | 6 538.7 | 2 520.6 | 746.4 | | 133 377.5 |
| 244.8 | 452.2 | 207.4 | 42.5 | | 3 102.2 |
| 3.5 | 9.9 | 6.4 | 2.4 | | 13 305.8 |
| 130.8 | 212.0 | 81.2 | 13.8 | | 5 633.7 |
| 108.3 | 412.0 | 303.7 | 93.5 | | 1 933.7 |
| 104.7 | 469.9 | 365.2 | 76.2 | | 19 853.9 |
| 7.1 | 101.5 | 94.4 | 15.9 | | 1 603.4 |
| 3 125.9 | 5 048.7 | 1 970.2 | 1 284.4 | 1.7 | 87 540.3 |
| 1 174.3 | 1 391.0 | 216.7 | -427.9 | | 1 854.9 |
| 1 174.3 | 1 391.0 | 216.7 | -427.9 | | 1 854.9 |

# 8－7 限额以上批发和零售业企业财务状况(续一)

| | 法人企业数（个） | 执行《2006年企业会计准则》企业数（个） | 年初存货 | 流动资产合计 | 应收账款 | 存货 |
|---|---|---|---|---|---|---|
| **按登记注册类型分** | | | | | | |
| 内资企业 | 233 | 211 | 1 487 149.1 | 3 947 497.6 | 619 767.1 | 1 518 011.3 |
| 国有企业 | 7 | 6 | 13 613.3 | 163 640.3 | 3 187.0 | 13 274.1 |
| 集体企业 | 3 | 2 | 15 640.2 | 45 027.5 | 8 281.5 | 5 736.0 |
| 有限责任公司 | 84 | 73 | 189 248.6 | 1 523 661.3 | 273 222.6 | 256 785.5 |
| 国有独资公司 | 2 | 2 | 23 000.2 | 48 610.3 | 16 407.5 | 30 110.4 |
| 其他有限责任公司 | 82 | 71 | 166 248.4 | 1 475 051.0 | 256 815.1 | 226 675.1 |
| 股份有限公司 | 8 | 7 | 1 105 181.5 | 1 169 758.6 | 6 848.0 | 1 046 059.3 |
| 私营企业 | 130 | 122 | 163 400.8 | 1 044 851.6 | 328 227.9 | 196 154.3 |
| 私营独资企业 | 1 | 1 | 2 317.6 | 3 134.1 | 82.6 | 845.5 |
| 私营合伙企业 | 1 | 1 | 2 041.4 | 8 877.8 | 5 392.3 | 2 652.7 |
| 私营有限责任公司 | 125 | 117 | 156 426.0 | 1 019 643.0 | 314 540.8 | 190 041.4 |
| 私营股份有限公司 | 3 | 3 | 2 615.8 | 13 196.7 | 8 212.2 | 2 614.7 |
| 其他企业 | 1 | 1 | 64.7 | 558.3 | 0.1 | 2.1 |
| 港、澳、台商投资企业 | 2 | 2 | 1 085.9 | 4 425.1 | 7.7 | 470.0 |
| 港、澳、台商独资经营企业 | 2 | 2 | 1 085.9 | 4 425.1 | 7.7 | 470.0 |
| 外商投资企业 | 1 | 1 | 714.3 | 1 571.5 | 465.6 | 873.4 |
| 外资企业 | 1 | 1 | 714.3 | 1 571.5 | 465.6 | 873.4 |
| **按控股情况分** | | | | | | |
| 国有控股 | 23 | 21 | 1 168 593.8 | 1 579 181.3 | 61 519.2 | 1 119 379.6 |
| 集体控股 | 9 | 7 | 48 557.5 | 419 855.8 | 73 812.3 | 27 994.9 |
| 私人控股 | 169 | 157 | 202 371.7 | 1 349 515.9 | 386 201.8 | 283 318.4 |
| 港澳台商控股 | 2 | 2 | 1 085.9 | 4 425.1 | 7.7 | 470.0 |
| 外商控股 | 1 | 1 | 714.3 | 1 571.5 | 465.6 | 873.4 |
| 其他 | 32 | 26 | 67 626.1 | 598 944.6 | 98 233.8 | 87 318.4 |
| **按经营形式分** | | | | | | |
| 独立门店 | 141 | 126 | 238 770.6 | 1 458 215.8 | 296 284.1 | 276 504.7 |
| 其他 | 95 | 88 | 1 250 178.7 | 2 495 278.4 | 323 956.3 | 1 242 850.0 |

| 固定资产合计 | 固定资产原价 | 累计折旧 | 本年折旧 | 在建工程 | 资产总计 |
|---|---|---|---|---|---|
| 351 762.7 | 551 576.2 | 204 665.6 | 31 131.5 | 33 835.4 | 4 539 571.4 |
| 1 636.6 | 25 369.1 | 11 444.7 | 797.0 | | 180 116.0 |
| 7 471.6 | 10 419.8 | 3 043.7 | 88.4 | 9.5 | 54 828.5 |
| 160 401.2 | 181 224.2 | 37 913.7 | 12 216.0 | 30 982.7 | 1 780 517.8 |
| 81 674.5 | 87 435.2 | 5 672.9 | 2 699.0 | 2 683.0 | 130 304.7 |
| 78 726.7 | 93 789.0 | 32 240.8 | 9 517.0 | 28 299.7 | 1 650 213.1 |
| 152 713.1 | 288 728.1 | 136 015.0 | 14 664.9 | 108.6 | 1 375 009.4 |
| 29 539.2 | 45 833.4 | 16 247.9 | 3 364.9 | 2 734.6 | 1 148 540.3 |
| 47.6 | 234.8 | 187.2 | 29.6 | 123.9 | 3 305.5 |
| 92.7 | 142.7 | 50.0 | 49.9 | | 9 002.5 |
| 28 875.7 | 44 737.6 | 15 815.6 | 3 245.1 | 2 610.7 | 1 122 512.4 |
| 523.2 | 718.3 | 195.1 | 40.3 | | 13 719.9 |
| 1.0 | 1.6 | 0.6 | 0.3 | | 559.4 |
| 103.5 | 288.0 | 184.5 | 15.8 | | 4 528.6 |
| 103.5 | 288.0 | 184.5 | 15.8 | | 4 528.6 |
| 42.6 | 81.2 | 38.6 | 1.4 | | 1 614.1 |
| 42.6 | 81.2 | 38.6 | 1.4 | | 1 614.1 |
| | | | | | |
| 281 829.8 | 447 917.4 | 170 818.2 | 22 881.4 | 27 388.6 | 1 963 164.1 |
| 14 663.0 | 20 740.2 | 6 172.7 | 459.9 | 20.4 | 437 224.9 |
| 45 631.5 | 67 649.2 | 22 043.7 | 5 152.5 | 3 035.2 | 1 484 023.9 |
| 103.5 | 288.0 | 184.5 | 15.8 | | 4 528.6 |
| 42.6 | 81.2 | 38.6 | 1.4 | | 1 614.1 |
| 9 638.4 | 15 269.4 | 5 631.0 | 2 637.7 | 3 391.2 | 655 158.5 |
| | | | | | |
| 57 033.9 | 109 253.3 | 40 028.5 | 9 271.1 | 31 018.5 | 1 652 394.9 |
| 294 874.9 | 442 692.1 | 164 860.2 | 21 877.6 | 2 816.9 | 2 893 319.2 |

# 8 -7 限额以上批发和零售业企业财务状况(续二)

| | 法人企业数(个) | 执行《2006年企业会计准则》企业数(个) | 年初存货 | 流动资产合计 | 应收账款 | 存货 |
|---|---|---|---|---|---|---|
| **零售业** | **208** | **175** | **1 149 007.0** | **1 084 323.7** | **136 717.1** | **259 431.4** |
| **按零售行业小类分** | | | | | | |
| 综合零售 | 46 | 35 | 37 708.3 | 238 632.1 | 7 227.3 | 30 138.1 |
| 百货零售 | 31 | 22 | 30 757.9 | 201 100.2 | 4 365.6 | 23 515.3 |
| 超级市场零售 | 12 | 11 | 6 870.8 | 36 762.0 | 2 720.8 | 6 465.9 |
| 其他综合零售 | 3 | 2 | 79.6 | 769.9 | 140.9 | 156.9 |
| 食品、饮料及烟草制品专门零售 | 11 | 10 | 11 001.2 | 35 521.4 | 8 234.5 | 9 602.7 |
| 粮油零售 | 4 | 4 | 1 931.2 | 14 620.0 | 639.0 | 1 916.7 |
| 糕点、面包零售 | 1 | 0 | 0.3 | 2.5 | 2.0 | 0.5 |
| 果品、蔬菜零售 | 1 | 1 | 594.5 | 2 224.8 | 437.4 | 798.7 |
| 营养和保健品零售 | 3 | 3 | 5 710.1 | 12 935.8 | 7 156.1 | 4 267.6 |
| 烟草制品零售 | 1 | 1 | 2 763.0 | 5 736.2 | 0.0 | 2 617.1 |
| 纺织、服装及日用品专门零售 | 11 | 9 | 9 910.0 | 29 691.9 | 6 846.3 | 9 760.5 |
| 纺织品及针织品零售 | 1 | 1 | 614.0 | 1 490.4 | 515.3 | 801.5 |
| 服装零售 | 9 | 7 | 6 783.8 | 23 618.1 | 4 724.3 | 6 455.8 |
| 钟表、眼镜零售 | 1 | 1 | 2 512.2 | 4 583.4 | 1 606.7 | 2 503.2 |
| 文化、体育用品及器材专门零售 | 12 | 8 | 4 974.8 | 15 053.4 | 1 598.7 | 5 688.3 |
| 图书、报刊零售 | 8 | 4 | 2 820.6 | 11 633.8 | 1 375.3 | 4 550.3 |
| 珠宝首饰零售 | 2 | 2 | 893.4 | 1 851.0 | | 1 138.0 |
| 工艺美术品及收藏品零售 | 1 | 1 | 1 260.8 | 1 568.6 | 223.4 | |
| 医药及医疗器材专门零售 | 13 | 11 | 18 639.7 | 45 961.6 | 16 266.7 | 19 167.4 |
| 药品零售 | 12 | 10 | 18 529.2 | 44 933.9 | 15 355.3 | 19 066.9 |
| 医疗用品及器材零售 | 1 | 1 | 110.5 | 1 027.7 | 911.4 | 100.5 |
| 汽车、摩托车、燃料及零配件专门零售 | 86 | 73 | 1 051 271.9 | 606 175.9 | 75 610.4 | 166 014.9 |
| 汽车零售 | 78 | 66 | 1 009 285.7 | 592 721.6 | 74 991.7 | 154 778.8 |
| 汽车零配件零售 | 2 | 1 | 711.8 | 1 613.1 | 598.3 | 380.3 |
| 机动车燃料零售 | 6 | 6 | 41 274.4 | 11 841.2 | 20.4 | 10 855.8 |
| 家用电器及电子产品专门零售 | 23 | 23 | 12 675.0 | 81 016.4 | 17 374.8 | 14 964.0 |
| 日用家电设备零售 | 3 | 3 | 2 999.8 | 54 945.8 | 8 235.6 | 4 064.1 |
| 计算机、软件及辅助设备零售 | 18 | 18 | 6 913.1 | 23 092.0 | 9 153.2 | 7 925.7 |
| 通信设备零售 | 2 | 2 | 2 762.1 | 2 978.6 | -14.0 | 2 974.2 |
| 五金、家具及室内装饰材料专门零售 | 4 | 4 | 2 500.6 | 14 377.2 | 219.4 | 2 924.5 |
| 灯具零售 | 1 | 1 | 711.1 | 1 202.3 | | 892.6 |
| 家具零售 | 3 | 3 | 1 789.5 | 13 174.9 | 219.4 | 2 031.9 |
| 货摊、无店铺及其他零售业 | 2 | 2 | 325.5 | 17 893.8 | 3 339.0 | 1 171.0 |
| 生活用燃料零售 | 2 | 2 | 325.5 | 17 893.8 | 3 339.0 | 1 171.0 |

| 固定资产合计 | 固定资产原价 | 累计折旧 | 本年折旧 | 在建工程 | 资产总计 |
|---|---|---|---|---|---|
| 199 126.4 | 327 889.0 | 129 140.2 | 34 198.4 | 14 560.7 | 1 628 433.9 |
| | | | | | |
| 87 619.6 | 161 913.4 | 74 293.8 | 7 383.3 | 2 799.0 | 468 562.6 |
| 78 834.1 | 147 017.8 | 68 183.7 | 7 075.2 | 2 425.9 | 417 521.8 |
| 8 177.1 | 14 041.6 | 5 864.5 | 298.0 | 61.9 | 49 331.3 |
| 608.4 | 854.0 | 245.6 | 10.1 | 311.2 | 1 709.5 |
| 6 943.3 | 9 804.9 | 2 864.6 | 362.1 | 114.4 | 43 541.8 |
| 2 887.9 | 4 431.3 | 1 543.4 | 67.1 | 74.2 | 17 581.9 |
| 47.5 | 47.5 | 3.0 | 3.0 | | 50.0 |
| 1 652.2 | 2 031.6 | 379.4 | 51.0 | | 3 877.0 |
| 2 206.2 | 2 981.3 | 775.1 | 194.7 | 40.2 | 16 120.3 |
| 149.5 | 313.2 | 163.7 | 46.3 | | 5 886.3 |
| 2 071.9 | 3 162.6 | 1 090.7 | 202.2 | 15.0 | 34 898.1 |
| 24.8 | 91.8 | 67.0 | 12.5 | | 1 515.3 |
| 1 988.5 | 2 806.5 | 818.0 | 157.1 | 15.0 | 28 740.7 |
| 58.6 | 264.3 | 205.7 | 32.6 | | 4 642.1 |
| 5 828.6 | 8 643.6 | 2 815.1 | 986.9 | | 21 018.7 |
| 5 815.5 | 8 579.0 | 2 763.6 | 977.3 | | 17 449.3 |
| 3.0 | 26.7 | 23.7 | 3.3 | | 1 854.0 |
| 10.1 | 37.9 | 27.8 | 6.3 | | 1 665.4 |
| 2 979.6 | 4 245.9 | 1 266.3 | 377.0 | 247.2 | 61 743.8 |
| 2 978.5 | 4 237.2 | 1 258.7 | 376.4 | 247.2 | 60 714.9 |
| 1.1 | 8.7 | 7.6 | 0.6 | | 1 028.9 |
| 86 823.6 | 128 682.7 | 42 233.6 | 24 171.3 | 11 318.1 | 865 253.0 |
| 62 700.6 | 85 910.2 | 23 584.1 | 6 021.1 | 10 073.0 | 820 273.7 |
| 21.1 | 49.3 | 28.2 | 3.9 | | 1 664.2 |
| 24 101.9 | 42 723.2 | 18 621.3 | 18 146.3 | 1 245.1 | 43 315.1 |
| 932.5 | 2 256.9 | 1 324.4 | 200.7 | 67.0 | 89 605.8 |
| 236.6 | 555.7 | 319.1 | 115.2 | | 56 741.9 |
| 579.4 | 1 369.2 | 789.8 | 85.5 | 67.0 | 24 336.1 |
| 116.5 | 332.0 | 215.5 | | | 8 527.8 |
| 5 341.5 | 7 717.6 | 2 376.1 | 463.3 | | 23 993.8 |
| 23.5 | 28.8 | 5.3 | 5.3 | | 1 225.8 |
| 5 318.0 | 7 688.8 | 2 370.8 | 458.0 | | 22 768.0 |
| 585.8 | 1 461.4 | 875.6 | 51.6 | | 19 816.3 |
| 585.8 | 1 461.4 | 875.6 | 51.6 | | 19 816.3 |

# 8－7 限额以上批发和零售业企业财务状况（续三）

| | 法人企业数（个） | 执行《2006年企业会计准则》企业数（个） | 年初存货 | 流动资产合计 | 应收账款 | 存货 |
|---|---|---|---|---|---|---|
| **按登记注册类型分** | | | | | | |
| 内资企业 | 204 | 171 | 1 143 895.7 | 1 058 795.0 | 134 563.7 | 255 496.6 |
| 国有企业 | 7 | 6 | 7 273.4 | 7 522.4 | 3 264.7 | 3 066.0 |
| 集体企业 | 13 | 7 | 3 109.3 | 9 145.1 | 1 268.8 | 2 034.0 |
| 有限责任公司 | 82 | 65 | 135 639.5 | 475 909.2 | 37 337.0 | 122 268.8 |
| 国有独资公司 | 6 | 3 | 2 898.3 | 21 916.0 | 1 046.6 | 2 888.0 |
| 其他有限责任公司 | 76 | 62 | 132 741.2 | 453 993.2 | 36 290.4 | 119 380.8 |
| 股份有限公司 | 5 | 5 | 41 673.6 | 81 086.1 | 725.0 | 16 492.9 |
| 私营企业 | 96 | 88 | 956 186.9 | 484 845.0 | 91 694.0 | 111 621.9 |
| 私营有限责任公司 | 92 | 85 | 944 002.6 | 453 788.7 | 89 650.6 | 100 701.8 |
| 私营股份有限公司 | 4 | 3 | 12 184.3 | 31 056.3 | 2 043.4 | 10 920.1 |
| 其他企业 | 1 | | 13.0 | 287.2 | 274.2 | 13.0 |
| 港、澳、台商投资企业 | 3 | 3 | 4 693.1 | 20 076.4 | 2 088.6 | 3 607.2 |
| 港、澳、台商独资经营企业 | 3 | 3 | 4 693.1 | 20 076.4 | 2 088.6 | 3 607.2 |
| 外商投资企业 | 1 | 1 | 418.2 | 5 452.3 | 64.8 | 327.6 |
| 外资企业 | 1 | 1 | 418.2 | 5 452.3 | 64.8 | 327.6 |
| 按控股情况分 | | | | | | |
| 国有控股 | 21 | 16 | 49 713.6 | 72 584.0 | 5 253.4 | 22 526.6 |
| 集体控股 | 15 | 9 | 7 485.2 | 71 570.2 | 1 488.5 | 7 005.5 |
| 私人控股 | 137 | 117 | 998 055.2 | 650 188.0 | 103 402.0 | 151 200.2 |
| 港澳台商控股 | 2 | 2 | 6 222.9 | 17 108.4 | 1 879.1 | 4 635.2 |
| 外商控股 | 1 | 1 | 418.2 | 5 452.3 | 64.8 | 327.6 |
| 其他 | 32 | 30 | 87 111.9 | 267 420.8 | 24 629.3 | 73 736.3 |
| 按经营形式分 | | | | | | |
| 独立门店 | 172 | 143 | 1 066 235.7 | 964 191.8 | 116 955.2 | 214 651.6 |
| 连锁总店 | 15 | 11 | 50 311.6 | 45 590.3 | 10 353.6 | 25 058.4 |
| 连锁门店 | 1 | 1 | 8 213.5 | 6 014.8 | | |
| 其他 | 20 | 20 | 24 246.2 | 68 526.8 | 9 408.3 | 19 721.4 |
| 按零售业态分 | | | | | | |
| 有店铺零售 | 208 | 175 | 1 149 007.0 | 1 084 323.7 | 136 717.1 | 259 431.4 |
| 食杂店 | 1 | 1 | 523.4 | 6 132.5 | 445.6 | 356.1 |
| 便利店 | 1 | 1 | 28.3 | 308.3 | 7.6 | 20.1 |
| 超市 | 16 | 12 | 3 361.2 | 6 551.0 | 1 728.7 | 3 423.1 |
| 大型超市 | 9 | 8 | 17 933.3 | 62 255.1 | 953.4 | 10 943.0 |
| 百货店 | 28 | 19 | 18 722.3 | 189 218.1 | 5 857.5 | 18 968.4 |
| 专业店 | 61 | 56 | 118 898.7 | 279 936.4 | 40 078.1 | 73 542.1 |
| 专卖店 | 86 | 72 | 981 500.7 | 526 471.6 | 83 657.9 | 145 992.6 |
| 家居建材商店 | 1 | 1 | 1 789.5 | 2 143.3 | 84.5 | 1 964.3 |
| 购物中心 | 1 | 1 | 614.0 | 1 490.4 | 515.3 | 801.5 |
| 厂家直销中心 | 4 | 4 | 5 635.6 | 9 817.0 | 3 388.5 | 3 420.2 |

| 固定资产合　计 | 固定资产原　价 | 累计折旧 | 本年折旧 | 在建工程 | 资产总计 |
|---|---|---|---|---|---|
| 188 738.3 | 310 377.5 | 122 016.8 | 33 184.0 | 12 547.8 | 1 589 076.4 |
| 1 980.4 | 2 812.2 | 831.8 | 86.6 | 552.0 | 11 475.6 |
| 5 912.2 | 6 599.4 | 687.2 | 40.9 | 663.5 | 15 883.2 |
| 61 546.7 | 89 141.1 | 27 953.9 | 5 344.0 | 2 617.3 | 644 905.3 |
| 6 056.4 | 9 211.7 | 3 155.4 | 988.9 | 0.0 | 27 972.5 |
| 55 490.3 | 79 929.4 | 24 798.5 | 4 355.1 | 2 617.3 | 616 932.8 |
| 72 382.0 | 140 509.7 | 68 127.7 | 22 154.3 | 1 896.9 | 250 236.0 |
| 46 262.0 | 70 635.1 | 24 391.2 | 5 558.2 | 6 818.1 | 665 634.1 |
| 43 939.3 | 66 138.3 | 22 217.1 | 4 954.3 | 6 818.1 | 629 755.3 |
| 2 322.7 | 4 496.8 | 2 174.1 | 603.9 | 0.0 | 35 878.8 |
| 655.0 | 680.0 | 25.0 |  |  | 942.2 |
| 10 023.2 | 15 947.5 | 5 924.3 | 1 014.4 | 2 012.9 | 33 540.3 |
| 10 023.2 | 15 947.5 | 5 924.3 | 1 014.4 | 2 012.9 | 33 540.3 |
| 364.9 | 1 564.0 | 1 199.1 |  |  | 5 817.2 |
| 364.9 | 1 564.0 | 1 199.1 |  |  | 5 817.2 |
|  |  |  |  |  |  |
| 36 109.8 | 59 691.9 | 23 582.2 | 18 642.7 | 1 922.5 | 118 705.3 |
| 41 403.2 | 74 436.4 | 33 033.2 | 3 138.9 | 940.0 | 181 963.8 |
| 63 645.9 | 95 639.4 | 32 371.0 | 7 951.7 | 7 397.9 | 873 870.7 |
| 11 273.0 | 13 786.6 | 2 513.6 | 482.5 | 2 012.9 | 33 637.5 |
| 364.9 | 1 564.0 | 1 199.1 |  |  | 5 817.2 |
| 46 329.6 | 82 770.7 | 36 441.1 | 3 982.6 | 2 287.4 | 414 439.4 |
|  |  |  |  |  |  |
| 142 284.0 | 226 894.6 | 84 988.2 | 14 328.4 | 12 640.2 | 1 395 530.6 |
| 25 997.1 | 45 013.0 | 19 015.9 | 17 714.3 | 1 530.2 | 95 215.5 |
| 5 826.2 | 8 750.2 | 2 924.0 | 30.6 |  | 19 250.8 |
| 25 019.1 | 47 231.2 | 22 212.1 | 2 125.1 | 390.3 | 118 437.0 |
|  |  |  |  |  |  |
| 199 126.4 | 327 889.0 | 129 140.2 | 34 198.4 | 14 560.7 | 1 628 433.9 |
| 906.4 | 1 534.1 | 627.7 |  | 4.2 | 7 042.2 |
| 315.6 | 396.9 | 81.3 | 1.0 | 119.5 | 743.4 |
| 6 604.1 | 8 276.4 | 1 672.3 | 127.3 | 613.9 | 14 789.4 |
| 11 705.8 | 24 167.1 | 12 461.3 | 1 089.1 |  | 86 091.1 |
| 69 555.3 | 130 842.5 | 61 287.2 | 6 256.3 | 2 065.6 | 387 754.9 |
| 36 838.4 | 65 741.0 | 28 902.7 | 20 593.2 | 2 420.4 | 400 380.0 |
| 70 721.7 | 93 605.1 | 23 260.9 | 5 958.6 | 8 814.0 | 714 588.6 |
| 501.7 | 675.0 | 173.3 | 33.6 |  | 2 645.0 |
| 24.8 | 91.8 | 67.0 | 12.5 |  | 1 515.3 |
| 1 952.6 | 2 559.1 | 606.5 | 126.8 | 523.1 | 12 884.0 |

## 8－7 限额以上批发和零售业企业财务状况(续四)

| | 流动负债合计 | 应付帐款 | 非流动负债合计 | 负债合计 | 所有者权益合计 |
|---|---|---|---|---|---|
| **总计** | **3 533 356.0** | **824 717.9** | **223 385.2** | **3 645 772.2** | **2 528 375.8** |
| **批发业** | **2 455 118.5** | **611 571.8** | **177 483.6** | **2 492 747.4** | **2 052 966.7** |
| **按批发行业小类分** | | | | | |
| 农、林、牧产品批发 | 56 377.5 | 29 509.7 | 200.0 | 56 577.5 | 6 609.1 |
| 谷物、豆及薯类批发 | 5 965.6 | 3 506.5 | | 5 965.6 | 1 165.2 |
| 饲料批发 | 2 654.7 | 881.5 | | 2 654.7 | 81.1 |
| 棉、麻批发 | 45 421.0 | 25 402.1 | 200.0 | 45 621.0 | 4 600.8 |
| 其他农牧产品批发 | 2 336.2 | －280.4 | | 2 336.2 | 762.0 |
| 食品、饮料及烟草制品批发 | 70 510.7 | 22 656.8 | 10 922.5 | 81 833.1 | 211 601.4 |
| 米、面制品及食用油批发 | 17 389.9 | 7 539.9 | 3 700.6 | 21 090.5 | －438.4 |
| 糕点、糖果及糖批发 | 4 438.6 | 3 667.6 | | 4 438.6 | 221.2 |
| 果品、蔬菜批发 | 5 117.8 | 3 022.9 | 3 500.0 | 9 017.7 | 2 436.0 |
| 盐及调味品批发 | 17 148.1 | 2 800.5 | 1 406.9 | 18 555.0 | 40 658.0 |
| 营养和保健品批发 | －418.8 | －2 011.5 | | －418.8 | 633.0 |
| 酒、饮料及茶叶批发 | 19 695.3 | 7 481.9 | 2 315.0 | 22 010.3 | 4 253.8 |
| 烟草制品批发 | 2 997.1 | 155.5 | | 2 997.1 | 162 998.4 |
| 其他食品批发 | 4 142.7 | | | 4 142.7 | 839.4 |
| 纺织、服装及家庭用品批发 | 273 198.1 | 18 813.4 | 6 359.9 | 279 558.0 | 98 103.0 |
| 纺织品、针织品及原料批发 | 204.4 | 204.4 | | 204.4 | 1 200.0 |
| 服装批发 | 15 244.7 | 7 594.6 | | 15 244.7 | －329.9 |
| 化妆品及卫生用品批发 | 2 002.8 | | | 2 002.8 | 525.5 |
| 厨房、卫生间用具及日用杂货批发 | 3 197.4 | 1 366.3 | | 3 197.4 | 431.7 |
| 家用电器批发 | 247 641.3 | 9 480.6 | | 247 641.3 | 89 785.0 |
| 其他家庭用品批发 | 4 907.5 | 167.5 | 6 359.9 | 11 267.4 | 6 490.7 |
| 文化、体育用品及器材批发 | 65 767.8 | 26 585.0 | 50 889.5 | 116 657.3 | 46 439.3 |
| 文具用品批发 | 187.3 | 164.7 | | 187.3 | 320.6 |
| 图书批发 | 49 703.4 | 18 571.1 | 13 171.5 | 62 874.9 | 40 317.4 |
| 首饰、工艺品及收藏品批发 | 15 877.1 | 7 849.2 | 37 718.0 | 53 595.1 | 5 801.3 |
| 医药及医疗器材批发 | 367 776.8 | 162 669.9 | 261.9 | 368 139.3 | 73 944.2 |
| 西药批发 | 314 414.5 | 138 285.8 | | 314 515.2 | 53 587.6 |
| 中药批发 | 46 958.4 | 21 779.6 | 261.9 | 47 220.3 | 18 188.9 |
| 医疗用品及器材批发 | 6 403.9 | 2 604.5 | | 6 403.8 | 2 167.7 |
| 矿产品、建材及化工产品批发 | 1 382 202.9 | 286 646.7 | 102 990.8 | 1 344 838.4 | 1 590 878.3 |
| 煤炭及制品批发 | 74 130.4 | 7 604.8 | 400.0 | 74 530.4 | 13 505.2 |
| 石油及制品批发 | 224 350.7 | 151 977.0 | 48 383.1 | 149 559.9 | 1 369 216.2 |
| 非金属矿及制品批发 | 6 405.2 | 3 042.4 | | 6 405.2 | 511.9 |
| 金属及金属矿批发 | 846 288.3 | 47 325.8 | 48 384.3 | 887 826.2 | 155 973.7 |
| 建材批发 | 24 601.3 | 419.2 | | 24 601.3 | 5 462.3 |
| 化肥批发 | 58 975.9 | 9.3 | 24.4 | 59 000.3 | 9 562.7 |
| 其他化工产品批发 | 147 451.1 | 76 268.2 | 5 799.0 | 142 915.1 | 36 646.3 |
| 机械设备、五金产品及电子产品批发 | 232 916.5 | 63 317.5 | 5 859.0 | 238 775.6 | 29 904.7 |
| 农业机械批发 | 501.2 | 1.2 | | 501.2 | 1 828.6 |
| 汽车批发 | 122 237.0 | 6 080.6 | 5 600.0 | 127 837.0 | 5 540.5 |
| 汽车零配件批发 | 649.6 | 37.6 | | 649.6 | 2 452.6 |
| 摩托车及零配件批发 | 11 888.4 | 2 290.4 | | 11 888.4 | 1 417.4 |
| 五金产品批发 | 5 228.2 | 5 146.4 | | 5 228.2 | 405.5 |
| 电气设备批发 | 1 579.0 | 1 185.8 | | 1 579.0 | 354.7 |
| 计算机、软件及辅助设备批发 | 11 208.8 | 4 835.9 | 150.0 | 11 358.9 | 8 495.0 |
| 通讯及广播电视设备批发 | 1 043.4 | 633.3 | | 1 043.4 | 560.0 |
| 其他机械设备及电子产品批发 | 78 580.9 | 43 106.3 | 109.0 | 78 689.9 | 8 850.4 |
| 其他批发业 | 6 368.2 | 1 372.8 | | 6 368.2 | －4 513.3 |
| 再生物资回收与批发 | 6 368.2 | 1 372.8 | | 6 368.2 | －4 513.3 |

| 实收资本 | 国家资本 | 集体资本 | 法人资本 | 个人资本 | 港澳台资本 | 外商资本 |
|---|---|---|---|---|---|---|
| 1 839 601.7 | 1 281 609.1 | 28 629.0 | 360 472.4 | 164 480.2 | 2 411.0 | 2 000.0 |
| 1 597 368.7 | 1 265 816.6 | 24 633.0 | 206 442.2 | 99 593.9 | 883.0 | |
| | | | | | | |
| 8 595.5 | 1 360.1 | 6 102.4 | 200.0 | 100.0 | 833.0 | |
| 1 360.1 | 1 360.1 | | | | | |
| 100.0 | | | | 100.0 | | |
| 6 102.4 | | 6 102.4 | | | | |
| 1 033.0 | | | 200.0 | | 833.0 | |
| 22 255.2 | 6 883.2 | | 12 527.4 | 2 794.6 | 50.0 | |
| 2 029.1 | 803.2 | | 300.0 | 925.9 | | |
| 221.2 | | | 221.2 | | | |
| 1 768.2 | | | 100.0 | 1 668.2 | | |
| 8 737.4 | | | 8 737.4 | | | |
| 50.0 | | | 50.0 | | | |
| 2 598.5 | 260.0 | | 2 088.0 | 200.5 | 50.0 | |
| 5 820.0 | 5 820.0 | | | | | |
| 1 030.8 | | | 1 030.8 | | | |
| 9 062.7 | | | 3 381.7 | 5 681.0 | | |
| 1 200.0 | | | 1 200.0 | | | |
| 550.0 | | | 50.0 | 500.0 | | |
| 500.0 | | | | 500.0 | | |
| 431.7 | | | 431.7 | | | |
| 3 500.0 | | | 1 700.0 | 1 800.0 | | |
| 2 881.0 | | | | 2 881.0 | | |
| 24 522.6 | 20 269.0 | | 3 673.5 | 580.1 | | |
| 120.0 | | | 102.0 | 18.0 | | |
| 20 402.6 | 20 269.0 | | 71.5 | 62.1 | | |
| 4 000.0 | | | 3 500.0 | 500.0 | | |
| 59 134.2 | 3 241.6 | 17 549.0 | 17 919.0 | 20 424.6 | | |
| 46 947.3 | 480.0 | 17 549.0 | 15 130.2 | 13 788.1 | | |
| 10 486.9 | 2 761.6 | | 1 788.8 | 5 936.5 | | |
| 1 700.0 | | | 1 000.0 | 700.0 | | |
| 1 441 405.8 | 1 231 621.8 | 981.6 | 153 607.8 | 55 194.6 | | |
| 13 512.8 | | | 8 000.0 | 5 512.8 | | |
| 1 237 453.8 | 1 230 891.8 | 180.0 | 1 620.0 | 4 762.0 | | |
| 500.0 | | | 500.0 | 0.0 | | |
| 145 695.8 | 530.0 | | 107 113.6 | 38 052.2 | | |
| 5 398.6 | | | 1 739.0 | 3 659.6 | | |
| 6 495.6 | 200.0 | 295.6 | 6 000.0 | 0.0 | | |
| 32 349.2 | | 506.0 | 28 635.2 | 3 208.0 | | |
| 32 011.7 | 2 059.9 | | 15 132.8 | 14 819.0 | | |
| 1 160.0 | | | | 1 160.0 | | |
| 8 865.9 | 2 059.9 | | 3 200.0 | 3 606.0 | | |
| 2 500.0 | | | 1 000.0 | 1 500.0 | | |
| 2 000.0 | | | 700.0 | 1 300.0 | | |
| 400.0 | | | 200.0 | 200.0 | | |
| 208.0 | | | | 208.0 | | |
| 8 728.3 | | | 5 625.3 | 3 103.0 | | |
| 550.0 | | | 308.0 | 242.0 | | |
| 7 599.5 | | | 4 099.5 | 3 500.0 | | |
| 381.0 | 381.0 | | | | | |
| 381.0 | 381.0 | | | | | |

# 8-7 限额以上批发和零售业企业财务状况(续五)

| | 流动负债合计 | 应付帐款 | 非流动负债合计 | 负债合计 | 所有者权益合计 |
|---|---|---|---|---|---|
| **按登记注册类型分** | | | | | |
| 内资企业 | 2 450 967.5 | 610 092.5 | 177 483.6 | 2 488 596.4 | 2 050 975.0 |
| 国有企业 | 25 259.0 | 4 338.7 | | 25 259.0 | 154 857.0 |
| 集体企业 | 50 888.7 | 28 326.9 | 200.0 | 51 088.7 | 3 739.8 |
| 有限责任公司 | 1 383 479.8 | 302 680.3 | 48 149.9 | 1 298 520.7 | 481 997.1 |
| 国有独资公司 | 109 598.9 | 107 139.8 | 19 540.6 | 5 965.6 | 124 339.1 |
| 其他有限责任公司 | 1 273 880.9 | 195 540.5 | 28 609.3 | 1 292 555.1 | 357 658.0 |
| 股份有限公司 | 103 455.9 | 42 350.1 | 28 692.5 | 132 249.1 | 1 242 760.3 |
| 私营企业 | 887 907.5 | 232 419.9 | 100 441.2 | 981 502.3 | 167 038.0 |
| 私营独资企业 | 3 835.8 | 1 582.7 | | 3 835.8 | -530.3 |
| 私营合伙企业 | 8 668.4 | 7 849.0 | | 8 668.4 | 334.1 |
| 私营有限责任公司 | 863 557.7 | 215 557.4 | 100 441.2 | 957 152.5 | 165 359.9 |
| 私营股份有限公司 | 11 845.6 | 7 430.8 | | 11 845.6 | 1 874.3 |
| 其他企业 | -23.4 | -23.4 | | -23.4 | 582.8 |
| 港、澳、台商投资企业 | 2 598.1 | 64.3 | | 2 598.1 | 1 930.5 |
| 港、澳、台商独资经营企业 | 2 598.1 | 64.3 | | 2 598.1 | 1 930.5 |
| 外商投资企业 | 1 552.9 | 1 415.0 | | 1 552.9 | 61.2 |
| 外资企业 | 1 552.9 | 1 415.0 | | 1 552.9 | 61.2 |
| **按控股情况分** | | | | | |
| 国有控股 | 412 504.3 | 199 233.3 | 66 529.0 | 355 859.4 | 1 607 304.7 |
| 集体控股 | 334 204.2 | 37 099.0 | 224.4 | 334 529.3 | 102 695.6 |
| 私人控股 | 1 136 150.4 | 281 281.1 | 109 505.2 | 1 228 874.1 | 255 149.8 |
| 港澳台商控股 | 2 598.1 | 64.3 | 0.0 | 2 598.1 | 1 930.5 |
| 外商控股 | 1 552.9 | 1 415.0 | 0.0 | 1 552.9 | 61.2 |
| 其他 | 568 108.6 | 92 479.1 | 1 225.0 | 569 333.6 | 85 824.9 |
| **按经营形式分** | | | | | |
| 独立门店 | 1 161 078.3 | 223 291.4 | 81 527.7 | 1 236 653.4 | 415 741.5 |
| 其他 | 1 294 040.2 | 388 280.4 | 95 955.9 | 1 256 094.0 | 1 637 225.2 |

| 实收资本 | 国家资本 | 集体资本 | 法人资本 | 个人资本 | 港澳台资本 | 外商资本 |
|---|---|---|---|---|---|---|
| | | | | | | |
| 1 596 424.5 | 1 265 816.6 | 24 633.0 | 206 381.0 | 99 593.9 | | |
| 9 894.2 | 8 760.9 | | 1 133.3 | | | |
| 6 898.0 | | 6 578.0 | 320.0 | | | |
| 201 762.0 | 28 133.9 | 17 856.0 | 128 091.7 | 27 680.4 | | |
| 1 360.1 | 1 360.1 | | | | | |
| 200 401.9 | 26 773.8 | 17 856.0 | 128 091.7 | 27 680.4 | | |
| 1 235 489.8 | 1 228 921.8 | 99.0 | 0.0 | 6 469.0 | | |
| 141 780.5 | | 100.0 | 76 836.0 | 64 844.5 | | |
| 70.0 | | | | 70.0 | | |
| 500.0 | | | | 500.0 | | |
| 139 317.3 | | 100.0 | 76 042.8 | 63 174.5 | | |
| 1 893.2 | | | 793.2 | 1 100.0 | | |
| 600.0 | | | | 600.0 | | |
| 883.0 | | | | | 883.0 | |
| 883.0 | | | | | 883.0 | |
| 61.2 | | | 61.2 | | | |
| 61.2 | | | 61.2 | | | |
| | | | | | | |
| 1 278 818.5 | 1 263 771.6 | | 14 004.5 | 1 042.4 | | |
| 17 202.1 | 0.0 | 6 677.0 | 9 819.5 | 705.6 | | |
| 211 914.4 | 45.0 | 9 956.0 | 115 530.3 | 86 383.1 | | |
| 883.0 | | | | | 883.0 | |
| 61.2 | | | 61.2 | | | |
| 88 489.5 | 2 000.0 | 8 000.0 | 67 026.7 | 11 462.8 | | |
| | | | | | | |
| 203 418.9 | 29 697.1 | 574.6 | 107 868.4 | 64 395.8 | 883.0 | |
| 1 393 949.8 | 1 236 119.5 | 24 058.4 | 98 573.8 | 35 198.1 | | |

# 8－7 限额以上批发和零售业企业财务状况（续六）

| | 流动负债合　计 | 应付帐款 | 非流动负债合　计 | 负债合计 | 所有者权益合　计 |
|---|---|---|---|---|---|
| **零售业** | **1 078 237.5** | **213 146.1** | **45 901.6** | **1 153 024.8** | **475 409.1** |
| **按零售行业小类分** | | | | | |
| 综合零售 | 244 442.6 | 94 873.1 | 16 980.0 | 261 422.2 | 207 140.4 |
| 百货零售 | 220 231.4 | 85 203.2 | 6 080.2 | 226 311.2 | 191 210.6 |
| 超级市场零售 | 22 852.8 | 9 558.3 | 10 882.9 | 33 735.7 | 15 595.6 |
| 其他综合零售 | 1 358.4 | 111.6 | 16.9 | 1 375.3 | 334.2 |
| 食品、饮料及烟草制品专门零售 | 22 856.5 | 10 227.8 | 5 376.6 | 28 233.1 | 15 308.7 |
| 粮油零售 | 9 143.5 | 2 770.7 | 5 337.2 | 14 480.7 | 3 101.2 |
| 果品、蔬菜零售 | 156.7 | 31.7 | | 156.7 | 3 720.3 |
| 营养和保健品零售 | 10 030.7 | 6 987.2 | 39.4 | 10 070.1 | 6 050.2 |
| 酒、饮料及茶叶零售 | 24.2 | 5.1 | | 24.2 | 2.1 |
| 烟草制品零售 | 3 501.4 | 433.1 | | 3 501.4 | 2 384.9 |
| 纺织、服装及日用品专门零售 | 29 158.8 | 9 529.1 | 4 573.6 | 32 158.8 | 2 739.3 |
| 纺织品及针织品零售 | 1 243.5 | －509.3 | | 1 243.5 | 271.8 |
| 服装零售 | 24 174.3 | 9 188.4 | 4 573.6 | 27 174.3 | 1 566.4 |
| 钟表、眼镜零售 | 3 741.0 | 850.0 | | 3 741.0 | 901.1 |
| 文化、体育用品及器材专门零售 | 12 724.1 | 8 339.2 | 3 195.0 | 16 051.2 | 4 967.5 |
| 文具用品零售 | | | | | 50.0 |
| 图书、报刊零售 | 10 863.5 | 7 468.8 | 3 195.0 | 14 190.6 | 3 258.7 |
| 珠宝首饰零售 | 637.7 | 605.4 | | 637.7 | 1 216.3 |
| 工艺美术品及收藏品零售 | 1 222.9 | 265.0 | | 1 222.9 | 442.5 |
| 医药及医疗器材专门零售 | 52 434.4 | 36 104.3 | 52.6 | 52 434.4 | 9 309.4 |
| 药品零售 | 51 458.1 | 36 094.3 | | 51 458.1 | 9 256.8 |
| 医疗用品及器材零售 | 976.3 | 10.0 | 52.6 | 976.3 | 52.6 |
| 汽车、摩托车、燃料及零配件专门零售 | 623 765.3 | 31 866.1 | 9 609.9 | 663 734.3 | 201 518.7 |
| 汽车零售 | 608 220.1 | 29 828.4 | 9 609.9 | 620 767.1 | 199 506.6 |
| 汽车零配件零售 | 1 587.4 | 707.8 | | 1 587.4 | 76.8 |
| 机动车燃料零售 | 13 957.8 | 1 329.9 | | 41 379.8 | 1 935.3 |
| 家用电器及电子产品专门零售 | 66 324.1 | 19 056.5 | 12.3 | 66 357.5 | 23 248.3 |
| 日用家电设备零售 | 48 434.7 | 14 309.5 | | 48 434.7 | 8 307.2 |
| 计算机、软件及辅助设备零售 | 13 151.0 | 4 539.6 | 12.3 | 13 184.4 | 11 151.7 |
| 通信设备零售 | 4 738.4 | 207.4 | | 4 738.4 | 3 789.4 |
| 五金、家具及室内装饰材料专门零售 | 12 953.3 | 309.8 | 6 101.6 | 19 054.9 | 4 938.9 |
| 灯具零售 | 128.9 | 128.9 | | 128.9 | 1 096.9 |
| 家具零售 | 12 824.4 | 180.9 | 6 101.6 | 18 926.0 | 3 842.0 |
| 货摊、无店铺及其他零售业 | 13 578.4 | 2 840.2 | | 13 578.4 | 6 237.9 |
| 生活用燃料零售 | 13 578.4 | 2 840.2 | | 13 578.4 | 6 237.9 |

| 实收资本 | 国家资本 | 集体资本 | 法人资本 | 个人资本 | 港澳台资本 | 外商资本 |
|---|---|---|---|---|---|---|
| 242 233.0 | 15 792.5 | 3 996.0 | 154 030.2 | 64 886.3 | 1 528.0 | 2 000.0 |
| | | | | | | |
| 81 104.5 | 4 841.7 | 2 988.6 | 45 989.7 | 23 873.0 | 1 411.5 | 2 000.0 |
| 72 206.0 | 4 841.7 | 2 347.7 | 37 885.9 | 23 719.2 | 1 411.5 | 2 000.0 |
| 8 241.9 | | | 8 103.8 | 138.1 | | |
| 656.6 | | 640.9 | | 15.7 | | |
| 7 072.6 | 2 125.1 | 207.4 | 1 570.0 | 3 170.1 | | |
| 1 132.5 | 925.1 | 207.4 | | | | |
| 500.0 | | | 470.0 | 30.0 | | |
| 4 188.0 | | | 1 100.0 | 3 088.0 | | |
| 2.1 | | | | 2.1 | | |
| 1 200.0 | 1 200.0 | | | | | |
| 7 067.2 | 7.5 | | 2 126.7 | 4 816.5 | 116.5 | |
| 500.0 | 0.0 | | 500.0 | | | |
| 5 567.2 | 7.5 | | 1 626.7 | 3 816.5 | 116.5 | |
| 1 000.0 | | | | 1 000.0 | | |
| 3 568.3 | 1 475.1 | 500.0 | 20.0 | 1 573.2 | | |
| 50.0 | | | | 50.0 | | |
| 1 668.3 | 1 395.1 | | | 273.2 | | |
| 1 350.0 | 80.0 | | 20.0 | 1 250.0 | | |
| 500.0 | | 500.0 | | | | |
| 8 018.0 | | | 2 039.0 | 5 979.0 | | |
| 7 968.0 | | | 2 012.0 | 5 956.0 | | |
| 50.0 | | | 27.0 | 23.0 | | |
| 115 328.6 | 6 199.2 | 300.0 | 88 045.5 | 20 783.9 | | |
| 111 765.3 | 4 500.0 | 300.0 | 86 381.4 | 20 583.9 | | |
| 250.0 | | | 50.0 | 200.0 | | |
| 3 313.3 | 1 699.2 | | 1 614.1 | | | |
| 14 289.3 | | | 9 739.3 | 4 550.0 | | |
| 600.0 | | | 600.0 | | | |
| 11 689.3 | | | 7 139.3 | 4 550.0 | | |
| 2 000.0 | | | 2 000.0 | | | |
| 4 550.0 | | | 4 500.0 | 50.0 | | |
| 1 000.0 | | | 1 000.0 | | | |
| 3 550.0 | | | 3 500.0 | 50.0 | | |
| 1 234.5 | 1 143.9 | | | 90.6 | | |
| 1 234.5 | 1 143.9 | | | 90.6 | | |

# 8－7 限额以上批发和零售业企业财务状况（续七）

| | 流动负债合　计 | 应付帐款 | 非流动负债合　计 | 负债合计 | 所有者权益合　计 |
|---|---|---|---|---|---|
| **按登记注册类型分** | | | | | |
| 内资企业 | 1 060 847.4 | 208 392.0 | 40 999.6 | 1 130 732.7 | 458 343.7 |
| 国有企业 | 8 664.4 | 1 893.6 | 252.8 | 8 992.4 | 2 483.2 |
| 集体企业 | 11 971.6 | 871.7 | 367.2 | 12 338.4 | 3 544.8 |
| 有限责任公司 | 470 342.1 | 62 809.1 | 25 003.3 | 496 414.6 | 148 490.7 |
| 国有独资公司 | 16 978.2 | 7 292.8 | 3 195.0 | 20 213.9 | 7 758.6 |
| 其他有限责任公司 | 453 363.9 | 55 516.3 | 21 808.3 | 476 200.7 | 140 732.1 |
| 股份有限公司 | 117 041.4 | 41 407.0 | 2 165.9 | 146 554.1 | 103 681.9 |
| 私营企业 | 452 640.7 | 101 223.4 | 13 210.4 | 466 246.0 | 199 388.1 |
| 私营有限责任公司 | 422 632.5 | 99 832.1 | 13 210.4 | 436 216.8 | 193 538.5 |
| 私营股份有限公司 | 30 008.2 | 1 391.3 | | 30 029.2 | 5 849.6 |
| 其他企业 | 187.2 | 187.2 | | 187.2 | 755.0 |
| 港、澳、台商投资企业 | 14 173.4 | 3 314.8 | 3 902.0 | 18 075.4 | 15 464.9 |
| 港、澳、台商独资经营企业 | 14 173.4 | 3 314.8 | 3 902.0 | 18 075.4 | 15 464.9 |
| 外商投资企业 | 3 216.7 | 1 439.3 | 1 000.0 | 4 216.7 | 1 600.5 |
| 外资企业 | 3 216.7 | 1 439.3 | 1 000.0 | 4 216.7 | 1 600.5 |
| 按控股情况分 | | | | | |
| 国有控股 | 61 799.2 | 18 017.5 | 9 340.2 | 98 602.1 | 20 103.2 |
| 集体控股 | 82 423.6 | 12 753.0 | 567.2 | 82 990.4 | 98 973.4 |
| 私人控股 | 607 597.5 | 111 650.9 | 16 245.6 | 625 175.1 | 248 695.6 |
| 港澳台商控股 | 17 988.9 | 3 307.5 | 3 902.0 | 21 890.9 | 11 746.6 |
| 外商控股 | 3 216.7 | 1 439.3 | 1 000.0 | 4 216.7 | 1 600.5 |
| 其他 | 305 211.6 | 65 977.9 | 14 846.6 | 320 149.6 | 94 289.8 |
| 按经营形式分 | | | | | |
| 独立门店 | 913 914.6 | 150 529.7 | 43 617.1 | 959 049.6 | 436 481.0 |
| 连锁总店 | 56 520.8 | 32 363.9 | 53.5 | 83 921.1 | 11 294.4 |
| 连锁门店 | 12 831.5 | | | 12 831.5 | 6 419.3 |
| 其他 | 94 970.6 | 30 252.5 | 2 231.0 | 97 222.6 | 21 214.4 |
| 按零售业态分 | | | | | |
| 有店铺零售 | 1 078 237.5 | 213 146.1 | 45 901.6 | 1 153 024.8 | 475 409.1 |
| 食杂店 | 829.2 | 140.4 | 5 047.0 | 5 876.2 | 1 166.0 |
| 便利店 | 360.9 | 1.8 | 9.7 | 370.6 | 372.8 |
| 超市 | 11 246.3 | 2 788.3 | 38.2 | 11 375.9 | 3 413.5 |
| 大型超市 | 41 110.5 | 17 563.0 | 12 305.0 | 53 415.5 | 32 675.6 |
| 百货店 | 204 504.4 | 80 051.9 | 7 005.9 | 211 509.9 | 176 245.0 |
| 专业店 | 293 559.0 | 64 667.6 | 519.4 | 321 466.0 | 78 914.0 |
| 专卖店 | 513 208.6 | 42 968.5 | 19 874.8 | 534 490.5 | 180 098.1 |
| 家居建材商店 | 1 035.0 | 144.4 | 1 101.6 | 2 136.6 | 508.4 |
| 购物中心 | 1 243.5 | －509.3 | | 1 243.5 | 271.8 |
| 厂家直销中心 | 11 140.1 | 5 329.5 | | 11 140.1 | 1 743.9 |

| 实收资本 | | | | | | |
| --- | --- | --- | --- | --- | --- | --- |
| | 国家资本 | 集体资本 | 法人资本 | 个人资本 | 港澳台资本 | 外商资本 |
| 227 822.4 | 15 792.5 | 3 996.0 | 143 030.2 | 64 886.3 | 117.4 | |
| 2 386.6 | 2 004.0 | 207.4 | 84.6 | 90.6 | | |
| 3 803.3 | | 3 488.6 | 280.0 | 33.8 | 0.9 | |
| 97 875.8 | 11 966.8 | | 67 727.2 | 18 181.8 | | |
| 1 845.1 | 1 845.1 | | | | | |
| 96 030.7 | 10 121.7 | | 67 727.2 | 18 181.8 | | |
| 42 125.7 | 821.7 | | 26 455.9 | 14 848.1 | | |
| 80 876.0 | 1 000.0 | 300.0 | 48 482.5 | 30 977.0 | 116.5 | |
| 77 476.0 | 1 000.0 | 300.0 | 47 482.5 | 28 577.0 | 116.5 | |
| 3 400.0 | | | 1 000.0 | 2 400.0 | | |
| 755.0 | | | | 755.0 | | |
| 12 410.6 | | | 11 000.0 | | 1 410.6 | |
| 12 410.6 | | | 11 000.0 | | 1 410.6 | |
| 2 000.0 | | | | | | 2 000.0 |
| 2 000.0 | | | | | | 2 000.0 |
| | | | | | | |
| 13 523.4 | 12 640.8 | 207.4 | 254.6 | 420.6 | | |
| 40 690.1 | 821.7 | 3 488.6 | 25 735.9 | 10 643.0 | 0.9 | |
| 117 517.6 | 1 000.0 | 300.0 | 69 357.3 | 46 743.8 | 116.5 | |
| 8 810.4 | | | 8 810.4 | | | |
| 2 000.0 | | | | | | 2 000.0 |
| 59 691.5 | 1 330.0 | | 49 872.0 | 7 078.9 | 1 410.6 | |
| | | | | | | |
| 216 842.5 | 14 559.1 | 3 549.2 | 148 011.9 | 47 310.8 | 1 411.5 | 2 000.0 |
| 8 550.5 | | 198.4 | 2 829.0 | 5 406.6 | 116.5 | |
| 500.0 | | | 500.0 | | | |
| 16 340.0 | 1 233.4 | 248.4 | 2 689.3 | 12 168.9 | | |
| | | | | | | |
| 242 233.0 | 15 792.5 | 3 996.0 | 154 030.2 | 64 886.3 | 1 528.0 | 2 000.0 |
| 772.3 | 772.3 | | | | | |
| 361.6 | | 348.5 | | 13.1 | | |
| 1 809.9 | 70.0 | | 903.8 | 836.1 | | |
| 8 997.1 | 36.5 | | 7 550.0 | 0.0 | 1 410.6 | |
| 72 622.0 | 4 829.2 | 2 640.1 | 37 535.9 | 25 615.9 | 0.9 | 2 000.0 |
| 59 239.2 | 3 671.7 | 500.0 | 38 154.1 | 16 796.9 | 116.5 | |
| 94 630.9 | 6 412.8 | 507.4 | 67 916.4 | 19 794.3 | | |
| 500.0 | | | 500.0 | | | |
| 500.0 | | | 500.0 | | | |
| 2 800.0 | | | 970.0 | 1 830.0 | | |

# 8-7 限额以上批发和零售业企业财务状况(续八)

| | 营业收入 | 主营业务收入 | 营业成本 | 主营业务成本 | 营业税金及附加 | 主营业务税金及附加 |
|---|---|---|---|---|---|---|
| **总计** | **23 798 147.7** | **23 689 367.5** | **23 170 128.9** | **23 147 008.9** | **42 861.8** | **40 575.2** |
| **批发业** | **20 137 566.1** | **20 096 551.0** | **19 902 242.8** | **19 896 002.4** | **29 182.2** | **27 451.1** |
| **按批发行业小类分** | | | | | | |
| 农、林、牧产品批发 | 84 767.9 | 84 767.9 | 82 782.5 | 82 782.5 | 147.1 | 147.1 |
| 谷物、豆及薯类批发 | 3 863.2 | 3 863.2 | 3 646.4 | 3 646.4 | | |
| 饲料批发 | 33 265.7 | 33 265.7 | 33 010.3 | 33 010.3 | 4.2 | 4.2 |
| 棉、麻批发 | 38 337.5 | 38 337.5 | 37 541.5 | 37 541.5 | 141.7 | 141.7 |
| 其他农牧产品批发 | 9 301.5 | 9 301.5 | 8 584.3 | 8 584.3 | 1.2 | 1.2 |
| 食品、饮料及烟草制品批发 | 611 414.8 | 609 256.4 | 470 443.6 | 470 410.6 | 22 503.4 | 21 740.3 |
| 米、面制品及食用油批发 | 48 456.2 | 48 456.2 | 44 209.3 | 44 209.3 | 45.4 | 45.4 |
| 糕点、糖果及糖批发 | 9 027.3 | 8 755.3 | 7 617.4 | 7 617.4 | 29.4 | 29.4 |
| 果品、蔬菜批发 | 49 349.1 | 49 349.1 | 44 521.8 | 44 521.8 | 606.8 | 126.8 |
| 盐及调味品批发 | 45 424.1 | 44 410.5 | 18 920.3 | 18 887.3 | 430.8 | 327.2 |
| 营养和保健品批发 | 8 300.0 | 8 300.0 | 8 099.6 | 8 099.6 | 27.7 | 27.7 |
| 酒、饮料及茶叶批发 | 83 758.3 | 83 758.3 | 67 512.0 | 67 512.0 | 355.2 | 355.2 |
| 烟草制品批发 | 343 664.4 | 342 791.6 | 258 075.5 | 258 075.5 | 20 992.1 | 20 812.6 |
| 其他食品批发 | 23 435.4 | 23 435.4 | 21 487.7 | 21 487.7 | 16.0 | 16.0 |
| 纺织、服装及家庭用品批发 | 164 919.0 | 164 449.5 | 150 147.3 | 149 841.7 | 375.5 | 375.5 |
| 纺织品、针织品及原料批发 | 1 200.0 | 1 200.0 | 900.0 | 900.0 | 39.5 | 39.5 |
| 服装批发 | 24 806.4 | 24 806.4 | 21 916.5 | 21 916.5 | 23.0 | 23.0 |
| 化妆品及卫生用品批发 | 21 647.9 | 21 647.9 | 19 221.2 | 19 221.2 | 1.8 | 1.8 |
| 厨房、卫生间用具及日用杂货批发 | 12 434.6 | 12 434.6 | 12 311.4 | 12 311.4 | 20.5 | 20.5 |
| 家用电器批发 | 86 994.8 | 86 525.3 | 82 441.2 | 82 135.6 | 235.2 | 235.2 |
| 其他家庭用品批发 | 17 835.3 | 17 835.3 | 13 357.0 | 13 357.0 | 55.5 | 55.5 |
| 文化、体育用品及器材批发 | 164 809.4 | 164 782.9 | 149 115.1 | 149 115.1 | 221.1 | 221.1 |
| 文具用品批发 | 5 346.0 | 5 346.0 | 4 802.5 | 4 802.5 | 7.0 | 7.0 |
| 图书批发 | 72 195.3 | 72 168.8 | 62 734.2 | 62 734.2 | 139.1 | 139.1 |
| 首饰、工艺品及收藏品批发 | 87 268.1 | 87 268.1 | 81 578.4 | 81 578.4 | 75.0 | 75.0 |
| 医药及医疗器材批发 | 940 289.2 | 938 992.8 | 896 377.3 | 895 981.4 | 900.2 | 887.2 |
| 西药批发 | 762 254.5 | 761 058.1 | 729 690.8 | 729 295.0 | 667.8 | 654.8 |
| 中药批发 | 166 221.2 | 166 121.2 | 156 741.3 | 156 741.2 | 170.7 | 170.7 |
| 医疗用品及器材批发 | 11 813.5 | 11 813.5 | 9 945.2 | 9 945.2 | 61.7 | 61.7 |
| 矿产品、建材及化工产品批发 | 17 632 246.3 | 17 616 366.2 | 17 637 210.1 | 17 631 860.7 | 4 109.0 | 3 567.2 |
| 煤炭及制品批发 | 113 659.7 | 112 427.5 | 105 642.0 | 104 948.9 | 418.7 | 403.7 |
| 石油及制品批发 | 13 282 112.1 | 13 267 729.4 | 13 335 053.6 | 13 330 399.6 | 2 426.5 | 1 923.0 |
| 非金属矿及制品批发 | 12 276.4 | 12 276.4 | 11 254.6 | 11 254.6 | 15.6 | 15.6 |
| 金属及金属矿批发 | 3 094 182.8 | 3 093 998.6 | 3 054 405.9 | 3 054 403.6 | 690.5 | 690.5 |
| 建材批发 | 15 167.3 | 15 167.3 | 14 389.0 | 14 389.0 | 237.6 | 237.6 |
| 化肥批发 | 303 100.2 | 303 100.2 | 314 870.7 | 314 870.7 | 37.4 | 37.4 |
| 其他化工产品批发 | 811 747.8 | 811 666.8 | 801 594.3 | 801 594.3 | 282.7 | 259.4 |
| 机械设备、五金产品及电子产品批发 | 537 623.2 | 516 439.0 | 514 746.7 | 514 692.3 | 914.1 | 500.9 |
| 农业机械批发 | 2 108.1 | 2 108.1 | 1 626.7 | 1 626.7 | 5.8 | 5.8 |
| 汽车批发 | 345 351.4 | 324 311.6 | 335 354.5 | 335 345.5 | 276.0 | 276.0 |
| 汽车零配件批发 | 10 860.5 | 10 859.6 | 10 569.8 | 10 569.8 | 4.4 | 4.4 |
| 摩托车及零配件批发 | 16 340.3 | 16 340.3 | 16 240.0 | 16 240.0 | 3.1 | 3.1 |
| 五金产品批发 | 8 508.2 | 8 508.2 | 8 002.8 | 8 002.8 | 2.7 | 2.7 |
| 电气设备批发 | 4 060.8 | 4 060.8 | 3 783.4 | 3 783.4 | 7.4 | 7.4 |
| 计算机、软件及辅助设备批发 | 50 185.1 | 50 185.1 | 48 229.0 | 48 229.0 | 457.6 | 44.4 |
| 通讯及广播电视设备批发 | 10 123.5 | 10 123.5 | 9 475.3 | 9 475.3 | 17.9 | 17.9 |
| 其他机械设备及电子产品批发 | 90 085.3 | 89 941.8 | 81 465.2 | 81 419.8 | 139.2 | 139.2 |
| 其他批发业 | 1 496.3 | 1 496.3 | 1 420.2 | 1 318.1 | 11.8 | 11.8 |
| 再生物资回收与批发 | 1 496.3 | 1 496.3 | 1 420.2 | 1 318.1 | 11.8 | 11.8 |

| 其他业务利润 | 销售费用 | 管理费用 | 税金 |
|---|---|---|---|
| 59 578.2 | 323 420.6 | 173 041.2 | 5 795.8 |
| 38 608.0 | 150 074.0 | 99 988.6 | 2 904.0 |
| | | | |
| 165.5 | 1 098.6 | 1 039.3 | 10.8 |
| | 25.9 | 299.4 | 7.8 |
| | 201.5 | 33.6 | |
| 165.5 | 437.6 | 478.4 | |
| | 433.6 | 227.9 | 3.0 |
| 2 270.5 | 34 700.4 | 21 684.3 | 289.1 |
| 248.8 | 1 061.5 | 590.9 | 2.2 |
| 272.0 | 1 005.2 | 241.1 | 14.0 |
| | 328.4 | 833.6 | 0.2 |
| 876.9 | 12 392.3 | 5 609.6 | 249.6 |
| | 454.0 | | |
| | 11 220.8 | 2 095.6 | 10.3 |
| 872.8 | 6 729.7 | 11 924.9 | |
| | 1 508.5 | 388.6 | 12.8 |
| 191.7 | 8 115.0 | 4 428.8 | 153.7 |
| | 102.6 | 133.3 | |
| | 1 907.3 | 745.3 | 0.2 |
| | 2 102.5 | 154.7 | |
| 57.5 | 141.4 | 131.7 | 1.0 |
| 134.2 | 3 251.2 | 579.5 | 108.2 |
| | 610.0 | 2 684.3 | 44.3 |
| | 6 459.7 | 8 318.8 | 162.7 |
| | 427.3 | 94.2 | 2.0 |
| | 2 479.0 | 6 454.3 | 114.9 |
| | 3 553.4 | 1 770.3 | 45.8 |
| 1 629.3 | 19 626.0 | 11 815.0 | 305.0 |
| 1 529.5 | 14 632.2 | 9 792.3 | 238.6 |
| 99.8 | 3 970.4 | 1 619.4 | 66.0 |
| | 1 023.4 | 403.3 | 0.4 |
| 12 114.0 | 67 897.4 | 43 833.5 | 1 863.8 |
| 41.6 | 2 532.8 | 1 641.6 | 17.0 |
| 9 964.3 | 36 798.9 | 31 687.7 | 1 122.4 |
| | 889.5 | 12.7 | |
| 367.1 | 15 714.5 | 6 548.9 | 617.8 |
| | 158.5 | 203.3 | 4.6 |
| -6.3 | 5 149.9 | 1 626.4 | 32.3 |
| 1 747.3 | 6 653.3 | 2 112.9 | 69.7 |
| 22 237.0 | 12 176.9 | 8 661.7 | 118.9 |
| 475.6 | 99.0 | 99.3 | 2.0 |
| 21 615.3 | 5 041.2 | 3 059.0 | 40.0 |
| | 66.8 | 215.3 | 22.6 |
| | 76.9 | 82.0 | 2.4 |
| | 349.9 | 124.9 | |
| | 151.6 | 101.0 | 1.4 |
| 18.2 | 594.4 | 1 054.2 | 7.2 |
| | 400.2 | 96.4 | 0.7 |
| 127.9 | 5 396.9 | 3 829.6 | 42.6 |
| | | 207.2 | |
| | | 207.2 | |

# 8－7 限额以上批发和零售业企业财务状况（续九）

| | 营业收入 | 主营业务收入 | 营业成本 | 主营业务成本 | 营业税金及附加 | 主营业务税金及附加 |
|---|---|---|---|---|---|---|
| **按登记注册类型分** | | | | | | |
| 内资企业 | 20 111 110.3 | 20 070 095.2 | 19 880 321.1 | 19 874 080.7 | 29 090.0 | 27 358.9 |
| 国有企业 | 398 766.4 | 397 865.0 | 312 051.1 | 311 946.7 | 21 101.1 | 20 921.6 |
| 集体企业 | 94 067.1 | 94 067.1 | 90 430.1 | 90 430.1 | 184.6 | 184.6 |
| 有限责任公司 | 4 402 489.1 | 4 400 556.3 | 4 289 032.6 | 4 288 314.2 | 3 613.4 | 2 593.5 |
| 国有独资公司 | 416 611.3 | 416 611.3 | 403 502.5 | 403 502.5 | 219.0 | 219.0 |
| 其他有限责任公司 | 3 985 877.8 | 3 983 945.0 | 3 885 530.1 | 3 884 811.7 | 3 394.4 | 2 374.5 |
| 股份有限公司 | 12 829 378.1 | 12 814 980.9 | 12 900 655.8 | 12 896 001.8 | 2 028.2 | 1 524.7 |
| 私营企业 | 2 384 104.8 | 2 360 321.1 | 2 285 868.2 | 2 285 104.6 | 2 162.3 | 2 134.1 |
| 私营独资企业 | 2 159.2 | 2 159.2 | 2 154.2 | 2 154.2 | 16.2 | 16.2 |
| 私营合伙企业 | 30 098.0 | 30 098.0 | 29 619.8 | 29 619.8 | 0.1 | 0.1 |
| 私营有限责任公司 | 2 303 629.5 | 2 279 845.8 | 2 207 212.2 | 2 206 448.6 | 2 120.9 | 2 092.7 |
| 私营股份有限公司 | 48 218.1 | 48 218.1 | 46 882.0 | 46 882.0 | 25.1 | 25.1 |
| 其他企业 | 2 304.8 | 2 304.8 | 2 283.3 | 2 283.3 | 0.4 | 0.4 |
| 港、澳、台商投资企业 | 21 679.6 | 21 679.6 | 18 026.3 | 18 026.3 | 76.8 | 76.8 |
| 港、澳、台商独资经营企业 | 21 679.6 | 21 679.6 | 18 026.3 | 18 026.3 | 76.8 | 76.8 |
| 外商投资企业 | 4 776.2 | 4 776.2 | 3 895.4 | 3 895.4 | 15.4 | 15.4 |
| 外资企业 | 4 776.2 | 4 776.2 | 3 895.4 | 3 895.4 | 15.4 | 15.4 |
| **按控股情况分** | | | | | | |
| 国有控股 | 14 934 619.8 | 14 918 159.1 | 14 876 542.3 | 14 871 748.7 | 24 058.4 | 23 248.7 |
| 集体控股 | 287 471.7 | 287 396.5 | 281 100.7 | 281 100.7 | 342.0 | 342.0 |
| 私人控股 | 3 527 243.5 | 3 503 280.9 | 3 393 061.7 | 3 392 298.1 | 4 006.7 | 3 085.3 |
| 港澳台商控股 | 21 679.6 | 21 679.6 | 18 026.3 | 18 026.3 | 76.8 | 76.8 |
| 外商控股 | 4 776.2 | 4 776.2 | 3 895.4 | 3 895.4 | 15.4 | 15.4 |
| 其他 | 1 361 775.3 | 1 361 258.7 | 1 329 616.4 | 1 328 933.2 | 682.9 | 682.9 |
| **按经营形式分** | | | | | | |
| 独立门店 | 4 560 884.5 | 4 536 655.8 | 4 358 504.0 | 4 357 557.9 | 24 652.1 | 23 954.5 |
| 其他 | 15 576 681.6 | 15 559 895.2 | 15 543 738.8 | 15 538 444.5 | 4 530.1 | 3 496.6 |

| 其他业务利　润 | 销售费用 | 管理费用 | 税金 |
|---|---|---|---|
| 38 608.0 | 147 118.7 | 99 784.5 | 2 901.5 |
| 872.8 | 7 516.0 | 12 380.7 | 34.0 |
| 159.2 | 4 026.4 | 521.7 | 6.6 |
| 2 796.7 | 75 328.4 | 33 474.9 | 1 469.3 |
| | 17 779.0 | 1 170.1 | 245.6 |
| 2 796.7 | 57 549.4 | 32 304.8 | 1 223.7 |
| 9 438.8 | 16 050.4 | 30 521.0 | 814.4 |
| 25 340.5 | 44 169.8 | 22 885.1 | 577.2 |
| | 65.2 | 76.6 | 1.3 |
| | 17.5 | 241.2 | 30.7 |
| 25 340.5 | 43 060.8 | 22 213.5 | 537.8 |
| | 1 026.3 | 353.8 | 7.4 |
| | 27.7 | 1.1 | |
| | 2 304.2 | 90.0 | 2.5 |
| | 2 304.2 | 90.0 | 2.5 |
| | 651.1 | 114.1 | |
| | 651.1 | 114.1 | |
| 11 170.0 | 60 352.5 | 58 371.2 | 1 720.6 |
| 365.9 | 7 968.8 | 2 101.3 | 125.6 |
| 25 898.9 | 61 295.3 | 30 917.9 | 812.6 |
| | 2 304.2 | 90.0 | 2.5 |
| | 651.1 | 114.1 | |
| 1 173.2 | 17 502.1 | 8 394.1 | 242.7 |
| 25 003.4 | 70 047.7 | 48 813.4 | 817.3 |
| 13 604.6 | 80 026.3 | 51 175.2 | 2 086.7 |

# 8－7 限额以上批发和零售业企业财务状况（续十）

|  | 营业收入 | 主营业务收入 | 营业成本 | 主营业务成本 | 营业税金及附加 | 主营业务税金及附加 |
|---|---|---|---|---|---|---|
| **零售业** | **3 660 581.6** | **3 592 816.5** | **3 267 886.1** | **3 251 006.5** | **13 679.6** | **13 124.1** |
| **按零售行业小类分** |  |  |  |  |  |  |
| 综合零售 | 873 509.1 | 818 494.5 | 695 563.7 | 688 506.5 | 8 751.9 | 8 427.2 |
| 百货零售 | 818 379.3 | 767 187.7 | 651 790.3 | 644 733.1 | 8 196.7 | 8 074.0 |
| 超级市场零售 | 50 631.4 | 46 808.4 | 39 950.7 | 39 950.7 | 498.3 | 296.3 |
| 其他综合零售 | 4 498.4 | 4 498.4 | 3 822.7 | 3 822.7 | 56.9 | 56.9 |
| 食品、饮料及烟草制品专门零售 | 76 857.1 | 76 052.6 | 62 543.8 | 62 533.8 | 269.5 | 227.6 |
| 粮油零售 | 19 131.8 | 18 327.3 | 16 559.3 | 16 559.3 | 62.1 | 20.2 |
| 糕点、面包零售 | 650.0 | 650.0 | 390.0 | 380.0 | 10.0 | 10.0 |
| 果品、蔬菜零售 | 4 723.6 | 4 723.6 | 4 250.5 | 4 250.5 | 0.1 | 0.1 |
| 营养和保健品零售 | 24 130.0 | 24 130.0 | 17 745.7 | 17 745.7 | 94.9 | 94.9 |
| 酒、饮料及茶叶零售 | 240.0 | 240.0 | 122.4 | 122.4 | 0.2 | 0.2 |
| 烟草制品零售 | 27 981.7 | 27 981.7 | 23 475.9 | 23 475.9 | 102.2 | 102.2 |
| 纺织、服装及日用品专门零售 | 30 360.0 | 30 325.4 | 21 556.1 | 21 556.1 | 272.6 | 272.6 |
| 纺织品及针织品零售 | 2 944.7 | 2 944.7 | 2 410.1 | 2 410.1 | 7.1 | 7.1 |
| 服装零售 | 25 434.1 | 25 434.1 | 17 801.0 | 17 801.0 | 258.8 | 258.8 |
| 钟表、眼镜零售 | 1 981.2 | 1 946.6 | 1 345.0 | 1 345.0 | 6.7 | 6.7 |
| 文化、体育用品及器材专门零售 | 28 418.4 | 28 339.2 | 22 925.4 | 22 925.4 | 465.0 | 465.0 |
| 文具用品零售 | 475.0 | 475.0 | 382.5 | 382.5 | 81.0 | 81.0 |
| 图书、报刊零售 | 17 704.1 | 17 624.9 | 13 610.7 | 13 610.7 | 46.6 | 46.6 |
| 珠宝首饰零售 | 6 578.5 | 6 578.5 | 5 379.2 | 5 379.2 | 333.7 | 333.7 |
| 工艺美术品及收藏品零售 | 3 660.8 | 3 660.8 | 3 553.0 | 3 553.0 | 3.7 | 3.7 |
| 医药及医疗器材专门零售 | 134 331.6 | 134 259.5 | 102 044.2 | 101 026.6 | 570.9 | 570.9 |
| 药品零售 | 133 292.1 | 133 220.0 | 101 063.6 | 100 046.0 | 569.4 | 569.4 |
| 医疗用品及器材零售 | 1 039.5 | 1 039.5 | 980.6 | 980.6 | 1.5 | 1.5 |
| 汽车、摩托车、燃料及零配件专门零售 | 2 351 626.9 | 2 341 038.5 | 2 218 062.4 | 2 209 328.0 | 2 701.2 | 2 514.7 |
| 汽车零售 | 1 425 634.7 | 1 423 092.0 | 1 339 272.5 | 1 337 776.2 | 1 822.0 | 1 656.2 |
| 汽车零配件零售 | 4 772.3 | 4 772.3 | 4 650.5 | 4 650.5 | 3.5 | 3.5 |
| 机动车燃料零售 | 921 219.9 | 913 174.2 | 874 139.4 | 866 901.3 | 875.7 | 855.0 |
| 家用电器及电子产品专门零售 | 139 147.1 | 137 979.1 | 125 457.3 | 125 397.5 | 311.7 | 309.3 |
| 日用家电设备零售 | 45 608.6 | 44 548.4 | 39 722.8 | 39 722.1 | 108.0 | 108.0 |
| 计算机、软件及辅助设备零售 | 42 653.2 | 42 545.4 | 39 464.8 | 39 405.7 | 116.9 | 114.5 |
| 通信设备零售 | 50 885.3 | 50 885.3 | 46 269.7 | 46 269.7 | 86.8 | 86.8 |
| 五金、家具及室内装饰材料专门零售 | 4 585.8 | 4 582.1 | 1 609.0 | 1 608.4 | 207.1 | 207.1 |
| 灯具零售 | 557.9 | 557.9 | 456.8 | 456.8 | 29.4 | 29.4 |
| 家具零售 | 4 027.9 | 4 024.2 | 1 152.2 | 1 151.6 | 177.7 | 177.7 |
| 货摊、无店铺及其他零售业 | 21 745.6 | 21 745.6 | 18 124.2 | 18 124.2 | 129.7 | 129.7 |
| 生活用燃料零售 | 21 745.6 | 21 745.6 | 18 124.2 | 18 124.2 | 129.7 | 129.7 |

| 其他业务利润 | 销售费用 | 管理费用 | 税金 |
|---|---|---|---|
| 20 970.2 | 173 346.6 | 73 052.6 | 2 891.8 |
| | | | |
| 14 034.5 | 67 552.5 | 25 778.1 | 947.7 |
| 12 258.5 | 62 039.1 | 24 286.9 | 799.0 |
| 1 776.0 | 5 233.8 | 1 106.2 | 148.7 |
| | 279.6 | 385.0 | |
| 851.5 | 6 367.3 | 3 323.0 | 35.3 |
| 851.5 | 1 703.0 | 274.5 | 22.5 |
| | 45.0 | 80.0 | 5.0 |
| | 116.4 | 0.2 | |
| | 3 324.4 | 1 568.4 | 1.8 |
| | 2.8 | 1.4 | |
| | 1 175.7 | 1 398.5 | 6.0 |
| 22.2 | 3 917.4 | 3 654.3 | 85.3 |
| | 455.8 | 84.1 | 0.9 |
| 22.2 | 3 152.3 | 3 418.3 | 80.9 |
| | 309.3 | 151.9 | 3.5 |
| 413.4 | 2 568.8 | 2 449.5 | 65.0 |
| | 2.3 | 1.9 | |
| 309.3 | 1 822.8 | 2 191.6 | 64.2 |
| | 711.9 | 198.6 | 0.8 |
| 104.1 | 31.8 | 57.4 | |
| -0.2 | 21 542.3 | 10 583.1 | 7.5 |
| -0.2 | 21 500.9 | 10 570.9 | 7.4 |
| | 41.4 | 12.2 | 0.1 |
| 3 924.2 | 61 791.9 | 23 040.8 | 1 646.0 |
| 3 952.8 | 32 936.5 | 22 428.6 | 707.6 |
| -40.9 | 105.4 | 8.3 | |
| 12.3 | 28 750.0 | 603.9 | 938.4 |
| 1 724.6 | 7 516.2 | 3 208.4 | 7.9 |
| 1 059.5 | 3 167.3 | 1 342.3 | |
| 312.7 | 1 348.9 | 1 270.9 | 7.9 |
| 352.4 | 3 000.0 | 595.2 | |
| | 1 196.8 | 772.2 | 83.1 |
| | 20.7 | 13.6 | |
| | 1 176.1 | 758.6 | 83.1 |
| | 893.4 | 243.2 | 14.0 |
| | 893.4 | 243.2 | 14.0 |

# 8－7 限额以上批发和零售业企业财务状况(续十一)

| | 营业收入 | 主营业务收入 | 营业成本 | 主营业务成本 | 营业税金及附加 | 主营业务税金及附加 |
|---|---|---|---|---|---|---|
| **按登记注册类型分** | | | | | | |
| 内资企业 | 3 528 760.5 | 3 461 822.5 | 3 157 860.0 | 3 141 074.7 | 12 766.7 | 12 211.2 |
| 国有企业 | 28 157.4 | 27 935.1 | 26 302.7 | 26 125.9 | 89.6 | 89.0 |
| 集体企业 | 25 672.8 | 25 672.8 | 23 804.4 | 23 679.7 | 70.3 | 70.3 |
| 有限责任公司 | 1 573 057.6 | 1 525 389.0 | 1 417 315.6 | 1 408 782.5 | 4 054.3 | 3 658.1 |
| 国有独资公司 | 25 919.5 | 25 840.3 | 19 542.6 | 19 542.6 | 119.8 | 119.8 |
| 其他有限责任公司 | 1 547 138.1 | 1 499 548.7 | 1 397 773.0 | 1 389 239.9 | 3 934.5 | 3 538.3 |
| 股份有限公司 | 804 004.6 | 796 055.1 | 728 539.2 | 723 890.4 | 3 526.6 | 3 449.2 |
| 私营企业 | 1 096 911.7 | 1 085 814.1 | 961 406.0 | 958 104.1 | 5 006.2 | 4 924.9 |
| 私营有限责任公司 | 968 819.6 | 957 915.6 | 837 825.4 | 834 523.5 | 4 903.3 | 4 822.0 |
| 私营股份有限公司 | 128 092.1 | 127 898.5 | 123 580.6 | 123 580.6 | 102.9 | 102.9 |
| 其他企业 | 956.4 | 956.4 | 492.1 | 492.1 | 19.7 | 19.7 |
| 港、澳、台商投资企业 | 115 490.1 | 115 490.1 | 96 550.0 | 96 550.0 | 834.8 | 834.8 |
| 港、澳、台商独资经营企业 | 115 490.1 | 115 490.1 | 96 550.0 | 96 550.0 | 834.8 | 834.8 |
| 外商投资企业 | 16 331.0 | 15 503.9 | 13 476.1 | 13 381.8 | 78.1 | 78.1 |
| 外资企业 | 16 331.0 | 15 503.9 | 13 476.1 | 13 381.8 | 78.1 | 78.1 |
| 按控股情况分 | | | | | | |
| **国有控股** | **1 039 078.6** | **1 029 673.5** | **978 367.7** | **966 671.9** | **1 575.5** | **1 554.5** |
| 集体控股 | 156 830.9 | 155 383.9 | 130 925.7 | 130 801.0 | 1 773.3 | 1 773.3 |
| 私人控股 | 1 619 031.1 | 1 607 773.7 | 1 445 229.4 | 1 441 735.1 | 6 357.1 | 6 197.3 |
| 港澳台商控股 | 51 396.3 | 49 786.3 | 45 278.3 | 43 909.8 | 214.0 | 211.6 |
| 外商控股 | 16 331.0 | 15 503.9 | 13 476.1 | 13 381.8 | 78.1 | 78.1 |
| 其他 | 777 913.7 | 734 695.2 | 654 608.9 | 654 506.9 | 3 681.6 | 3 309.3 |
| 按经营形式分 | | | | | | |
| **独立门店** | **2 550 303.9** | **2 523 510.8** | **2 294 793.3** | **2 283 606.7** | **10 768.9** | **10 218.9** |
| 连锁总店(总部) | 714 714.3 | 709 677.7 | 645 804.0 | 640 170.1 | 1 212.7 | 1 207.2 |
| 连锁门店 | 126 018.5 | 90 148.2 | 85 210.6 | 85 210.6 | 472.5 | 472.5 |
| 其他 | 269 544.9 | 269 479.8 | 242 078.2 | 242 019.1 | 1 225.5 | 1 225.5 |
| 按零售业态分 | | | | | | |
| 有店铺零售 | 3 660 581.6 | 3 592 816.5 | 3 267 886.1 | 3 251 006.5 | 13 679.6 | 13 124.1 |
| 食杂店 | 3 294.7 | 3 262.4 | 2 965.7 | 2 965.7 | | |
| 便利店 | 1 380.5 | 1 380.5 | 1 354.1 | 1 354.1 | 0.2 | 0.2 |
| 超市 | 26 714.1 | 26 642.0 | 20 571.4 | 20 571.4 | 201.0 | 201.0 |
| 大型超市 | 268 915.1 | 224 166.2 | 199 644.5 | 199 644.5 | 1 343.8 | 1 099.9 |
| 百货店 | 612 509.2 | 601 392.1 | 500 996.1 | 493 938.9 | 7 554.4 | 7 431.7 |
| 专业店 | 1 565 147.7 | 1 555 710.1 | 1 449 776.8 | 1 441 339.1 | 2 546.3 | 2 454.6 |
| 专卖店 | 1 157 777.7 | 1 155 424.3 | 1 073 254.7 | 1 071 870.6 | 1 890.9 | 1 793.7 |
| 家居建材商店 | 1 210.0 | 1 206.3 | 865.0 | 864.4 | 30.7 | 30.7 |
| 购物中心 | 2 944.7 | 2 944.7 | 2 410.1 | 2 410.1 | 7.1 | 7.1 |
| 厂家直销中心 | 20 687.9 | 20 687.9 | 16 047.7 | 16 047.7 | 105.2 | 105.2 |

| 其他业务利润 | 销售费用 | 管理费用 | 税金 |
|---|---|---|---|
| 20 970.2 | 159 239.4 | 70 806.9 | 2 891.8 |
| 91.7 | 1 544.5 | 360.3 | 41.6 |
| 104.1 | 758.3 | 1 028.7 | 10.7 |
| 12 783.2 | 61 614.6 | 28 354.2 | 962.7 |
| 287.0 | 1 992.7 | 1 983.6 | 37.2 |
| 12 496.2 | 59 621.9 | 26 370.6 | 925.5 |
| 2 879.8 | 37 430.3 | 10 246.1 | 1 469.9 |
| 5 111.4 | 57 537.8 | 30 798.1 | 406.9 |
| 4 917.8 | 55 480.8 | 29 862.9 | 353.3 |
| 193.6 | 2 057.0 | 935.2 | 53.6 |
|  | 353.9 | 19.5 |  |
|  | 12 303.2 | 1 411.3 |  |
|  | 12 303.2 | 1 411.3 |  |
|  | 1 804.0 | 834.4 |  |
|  | 1 804.0 | 834.4 |  |
|  |  |  |  |
| 1 648.8 | 32 754.1 | 7 458.6 | 1 052.3 |
| 1 551.1 | 7 220.7 | 7 463.2 | 373.9 |
| 5 785.2 | 75 934.4 | 39 901.8 | 736.2 |
| 30.0 | 3 211.0 | 1 452.9 | 3.0 |
|  | 1 804.0 | 834.4 |  |
| 11 955.1 | 52 422.4 | 15 941.7 | 726.4 |
|  |  |  |  |
| 15 046.6 | 110 893.4 | 52 105.7 | 1 572.2 |
| 352.4 | 39 294.0 | 12 472.7 | 945.8 |
| 5 218.3 | 8 013.5 | 1 031.1 | 100.5 |
| 352.9 | 15 145.7 | 7 443.1 | 273.3 |
|  |  |  |  |
| 20 970.2 | 173 346.6 | 73 052.6 | 2 891.8 |
|  | 247.6 | 63.4 |  |
|  | 1.1 | 22.9 |  |
| 27.1 | 2 555.0 | 1 688.3 | 57.5 |
| 7 825.6 | 23 488.4 | 3 657.3 | 204.4 |
| 7 014.6 | 45 040.8 | 23 817.2 | 685.8 |
| 2 287.3 | 62 284.7 | 20 576.9 | 1 179.2 |
| 3 801.3 | 36 365.9 | 22 676.4 | 760.5 |
|  | 89.6 | 21.1 |  |
|  | 455.8 | 84.1 | 0.9 |
| 14.3 | 2 817.7 | 445.0 | 3.5 |

# 8-7 限额以上批发和零售业企业财务状况(续十二)

| | 财务费用 | | | 资产减值损失 |
|---|---|---|---|---|
| | | 利息收入 | 利息支出 | |
| **总计** | **77 957.8** | **16 254.2** | **64 105.3** | **2 441.4** |
| **批发业** | **51 776.7** | **13 082.5** | **48 065.4** | **2 296.8** |
| **按批发行业小类分** | | | | |
| 农、林、牧产品批发 | 784.9 | 12.8 | 76.2 | |
| 谷物、豆及薯类批发 | 32.9 | 9.9 | 41.4 | |
| 饲料批发 | 0.1 | 0.9 | | |
| 棉、麻批发 | 648.6 | | | |
| 其他农牧产品批发 | 103.3 | 2.0 | 34.8 | |
| 食品、饮料及烟草制品批发 | 4 386.2 | 4 407.8 | 656.1 | 43.3 |
| 米、面制品及食用油批发 | 549.7 | 4.7 | 512.0 | 0.2 |
| 糕点、糖果及糖批发 | 25.8 | 0.5 | 25.9 | |
| 果品、蔬菜批发 | 307.8 | | | |
| 盐及调味品批发 | -533.7 | 540.3 | -0.8 | 43.1 |
| 营养和保健品批发 | 0.3 | | 0.3 | |
| 酒、饮料及茶叶批发 | 111.2 | 19.6 | 22.4 | |
| 烟草制品批发 | 3 828.8 | 3 842.7 | | |
| 其他食品批发 | 96.3 | | 96.3 | |
| 纺织、服装及家庭用品批发 | 851.8 | 166.5 | 346.0 | 1 043.8 |
| 纺织品、针织品及原料批发 | 49.5 | 73.2 | 23.7 | |
| 服装批发 | 33.0 | 20.3 | 47.4 | 880.5 |
| 化妆品及卫生用品批发 | 162.8 | 0.3 | 163.1 | |
| 厨房、卫生间用具及日用杂货批发 | 27.6 | | 27.6 | |
| 家用电器批发 | -19.5 | 71.7 | 28.7 | 163.3 |
| 其他家庭用品批发 | 598.4 | 1.0 | 55.5 | |
| 文化、体育用品及器材批发 | 280.8 | 416.7 | 421.8 | |
| 文具用品批发 | 0.1 | 0.1 | | |
| 图书批发 | -391.8 | 414.2 | 15.8 | |
| 首饰、工艺品及收藏品批发 | 672.5 | 2.4 | 406.0 | |
| 医药及医疗器材批发 | 5 419.9 | 554.0 | 4 535.0 | 860.7 |
| 西药批发 | 4 486.4 | 525.7 | 3 739.2 | 85.0 |
| 中药批发 | 845.2 | 28.0 | 762.0 | 775.7 |
| 医疗用品及器材批发 | 88.3 | 0.3 | 33.8 | |
| 矿产品、建材及化工产品批发 | 38 532.5 | 7 067.3 | 40 199.6 | 344.1 |
| 煤炭及制品批发 | 2 529.3 | 103.3 | 2 154.9 | 0.5 |
| 石油及制品批发 | 20 974.6 | 337.2 | 20 647.2 | |
| 金属及金属矿批发 | 100.1 | | | |
| 非金属矿及制品批发 | 12 289.9 | 6 338.9 | 14 980.7 | 211.9 |
| 建材批发 | 73.9 | 11.7 | 16.7 | 60.0 |
| 化肥批发 | 1 008.3 | 128.6 | 1 107.5 | |
| 其他化工产品批发 | 1 556.4 | 147.6 | 1 292.6 | 71.7 |
| 机械设备、五金产品及电子产品批发 | 1 521.3 | 456.4 | 1 830.4 | -0.5 |
| 农业机械批发 | 20.6 | | 20.6 | |
| 汽车批发 | 1 172.7 | 425.5 | 1 301.2 | -0.7 |
| 汽车零配件批发 | 25.8 | 0.2 | 25.5 | |
| 摩托车及零配件批发 | 259.9 | 44.8 | 293.6 | |
| 五金产品批发 | 24.6 | | 21.4 | |
| 电气设备批发 | -8.7 | 8.7 | | |
| 计算机、软件及辅助设备批发 | -1.1 | -63.6 | 45.2 | |
| 通讯及广播电视设备批发 | 35.3 | 0.1 | 30.0 | |
| 其他机械设备及电子产品批发 | -7.8 | 40.7 | 92.9 | 0.2 |
| 其他批发业 | -0.7 | 1.0 | 0.3 | 5.4 |
| 再生物资回收与批发 | -0.7 | 1.0 | 0.3 | 5.4 |

| 公允价值变动收益 | 投资收益 | 营业利润 | 营业外收入 | |
|---|---|---|---|---|
| | | | | 补贴收入 |
| 86.8 | 3 186.3 | 40 453.2 | 35 985.2 | 20 404.5 |
| -5.5 | 2 654.4 | -76 783.7 | 26 570.4 | 20 272.3 |
| | | | | |
| | 668.8 | -919.1 | 478.4 | 393.2 |
| | | -141.4 | 156.7 | 156.7 |
| | | 16.0 | | |
| | 668.8 | -744.9 | 285.2 | 200.0 |
| | | -48.8 | 36.5 | 36.5 |
| | 972.4 | 64 660.9 | 459.9 | 2.4 |
| | | 131.0 | 0.6 | |
| | | 108.4 | 5.6 | |
| | | 2 750.7 | | |
| | -122.8 | 8 684.3 | 428.4 | |
| | | -281.6 | -16.0 | |
| | | 2 463.5 | 27.1 | |
| | 1 095.2 | 50 866.3 | 14.2 | 2.4 |
| | | -61.7 | | |
| | | 9.8 | 62.1 | 4.9 |
| | | -24.9 | | |
| | | -699.2 | | |
| | | 4.9 | | |
| | | -140.5 | | |
| | | 339.4 | 61.8 | 4.9 |
| | | 530.1 | 0.3 | |
| | | 413.9 | | |
| | | 14.9 | | |
| | | 780.5 | | |
| | | -381.5 | | |
| | 105.2 | 5 866.7 | 164.1 | 100.0 |
| | | 3 652.2 | 160.3 | 100.0 |
| | 105.2 | 2 203.7 | 3.8 | |
| | | 10.8 | | |
| -23.7 | 898.0 | -146 805.2 | 25 284.1 | 19 771.8 |
| | | 303.9 | | |
| | 436.6 | -132 061.9 | 5 401.4 | |
| | | 3.9 | | |
| -26.7 | 454.7 | 5 033.5 | 127.7 | 37.0 |
| 3.0 | 1.0 | 49.0 | 0.8 | |
| | 3.8 | -19 595.0 | 19 734.8 | 19 734.8 |
| | 1.9 | -538.6 | 19.4 | |
| 18.2 | 10.0 | 73.2 | 121.8 | |
| | | 256.7 | | |
| | | 900.7 | 87.9 | |
| | | -21.6 | | |
| | | -321.6 | | |
| | | 3.3 | | |
| | | 26.1 | | |
| 18.2 | | -130.8 | | |
| | | 98.4 | | |
| | | -738.0 | 33.9 | |
| | | -83.9 | | |
| | | -83.9 | | |

# 8-7 限额以上批发和零售业企业财务状况(续十三)

| | 财务费用 | | | 资产减值损失 |
|---|---|---|---|---|
| | | 利息收入 | 利息支出 | |
| **按登记注册类型分** | | | | |
| 内资企业 | 51 797.9 | 13 080.1 | 48 064.2 | 2 296.8 |
| 国有企业 | 3 958.2 | 3 915.1 | 91.2 | 19.4 |
| 集体企业 | 771.6 | 0.9 | 77.1 | |
| 有限责任公司 | 13 777.9 | 4 777.3 | 15 306.9 | 1 419.3 |
| 国有独资公司 | 4 427.0 | 35.0 | 3 841.2 | |
| 其他有限责任公司 | 9 350.9 | 4 742.3 | 11 465.7 | 1 419.3 |
| 股份有限公司 | 16 099.3 | 192.0 | 16 334.7 | |
| 私营企业 | 17 191.0 | 4 194.6 | 16 254.3 | 858.1 |
| 私营独资企业 | 47.3 | 0.4 | 47.5 | |
| 私营合伙企业 | 263.7 | | | |
| 私营有限责任公司 | 16 877.2 | 4 191.7 | 16 202.9 | 855.6 |
| 私营股份有限公司 | 2.8 | 2.5 | 3.9 | 2.5 |
| 其他企业 | -0.1 | 0.2 | | |
| 港、澳、台商投资企业 | -21.2 | 2.4 | 1.2 | |
| 港、澳、台商独资经营企业 | -21.2 | 2.4 | 1.2 | |
| 外商投资企业 | | | | |
| 外资企业 | | | | |
| **按控股情况分** | | | | |
| 国有控股 | 24 237.9 | 5 297.7 | 21 062.3 | 283.9 |
| 集体控股 | 1 720.7 | 136.8 | 1 143.2 | |
| 私人控股 | 21 192.6 | 5 235.7 | 19 956.0 | 940.6 |
| 港澳台商控股 | -21.2 | 2.4 | 1.2 | |
| 外商控股 | | | | |
| 其他 | 4 646.7 | 2 409.9 | 5 902.7 | 1 072.3 |
| **按经营形式分** | | | | |
| 独立门店 | 18 378.1 | 10 227.3 | 15 894.9 | 1 906.9 |
| 其他 | 33 398.6 | 2 855.2 | 32 170.5 | 389.9 |

| 公允价值变动收益 | 投资收益 | 营业利润 | 营业外收入 | |
|---|---|---|---|---|
| | | | | 补贴收入 |
| | | | | |
| -5.5 | 2 654.4 | -78 087.4 | 26 554.2 | 20 262.3 |
| | 1 095.2 | 50 570.6 | 46.3 | 21.4 |
| | 668.8 | -1 708.2 | 285.2 | 200.0 |
| -23.7 | 329.6 | -595.4 | 20 600.6 | 19 996.4 |
| | | 2 018.3 | 180.3 | 156.7 |
| -23.7 | 329.6 | -2 613.7 | 20 420.3 | 19 839.7 |
| | 446.6 | -135 685.4 | 5 394.8 | |
| 18.2 | 114.2 | 9 338.6 | 227.3 | 44.5 |
| | | -200.3 | | |
| | | -44.3 | | |
| 18.2 | 114.2 | 9 657.6 | 227.3 | 44.5 |
| | | -74.4 | | |
| | | -7.6 | | |
| | | 1 203.5 | 10.6 | 10.0 |
| | | 1 203.5 | 10.6 | 10.0 |
| | | 100.2 | 5.6 | |
| | | 100.2 | 5.6 | |
| | | | | |
| -26.7 | 1 209.9 | -87 557.7 | 22 374.8 | 16 496.6 |
| 0.0 | 668.8 | -5 471.1 | 3 752.3 | 3 616.3 |
| 21.2 | 431.7 | 14 361.0 | 260.8 | 44.5 |
| | | 1 203.5 | 10.6 | 10.0 |
| | | 100.2 | 5.6 | |
| | 344.0 | 580.4 | 166.3 | 104.9 |
| | | | | |
| -5.5 | 1 852.5 | 47 514.7 | 20 024.0 | 19 792.7 |
| | 801.9 | -124 298.4 | 6 546.4 | 479.6 |

## 8-7 限额以上批发和零售业企业财务状况(续十四)

| | 财务费用 | 利息收入 | 利息支出 | 资产减值损失 |
|---|---|---|---|---|
| **零售业** | **26 181.1** | **3 171.7** | **16 039.9** | **144.6** |
| **按零售行业小类分** | | | | |
| 综合零售 | 2 360.3 | 1 002.9 | 1 327.6 | 69.9 |
| 百货零售 | 2 408.2 | 1 002.5 | 1 324.9 | 69.5 |
| 超级市场零售 | -48.9 | 0.4 | 1.7 | 0.4 |
| 其他综合零售 | 1.0 | | 1.0 | |
| 食品、饮料及烟草制品专门零售 | 292.4 | 16.7 | 286.3 | |
| 粮油零售 | 29.3 | 0.4 | 54.5 | |
| 糕点、面包零售 | | | | |
| 果品、蔬菜零售 | 11.6 | | 11.5 | |
| 营养和保健品零售 | 167.2 | 3.6 | 123.3 | |
| 酒、饮料及茶叶零售 | | | | |
| 烟草制品零售 | 84.3 | 12.7 | 97.0 | |
| 纺织、服装及日用品专门零售 | 595.4 | 2.6 | 176.3 | |
| 纺织品及针织品零售 | 21.0 | 0.3 | 20.0 | |
| 服装零售 | 438.3 | 2.0 | 19.9 | |
| 钟表、眼镜零售 | 136.1 | 0.3 | 136.4 | |
| 文化、体育用品及器材专门零售 | 69.0 | 2.3 | -0.5 | |
| 文具用品零售 | 0.9 | | | |
| 图书、报刊零售 | 26.2 | 2.3 | -0.5 | |
| 珠宝首饰零售 | 27.4 | | | |
| 工艺美术品及收藏品零售 | 14.5 | | | |
| 医药及医疗器材专门零售 | 412.7 | 4.6 | 138.6 | |
| 药品零售 | 412.6 | 4.6 | 138.6 | |
| 医疗用品及器材零售 | 0.1 | | | |
| 汽车、摩托车、燃料及零配件专门零售 | 20 207.8 | 2 103.5 | 13 162.2 | 64.6 |
| 汽车零售 | 18 307.6 | 1 865.0 | 11 520.6 | 70.3 |
| 汽车零配件零售 | 24.1 | | 4.7 | |
| 机动车燃料零售 | 1 876.1 | 238.5 | 1 636.9 | -5.7 |
| 家用电器及电子产品专门零售 | 1 685.7 | 37.7 | 391.6 | 10.1 |
| 日用家电设备零售 | 43.6 | 35.6 | 43.1 | |
| 计算机、软件及辅助设备零售 | 375.4 | 2.1 | 146.8 | 10.1 |
| 通信设备零售 | 1 266.7 | | 201.7 | |
| 五金、家具及室内装饰材料专门零售 | 541.6 | | 541.5 | |
| 灯具零售 | | | | |
| 家具零售 | 541.6 | | 541.5 | |
| 货摊、无店铺及其他零售业 | 16.2 | 1.4 | 16.3 | |
| 生活用燃料零售 | 16.2 | 1.4 | 16.3 | |

| 公允价值变动收益 | 投资收益 | 营业利润 | 营业外收入 | 补贴收入 |
|---|---|---|---|---|
| 92.3 | 531.9 | 117 236.9 | 9 414.8 | 132.2 |
| | | | | |
| | 428.4 | 78 496.7 | 779.3 | 6.2 |
| | 428.4 | 74 652.8 | 755.5 | 6.2 |
| | | 3 890.7 | 23.7 | |
| | | -46.8 | 0.1 | |
| | | 4 071.1 | 178.8 | 126.0 |
| | | 503.6 | 49.6 | 43.0 |
| | | 135.0 | | |
| | | 344.8 | | |
| | | 1 229.4 | 129.1 | 83.0 |
| | | 113.2 | | |
| | | 1 745.1 | 0.1 | |
| | | 364.2 | 31.5 | |
| | | -33.4 | 0.1 | |
| | | 365.4 | 31.4 | |
| | | 32.2 | | |
| | 22.5 | 189.1 | 3.2 | |
| | | 6.4 | | |
| | 22.5 | 254.6 | 0.2 | |
| | | -72.3 | 3.0 | |
| | | 0.4 | | |
| | | 745.5 | 24.9 | |
| | | 741.9 | 24.9 | |
| | | 3.6 | | |
| 92.3 | | 30 998.7 | 5 800.1 | |
| 92.3 | | 13 638.0 | 5 787.1 | |
| | | -60.4 | 0.0 | |
| | | 17 421.1 | 13.0 | |
| | | -307.4 | 2 596.6 | |
| | | 1 224.6 | 1 060.2 | |
| | | 124.9 | 2.7 | |
| | | -1 656.9 | 1 533.7 | |
| | 81.0 | 340.1 | 0.4 | |
| | | 37.4 | | |
| | 81.0 | 302.7 | 0.4 | |
| | | 2 338.9 | | |
| | | 2 338.9 | | |

# 8－7 限额以上批发和零售业企业财务状况（续十五）

| | 财务费用 | 利息收入 | 利息支出 | 资产减值损失 |
|---|---|---|---|---|
| **按登记注册类型分** | | | | |
| 内资企业 | 26 100.8 | 3 171.7 | 16 039.9 | 144.6 |
| 国有企业 | 258.2 | 239.1 | 14.3 | －1.0 |
| 集体企业 | 179.9 | 129.6 | 36.0 | |
| 有限责任公司 | 14 805.3 | 1 230.7 | 8 630.4 | 152.3 |
| 国有独资公司 | 28.7 | 2.0 | 1.4 | |
| 其他有限责任公司 | 14 776.6 | 1 228.7 | 8 629.0 | 152.3 |
| 股份有限公司 | 2 049.3 | 862.0 | 1 794.0 | －4.7 |
| 私营企业 | 8 807.8 | 710.3 | 5 564.9 | －2.0 |
| 私营有限责任公司 | 7 570.9 | 662.0 | 4 617.9 | －2.0 |
| 私营股份有限公司 | 1 236.9 | 48.3 | 947.0 | |
| 其他企业 | 0.3 | | 0.3 | |
| 港、澳、台商投资企业 | 123.8 | | | |
| 港、澳、台商独资经营企业 | 123.8 | | | |
| **外商投资企业** | **－43.5** | | | |
| 外资企业 | －43.5 | | | |
| 按控股情况分 | | | | |
| 国有控股 | 2 429.4 | 330.8 | 2 058.7 | 4.4 |
| 集体控股 | 77.9 | 716.7 | 84.3 | 0.0 |
| 私人控股 | 14 941.6 | 1 368.8 | 8 245.3 | 22.7 |
| **港澳台商控股** | **332.2** | **0.8** | **245.9** | |
| 外商控股 | －43.5 | | | |
| 其他 | 8 443.5 | 754.6 | 5 405.7 | 117.5 |
| 按经营形式分 | | | | |
| 独立门店 | 21 422.8 | 2 843.5 | 13 627.4 | 76.0 |
| 连锁总店 | 2 465.8 | 3.1 | 1 134.5 | －4.7 |
| 连锁门店 | －28.6 | 35.1 | 0.0 | 63.2 |
| 其他 | 2 321.1 | 290.0 | 1 278.0 | 10.1 |
| 按零售业态分 | | | | |
| 有店铺零售 | 26 181.1 | 3 171.7 | 16 039.9 | 144.6 |
| 食杂店 | 54.5 | | 54.5 | |
| 便利店 | 0.7 | | 0.7 | |
| 超市 | 38.6 | 1.0 | 8.9 | |
| 大型超市 | －17.6 | 35.1 | | 63.6 |
| 百货店 | 2 746.3 | 967.4 | 1 318.1 | 6.3 |
| 专业店 | 8 479.2 | 396.4 | 5 090.1 | －5.7 |
| 专卖店 | 14 487.9 | 1 770.5 | 9 179.6 | 80.4 |
| 家居建材商店 | 31.1 | | 31.1 | |
| 购物中心 | 21.0 | 0.3 | 20.0 | |
| 厂家直销中心 | 339.4 | 1.0 | 336.9 | |

| 公允价值变动收益 | 投资收益 | 营业利润 | 营业外收入 | 补贴收入 |
|---|---|---|---|---|
| 92.3 | 531.9 | 112 760.1 | 9 321.9 | 132.2 |
| | | 446.6 | 2.6 | |
| | 1.5 | -42.7 | 0.4 | |
| 7.2 | 22.5 | 50 232.7 | 3 104.1 | 46.0 |
| | | 2 478.2 | 0.2 | |
| 7.2 | 22.5 | 47 754.5 | 3 103.9 | 46.0 |
| | 189.0 | 24 062.9 | 136.1 | |
| 85.1 | 318.9 | 37 989.7 | 6 078.7 | 86.2 |
| 85.1 | 318.9 | 37 810.2 | 6 076.7 | 86.2 |
| | | 179.5 | 2.0 | |
| | | 70.9 | | |
| | | 4 267.0 | 65.0 | |
| | | 4 267.0 | 65.0 | |
| | | 209.8 | 27.9 | |
| | | 209.8 | 27.9 | |
| | | | | |
| | 22.5 | 23 635.8 | 64.5 | 43.0 |
| | 141.0 | 9 635.7 | 107.7 | 0.0 |
| 85.1 | 318.9 | 40 092.8 | 7 793.8 | 86.2 |
| | | 907.9 | 41.3 | |
| | | 209.8 | 27.9 | |
| 7.2 | 49.5 | 42 754.9 | 1 379.6 | 3.0 |
| | | | | |
| 92.3 | 480.9 | 70 559.0 | 8 814.1 | 129.2 |
| | 1.5 | 13 806.0 | 74.5 | |
| | | 31 256.2 | 201.5 | 3.0 |
| | 49.5 | 1 615.7 | 324.7 | |
| | | | | |
| 92.3 | 531.9 | 117 236.9 | 9 414.8 | 132.2 |
| | | -36.5 | 43.0 | 43.0 |
| | | 1.5 | | |
| | | 1 685.0 | 3.3 | |
| | | 40 735.1 | 234.1 | 3.0 |
| | 428.4 | 37 386.7 | 550.7 | 3.2 |
| | 22.5 | 24 447.7 | 1 310.1 | |
| 92.3 | 81.0 | 11 945.4 | 7 497.2 | 83.0 |
| | | 172.5 | | |
| | | -33.4 | 0.1 | |
| | | 932.9 | -223.7 | |

# 8－7 限额以上批发和零售业企业财务状况(续十六)

| | 利润总额 | 应交所得税 | 应付职工薪酬(本年贷方累计发生额) | 应交增值税 |
|---|---|---|---|---|
| **总计** | **46 756.9** | **22 771.8** | **145 316.5** | **80 969.0** |
| **批发业** | **－53 830.7** | **7 354.1** | **61 026.4** | **36 077.7** |
| **按批发行业小类分** | | | | |
| 农、林、牧产品批发 | 106.2 | 4.0 | 726.6 | 42.3 |
| 谷物、豆及薯类批发 | 15.3 | | 100.2 | |
| 饲料批发 | 16.0 | 4.0 | 99.6 | 32.3 |
| 棉、麻批发 | 87.4 | | 425.0 | |
| 其他农牧产品批发 | －12.5 | | 101.8 | 10.0 |
| 食品、饮料及烟草制品批发 | 62 243.2 | 2 178.9 | 10 906.7 | 4 277.8 |
| 米、面制品及食用油批发 | 131.0 | 4.2 | 1 061.1 | |
| 糕点、糖果及糖批发 | 112.9 | 45.7 | 96.9 | 150.7 |
| 果品、蔬菜批发 | 150.7 | | 229.8 | |
| 盐及调味品批发 | 9 090.0 | 1 437.6 | 3 245.1 | 2 747.3 |
| 营养和保健品批发 | －297.6 | 2.4 | 42.5 | |
| 酒、饮料及茶叶批发 | 2 438.8 | 685.8 | 3 961.2 | 2 029.4 |
| 烟草制品批发 | 50 679.1 | | 1 693.4 | －777.6 |
| 其他食品批发 | －61.7 | 3.2 | 576.7 | 128.0 |
| 纺织、服装及家庭用品批发 | －419.6 | 39.5 | 3 840.9 | 2 265.6 |
| 纺织品、针织品及原料批发 | －24.9 | | 30.1 | |
| 服装批发 | －699.2 | 6.8 | 461.0 | 119.9 |
| 化妆品及卫生用品批发 | 4.9 | 1.2 | 394.4 | 14.9 |
| 厨房、卫生间用具及日用杂货批发 | －140.5 | | 48.0 | 120.0 |
| 家用电器批发 | 389.2 | 18.3 | 1 239.8 | 1 957.3 |
| 其他家庭用品批发 | 50.9 | 13.2 | 1 667.6 | 53.5 |
| 文化、体育用品及器材批发 | 406.3 | 5.0 | 3 683.9 | 1 744.9 |
| 文具用品批发 | 14.7 | 3.5 | 94.5 | 37.7 |
| 图书批发 | 773.0 | 1.5 | 916.6 | 1 172.1 |
| 首饰、工艺品及收藏品批发 | －381.4 | | 2 672.8 | 535.1 |
| 医药及医疗器材批发 | 7 035.6 | 1 914.4 | 12 674.6 | 11 653.9 |
| 西药批发 | 4 647.7 | 1 166.3 | 10 406.4 | 10 868.7 |
| 中药批发 | 2 109.6 | 685.7 | 2 106.2 | 443.7 |
| 医疗用品及器材批发 | 278.3 | 62.4 | 162.0 | 341.5 |
| 矿产品、建材及化工产品批发 | －123 391.9 | 2 805.1 | 23 374.0 | 12 374.8 |
| 煤炭及制品批发 | 57.9 | 170.4 | 810.4 | 834.8 |
| 石油及制品批发 | －127 875.3 | 637.1 | 16 587.8 | 4 062.4 |
| 非金属矿及制品批发 | 3.9 | 0.0 | 95.4 | 18.3 |
| 金属及金属矿批发 | 4 940.2 | 1 806.6 | 3 109.7 | 6 066.8 |
| 建材批发 | 47.7 | 1.8 | 280.2 | 172.6 |
| 化肥批发 | 136.6 | 34.9 | 971.1 | 286.1 |
| 其他化工产品批发 | －702.9 | 154.3 | 1 519.4 | 933.8 |
| 机械设备、五金产品及电子产品批发 | 273.5 | 406.4 | 5 658.8 | 3 690.7 |
| 农业机械批发 | 256.7 | 64.2 | 68.0 | 44.8 |
| 汽车批发 | 1 089.7 | 256.4 | 2 175.9 | 1 606.2 |
| 汽车零配件批发 | －21.7 | 2.4 | 106.2 | 33.0 |
| 摩托车及零配件批发 | －321.6 | | 70.5 | 11.0 |
| 五金产品批发 | 2.5 | 1.0 | 167.8 | 20.9 |
| 电气设备批发 | 26.1 | 5.2 | 64.6 | 52.2 |
| 计算机、软件及辅助设备批发 | －130.8 | 4.5 | 661.5 | 559.3 |
| 通讯及广播电视设备批发 | 81.7 | 18.9 | 485.7 | 112.4 |
| 其他机械设备及电子产品批发 | －709.1 | 53.8 | 1 858.6 | 1 250.9 |
| 其他批发业 | －84.0 | 0.8 | 160.9 | 27.7 |
| 再生物资回收与批发 | －84.0 | 0.8 | 160.9 | 27.7 |

# 8－7 限额以上批发和零售业企业财务状况(续十七)

| | 利润总额 | 应交所得税 | 应付职工薪酬（本年贷方累计发生额） | 应交增值税 |
|---|---|---|---|---|
| **按登记注册类型分** | | | | |
| 内资企业 | -55 140.6 | 7 003.5 | 59 742.7 | 35 354.8 |
| 国有企业 | 50 414.5 | 8.6 | 2 178.1 | -717.2 |
| 集体企业 | -875.9 | | 515.0 | 284.8 |
| 有限责任公司 | 17 313.2 | 3 658.2 | 25 154.2 | 15 159.2 |
| 国有独资公司 | 2 053.7 | 293.3 | 4 965.2 | 2 092.1 |
| 其他有限责任公司 | 15 259.5 | 3 364.9 | 20 189.0 | 13 067.1 |
| 股份有限公司 | -131 413.3 | 23.3 | 11 587.7 | 4 029.6 |
| 私营企业 | 9 428.5 | 3 313.4 | 20 300.3 | 16 622.4 |
| 私营独资企业 | -202.4 | | 55.0 | 112.3 |
| 私营合伙企业 | -44.2 | | 24.0 | |
| 私营有限责任公司 | 9 751.6 | 3 300.6 | 19 835.7 | 16 437.3 |
| 私营股份有限公司 | -76.5 | 12.8 | 385.6 | 72.8 |
| 其他企业 | -7.6 | | 7.4 | -24.0 |
| 港、澳、台商投资企业 | 1 205.2 | 307.0 | 1 250.8 | 593.7 |
| 港、澳、台商独资经营企业 | 1 205.2 | 307.0 | 1 250.8 | 593.7 |
| 外商投资企业 | 104.7 | 43.6 | 32.9 | 129.2 |
| 外资企业 | 104.7 | 43.6 | 32.9 | 129.2 |
| **按控股情况分** | | | | |
| 国有控股 | -66 931.6 | 2 524.9 | 24 341.8 | 7 609.2 |
| 集体控股 | -1 184.0 | 36.7 | 1 460.4 | 1 538.2 |
| 私人控股 | 12 247.8 | 3 878.5 | 25 661.1 | 22 614.6 |
| 港澳台商控股 | 1 205.2 | 307.0 | 1 250.8 | 593.7 |
| 外商控股 | 104.7 | 43.6 | 32.9 | 129.2 |
| 其他 | 727.2 | 563.4 | 8 279.4 | 3 592.8 |
| **按经营形式分** | | | | |
| 独立门店 | 64 567.7 | 3 610.9 | 29 281.8 | 20 420.7 |
| 其他 | -118 398.4 | 3 743.2 | 31 744.6 | 15 657.0 |

## 8－7 限额以上批发和零售业企业财务状况(续十八)

| | 利润总额 | 应交所得税 | 应付职工薪酬(本年贷方累计发生额) | 应交增值税 |
|---|---|---|---|---|
| **零售业** | **100 587.6** | **15 417.7** | **84 290.1** | **44 891.3** |
| **按零售行业小类分** | | | | |
| 综合零售 | 49 048.0 | 7 658.9 | 22 391.0 | 19 280.0 |
| 百货零售 | 45 720.8 | 7 388.4 | 19 657.5 | 16 918.8 |
| 超级市场零售 | 3 373.9 | 270.1 | 2 191.1 | 2 298.6 |
| 其他综合零售 | －46.7 | 0.4 | 542.4 | 62.6 |
| 食品、饮料及烟草制品专门零售 | 4 213.2 | 735.5 | 5 057.1 | 1 643.9 |
| 粮油零售 | 630.0 | 155.3 | 587.0 | 154.6 |
| 糕点、面包零售 | 135.0 | | 23.4 | 8.0 |
| 果品、蔬菜零售 | 344.8 | 0.4 | 97.2 | |
| 营养和保健品零售 | 1 358.5 | 51.8 | 1 082.9 | 695.4 |
| 酒、饮料及茶叶零售 | | | 9.2 | |
| 烟草制品零售 | 1 744.9 | 528.0 | 3 257.4 | 785.9 |
| 纺织、服装及日用品专门零售 | 116.4 | 24.3 | 2 845.4 | 1 165.5 |
| 纺织品及针织品零售 | －33.5 | | 376.3 | 59.0 |
| 服装零售 | 117.7 | 24.3 | 2 265.3 | 1 068.5 |
| 钟表、眼镜零售 | 32.2 | | 203.8 | 38.0 |
| 文化、体育用品及器材专门零售 | －86.9 | 10.6 | 2 149.2 | 346.4 |
| 文具用品零售 | 6.4 | | 12.0 | |
| 图书、报刊零售 | －21.5 | 7.5 | 1 821.8 | 200.1 |
| 珠宝首饰零售 | －69.1 | | 275.1 | 123.9 |
| 工艺美术品及收藏品零售 | －2.7 | 3.1 | 40.3 | 22.4 |
| 医药及医疗器材专门零售 | 527.0 | 252.8 | 12 452.3 | 2 706.5 |
| 药品零售 | 523.4 | 252.8 | 12 437.4 | 2 694.8 |
| 医疗用品及器材零售 | 3.6 | | 14.9 | 11.7 |
| 汽车、摩托车、燃料及零配件专门零售 | 42 793.5 | 5 921.9 | 34 980.0 | 15 655.1 |
| 汽车零售 | 26 378.8 | 4 609.5 | 23 121.1 | 8 339.1 |
| 汽车零配件零售 | －60.5 | 2.0 | 84.1 | 0.0 |
| 机动车燃料零售 | 16 475.2 | 1 310.4 | 11 774.8 | 7 316 |
| 家用电器及电子产品专门零售 | 1 335.8 | 141.5 | 3 386.8 | 1 777.7 |
| 日用家电设备零售 | 1 337.2 | 36.5 | 882.0 | 606.4 |
| 计算机、软件及辅助设备零售 | 125.8 | 87.7 | 1 412.4 | 842.0 |
| 通信设备零售 | －127.2 | 17.3 | 1 092.4 | 329.3 |
| 五金、家具及室内装饰材料专门零售 | 303.1 | 77.0 | 499.7 | 35.5 |
| 灯具零售 | | | 21.5 | |
| 家具零售 | 303.1 | 77.0 | 478.2 | 35.5 |
| 货摊、无店铺及其他零售业 | 2 337.5 | 595.2 | 528.6 | 2 280.7 |
| 生活用燃料零售 | 2 337.5 | 595.2 | 528.6 | 2 280.7 |

# 8-7 限额以上批发和零售业企业财务状况(续十九)

| | 利润总额 | 应交所得税 | 应付职工薪酬(本年贷方累计发生额) | 应交增值税 |
|---|---|---|---|---|
| **按登记注册类型分** | | | | |
| 内资企业 | 96 121.3 | 15 080.4 | 82 365.8 | 42 620.4 |
| 国有企业 | 171.1 | 7.6 | 1 202.9 | 1 612.8 |
| 集体企业 | -45.4 | 5.6 | 1 014.0 | 141.7 |
| 有限责任公司 | 34 957.0 | 6 126.0 | 35 845.6 | 17 642.6 |
| 国有独资公司 | 2 200.7 | 587.6 | 1 909.5 | 801.6 |
| 其他有限责任公司 | 32 756.3 | 5 538.4 | 33 936.1 | 16 841.0 |
| 股份有限公司 | 22 925.5 | 2 599.8 | 16 548.0 | 10 937.3 |
| 私营企业 | 38 042.2 | 6 341.4 | 27 629.3 | 12 286.0 |
| 私营有限责任公司 | 37 545.3 | 6 298.6 | 26 576.2 | 12 184.8 |
| 私营股份有限公司 | 496.9 | 42.8 | 1 053.1 | 101.2 |
| 其他企业 | 70.9 | | 126.0 | |
| 港、澳、台商投资企业 | 4 256.5 | 337.3 | 1 646.3 | 1 954.2 |
| 港、澳、台商独资经营企业 | 4 256.5 | 337.3 | 1 646.3 | 1 954.2 |
| 外商投资企业 | 209.8 | | 278.0 | 316.7 |
| 外资企业 | 209.8 | | 278.0 | 316.7 |
| 按控股情况分 | | | | |
| **国有控股** | **21 833.4** | **2 659.6** | **16 287.2** | **10 974.9** |
| 集体控股 | 9 673.7 | 2 554.8 | 4 921.9 | 4 011.1 |
| 私人控股 | 52 296.0 | 7 349.8 | 37 639.4 | 15 784.8 |
| 港澳台商控股 | 878.9 | 81.8 | 830.3 | 1 205.7 |
| 外商控股 | 209.8 | | 278.0 | 316.7 |
| 其他 | 15 695.8 | 2 771.7 | 24 333.3 | 12 598.1 |
| 按经营形式分 | | | | |
| **独立门店** | **83 423.8** | **14 051.8** | **48 290.8** | **32 776.7** |
| 连锁总店(总部) | 12 449.7 | 299.2 | 21 671.7 | 7 649.2 |
| 连锁门店 | 3 158.5 | 402.5 | 3 029.7 | 1 628.5 |
| 其他 | 1 555.6 | 664.2 | 11 297.9 | 2 836.9 |
| 按零售业态分 | | | | |
| 有店铺零售 | 100 587.6 | 15 417.7 | 84 290.1 | 44 891.3 |
| 食杂店 | 6.5 | | 37.7 | |
| 便利店 | 1.5 | 0.4 | 0.9 | 0.6 |
| 超市 | 484.3 | 175.5 | 2 829.2 | 673.8 |
| 大型超市 | 12 360.9 | 2 256.3 | 6 425.3 | 5 734.4 |
| 百货店 | 37 103.8 | 5 553.5 | 15 611.4 | 13 621.3 |
| 专业店 | 22 834.3 | 2 794.3 | 32 146.0 | 16 016.7 |
| 专卖店 | 26 957.7 | 4 594.1 | 25 570.7 | 8 041.0 |
| 家居建材商店 | 172.5 | 43.1 | 168.6 | 27.6 |
| 购物中心 | -33.5 | | 376.3 | 59.0 |
| 厂家直销中心 | 699.6 | 0.5 | 1 022.0 | 716.9 |

# 8－8 星级住宿业和限额以上餐饮业企业财务状况

（2013 年）　　　　单位：万元

| | 法人企业数（个） | 执行《2006 企业会计准则》企业数（个） | 年初存货 | 流动资产合计 | 应收帐款 | 存货 |
|---|---|---|---|---|---|---|
| **总计** | **220** | **195** | **12 060.9** | **179 772.4** | **36 979.1** | **11 706.9** |
| **住宿业** | **76** | **69** | **5 235.0** | **116 144.2** | **29 101.7** | **4 909.6** |
| **按住宿业行业小类分** | | | | | | |
| 旅游饭店 | 48 | 45 | 4 651.0 | 106 430.7 | 28 496.3 | 3 725.6 |
| 一般旅馆 | 27 | 23 | 584.0 | 9 604.5 | 605.4 | 1 184.0 |
| 其他住宿业 | 1 | 1 | | 109.0 | | |
| **按登记注册类型分** | | | | | | |
| 内资企业 | 75 | 68 | 5 198.0 | 113 928.1 | 29 107.3 | 4 812.9 |
| 国有企业 | 19 | 17 | 2 658.4 | 41 642.0 | 7 322.2 | 1 607.4 |
| 集体企业 | 5 | 5 | 80.5 | 2 323.5 | 166.7 | 66.6 |
| 有限责任公司 | 34 | 32 | 2 202.2 | 62 902.3 | 20 087.6 | 2 668.3 |
| 国有独资公司 | 2 | 2 | 263.4 | 7 475.9 | 58.8 | 116.2 |
| 其他有限责任公司 | 32 | 30 | 1 938.8 | 55 426.4 | 20 028.8 | 2 552.1 |
| 私营企业 | 17 | 14 | 256.9 | 7 060.3 | 1 530.8 | 470.6 |
| 私营独资企业 | 2 | 1 | 13.6 | 1 051.1 | 12.3 | 85.8 |
| 私营有限责任公司 | 14 | 12 | 243.1 | 5 808.2 | 1 497.9 | 382.3 |
| 私营股份有限公司 | 1 | 1 | 0.2 | 201.0 | 20.6 | 2.5 |
| 外商投资企业 | 1 | 1 | 37.0 | 2 216.1 | －5.6 | 96.7 |
| 中外合资经营企业 | 1 | 1 | 37.0 | 2 216.1 | －5.6 | 96.7 |
| **按控股情况分** | | | | | | |
| 国有控股 | 30 | 28 | 3 698.3 | 61 379.0 | 7 757.7 | 2 503.6 |
| 集体控股 | 7 | 7 | 336.8 | 3 422.5 | 270.0 | 355.5 |
| 私人控股 | 31 | 26 | 850.1 | 33 795.3 | 9 405.8 | 1 615.0 |
| 外商控股 | 1 | 1 | 37.0 | 2 216.1 | －5.6 | 96.7 |
| 其他 | 7 | 7 | 312.8 | 15 331.3 | 11 673.8 | 338.8 |
| **按经营形式分** | | | | | | |
| 独立门店 | 69 | 63 | 5 129.8 | 112 112.5 | 28 999.8 | 4 800.9 |
| 连锁门店 | 3 | 2 | 2.8 | 670.2 | 23.0 | 2.7 |
| 其他 | 4 | 4 | 102.4 | 3 361.5 | 78.9 | 106.0 |
| **按星级分** | | | | | | |
| 五星 | 3 | 3 | 929.6 | 14 987.3 | 66.1 | 672.2 |
| 四星 | 10 | 10 | 801.5 | 33 083.6 | 10 645.6 | 896.7 |
| 三星 | 20 | 19 | 2 454.1 | 40 523.6 | 11 366.5 | 1 400.3 |
| 二星 | 4 | 4 | 329.3 | 1 610.6 | 88.3 | 203.4 |
| 其他 | 39 | 33 | 720.5 | 25 939.1 | 6 935.2 | 1 737.0 |

| 固定资产合　计 | 固定资产原　价 | 累计折旧 | 本年折旧 | 在建工程 | 资产总计 |
|---|---|---|---|---|---|
| 231 635.4 | 361 796.3 | 131 275.7 | 17 571.4 | 25 041.9 | 542 437.4 |
| 193 118.1 | 304 775.4 | 112 241.6 | 14 521.1 | 15 530.7 | 411 701.2 |
| | | | | | |
| 178 389.9 | 280 906.0 | 102 569.4 | 13 286.2 | 14 421.7 | 379 817.0 |
| 11 638.3 | 19 366.3 | 8 259.0 | 1 234.9 | 210.2 | 27 786.5 |
| 3 089.9 | 4 503.1 | 1 413.2 | | 898.8 | 4 097.7 |
| | | | | | |
| 178 724.1 | 274 898.7 | 96 758.9 | 14 035.4 | 15 530.7 | 395 091.1 |
| 28 251.1 | 70 373.2 | 42 422.3 | 5 246.3 | 1 115.8 | 75 662.7 |
| 7 007.9 | 15 638.0 | 8 630.1 | 487.1 | 90.2 | 9 656.2 |
| 141 491.2 | 184 986.2 | 43 495.0 | 7 996.4 | 14 260.6 | 296 964.9 |
| 19 965.5 | 31 921.2 | 11 955.7 | 651.7 | | 28 661.4 |
| 121 525.7 | 153 065.0 | 31 539.3 | 7 344.7 | 14 260.6 | 268 303.5 |
| 1 973.9 | 3 901.3 | 2 211.5 | 305.6 | 64.1 | 12 807.3 |
| 116.4 | 90.6 | 38.3 | 38.3 | 64.1 | 1 247.6 |
| 1 719.6 | 3 465.4 | 1 965.8 | 267.3 | | 11 074.0 |
| 137.9 | 345.3 | 207.4 | 0.0 | | 485.7 |
| 14 394.0 | 29 876.7 | 15 482.7 | 485.7 | | 16 610.1 |
| 14 394.0 | 29 876.7 | 15 482.7 | 485.7 | | 16 610.1 |
| | | | | | |
| 151 137.4 | 223 569.0 | 72 731.8 | 11 252.7 | 12 538.7 | 249 664.7 |
| 8 419.5 | 17 716.8 | 9 297.3 | 584.4 | 210.2 | 12 561.8 |
| 12 400.3 | 23 104.6 | 10 988.4 | 1 531.5 | 2 454.1 | 109 844.2 |
| 14 394.0 | 29 876.7 | 15 482.7 | 485.7 | | 16 610.1 |
| 6 766.9 | 10 508.3 | 3 741.4 | 666.8 | 327.7 | 23 020.4 |
| | | | | | |
| 103 960.1 | 210 174.2 | 106 798.4 | 10 584.3 | 15 530.7 | 297 570.0 |
| 83.2 | 178.7 | 95.5 | 95.5 | | 2 822.8 |
| 89 074.8 | 94 422.5 | 5 347.7 | 3 841.3 | | 111 308.4 |
| | | | | | |
| 23 943.8 | 59 155.9 | 35 201.3 | 1 162.9 | | 40 149.7 |
| 30 248.2 | 63 645.9 | 33 397.7 | 2 677.3 | 11 672.8 | 108 921.8 |
| 27 520.2 | 53 382.3 | 25 926.2 | 2 478.4 | 3 604.0 | 103 049.1 |
| 3 209.1 | 4 832.3 | 1 623.2 | 210.9 | 113.7 | 4 958.5 |

## 8－8 星级住宿业和限额以上餐饮业企业财务状况(续一)

| | 法人企业数(个) | 执行《2006 企业会计准则》企业数(个) | 年初存货 | 流动资产合计 | 应收帐款 | 存货 |
|---|---|---|---|---|---|---|
| **餐饮业** | **144** | **126** | **6 825.9** | **63 628.2** | **7 877.4** | **6 797.3** |
| **按餐饮行业小类分** | | | | | | |
| 正餐服务 | 138 | 120 | 5 997.8 | 56 724.0 | 7 842.6 | 6 003.4 |
| 快餐服务 | 3 | 3 | 769.3 | 6 233.0 | 0.0 | 683.8 |
| 饮料及冷饮服务 | 2 | 2 | 40.6 | 596.7 | 32.9 | 91.9 |
| 咖啡馆服务 | 2 | 2 | 40.6 | 596.7 | 32.9 | 91.9 |
| 其他餐饮业 | 1 | 1 | 18.2 | 74.5 | 1.9 | 18.2 |
| 其他未列明餐饮业 | 1 | 1 | 18.2 | 74.5 | 1.9 | 18.2 |
| **按登记注册类型分** | | | | | | |
| 内资企业 | 142 | 124 | 6 067.3 | 59 013.3 | 7 877.4 | 6 124.5 |
| 国有企业 | 3 | 2 | 230.9 | 897.7 | 198.4 | 205.2 |
| 有限责任公司 | 48 | 38 | 1 560.2 | 20 210.2 | 2 205.8 | 1 772.3 |
| 国有独资公司 | 2 | 1 | 0.4 | 63.2 | 0.2 | 1.3 |
| 其他有限责任公司 | 46 | 37 | 1 559.8 | 20 147.0 | 2 205.6 | 1 771.0 |
| 股份有限公司 | 7 | 6 | 119.8 | 3 343.1 | 363.6 | 180.2 |
| 私营企业 | 80 | 75 | 4 063.8 | 33 230.9 | 4 929.2 | 3 865.6 |
| 私营独资企业 | 9 | 8 | 127.5 | 1 180.7 | 352.8 | 136.7 |
| 私营合伙企业 | | | | | | |
| 私营有限责任公司 | 67 | 64 | 3 922.7 | 31 855.7 | 4 561.5 | 3 656.7 |
| 私营股份有限公司 | 4 | 3 | 13.6 | 194.5 | 14.9 | 72.2 |
| 其他企业 | 4 | 3 | 92.6 | 1 331.4 | 180.4 | 101.2 |
| 港澳台商投资企业 | 1 | 1 | 8.8 | 126.2 | | 10.5 |
| 港澳台商独资企业 | 1 | 1 | 8.8 | 126.2 | | 10.5 |
| 外商投资企业 | 1 | 1 | 749.8 | 4 488.7 | | 662.3 |
| 外资企业 | 1 | 1 | 749.8 | 4 488.7 | | 662.3 |
| **按控股情况分** | | | | | | |
| 国有控股 | 5 | 2 | 249.8 | 971.5 | 218.3 | 229.5 |
| 集体控股 | 4 | 4 | 171.8 | 966.5 | 79.4 | 151.4 |
| 私人控股 | 119 | 106 | 4 806.3 | 53 811.9 | 6 478.8 | 4 669.8 |
| 港澳台商控股 | 1 | 1 | 8.8 | 126.2 | | 10.5 |
| 外商控股 | 1 | 1 | 749.8 | 4 488.7 | | 662.3 |
| 其他 | 14 | 12 | 839.4 | 3 263.4 | 1 100.9 | 1 073.8 |
| **按经营形式分** | | | | | | |
| 独立门店 | 128 | 110 | 5 293.0 | 55 559.4 | 7 302.2 | 5 511.2 |
| 连锁总店 | 4 | 4 | 320.6 | 448.6 | 8.7 | 141.7 |
| 连锁门店 | 3 | 3 | 284.9 | 834.9 | 389.2 | 308.0 |
| 其他 | 9 | 9 | 927.4 | 6 785.3 | 177.3 | 836.4 |

| 固定资产合计 | 固定资产原价 | 累计折旧 | 本年折旧 | 在建工程 | 资产总计 |
|---|---|---|---|---|---|
| 38 517.3 | 57 020.9 | 19 034.1 | 3 050.3 | 9 511.2 | 130 736.2 |
| | | | | | |
| 36 494.7 | 52 310.4 | 16 346.2 | 3 034.9 | 8 916.2 | 117 310.0 |
| 1 198.7 | 3 799.1 | 2 600.4 | 10.1 | 595.0 | 11 718.3 |
| 375.4 | 447.3 | 71.9 | 4.4 | | 1 184.9 |
| 375.4 | 447.3 | 71.9 | 4.4 | | 1 184.9 |
| 448.5 | 464.1 | 15.6 | 0.9 | | 523.0 |
| 448.5 | 464.1 | 15.6 | 0.9 | | 523.0 |
| | | | | | |
| 37 336.6 | 53 958.2 | 17 152.1 | 3 045.5 | 8 916.2 | 120 965.0 |
| 1 813.9 | 2 081.2 | 283.7 | 0.0 | 116.5 | 2 831.9 |
| 11 796.8 | 16 653.2 | 5 347.6 | 1 159.7 | 86.7 | 36 528.5 |
| 5.2 | 13.0 | 7.8 | 1.2 | | 69.6 |
| 11 791.6 | 16 640.2 | 5 339.8 | 1 158.5 | 86.7 | 36 458.9 |
| 1 848.7 | 3 716.4 | 1 870.6 | 207.9 | | 7 136.0 |
| 21 075.1 | 30 547.6 | 9 492.5 | 1 650.1 | 8 678.0 | 71 660.4 |
| 1 989.4 | 3 279.7 | 1 290.3 | 182.3 | 3.4 | 3 225.4 |
| | | | | | |
| 17 898.1 | 25 609.2 | 7 731.1 | 1 400.3 | 8 658.1 | 66 637.4 |
| 1 187.6 | 1 658.7 | 471.1 | 67.5 | 16.5 | 1 797.6 |
| 802.1 | 959.8 | 157.7 | 27.8 | 35.0 | 2 808.2 |
| 10.4 | 34.4 | 24.0 | 4.8 | 0.0 | 159.2 |
| 10.4 | 34.4 | 24.0 | 4.8 | 0.0 | 159.2 |
| 1 170.3 | 3 028.3 | 1 858.0 | 0.0 | 595.0 | 9 612.0 |
| 1 170.3 | 3 028.3 | 1 858.0 | 0.0 | 595.0 | 9 612.0 |
| | | | | | |
| 2 252.3 | 2 686.9 | 451.5 | 39.9 | 116.5 | 3 386.5 |
| 2 551.3 | 3 390.6 | 839.3 | 106.3 | | 5 186.6 |
| 28 611.2 | 40 667.9 | 12 386.2 | 2 126.9 | 8 799.7 | 103 125.4 |
| 10.4 | 34.4 | 24.0 | 4.8 | | 159.2 |
| 1 170.3 | 3 028.3 | 1 858.0 | 0.0 | 595.0 | 9 612.0 |
| 3 921.8 | 7 212.8 | 3 475.1 | 772.4 | | 9 266.5 |
| | | | | | |
| 32 183.2 | 43 582.6 | 11 929.9 | 2 414.7 | 8 840.9 | 109 580.2 |
| 966.5 | 2 295.6 | 1 329.1 | 101.5 | | 1 851.7 |
| 1 192.1 | 3 725.9 | 2 533.8 | 454.8 | | 2 396.8 |
| 4 175.5 | 7 416.8 | 3 241.3 | 79.3 | 670.3 | 16 907.5 |

# 8－8 星级住宿业和限额以上餐饮业企业财务状况(续二)

| | 流动负债合计 | 应付帐款 | 非流动负债合计 | 负债合计 |
|---|---|---|---|---|
| **总计** | **232 541.6** | **47 127.5** | **139 123.8** | **372 137.7** |
| **住宿业** | **171 256.3** | **32 021.0** | **129 950.3** | **301 300.8** |
| **按住宿业行业小类分** | | | | |
| 旅游饭店 | 158 184.9 | 30 139.4 | 126 332.6 | 284 517.5 |
| 一般旅馆 | 13 929.2 | 2 739.4 | 2 616.7 | 16 640.1 |
| 其他住宿业 | －857.8 | －857.8 | 1 001.0 | 143.2 |
| **按登记注册类型分** | | | | |
| 内资企业 | 168 465.0 | 31 801.8 | 119 200.7 | 287 759.9 |
| 国有企业 | 37 355.5 | 8 982.3 | 12 933.4 | 50 288.9 |
| 集体企业 | 2 219.1 | 772.2 | 1 808.0 | 4 027.1 |
| 有限责任公司 | 119 682.4 | 20 694.0 | 104 350.6 | 224 033.0 |
| 国有独资公司 | 2 228.7 | 659.1 | 21 070.0 | 23 298.7 |
| 其他有限责任公司 | 117 453.7 | 20 034.9 | 83 280.6 | 200 734.3 |
| 私营企业 | 9 208.0 | 1 353.3 | 108.7 | 9 410.9 |
| 私营独资企业 | 950.2 | 1.6 | | 950.2 |
| 私营有限责任公司 | 7 920.3 | 1 014.2 | 108.7 | 8 123.2 |
| 私营股份有限公司 | 337.5 | 337.5 | | 337.5 |
| 外商投资企业 | 2 791.3 | 219.2 | 10 749.6 | 13 540.9 |
| 中外合资经营企业 | 2 791.3 | 219.2 | 10 749.6 | 13 540.9 |
| **按控股情况分** | | | | |
| 国有控股 | 87 806.2 | 20 242.7 | 95 531.5 | 183 337.7 |
| 集体控股 | 4 934.5 | 1 075.3 | 1 808.0 | 6 742.5 |
| 私人控股 | 65 899.4 | 5 151.7 | 15 321.2 | 81 314.8 |
| 外商控股 | 2 791.3 | 219.2 | 10 749.6 | 13 540.9 |
| 其他 | 9 824.9 | 5 332.1 | 6 540.0 | 16 364.9 |
| **按经营形式分** | | | | |
| 独立门店 | 135 532.3 | 20 203.7 | 71 905.1 | 207 531.6 |
| 连锁门店 | 2 497.9 | 1 777.8 | | 2 497.9 |
| 其他 | 33 226.1 | 10 039.5 | 58 045.2 | 91 271.3 |
| **按星级分** | | | | |
| 五星 | 9 643.2 | 6 061.5 | 31 157.0 | 40 800.2 |
| 四星 | 81 272.6 | 6 089.4 | 16 601.6 | 97 874.2 |
| 三星 | 23 669.5 | 3 263.9 | 21 036.7 | 44 706.2 |
| 二星 | 2 277.6 | 530.5 | 176.5 | 2 454.1 |
| 其他 | 54 393.4 | 16 075.7 | 60 978.5 | 115 466.1 |

| 所有者权益合计 | 实收资本 | 国家资本 | 集体资本 | 法人资本 | 个人资本 | 港澳台资本 | 外商资本 |
|---|---|---|---|---|---|---|---|
| 170 299.7 | 174 952.0 | 66 749.2 | 11 842.7 | 56 817.3 | 27 780.7 | 10 352.4 | 1 409.7 |
| 110 400.4 | 140 961.5 | 65 301.3 | 11 491.7 | 44 403.3 | 9 492.8 | 10 272.4 | |
| | | | | | | | |
| 95 299.5 | 121 253.0 | 53 712.7 | 9 690.5 | 40 723.7 | 6 853.7 | 10 272.4 | |
| 11 146.4 | 15 649.0 | 7 529.1 | 1 801.2 | 3 679.6 | 2 639.1 | | |
| 3 954.5 | 4 059.5 | 4 059.5 | | | | | |
| | | | | | | | |
| 107 331.2 | 128 447.4 | 65 301.3 | 11 491.7 | 42 161.6 | 9 492.8 | | |
| 25 373.8 | 37 716.5 | 37 174.5 | | 542.0 | | | |
| 5 629.1 | 11 288.1 | | 11 288.1 | | | | |
| 72 931.9 | 75 159.7 | 28 126.8 | 203.6 | 40 799.6 | 6 029.7 | | |
| 5 362.7 | 8 777.7 | 8 777.7 | | | | | |
| 67 569.2 | 66 382.0 | 19 349.1 | 203.6 | 40 799.6 | 6 029.7 | | |
| 3 396.4 | 4 283.1 | | | 820.0 | 3 463.1 | | |
| 297.4 | 680.0 | | | 60.0 | 620.0 | | |
| 2 950.8 | 3 533.1 | | | 760.0 | 2 773.1 | | |
| 148.2 | 70.0 | | | | 70.0 | | |
| 3 069.2 | 12 514.1 | | | 2 241.7 | | 10 272.4 | |
| 3 069.2 | 12 514.1 | | | 2 241.7 | | 10 272.4 | |
| | | | | | | | |
| 66 327.0 | 79 156.9 | 59 206.4 | | 18 569.9 | 1 380.6 | | |
| 5 819.3 | 11 488.1 | | 11 488.1 | | | | |
| 28 529.4 | 31 652.4 | 6 094.9 | 3.6 | 19 280.8 | 6 273.1 | | |
| 3 069.2 | 12 514.1 | | | 2 241.7 | | 10 272.4 | |
| 6 655.5 | 6 150.0 | | | 4 310.9 | 1 839.1 | | |
| | | | | | | | |
| 90 038.4 | 121 572.6 | 61 074.8 | 11 491.7 | 30 471.4 | 8 262.3 | 10 272.4 | |
| 324.9 | 260.0 | | | | 260.0 | | |
| 20 037.1 | 19 128.9 | 4 226.5 | | 13 931.9 | 970.5 | | |
| | | | | | | | |
| -650.5 | 9 250.5 | 8 708.5 | | 542.0 | | | |
| 11 047.6 | 32 154.3 | 14 287.1 | | 6 071.7 | 1 523.1 | 10 272.4 | |
| 58 342.9 | 55 354.6 | 23 005.8 | 9 910.8 | 18 157.4 | 4 280.6 | | |
| 2 504.4 | 2 167.3 | 1 290.0 | 877.3 | | | | |
| 39 156.0 | 42 034.8 | 18 009.9 | 703.6 | 19 632.2 | 3 689.1 | | |

# 8－8 星级住宿业和限额以上餐饮业企业财务状况(续三)

| | 流动负债合计 | 应付帐款 | 非流动负债合计 | 负债合计 |
|---|---|---|---|---|
| **餐饮业** | **61 285.3** | **15 106.5** | **9 173.5** | **70 836.9** |
| **按餐饮行业小类分** | | | | |
| 正餐服务 | 56 731.3 | 13 962.8 | 8 440.2 | 65 549.6 |
| 快餐服务 | 4 312.0 | 996.1 | 424.2 | 4 736.2 |
| 饮料及冷饮服务 | 196.2 | 147.2 | 309.1 | 505.3 |
| **咖啡馆服务** | **196.2** | **147.2** | **309.1** | **505.3** |
| 其他餐饮业 | 45.8 | 0.4 | | 45.8 |
| 其他未列明餐饮业 | 45.8 | 0.4 | | 45.8 |
| 按登记注册类型分 | | | | |
| 内资企业 | 57 866.6 | 14 110.9 | 8 879.3 | 67 124.0 |
| 国有企业 | 1 870.6 | 294.1 | | 1 870.6 |
| 有限责任公司 | 16 317.3 | 3 717.4 | 1 660.4 | 18 345.3 |
| 国有独资公司 | 12.2 | 2.0 | | 12.2 |
| 其他有限责任公司 | 16 305.1 | 3 715.4 | 1 660.4 | 18 333.1 |
| 股份有限公司 | 1 807.3 | 339.5 | 1 096.2 | 2 903.5 |
| 私营企业 | 36 490.7 | 9 547.0 | 6 107.9 | 42 592.4 |
| 私营独资企业 | 1 336.4 | 200.9 | 41.1 | 1 376.8 |
| 私营合伙企业 | | | | |
| 私营有限责任公司 | 34 701.7 | 9 002.4 | 5 939.8 | 40 641.5 |
| 私营股份有限公司 | 452.6 | 343.7 | 127.0 | 574.1 |
| 其他企业 | 1 380.7 | 212.9 | 14.8 | 1 412.2 |
| 港澳台商投资企业 | 7.5 | | | 7.5 |
| 港澳台商独资企业 | 7.5 | | | 7.5 |
| **外商投资企业** | **3 411.2** | **995.6** | **294.2** | **3 705.4** |
| 外资企业 | 3 411.2 | 995.6 | 294.2 | 3 705.4 |
| 按控股情况分 | | | | |
| 国有控股 | 1 905.2 | 303.2 | | 1 905.2 |
| 集体控股 | 1 418.7 | 479.5 | 285.0 | 1 703.7 |
| 私人控股 | 50 835.0 | 10 659.2 | 7 140.3 | 58 089.2 |
| 港澳台商控股 | 7.5 | | | 7.5 |
| **外商控股** | **3 411.2** | **995.6** | **294.2** | **3 705.4** |
| 其他 | 3 707.7 | 2 669.0 | 1 454.0 | 5 425.9 |
| 按经营形式分 | | | | |
| 独立门店 | 53 702.3 | 12 149.8 | 7 228.6 | 61 309.7 |
| 连锁总店 | 654.8 | 257.3 | 37.0 | 691.8 |
| 连锁门店 | 1 003.4 | 945.1 | 1 394.8 | 2 398.2 |
| 其他 | 5 924.8 | 1 754.3 | 513.1 | 6 437.2 |

| 所有者权益合计 | 实收资本 | 国有资本 | 集体资本 | 法人资本 | 个人资本 | 港澳台资本 | 外商资本 |
|---|---|---|---|---|---|---|---|
| 59 899.3 | 33 990.5 | 1 447.9 | 351.0 | 12 414.0 | 18 287.9 | 80.0 | 1 409.7 |
| | | | | | | | |
| 51 760.4 | 30 980.4 | 1 447.9 | 351.0 | 11 414.0 | 17 767.5 | | |
| 6 982.1 | 1 989.7 | | | 500.0 | | 80.0 | 1 409.7 |
| 679.6 | 700.0 | | | 500.0 | 200.0 | | |
| 679.6 | 700.0 | | | 500.0 | 200.0 | | |
| 477.2 | 320.4 | | | | 320.4 | | |
| 477.2 | 320.4 | | | | 320.4 | | |
| | | | | | | | |
| 53 841.0 | 32 500.8 | 1 447.9 | 351.0 | 12 414.0 | 18 287.9 | | |
| 961.3 | 927.9 | 927.9 | | | | | |
| 18 183.2 | 11 947.3 | 520.0 | 55.0 | 3 244.9 | 8 127.4 | | |
| 57.4 | 57.4 | 20.0 | | | 37.4 | | |
| 18 125.8 | 11 889.9 | 500.0 | 55.0 | 3 244.9 | 8 090.0 | | |
| 4 232.5 | 3 172.8 | | 246.0 | 2 346.7 | 580.1 | | |
| 29 068.0 | 16 240.1 | | 50.0 | 6 752.4 | 9 437.7 | | |
| 1 848.6 | 296.6 | | 50.0 | 2.0 | 244.6 | | |
| | | | | | | | |
| 25 995.9 | 15 416.9 | | | 6 310.4 | 9 106.5 | | |
| 1 223.5 | 526.6 | | | 440.0 | 86.6 | | |
| 1 396.0 | 212.7 | | | 70.0 | 142.7 | | |
| 151.7 | 80.0 | | | | | 80.0 | |
| 151.7 | 80.0 | | | | | 80.0 | |
| 5 906.6 | 1 409.7 | | | | | | 1 409.7 |
| 5 906.6 | 1 409.7 | | | | | | 1 409.7 |
| | | | | | | | |
| 1 481.3 | 1 447.9 | 1 447.9 | | | | | |
| 3 482.9 | 620.1 | | 301.0 | 319.1 | | | |
| 45 036.2 | 27 091.8 | | 50.0 | 11 583.9 | 15 457.9 | | |
| 151.7 | 80.0 | | | | | 80.0 | |
| 5 906.6 | 1 409.7 | | | | | | 1 409.7 |
| 3 840.6 | 3 341.0 | | | 511.0 | 2 830.0 | | |
| | | | | | | | |
| 48 270.5 | 29 864.2 | 1 447.9 | 346.0 | 11 514.0 | 16 556.3 | | |
| 1 159.9 | 580.0 | | | 300.0 | 200.0 | 80.0 | |
| -1.4 | 51.6 | | | 50.0 | 1.6 | | |
| 10 470.3 | 3 494.7 | | 5.0 | 550.0 | 1 530.0 | | 1 409.7 |

# 8－8 星级住宿业和限额以上餐饮业企业财务状况(续四)

| | 营业收入 | 主营业务收入 | 营业成本 | 主营业务成本 | 营业税金及附加 | 主营业务税金及附加 |
|---|---|---|---|---|---|---|
| **总计** | **286 689.8** | **285 472.5** | **140 294.8** | **139 135.6** | **15 687.4** | **15 621.4** |
| **住宿业** | **136 756.7** | **135 685.1** | **56 763.4** | **56 380.4** | **7 427.6** | **7 374.7** |
| **按住宿业行业小类分** | | | | | | |
| 旅游饭店 | 112 739.1 | 112 078.4 | 50 016.7 | 49 809.4 | 6 128.4 | 6 103.2 |
| 一般旅馆 | 23 117.2 | 22 706.3 | 5 813.3 | 5 637.6 | 1 269.1 | 1 241.4 |
| 其他住宿业 | 900.4 | 900.4 | 933.4 | 933.4 | 30.1 | 30.1 |
| **按登记注册类型分** | | | | | | |
| 内资企业 | 126 744.2 | 125 672.6 | 54 118.8 | 53 735.8 | 7 078.1 | 7 025.2 |
| 国有企业 | 46 039.3 | 45 912.9 | 17 298.3 | 17 298.3 | 2 309.4 | 2 281.5 |
| 集体企业 | 3 185.7 | 3 185.7 | 1 778.0 | 1 778.0 | 169.7 | 169.7 |
| 有限责任公司 | 58 948.7 | 58 285.7 | 30 633.3 | 30 250.3 | 3 605.7 | 3 580.7 |
| 国有独资公司 | 10 963.9 | 10 915.4 | 6 434.5 | 6 432.3 | 594.8 | 594.8 |
| 其他有限责任公司 | 47 984.8 | 47 370.3 | 24 198.8 | 23 818.0 | 3 010.9 | 2 985.9 |
| 私营企业 | 18 570.5 | 18 288.3 | 4 409.2 | 4 409.2 | 993.3 | 993.3 |
| 私营独资企业 | 439.6 | 439.6 | 222.0 | 222.0 | 36.5 | 36.5 |
| 私营有限责任公司 | 17 019.7 | 16 737.5 | 3 789.1 | 3 789.1 | 893.0 | 893.0 |
| 私营股份有限公司 | 1 111.2 | 1 111.2 | 398.1 | 398.1 | 63.8 | 63.8 |
| 外商投资企业 | 10 012.5 | 10 012.5 | 2 644.6 | 2 644.6 | 349.5 | 349.5 |
| 中外合资经营企业 | 10 012.5 | 10 012.5 | 2 644.6 | 2 644.6 | 349.5 | 349.5 |
| **按控股情况分** | | | | | | |
| 国有控股 | 81 051.4 | 80 511.7 | 38 684.0 | 38 577.2 | 4 481.8 | 4 452.5 |
| 集体控股 | 8 015.9 | 8 015.9 | 4 467.7 | 4 467.7 | 451.7 | 451.7 |
| 私人控股 | 31 676.8 | 31 276.4 | 9 294.1 | 9 132.6 | 1 750.1 | 1 726.5 |
| 外商控股 | 10 012.5 | 10 012.5 | 2 644.6 | 2 644.6 | 349.5 | 349.5 |
| 其他 | 6 000.1 | 5 868.6 | 1 673.0 | 1 558.3 | 394.5 | 394.5 |
| **按经营形式分** | | | | | | |
| 独立门店 | 115 183.4 | 114 392.3 | 46 587.8 | 46 204.8 | 6 006.6 | 5 953.7 |
| 连锁门店 | 2 092.9 | 2 092.9 | 432.2 | 432.2 | 122.0 | 122.0 |
| 其他 | 19 480.4 | 19 199.9 | 9 743.4 | 9 743.4 | 1 299.0 | 1 299.0 |
| **按星级分** | | | | | | |
| 五星 | 20 935.4 | 20 935.4 | 7 451.1 | 7 451.1 | 1 160.5 | 1 160.5 |
| 四星 | 39 957.9 | 39 742.0 | 12 616.9 | 12 616.9 | 1 848.6 | 1 827.2 |
| 三星 | 32 164.1 | 31 775.0 | 17 016.0 | 16 809.2 | 1 903.7 | 1 902.3 |
| 二星 | 2 209.8 | 2 209.8 | 1 498.4 | 1 498.4 | 128.4 | 128.4 |
| 其他 | 41 489.5 | 41 022.9 | 18 181.0 | 18 004.8 | 2 386.4 | 2 356.3 |

| 其他业务利润 | 销售费用 | 管理费用 | 税金 |
|---|---|---|---|
| 8 462.7 | 72 036.4 | 50 725.2 | 1 787.5 |
| 2 712.4 | 33 222.4 | 37 019.9 | 1 296.0 |
| | | | |
| 2 554.5 | 26 291.9 | 32 574.1 | 1 167.1 |
| 157.9 | 6 930.5 | 4 445.8 | 128.9 |
| | | | |
| | | | |
| 2 712.4 | 29 338.6 | 33 795.7 | 1 090.5 |
| 363.5 | 12 047.5 | 14 352.4 | 47.2 |
| | 285.9 | 1 077.0 | 70.8 |
| 2 311.1 | 12 671.2 | 14 614.1 | 959.2 |
| 48.0 | 530.0 | 2 670.4 | 9.6 |
| 2 263.1 | 12 141.2 | 11 943.7 | 949.6 |
| 37.8 | 4 334.0 | 3 752.2 | 13.3 |
| | 17.7 | 138.4 | |
| 37.8 | 3 807.0 | 3 485.6 | 13.3 |
| | 509.3 | 128.2 | |
| | 3 883.8 | 3 224.2 | 205.5 |
| | 3 883.8 | 3 224.2 | 205.5 |
| | | | |
| 414.1 | 17 378.7 | 21 594.9 | 409.3 |
| | 1 327.3 | 1 857.3 | 87.4 |
| 43.9 | 8 326.8 | 8 271.0 | 395.8 |
| | 3 883.8 | 3 224.2 | 205.5 |
| 2 254.4 | 2 305.8 | 2 072.5 | 198.0 |
| | | | |
| 2 706.3 | 29 550.1 | 33 483.9 | 893.2 |
| 6.1 | 1 211.6 | 683.6 | 125.0 |
| | 2 460.7 | 2 852.4 | 277.8 |
| | | | |
| | 3 599.7 | 8 410.4 | |
| 2 254.4 | 13 178.5 | 14 360.9 | 297.1 |
| 234.7 | 6 609.2 | 6 442.6 | 409.9 |
| | 365.8 | 294.6 | 8.1 |
| 223.3 | 9 469.2 | 7 511.4 | 580.9 |

# 8－8 星级住宿业和限额以上餐饮业企业财务状况(续五)

| | 营业收入 | 主营业务收入 | 营业成本 | 主营业务成本 | 营业税金及附加 | 主营业务税金及附加 |
|---|---|---|---|---|---|---|
| **餐饮业** | **149 933.1** | **149 787.4** | **83 531.4** | **82 755.2** | **8 259.8** | **8 246.7** |
| **按餐饮行业小类分** | | | | | | |
| 正餐服务 | 119 158.7 | 119 013.0 | 68 970.9 | 68 194.7 | 6 597.9 | 6 584.8 |
| 快餐服务 | 29 356.2 | 29 356.2 | 13 660.3 | 13 660.3 | 1 574.8 | 1 574.8 |
| 饮料及冷饮服务 | 1 053.8 | 1 053.8 | 699.2 | 699.2 | 69.4 | 69.4 |
| 咖啡馆服务 | 1 053.8 | 1 053.8 | 699.2 | 699.2 | 69.4 | 69.4 |
| 其他餐饮业 | 364.4 | 364.4 | 201.0 | 201.0 | 17.7 | 17.7 |
| 其他未列明餐饮业 | 364.4 | 364.4 | 201.0 | 201.0 | 17.7 | 17.7 |
| **按登记注册类型分** | | | | | | |
| 内资企业 | 121 961.3 | 121 815.6 | 70 739.3 | 69 963.1 | 6 726.9 | 6 713.8 |
| 国有企业 | 2 953.9 | 2 952.9 | 2 183.0 | 2 182.8 | 98.3 | 92.8 |
| 有限责任公司 | 49 099.0 | 48 977.4 | 29 432.8 | 28 829.6 | 2 611.2 | 2 606.2 |
| 国有独资公司 | 480.0 | 480.0 | 404.0 | 383.7 | 7.0 | 7.0 |
| 其他有限责任公司 | 48 619.0 | 48 497.4 | 29 028.8 | 28 445.9 | 2 604.2 | 2 599.2 |
| 股份有限公司 | 7 925.3 | 7 925.3 | 4 395.3 | 4 395.3 | 344.6 | 342.5 |
| 私营企业 | 60 647.6 | 60 624.5 | 33 883.7 | 33 710.9 | 3 584.1 | 3 583.6 |
| 私营独资企业 | 6 473.6 | 6 454.2 | 4 172.7 | 4 119.3 | 278.0 | 277.5 |
| 私营合伙企业 | | | | | | |
| 私营有限责任公司 | 51 401.6 | 51 397.9 | 27 840.5 | 27 721.1 | 3 184.2 | 3 184.2 |
| 私营股份有限公司 | 2 772.4 | 2 772.4 | 1 870.5 | 1 870.5 | 121.9 | 121.9 |
| 其他企业 | 1 335.5 | 1 335.5 | 844.5 | 844.5 | 88.7 | 88.7 |
| 港澳台商投资企业 | 1 051.4 | 1 051.4 | 445.4 | 445.4 | 59.4 | 59.4 |
| 港澳台商独资企业 | 1 051.4 | 1 051.4 | 445.4 | 445.4 | 59.4 | 59.4 |
| 外商投资企业 | 26 920.4 | 26 920.4 | 12 346.7 | 12 346.7 | 1 473.5 | 1 473.5 |
| 外资企业 | 26 920.4 | 26 920.4 | 12 346.7 | 12 346.7 | 1 473.5 | 1 473.5 |
| **按控股情况分** | | | | | | |
| 国有控股 | 3 657.9 | 3 656.9 | 2 728.0 | 2 707.5 | 107.0 | 101.5 |
| 集体控股 | 5 447.8 | 5 447.8 | 2 981.4 | 2 981.4 | 202.4 | 202.4 |
| 私人控股 | 85 278.3 | 85 133.6 | 49 322.1 | 48 707.1 | 4 909.4 | 4 901.8 |
| 港澳台商控股 | 1 051.4 | 1 051.4 | 445.4 | 445.4 | 59.4 | 59.4 |
| 外商控股 | 26 920.4 | 26 920.4 | 12 346.7 | 12 346.7 | 1 473.5 | 1 473.5 |
| 其他 | 27 577.3 | 27 577.3 | 15 707.8 | 15 567.1 | 1 508.1 | 1 508.1 |
| **按经营形式分** | | | | | | |
| 独立门店 | 103 222.2 | 103 076.5 | 60 866.2 | 60 090.0 | 5 888.4 | 5 875.3 |
| 连锁总店 | 6 267.2 | 6 267.2 | 2 992.4 | 2 992.4 | 354.3 | 354.3 |
| 连锁门店 | 9 578.4 | 9 578.4 | 4 908.5 | 4 908.5 | 391.3 | 391.3 |
| 其他 | 30 865.3 | 30 865.3 | 14 764.3 | 14 764.3 | 1 625.8 | 1 625.8 |

| 其他业务利　润 | 销售费用 | 管理费用 | 税金 |
|---|---|---|---|
| 5 750.3 | 38 814.0 | 13 705.3 | 491.5 |
| 5 650.0 | 31 642.8 | 11 365.9 | 481.9 |
| | 6 772.2 | 2 154.5 | 2.9 |
| 100.3 | 399.0 | 32.8 | 3.1 |
| 100.3 | 399.0 | 32.8 | 3.1 |
| | | 152.1 | 3.6 |
| | | 152.1 | 3.6 |
| 5 750.3 | 32 369.7 | 11 664.7 | 489.6 |
| | 415.2 | 429.0 | |
| 3 930.1 | 11 576.2 | 4 587.5 | 258.4 |
| | 16.4 | 64.5 | 3.8 |
| 3 930.1 | 11 559.8 | 4 523.0 | 254.6 |
| | 2 637.3 | 477.7 | 40.8 |
| 1 656.9 | 17 481.2 | 6 120.8 | 188.5 |
| 124.7 | 70.6 | 1 692.5 | 9.0 |
| 1 532.2 | 17 010.5 | 4 245.2 | 155.5 |
| | 400.1 | 183.1 | 24.0 |
| 163.3 | 259.8 | 49.7 | 1.9 |
| | 385.7 | 122.5 | 1.9 |
| | 385.7 | 122.5 | 1.9 |
| | 6 058.6 | 1 918.1 | |
| | 6 058.6 | 1 918.1 | |
| | 551.6 | 445.2 | |
| | 1 527.4 | 829.7 | 11.3 |
| 2 691.1 | 22 479.6 | 7 913.0 | 477.9 |
| | 385.7 | 122.5 | 1.9 |
| | 6 058.6 | 1 918.1 | |
| 3 059.2 | 7 811.1 | 2 476.8 | 0.4 |
| 2 745.6 | 26 462.0 | 9 710.2 | 468.0 |
| | 2 310.4 | 342.3 | 5.4 |
| 3 004.7 | 3 209.6 | 1 003.8 | 0.1 |
| | 6 832.0 | 2 649.0 | 18.0 |

## 8－8 星级住宿业和限额以上餐饮业企业财务状况（续六）

| | 财务费用 | 利息收入 | 利息支出 | 资产减值损失 | 公允价值变动收益 | 投资收益 | 营业利润 | 营业外收入 | 补贴收入 |
|---|---|---|---|---|---|---|---|---|---|
| **总计** | **7 671.1** | **336.8** | **6 263.1** | **10.4** | | **－6.9** | **491.5** | **745.4** | **131.3** |
| **住宿业** | **6 198.7** | **192.2** | **5 003.3** | **10.4** | | **－5.8** | **－3 758.1** | **300.8** | **131.3** |
| **按住宿业行业小类分** | | | | | | | | | |
| 旅游饭店 | 5 836.1 | 185.4 | 4 710.0 | 7.4 | | －11.2 | －8 061.4 | 293.9 | 131.3 |
| 一般旅馆 | 361.3 | 6.8 | 293.3 | 3.0 | | 5.4 | 4 303.3 | 6.9 | |
| 其他住宿业 | 1.3 | | | | | | | | |
| **按登记注册类型分** | | | | | | | | | |
| 内资企业 | 6 168.4 | 180.2 | 5 003.3 | 10.4 | | －5.8 | －3 638.2 | 266.1 | 131.3 |
| 国有企业 | 82.4 | －4.1 | 78.5 | 9.5 | | | 69.6 | 214.7 | 101.3 |
| 集体企业 | 8.6 | 3.6 | 0.1 | | | | －133.5 | 1.2 | |
| 有限责任公司 | 5 712.6 | 178.2 | 4 613.5 | | | －11.2 | －8 293.4 | 46.1 | 30.0 |
| 国有独资公司 | 23.6 | 0.6 | | | | | 710.6 | 0.4 | |
| 其他有限责任公司 | 5 689.0 | 177.6 | 4 613.5 | | | －11.2 | －9 004.0 | 45.7 | 30.0 |
| 私营企业 | 364.8 | 2.5 | 311.2 | | | 5.4 | 4 719.1 | 4.1 | |
| 私营独资企业 | 225.5 | 0.0 | 225.5 | | | 0.0 | －200.5 | 0.4 | |
| 私营有限责任公司 | 133.9 | 2.5 | 85.7 | | | 5.4 | 4 913.2 | 3.7 | |
| 私营股份有限公司 | 5.4 | | | | | 0.0 | 6.4 | | |
| 外商投资企业 | 30.3 | 12.0 | | | | 0.0 | －119.9 | 34.7 | |
| 中外合资经营企业 | 30.3 | 12.0 | | | | 0.0 | －119.9 | 34.7 | |
| **按控股情况分** | | | | | | | | | |
| 国有控股 | 4 278.4 | 16.4 | 4 134.2 | | | 0.0 | －5 246.1 | 223.6 | 101.3 |
| 集体控股 | 16.5 | 6.1 | 0.1 | | | 0.0 | －104.6 | 1.2 | 0.0 |
| 私人控股 | 1 456.6 | 7.4 | 724.5 | | | －18.4 | 2 562.6 | 10.6 | 0.0 |
| 外商控股 | 30.3 | 12.0 | | | | 0.0 | －119.9 | 34.7 | 0.0 |
| 其他 | | | | | | | | | |
| **按经营形式分** | | | | | | | | | |
| 独立门店 | 2 106.0 | 181.1 | 927.0 | 10.4 | | 18.0 | －2 416.1 | 298.3 | 131.3 |
| 连锁门店 | 10.6 | | 2.5 | | | －23.8 | －384.8 | | |
| 其他 | 4 082.1 | 11.1 | 4 073.8 | | | 0.0 | －957.2 | 2.5 | |
| **按星级分** | | | | | | | | | |
| 五星 | 75.7 | 6.7 | | | | 0.0 | 238.0 | 49.2 | |
| 四星 | 213.4 | －41.0 | 79.3 | －2.1 | | 12.6 | －2 245.7 | 53.6 | |
| 三星 | 1 498.5 | 173.2 | 536.5 | | | 0.0 | －1 241.6 | 148.0 | 131.3 |
| 二星 | －1.2 | 1.4 | 0.1 | | | 0.0 | －76.2 | 1.7 | |
| 其他 | 4 412.3 | 51.9 | 4 387.4 | 12.5 | | －18.4 | －432.6 | 48.3 | |

# 8-8 星级住宿业和限额以上餐饮业企业财务状况(续七)

| | 财务费用 | | | 资产减值损失 | 公允价值变动收益 | 投资收益 | 营业利润 | 营业外收入 | |
|---|---|---|---|---|---|---|---|---|---|
| | | 利息收入 | 利息支出 | | | | | | 补贴收入 |
| **餐饮业** | **1 472.4** | **144.6** | **1 259.8** | | | **-1.1** | **4 249.6** | **444.6** | |
| **按餐饮行业小类分** | | | | | | | | | |
| 正餐服务 | 1 560.6 | 36.2 | 1 253.7 | | | -1.1 | -880.0 | 432.4 | |
| 快餐服务 | -92.1 | 108.1 | 4.0 | | | | 5 286.5 | 12.2 | |
| 饮料及冷饮服务 | 4.1 | 0.1 | 2.1 | | | | -150.7 | | |
| 咖啡馆服务 | 4.1 | 0.1 | 2.1 | | | | -150.7 | | |
| 其他餐饮业 | -0.2 | 0.2 | | | | | -6.2 | | |
| 其他未列明餐饮业 | -0.2 | 0.2 | | | | | -6.2 | | |
| **按登记注册类型分** | | | | | | | | | |
| 内资企业 | 1 565.9 | 39.1 | 1 259.8 | | | -1.1 | -1 005.8 | 432.4 | |
| 国有企业 | 2.7 | 0.3 | 0.3 | | | | -174.4 | 41.2 | |
| 有限责任公司 | 314.3 | 9.9 | 183.3 | | | | 607.7 | 144.4 | |
| 国有独资公司 | | | | | | | 8.4 | | |
| 其他有限责任公司 | 314.3 | 9.9 | 183.3 | | | | 599.3 | 144.4 | |
| 股份有限公司 | 25.7 | 8.3 | 25.5 | | | | 44.7 | 99.0 | |
| 私营企业 | 1 169.4 | 20.1 | 1 050.2 | | | -1.1 | -1 522.8 | 118.7 | |
| 私营独资企业 | 0.6 | 0.1 | 0.3 | | | -1.1 | 293.4 | 1.6 | |
| 私营合伙企业 | | | | | | | | | |
| 私营有限责任公司 | 1 151.8 | 19.7 | 1 043.1 | | | | -1 996.0 | 21.3 | |
| 私营股份有限公司 | 17.0 | 0.3 | 6.8 | | | | 179.8 | 95.8 | |
| 其他企业 | 53.8 | 0.5 | 0.5 | | | | 39.0 | 29.1 | |
| 港澳台商投资企业 | | | | | | | 38.4 | 0.0 | |
| 港澳台商独资企业 | | | | | | | 38.4 | 0.0 | |
| 外商投资企业 | -93.5 | 105.5 | | | | | 5 217.0 | 12.2 | |
| 外资企业 | -93.5 | 105.5 | | | | | 5 217.0 | 12.2 | |
| **按控股情况分** | | | | | | | | | |
| 国有控股 | 2.7 | 0.3 | 0.3 | | | | -156.4 | 41.2 | |
| 集体控股 | 26.7 | 1.0 | 22.0 | | | | -119.8 | 125.0 | |
| 私人控股 | 1 446.0 | 36.4 | 1 232.9 | | | -1.1 | -712.6 | 243.2 | |
| 港澳台商控股 | | | | | | | 38.4 | | |
| 外商控股 | -93.5 | 105.5 | 0.0 | | | | 5 217.0 | 12.2 | |
| 其他 | 90.5 | 1.4 | 4.6 | | | | -17.0 | 23.0 | |
| **按经营形式分** | | | | | | | | | |
| 独立门店 | 1 450.6 | 36.1 | 1 216.6 | | | -1.1 | -1 090.0 | 400.9 | |
| 连锁总店 | 25.7 | | | | | | 242.1 | 0.8 | |
| 连锁门店 | 47.0 | | | | | | 18.2 | 19.1 | |
| 其他 | -50.9 | 108.5 | 43.2 | | | | 5 079.3 | 23.8 | |

# 8－8 星级住宿业和限额以上餐饮业企业财务状况(续八)

| | 利润总额 | 应交所得税 | 应付职工薪酬(本年贷方累计发生额) |
|---|---|---|---|
| **总计** | **266.4** | **4 599.0** | **51 177.7** |
| **住宿业** | **－3 044.6** | **2 797.2** | **26 992.7** |
| **按住宿业行业小类分** | | | |
| 旅游饭店 | －7 226.0 | 655.5 | 22 407.2 |
| 一般旅馆 | 4 245.8 | 2 141.7 | 4 268.7 |
| 其他住宿业 | －64.4 | | 316.8 |
| **按登记注册类型分** | | | |
| 内资企业 | －2 959.6 | 2 797.2 | 25 858.8 |
| 国有企业 | 26.0 | 437.3 | 9 844.3 |
| 集体企业 | －132.3 | | 1 296.4 |
| 有限责任公司 | －7 986.8 | 204.7 | 11 706.8 |
| 国有独资公司 | 707.3 | 19.9 | 2 593.3 |
| 其他有限责任公司 | －8 694.1 | 184.8 | 9 113.5 |
| 私营企业 | 5 133.5 | 2 155.2 | 3 011.3 |
| 私营独资企业 | 255.2 | | 18.5 |
| 私营有限责任公司 | 4 871.9 | 2 155.2 | 2 689.0 |
| 私营股份有限公司 | 6.4 | | 303.8 |
| 外商投资企业 | －85.0 | | 1 133.9 |
| 中外合资经营企业 | －85.0 | | 1 133.9 |
| **按控股情况分** | | | |
| 国有控股 | －5 289.5 | 623.0 | 15 626.6 |
| 集体控股 | －103.4 | 6.8 | 2 274.8 |
| 私人控股 | 3 272.2 | 2 167.4 | 6 310.5 |
| 外商控股 | －85.0 | | 1 133.9 |
| 其他 | －838.9 | | 1 646.9 |
| **按经营形式分** | | | |
| 独立门店 | －2 055.1 | 683.6 | 25 534.2 |
| 连锁门店 | －30.3 | | 358.3 |
| 其他 | －959.2 | 2 113.6 | 1 100.2 |
| **按星级分** | | | |
| 五星 | 152.1 | | 3 844.7 |
| 四星 | －2 241.1 | 114.4 | 9 088.9 |
| 三星 | －711.4 | 99.2 | 7 086.7 |
| 二星 | －74.6 | 8.8 | 623.2 |
| 其他 | －169.6 | 2 574.8 | 6 349.2 |

## 8-8 星级住宿业和限额以上餐饮业企业财务状况(续九)

| | 利润总额 | 应交所得税 | 应付职工薪酬(本年贷方累计发生额) |
|---|---|---|---|
| **餐饮业** | **3 311.0** | **1 801.8** | **24 185.0** |
| **按餐饮行业小类分** | | | |
| 正餐服务 | -1 917.3 | 533.7 | 20 632.9 |
| 快餐服务 | 5 247.5 | 1 261.8 | 3 263.8 |
| 饮料及冷饮服务 | -13.0 | 3.1 | 225.1 |
| 咖啡馆服务 | -13.0 | 3.1 | 225.1 |
| 其他餐饮业 | -6.2 | 3.2 | 63.2 |
| 其他未列明餐饮业 | -6.2 | 3.2 | 63.2 |
| **按登记注册类型分** | | | |
| 内资企业 | -1 905.4 | 547.2 | 21 143.1 |
| 国有企业 | -133.4 | | 371.1 |
| 有限责任公司 | 506.5 | 347.6 | 8 895.5 |
| 国有独资公司 | 8.4 | 1.0 | 41.0 |
| 其他有限责任公司 | 498.1 | 346.6 | 8 854.5 |
| 股份有限公司 | 143.7 | 20.2 | 1 066.8 |
| 私营企业 | -2 435.5 | 175.4 | 10 593.1 |
| 私营独资企业 | 50.9 | 17.7 | 478.1 |
| 私营合伙企业 | | | |
| 私营有限责任公司 | -2 530.5 | 149.4 | 9 536.4 |
| 私营股份有限公司 | 44.1 | 8.3 | 578.6 |
| 其他企业 | 13.3 | 4.0 | 216.6 |
| 港澳台商投资企业 | 38.4 | 9.6 | 255.6 |
| 港澳台商独资企业 | 38.4 | 9.6 | 255.6 |
| 外商投资企业 | 5 178.0 | 1 245.0 | 2 786.3 |
| 外资企业 | 5 178.0 | 1 245.0 | 2 786.3 |
| **按控股情况分** | | | |
| 国有控股 | -115.4 | | 394.5 |
| 集体控股 | 5.2 | 1.4 | 1 091.5 |
| 私人控股 | -1 596.7 | 263.9 | 15 784.8 |
| 港澳台商控股 | 38.4 | 9.6 | 255.6 |
| 外商控股 | 5 178.0 | 1 245.0 | 2 786.3 |
| 其他 | -198.5 | 281.9 | 3 872.3 |
| **按经营形式分** | | | |
| 独立门店 | -1 792.5 | 524.8 | 17 754.5 |
| 连锁总店 | 52.5 | 17.9 | 1 308.1 |
| 连锁门店 | 34.1 | | 1 392.0 |
| 其他 | 5 016.9 | 1 259.1 | 3 730.4 |

# 8－9 各种物价总指数

（上年＝100）

| 年份 | 居民消费价格总指数 | 商品零售价格指数 | 农产品收购价格指数 |
|---|---|---|---|
| 1979 | 100.8 | 100.9 | |
| 1980 | 105.1 | 105.3 | |
| 1981 | 101.8 | 101.7 | |
| 1982 | 101.0 | 101.1 | |
| 1983 | 100.4 | 100.0 | |
| 1984 | 102.7 | 101.5 | |
| 1985 | 112.7 | 113.0 | |
| 1986 | 105.7 | 106.0 | |
| 1987 | 109.8 | 109.8 | |
| 1988 | 124.5 | 125.1 | |
| 1989 | 116.1 | 116.3 | |
| 1990 | 101.3 | 99.5 | |
| 1991 | 106.3 | 105.6 | |
| 1992 | 107.2 | 106.0 | |
| 1993 | 115.7 | 113.2 | 112.0 |
| 1994 | 123.1 | 121.9 | 124.0 |
| 1995 | 119.0 | 115.5 | 124.1 |
| 1996 | 110.2 | 105.7 | 95.4 |
| 1997 | 103.5 | 101.5 | 104.4 |
| 1998 | 99.6 | 98.5 | 87.8 |
| 1999 | 96.9 | 97.5 | 97.3 |
| 2000 | 99.3 | 99.0 | 108.5 |
| 2001 | 102.1 | 99.1 | 102.4 |
| 2002 | 99.3 | 98.8 | 89.9 |
| 2003 | 100.9 | 99.2 | 107.5 |
| 2004 | 101.1 | 101.0 | |
| 2005 | 100.6 | 98.8 | |
| 2006 | 101.7 | 100.3 | |
| 2007 | 105.3 | 103.1 | |
| 2008 | 107.2 | 107.2 | |
| 2009 | 99.6 | 100.5 | |
| 2010 | 103.8 | 103.9 | |
| 2011 | 105.4 | 105.4 | |
| 2012 | 102.4 | 102.4 | |
| 2013 | 103.5 | 102.7 | |

# 8－10 居民消费价格分类指数

（上年＝100）

| | 2000 | 2005 | 2006 | 2007 | 2008 | 2009 | 2010 | 2011 | 2012 | 2013 |
|---|---|---|---|---|---|---|---|---|---|---|
| 居民消费价格分类指数 | 99.3 | 100.6 | 101.7 | 105.3 | 107.2 | 99.6 | 103.8 | 105.4 | 103.0 | 103.5 |
| 食品 | 97.2 | 101.9 | 104.3 | 112.3 | 117.3 | 103.6 | 109.7 | 113.2 | 105.5 | 107.3 |
| 粮食 | 92.9 | 101.7 | 105.6 | 105.8 | 106.2 | 105.1 | 135.2 | 113.7 | 101.1 | 106.2 |
| 油脂 | 79.4 | 98.2 | 96.8 | 124.5 | 141.2 | 85.1 | 105.8 | 111.5 | 105.4 | 99.8 |
| 肉禽及其制品 | 97.4 | 103.5 | 99.4 | 129.3 | 127.2 | 93.3 | 102.1 | 121.4 | 105.2 | 104.6 |
| 蛋 | 82.6 | 103.9 | 99.8 | 127.1 | 102.1 | 102.5 | 110.6 | 119.3 | 99.6 | 107.8 |
| 水产品 | 103.4 | 103.8 | 102.3 | 104.7 | 114.2 | 107.0 | 107.2 | 110.6 | 105.4 | 103.8 |
| 菜 | 105.7 | 105.9 | 117.7 | 104.1 | 115.5 | 119.6 | 113.6 | 109.3 | 111.9 | 111.4 |
| 干鲜瓜果 | 101.1 | 102.1 | 117.5 | 99.7 | 109.4 | 111.0 | 106.9 | 120.4 | 103.8 | 103.8 |
| 烟酒 | | 96.7 | 100.3 | 101.5 | 104.8 | 102.9 | 105.8 | 105.3 | 104.2 | 100.1 |
| 衣着 | 109.0 | 91.0 | 86.5 | 93.7 | 100.0 | 98.6 | 98.3 | 97.7 | 101.3 | 101.6 |
| 家庭设备用本及维修服务 | 96.2 | 98.7 | 100.6 | 103.9 | 105.6 | 101.0 | 99.1 | 99.3 | 100.3 | 100.6 |
| 医疗保健个人用品 | 95.6 | 104.6 | 108.0 | 109.7 | 104.6 | 100.8 | 103.8 | 101.8 | 101.9 | 101.2 |
| 交通和通讯 | 92.0 | 97.5 | 98.3 | 98.4 | 98.3 | 97.0 | 98.5 | 99.7 | 99.9 | 100.3 |
| 交通工具 | 95.3 | 100.3 | 101.7 | 103.2 | 100.6 | 97.7 | 98.7 | 100.0 | 100.0 | 100.0 |
| 通讯工具 | 89.5 | 81.3 | 80.2 | 69.5 | 70.9 | 70.2 | 81.4 | 97.0 | 98.9 | 98.8 |
| 通信服务 | 0.0 | 97.5 | 100.1 | 100.4 | 100.0 | 100.0 | 100.0 | 100.0 | 100.0 | 100.0 |
| 娱乐教育文化用品及服务 | 91.1 | 101.3 | 101.0 | 100.0 | 101.2 | 102.5 | 99.5 | 100.8 | 99.3 | 100.9 |
| 教材及参考书 | 117.6 | 104.6 | 97.1 | 91.2 | 102.7 | 96.1 | 108.5 | 115.0 | 100.0 | 100.0 |
| 文化娱乐用品 | 100.5 | 100.1 | 101.2 | 99.4 | 99.9 | 100.6 | 100.5 | 100.1 | 99.5 | 100.4 |
| 居住 | 105.9 | 103.9 | 103.4 | 102.9 | 102.3 | 89.4 | 103.3 | 107.0 | 100.7 | 103.7 |

# 8－11 居民消费价格指数

（2013 年）　　（上年＝100）

| | 居民消费价格指数 |
|---|---|
| 居民消费价格总指数 | 103.5 |
| 食品 | 107.3 |
| 粮食 | 106.2 |
| 淀粉 | 103.1 |
| 薯类 | 137.9 |
| 干豆类及豆制品 | 108.4 |
| 油脂 | 99.8 |
| 肉禽及其制品 | 104.6 |
| 蛋 | 107.8 |
| 水产品 | 103.8 |
| 菜 | 111.4 |
| #鲜菜 | 111.0 |
| 调味品 | 104.3 |
| 糖 | 101.5 |
| 茶及饮料 | 102.5 |
| 茶叶 | 101.6 |
| 饮料 | 103.5 |
| 干鲜瓜果 | 103.8 |
| 糕点饼干面包 | 101.8 |
| 液体乳及乳制品 | 105.9 |
| 在外用膳食品 | 113.0 |
| 烟酒 | 100.1 |
| 烟草 | 100.0 |
| 酒 | 100.3 |
| 衣着 | 101.6 |
| 服装 | 102.0 |
| 衣着材料 | 100.0 |
| 鞋帽袜 | 100.7 |
| 衣着加工服务费 | 102.0 |
| 家庭设备用品及维修服务 | 100.6 |
| 耐用消费品 | 100.3 |
| 家具 | 101.1 |

续2

| | 居民消费价格指数 |
|---|---|
| 家庭设备 | 99.6 |
| 室内装饰品 | 100.9 |
| 床上用品 | 100.2 |
| 家庭日用杂品 | 101.4 |
| 家庭服务及加工维修服务 | 100.4 |
| 医疗保健和个人用品 | 101.2 |
| 医疗保健 | 100.6 |
| 中药材及中成药 | 101.2 |
| 西药 | 101.0 |
| 保健器具及用品 | 100.4 |
| 个人用品及服务 | 101.8 |
| 交通和通信 | 100.3 |
| 交通 | 102.3 |
| #交通工具 | 100.0 |
| 通信 | 99.4 |
| 通信工具 | 98.8 |
| 通信服务 | 100.0 |
| 娱乐教育文化用品及服务 | 100.9 |
| 文娱用耐用消费品及服务 | 97.1 |
| 教育 | 101.5 |
| 教材及参考书 | 100.0 |
| 教育服务 | 101.9 |
| 文化娱乐类 | 100.1 |
| 文化娱乐用品 | 100.4 |
| 书报杂志 | 100.0 |
| 文娱费 | 100.0 |
| 旅游 | 110.7 |
| 居住 | 103.7 |
| 建房及装修材料 | 101.9 |
| 住房租金 | 112.3 |
| 自有住房 | 105.4 |
| 水、电、燃料 | 101.6 |

# 8－12 商品零售价格指数

（2013 年）　　　　　　　　　　　　　　　　（上年＝100）

| | 商品零售价格指数 |
|---|---|
| 商品零售价格总指数 | 102.7 |
| 食品类 | 107.4 |
| 粮食 | 106.2 |
| 淀粉 | 103.1 |
| 薯类 | 137.9 |
| 干豆类及豆制品 | 108.4 |
| 油脂 | 99.9 |
| 肉禽及其制品 | 104.6 |
| 蛋 | 107.8 |
| 水产品 | 103.8 |
| 菜 | 110.6 |
| 调味品 | 104.3 |
| 糖 | 101.5 |
| 干鲜瓜果 | 103.8 |
| 糕点饼干面包 | 101.8 |
| 液体乳及乳制品 | 105.9 |
| 在外用膳食品 | 113.0 |
| 饮料、烟酒 | 100.5 |
| 茶及饮料 | 102.5 |
| 烟草 | 100.0 |
| 酒 | 100.3 |
| 服装鞋帽类 | 101.5 |
| 服装 | 101.8 |
| 鞋帽袜 | 100.7 |
| 纺织品类 | 100.1 |
| 衣着材料 | 100.0 |
| 床上用品 | 100.2 |

续 2

| | 商品零售价格指数 |
|---|---|
| 家用电器及音像器材 | 98.5 |
| 家庭设备 | 99.7 |
| 文娱用耐用消费品 | 97.2 |
| 专业音像器材 | 99.9 |
| 文化办公用品 | 97.4 |
| 日用品 | 102.0 |
| 日用百货 | 102.3 |
| 日用杂品 | 101.2 |
| 洗涤用品 | 102.7 |
| 其他日用品 | 102.0 |
| 体育娱乐用品 | 100.5 |
| 交通、通信用品 | 97.8 |
| 交通运输机械 | 100.0 |
| 通信器材 | 97.7 |
| 家具 | 101.1 |
| 化妆品 | 103.6 |
| 金银珠宝 | 89.2 |
| 中西药品及医疗保健用品 | 101.0 |
| 医疗器具及用品 | 100.0 |
| 中药材及中成药 | 101.2 |
| 西药 | 101.0 |
| 保健器具及用品 | 100.4 |
| 书报杂志及电子出版物类 | 99.9 |
| 教材及参考书 | 100.0 |
| 书报杂志 | 100.0 |
| 电子音像制品 | 98.9 |
| 燃料 | 99.1 |
| 建筑材料及五金电料 | 101.4 |
| 建筑装潢材料 | 101.3 |
| 五金电料 | 102.8 |

# 主要统计指标解释

**社会消费品零售总额**　指国民经济各行业直接售给城乡居民和社会集团的消费品总额。这是反映各行业通过多种商品流通渠道向居民和社会集团供应的生活消费品总量，是研究国内零售市场变动情况、反映经济景气程度的重要指标。

社会消费品零售总额包括：（1）售给城乡居民作为生活用的商品和修建房屋用的建筑材料；（2）售给社会集团的各种办公用品和公用消费品；（3）售给机关、团体、学校、部队、企业、事业单位的职工食堂和旅店（招待所）附设专门供本店旅客食用，不对外营业的食堂的各种食品、燃料；企业、单位和国营农场直接售给本单位职工和职工食堂的自己生产的产品；（4）售给部队干部、战士生活用的粮食、副食品、衣着品、日用品、燃料；（5）售给来华的外国人、华侨、港澳台同胞的消费品；（6）居民自费购买的中、西药品、中药材及医疗用品；（7）报社、出版社直接售给居民和社会集团的报纸、图书、杂志，集邮公司出售的新、旧纪念邮票、特种邮票、首日封、集邮册、集邮工具等；（8）旧货寄售商店自购、自销部分的商品；（9）煤气公司、液化石油气站售给居民和社会集团的煤气灶具和罐装液化石油气；不包括售给国民经济各部门企业、事业单位（包括国有经济的农场）生产经营用的各种原材料、燃料、设备、工具等和售给批发零售贸易业、餐饮业作为转卖用的商品，旧货寄售商店受托寄售卖出的商品，服务业的营业收入，邮局出售邮票的收入，自来水、电力、煤气生产（供应）单位的产品供应收入，也不包括农民之间的商品销售。

**批发零售贸易业商品购、销、存总额**　指各种登记注册类型的批发、零售贸易业企业（单位）以本企业（单位）为总体的商品购进、销售、库存总额。

**商品购进总额**　指从本企业（单位）以外的单位和个人购进（包括从境外直接进口）作为转卖或加工后转卖的商品总额。它反映批发零售贸易业从国内、国外市场上购进商品的总量。商品购进总额包括：（1）从工农业生产者购进的商品；（2）从出版社、报社的出版发行部门购进的图书、杂志和报纸；（3）从各种登记注册类型的批发零售贸易企业（单位）购进的商品；（4）从其他单位购进的商品，如从机关、团体、企业等单位购进的剩余物资，从餐饮业、服务业购进的商品，从海关、市场管理部门购进的缉私和没收的商品，从居民手中收购的废旧商品等；（5）从国（境）外直接进口的商品。不包括企业（单位）为自身经营用和未通过买卖行为而收入的商品以及销售退回、商品升溢等。

**商品销售总额**　指对本企业（单位）以外的单位和个人出售（包括对境外直接出口）的商品总额。它反映批发零售贸易业在国内市场上销售商品以及出口商品的总量。商品销售总额包括：（1）售给城乡居民和社会集团消费用的商品；（2）售给工业、农业、建筑业、运输邮电业、批发零售贸易业、餐饮业、服务业等作为生产、经营使用的商品；（3）售给批发零售贸易业作为转卖或加工后转卖的商品；（4）对国（境）外直接出口的商品。不包括出售本企业（单位）自用的废旧包装用品；未通过买卖行为付出的商品；经本单位介绍，由买卖双方直接结算，本单位只收取手续费的业务；购货退出的商品以及商品损耗和损失等。

**批发零售贸易业库存**　指报告期末各种登记注册类型的批发零售贸易企业（单位）已取得所有权的商品。它反映批发零售贸易企业（单位）的商品库存情况和对市场商品供应的保证程度。期末库存包括：（1）存放在批发零售贸易业经营单位（如门市部、批发站、经营处）仓库、货场、货柜和货架中的商品；（2）挑选、整理、包装中的商品；（3）已记入购进而尚未运到本单位的商品，即发货单或银行承兑凭证已到而货未到的部分；（4）寄放他处的商品，如因购货方拒绝承付而暂时存放在购货方的商品和已办完加工成品收回手续而未提回的商品；（5）委托其他单位代销（未作销售或调出）尚未售出的商品；（6）代其他单位购进尚未交付的商品。不包括所有权不属于本单位的商品，拨付除批发零售贸易业以外的其他行业所属独立核算加工厂等加工生产尚未收回成品的商品、代国家物资储备部门保管的商品等。

库存总额采用的计算价格是：农副产品采购单位按购进价计算；批发单位按进货价计算；零售单位按核算价格计算，即按什么价格核算就按什么价格计算。

**消费品市场成交额**　指从事消费品交易的商品市场的全部商品成交金额。消费品市场包括农副产品市场和工业消费品市场。

**商品零售价格指数**　是反映城乡商品零售价格变动趋势的一种经济指数。零售物价的调整变动直接影响到城乡居民的生活支出和国家财政收入，影响居民购买力和市场供需平衡，影响消费与积累的比例。因此，计算零售价格指数，可以从一个侧面对上述经济活动进行观察和分析。

**居民消费价格指数**　是反映一定时期内城乡居民所购买的生活消费品价格和服务项目价格变动趋势和程度的相对数，是对城市居民消费价格指数和农村居民消费价格指数进行综合汇总计算的结果。利用居民消费价格指数，可以观察和分析消费品的零售价格和服务价格变动对城乡居民实际生活费支出的影响程度。

**工业品出厂价格指数**　是反映全部工业产品出厂价格总水平的变动趋势和程度的相对数，包括工业企业售给本企业以外所有单位的各种产品和直接售给居民用于生活消费的产品。通过工业品出厂价格指数能观察出厂价格变动对工业总产值的影响。

# 九、财政、金融

## 9－1 财政收入

单位:万元

| 年份 | 财政收入 | 公共财政预算收入 | #增值税 | 营业税 | 企业所得税 | 上划中央增值税、消费税收入 |
|---|---|---|---|---|---|---|
| 1995 | 186 819 | 100 866 | 23 055 | 36 131 | 7 963 | 85 953 |
| 1996 | 208 080 | 119 915 | 23 633 | 45 585 | 7 081 | 88 165 |
| 1997 | 231 957 | 134 178 | 26 525 | 52 192 | 8 389 | 97 779 |
| 1998 | 254 583 | 150 415 | 28 794 | 56 681 | 9 406 | 104 168 |
| 1999 | 267 742 | 169 540 | 27 113 | 60 673 | 16 055 | 98 202 |
| 2000 | 273 425 | 166 061 | 28 781 | 66 193 | 14 353 | 107 364 |
| 2001 | 347 000 | 196 111 | 33 546 | 71 218 | 18 566 | 150 889 |
| 2002 | 388 905 | 210 615 | 37 123 | 90 082 | 7 358 | 178 290 |
| 2003 | 729 368 | 205 660 | 21 219 | 75 850 | 7 971 | 349 323 |
| 2004 | 845 186 | 249 521 | 24 031 | 84 757 | 10 948 | 421 051 |
| 2005 | 961 312 | 289 256 | 23 790 | 103 951 | 14 596 | 416 381 |
| 2006 | 1 061 856 | 331 417 | 25 586 | 123 385 | 18 088 | 534 057 |
| 2007 | 1 340 643 | 466 256 | 33 588 | 139 944 | 23 123 | 531 790 |
| 2008 | 1 524 443 | 508 618 | 35 550 | 173 450 | 33 069 | 599 240 |
| 2009 | 2 548 033 | 570 385 | 87 798 | 153 147 | 36 392 | |
| 2010 | 3 041 332 | 727 579 | 101 434 | 192 306 | 43 517 | |
| 2011 | 3 506 307 | 864 897 | 96 466 | 225 601 | 63 866 | |
| 2012 | 4 060 754 | 1 037 303 | 103 850 | 272 035 | 77 186 | |
| 2013 | 3 948 217 | 1 244 956 | 125 849 | 342 964 | 79 587 | |

注:自 2003 年后财政体制调整,收入范围重新划分,与往年不可比;财政收入为地区财政收入。

## 9－2 财政支出

单位:万元

| 年份 | 公共财政预算支出 | #基本建设 | 农业支出 | 文教、卫生支出 | 行政管理费 |
|---|---|---|---|---|---|
| 1994 | 102 846 | 6 964 | 6 932 | 25 157 | 12 900 |
| 1995 | 117 743 | 5 343 | 8 285 | 27 984 | 13 937 |
| 1996 | 143 837 | 11 061 | 9 680 | 32 282 | 16 929 |
| 1997 | 156 669 | 11 227 | 12 375 | 36 072 | 19 177 |
| 1998 | 186 051 | 23 178 | 12 015 | 31 311 | 21 443 |
| 1999 | 195 471 | 13 779 | 16 711 | 50 030 | 25 104 |
| 2000 | 212 701 | 18 112 | 15 438 | 56 190 | 26 312 |
| 2001 | 314 756 | 75 198 | 10 499 | 69 702 | 32 313 |
| 2002 | 340 254 | 50 674 | 9 485 | 79 570 | 36 569 |
| 2003 | 365 731 | 28 185 | 6 827 | 92 190 | 38 870 |
| 2004 | 409 025 | 35 602 | 8 593 | 106 628 | 45 737 |
| 2005 | 502 206 | 36 411 | 10 004 | 133 481 | 52 876 |
| 2006 | 631 321 | 54 676 | 19 276 | 166 322 | 67 078 |

注:2007 年后财政支出科目变动,部分指标无数据。

# 9－3 公共财政预算收入

单位:万元

| | 2007 | 2008 | 2009 | 2010 | 2011 | 2012 | 2013 |
|---|---|---|---|---|---|---|---|
| **收入总计** | **466 256** | **508 618** | **570 385** | **727 579** | **864 897** | **1 037 303** | **1 244 956** |
| **税收收入** | **344 345** | **431 291** | **483 827** | **581 002** | **699 729** | | **983 678** |
| 增值税 | 33 588 | 35 550 | 87 798 | 101 434 | 96 466 | 103 850 | 125 849 |
| 营业税 | 139 944 | 173 450 | 153 147 | 192 306 | 225 601 | 272 035 | 342 964 |
| 企业所得税 | 23 123 | 33 069 | 36 392 | 43 517 | 63 866 | 77 186 | 79 587 |
| 个人所得税 | 9 917 | 13 817 | 16 422 | 21 579 | 25 422 | 27 876 | 30 181 |
| 资源税 | 1 806 | 2 364 | 1 053 | 1 533 | 1 427 | 1 364 | 1 659 |
| 城市维护建设税 | 56 368 | 65 902 | 80 260 | 94 490 | 100 901 | 119 971 | 134 495 |
| 房产税 | 29 883 | 36 997 | 37 709 | 38 995 | 43 107 | 53 326 | 56 210 |
| 印花税 | 11 408 | 15 852 | 21 364 | 24 716 | 22 570 | 29 060 | 39 021 |
| 城镇土地使用税 | 12 566 | 13 039 | 14 126 | 12 521 | 43 680 | 49 831 | 49 563 |
| 土地增值税 | 3 401 | 19 508 | 248 | 10 357 | 20 962 | 22 447 | 35 180 |
| 车船使用税 | 1 101 | 2 633 | 5 464 | 7 339 | 8 958 | 13 249 | 18 603 |
| 屠宰税 | | | | | | | |
| 农业税 | | | | | | | |
| 农业特产税 | | | | | | | |
| 牧业税 | | | | | | | |
| 耕地占用税 | 2 041 | 1 338 | 7 070 | 3 148 | 4 775 | 4 432 | 12 069 |
| 契税 | 19 297 | 17 874 | 22 781 | 29 084 | 42 034 | 42 163 | 58 294 |
| 烟叶税 | | | | 3 | 2 | | 3 |
| **非税收入** | **121 911** | **77 327** | **86 558** | **146 577** | **165 168** | **220 513** | **261 278** |
| 专项收入 | 30 380 | 33 658 | 37 283 | 46 780 | 50 081 | 56 129 | 68 089 |
| 行政性收费收入 | 17 012 | 17 638 | 19 585 | 29 053 | 44 300 | 51 418 | 53 114 |
| 罚没收入 | 10 821 | 9 580 | 11 121 | 11 779 | 15 872 | 22 063 | 27 556 |
| 国有资本经营收入 | | | 3 765 | 50 905 | 19 055 | 37 074 | 31 157 |
| 国有资源(资产)有偿使用收入 | | | 14 527 | 7 822 | 30 183 | 45 101 | 66 898 |
| 其他收入 | 1 164 | 10 489 | 277 | 238 | 5 677 | 8 728 | 14 464 |

# 9－4 公共财政预算支出

单位：万元

| | 2003 | 2004 | 2005 | 2006 |
|---|---|---|---|---|
| **支出总计** | **365 731** | **409 025** | **502 206** | **631 321** |
| 基本建设支出 | 28 185 | 35 602 | 36 411 | 54 676 |
| 企业挖潜改造资金 | 22 076 | 5 095 | 12 746 | 9 867 |
| 地质勘探费 | | | | |
| 科技三项费用 | 2 345 | 3 569 | 5 206 | 7 009 |
| 流动资金 | | | | |
| 农业支出 | 6 827 | 8 593 | 10 004 | 19 276 |
| 林业支出 | 7 223 | 7 868 | 9 047 | 11 776 |
| 水利气象支出 | 7 635 | 6 599 | 10 661 | 14 447 |
| 工业交通等部门事业费 | 1 059 | 1 576 | 1 645 | 1 747 |
| 流通部门事业费 | 254 | 292 | 430 | 536 |
| 文体、广播事业费 | 10 139 | 10 624 | 13 419 | 16 962 |
| 教育支出 | 61 438 | 71 816 | 91 528 | 111 219 |
| 科学支出 | 1 571 | 1 762 | 2 161 | 2 543 |
| 医疗卫生支出 | 20 613 | 22 426 | 26 373 | 35 598 |
| 其他部门的事业费 | 12 769 | 18 702 | 17 016 | 20 766 |
| 抚恤和社会福利救济费 | 19 023 | 19 815 | 24 735 | 30 485 |
| 行政事业单位离退休支出 | 549 | 481 | 542 | 570 |
| 社会保障补助支出 | 28 630 | 27 884 | 47 617 | 49 560 |
| 国防支出 | 18 | 38 | 17 | 57 |
| 行政管理费 | 38 870 | 45 737 | 52 876 | 67 078 |
| 外交外事支出 | 78 | 113 | 110 | 192 |
| 公检法司支出 | 25 536 | 29 579 | 36 585 | 46 360 |
| 城市维护费 | 30 541 | 45 287 | 50 979 | 65 896 |
| 政策性补贴支出 | 4 562 | 805 | 834 | 3 156 |
| 支援不发达地区支出 | 4 790 | 4 997 | 4 132 | 4 184 |
| 海域开发建设和场地使用费支出 | | 60 | 15 | 10 |
| 车辆税费支出 | | 6 | | 147 |
| 债务利息支出 | | 15 | 84 | 36 |
| 专项支出 | 11 121 | 14 339 | 18 112 | 23 498 |
| 其他支出 | 19 879 | 25 345 | 28 897 | 33 657 |

# 9－5 公共财政预算支出

单位：万元

| | 2008 | 2009 | 2010 | 2011 | 2012 | 2013 |
|---|---|---|---|---|---|---|
| **支出总计** | **995 551** | **1 198 342** | **1 469 264** | **1 754 806** | **2 025 976** | **2 423 426** |
| 一般公共服务 | 147 991 | 150 832 | 164 577 | 191 937 | 270 651 | 391 780 |
| 国防 | | | | | 224 | 1 467 |
| 公共安全 | | | | | 163 637 | 172 709 |
| 教育 | 230 436 | 269 714 | 295 364 | 339 636 | 403 815 | 429 490 |
| 普通教育 | 179 405 | 209 232 | 222 959 | 259 615 | 309 585 | 237 675 |
| 职业教育 | 19 529 | 21 123 | 21 652 | 29 066 | 30 761 | 3 792 |
| 教育费附加安排的支出 | 22 239 | 29 024 | 37 458 | 38 875 | 50 002 | 34 784 |
| 科学技术 | | | | | 27 991 | 30 475 |
| 文化体育与传媒 | 21 662 | 24 567 | 31 667 | 40 698 | 43 910 | 51 481 |
| 文化 | 9 282 | 12 155 | 17 073 | 14 860 | 18 695 | 6 194 |
| 体育 | 3 832 | 4 108 | 3 608 | 7 510 | 9 947 | 1 581 |
| 广播影视 | 4 086 | 4 276 | 4 268 | 4 366 | 6 623 | 1 568 |
| 社会保障和就业 | 123 990 | 202 626 | 148 461 | 221 973 | 205 137 | 276 882 |
| 财政对社会保险基金的补助 | 38 549 | 26 446 | 31 650 | 77 279 | 52 607 | 25 956 |
| 就业补助 | 15 210 | 18 755 | 22 705 | 22 837 | 25 873 | 26 146 |
| 城市居民最低生活保障 | 26 272 | 29 981 | 33 206 | 42 639 | 36 952 | 44 006 |
| 农村最低生活保障 | 3 595 | 6 171 | 7 488 | 13 329 | 11 647 | 16 088 |
| 医疗卫生 | 76 675 | 108 026 | 125 120 | 172 782 | 171 908 | 211 656 |
| 医疗保障 | 38 726 | 54 377 | 63 315 | 84 615 | 85 246 | 47 678 |
| 疾病预防控制 | 4 477 | 4 762 | 3 792 | 5 971 | | |
| 节能环保 | 17 834 | 32 468 | 75 531 | 63 347 | 78 637 | 82 492 |
| 污染防治 | 8 997 | 13 461 | 46 206 | 35 749 | 33 777 | 25 512 |
| 城乡社区事务 | 112 333 | 101 510 | 149 730 | 179 934 | 220 596 | 202 564 |
| 城乡社区公共设施 | 36 637 | 21 125 | 47 479 | 34 864 | 65 622 | 19 546 |
| 城乡社区环境卫生 | 30 141 | 33 108 | 37 404 | 45 381 | 54 246 | 43 273 |
| 农林水事务 | 65 634 | 93 703 | 139 150 | 135 491 | 166 182 | 171 220 |
| 交通运输 | 15 788 | 20 897 | 24 051 | 46 537 | 54 236 | 61 352 |
| 资源勘探电力信息等事务 | | | | | 59 422 | 96 197 |
| 商业服务业等事务 | | | | | 21 766 | 13 914 |
| 金融监管等事务支出 | | | | | 1 106 | 245 |
| 国土资源气象等事务 | | | | | 25 248 | 33 488 |
| 住房保障支出 | | | | | 48 690 | 56 855 |
| 粮油物资储备事务 | | | | | 3 111 | 2 382 |
| 国债还本付息支出 | | | | | 4 942 | 1 712 |
| 其他支出 | 55 562 | 32 662 | 32 912 | 46 350 | 54 767 | 135 065 |

注：2012 年财政指标变更，之前年份无数据。

# 9－6 财政收入占地区生产总值比重

| 年份 | 财政收入（万元） | 公共财政预算收入（万元） | 地区生产总值（万元） | 财政收入占地区生产总值比重（%） | 公共财政预算收入占地区生产总值比重（%） |
|---|---|---|---|---|---|
| 1979 | 41 304 | 41 304 | 245 354 | 16.83 | 16.83 |
| 1980 | 40 941 | 40 941 | 256 769 | 15.94 | 15.94 |
| 1981 | 38 085 | 38 085 | 240 147 | 15.86 | 15.86 |
| 1982 | 39 192 | 39 192 | 258 193 | 15.18 | 15.18 |
| 1983 | 43 014 | 43 014 | 294 926 | 14.58 | 14.58 |
| 1984 | 46 913 | 46 913 | 354 068 | 13.25 | 13.25 |
| 1985 | 48 931 | 48 931 | 435 029 | 11.25 | 11.25 |
| 1986 | 55 930 | 55 930 | 507 941 | 11.01 | 11.01 |
| 1987 | 61 396 | 61 396 | 561 061 | 10.94 | 10.94 |
| 1988 | 72 020 | 72 020 | 643 008 | 11.20 | 11.20 |
| 1989 | 84 728 | 84 728 | 736 867 | 11.50 | 11.50 |
| 1990 | 92 072 | 92 072 | 778 938 | 11.82 | 11.82 |
| 1991 | 100 512 | 100 512 | 852 297 | 11.79 | 11.79 |
| 1992 | 111 908 | 111 908 | 1 005 752 | 11.13 | 11.13 |
| 1993 | 147 391 | 147 391 | 1 267 176 | 11.63 | 11.63 |
| 1994 | 158 204 | 88 841 | 1 724 940 | 9.17 | 5.15 |
| 1995 | 186 819 | 100 866 | 2 104 288 | 8.88 | 4.79 |
| 1996 | 208 080 | 119 915 | 2 250 126 | 9.25 | 5.33 |
| 1997 | 231 957 | 134 178 | 2 374 204 | 9.77 | 5.65 |
| 1998 | 254 583 | 150 415 | 2 525 504 | 10.08 | 5.96 |
| 1999 | 267 742 | 169 540 | 2 674 592 | 10.01 | 6.34 |
| 2000 | 273 425 | 166 061 | 3 003 209 | 9.10 | 5.53 |
| 2001 | 347 000 | 196 111 | 3 416 836 | 10.16 | 5.74 |
| 2002 | 388 905 | 210 615 | 3 814 070 | 10.20 | 5.52 |
| 2003 | 729 368 | 205 660 | 4 336 504 | 16.82 | 4.74 |
| 2004 | 845 186 | 249 521 | 5 002 500 | 16.90 | 4.99 |
| 2005 | 961 312 | 289 256 | 5 670 437 | 16.95 | 5.10 |
| 2006 | 1 061 856 | 331 417 | 6 384 705 | 16.63 | 5.19 |
| 2007 | 1 340 643 | 466 256 | 7 327 581 | 18.30 | 6.36 |
| 2008 | 1 524 443 | 508 618 | 8 462 811 | 18.01 | 6.01 |
| 2009 | 2 548 033 | 570 385 | 9 259 821 | 27.52 | 6.16 |
| 2010 | 3 041 332 | 727 579 | 11 003 898 | 27.64 | 6.61 |
| 2011 | 3 506 307 | 864 352 | 13 600 299 | 25.78 | 6.36 |
| 2012 | 4 060 754 | 1 037 303 | 15 638 163 | 25.97 | 6.63 |
| 2013 | 3 948 217 | 1 244 956 | 17 762 823 | 22023 | 7.01 |

## 9－7 县区级财政收支

（2013 年）

单位：万元

| | 财政收入 | 财政支出 |
|---|---|---|
| 城关区 | 208 403 | 337 991 |
| 七里河区 | 86 165 | 163 565 |
| 西固区 | 65 660 | 137 808 |
| 安宁区 | 89 386 | 104 128 |
| 红古区 | 21 148 | 96 841 |
| 永登县 | 29 164 | 167 203 |
| 皋兰县 | 24 060 | 98 629 |
| 榆中县 | 35 115 | 178 016 |

## 9－8 财政用于教育的支出

单位：万元

| 年份 | 预算内用于教育的支出 | 教育事业费 | 教育基建投资 | 城市教育费附加支出 | 支援不发达地区资金用于教育的支出 |
|---|---|---|---|---|---|
| 1990 | 9 875 | 7 782 | 304 | 1 147 | 27 |
| 1991 | 10 452 | 7 785 | 272 | 1 661 | 24 |
| 1992 | 10 584 | 8 939 | 335 | 543 | 23 |
| 1993 | 13 911 | 10 270 | 309 | 2 221 | 25 |
| 1994 | 19 322 | 15 480 | 456 | 2 704 | 34 |
| 1995 | 20 994 | 16 718 | 229 | 3 482 | 20 |
| 1996 | 25 426 | 19 434 | 844 | 4 676 | 28 |
| 1997 | 28 737 | 21 946 | 553 | 5 526 | 53 |
| 1998 | 33 001 | 27 139 | 903 | 4 941 | 18 |
| 1999 | 37 128 | 32 048 | 615 | 4 409 | 56 |
| 2000 | 43 296 | 36 769 | 312 | 6 147 | 68 |
| 2001 | 55 505 | 47 863 | 466 | 7 120 | 56 |
| 2002 | 63 548 | 53 516 | 1 816 | 8 162 | 54 |
| 2003 | 72 023 | 61 438 | 1 757 | 8 776 | 52 |
| 2004 | 85 864 | 72 192 | 1 176 | 12 466 | 30 |
| 2005 | 108 284 | 91 528 | 1 610 | 15 120 | 26 |
| 2006 | 129 103 | 111 219 | 851 | 16 983 | 50 |

注：2007 年后财政支出科目变动，部分指标无数据。

# 9-9 城乡居民储蓄存款年末余额

单位:万元

| 年份 | 年末余额 | | | 年增加额 | | |
|---|---|---|---|---|---|---|
| | 总计 | 城镇 | 农村 | 总计 | 城镇 | 农村 |
| 1987 | | 134 603 | 16 491 | | | 4 540 |
| 1988 | | 154 610 | 20 182 | | 20 007 | 3 691 |
| 1989 | 239 247 | 215 032 | 24 215 | | 60 422 | 4 033 |
| 1990 | 313 850 | 282 550 | 31 300 | 74 603 | 67 518 | 7 085 |
| 1991 | 409 783 | 369 398 | 40 385 | 95 933 | 86 848 | 9 085 |
| 1992 | 553 872 | 501 435 | 52 437 | 144 089 | 132 037 | 12 052 |
| 1993 | 716 426 | 645 629 | 70 769 | 162 554 | 144 194 | 18 332 |
| 1994 | 966 770 | 874 658 | 92 112 | 250 344 | 229 029 | 21 343 |
| 1995 | 1 371 564 | 1 254 593 | 116 971 | 404 794 | 379 935 | 24 859 |
| 1996 | 1 726 708 | 1 578 672 | 148 036 | 355 144 | 324 079 | 31 065 |
| 1997 | 1 952 386 | 1 781 451 | 170 935 | 225 678 | 202 779 | 22 899 |
| 1998 | 2 339 629 | 2 146 265 | 193 364 | 387 243 | 364 814 | 22 429 |
| 1999 | 2 641 568 | 2 432 391 | 209 177 | 301 939 | 286 126 | 15 813 |
| 2000 | 2 979 869 | 2 750 275 | 229 524 | 338 301 | 317 884 | 20 347 |
| 2001 | 3 435 122 | 3 188 167 | 246 955 | 455 253 | 437 892 | 17 431 |
| 2002 | 3 942 836 | 3 659 052 | 283 784 | 507 714 | 470 885 | 36 829 |
| 2003 | 4 683 830 | 4 368 966 | 314 864 | 740 994 | 709 914 | 31 080 |
| 2004 | 5 254 624 | 4 904 195 | 350 429 | 570 794 | 535 229 | 35 565 |
| 2005 | 5 817 105 | 5 411 754 | 405 351 | 562 481 | 507 559 | 54 922 |
| 2006 | 6 877 518 | 6 394 031 | 483 487 | 1 060 413 | 982 277 | 78 136 |
| 2007 | 7 105 169 | 6 496 569 | 608 600 | 227 651 | 102 538 | 125 113 |
| 2008 | 9 071 007 | 8 238 267 | 832 740 | 1 965 838 | 1 741 698 | 224 140 |
| 2009 | 10 899 721 | 9 756 259 | 1 143 462 | 1 828 714 | 1 517 992 | 310 722 |
| 2010 | 12 959 451 | 11 447 080 | 1 512 371 | 2 059 730 | 1 690 821 | 368 909 |
| 2011 | 14 801 626 | 12 874 600 | 1 927 026 | 1 842 175 | 1 427 520 | 414 655 |
| 2012 | 17 431 811 | 15 155 843 | 2 275 968 | 2 630 185 | 2 281 243 | 348 942 |
| 2013 | 20 215 573 | 17 164 666 | 3 050 907 | 2 783 762 | 2 008 823 | 774 939 |

# 9－10 金融机构信贷收支情况

单位:万元

| | 2006 | 2007 | 2008 | 2009 |
|---|---|---|---|---|
| 各项存款合计 | 16 155 138 | 17 911 232 | 21 562 875 | 26 211 979 |
| 企业存款 | 6 299 763 | 6 964 986 | 8 371 077 | 10 202 250 |
| 财政存款 | 542 669 | 733 203 | 984 565 | 749 611 |
| 机关团体存款 | 869 524 | 1 087 582 | 1 155 573 | 1 513 563 |
| 储蓄存款 | 6 877 518 | 7 105 169 | 9 071 007 | 10 899 721 |
| 城镇 | 6 394 031 | 6 496 569 | 8 238 267 | 9 756 259 |
| 农村 | 483 487 | 608 600 | 832 740 | 1 143 462 |
| 各项贷款合计 | 11 889 019 | 13 465 829 | 15 202 583 | 20 071 912 |
| 短期贷款 | 3 948 769 | 4 387 461 | 4 874 030 | 6 629 302 |
| 工业贷款 | 952 707 | 1 208 778 | 1 694 122 | 2 011 697 |
| 商业贷款 | 725 864 | 918 432 | 858 861 | 958 152 |
| 建筑业贷款 | 167 623 | 116 599 | 101 438 | 213 910 |
| 农业贷款 | 246 172 | 228 994 | 263 046 | 344 274 |
| 乡镇企业贷款 | 218 592 | 207 146 | 253 624 | 404 546 |
| 三资企业贷款 | 23 222 | 79 675 | 39 306 | 57 550 |
| 私营企业及个体贷款 | 166 721 | 175 770 | 174 632 | 231 581 |
| 其他短期贷款 | 1 447 868 | 1 452 067 | 1 489 002 | 2 407 593 |
| 中期流动资金贷款 | | | | |
| 中长期贷款 | 7 256 317 | 8 550 894 | 9 607 244 | 12 049 886 |
| 基本建设贷款 | 5 477 250 | 6 197 262 | 6 738 981 | 7 919 199 |
| 技术改造贷款 | 211 448 | 317 415 | 337 210 | 383 610 |
| 其他中长期贷款 | 489 068 | 2 036 218 | 2 531 053 | 3 747 077 |
| 信托贷款 | | | | |
| 融资租赁 | 2 298 | 2 298 | 1 453 | 1 453 |
| 委托贷款 | 35 290 | 35 340 | | |
| 票据融资 | 641 731 | 485 478 | 718 548 | 1 389 827 |
| 各项垫款 | 4 615 | 4 358 | 1 307 | 1 445 |
| 现金收入 | 21 021 326 | 24 891 712 | 29 423 896 | 30 127 405 |
| 现金支出 | 20 251 898 | 23 933 353 | 28 288 102 | 28 865 381 |
| 货币投资(投放＋回笼) | －769 428 | －958 359 | －1 135 794 | －1 262 024 |

注:速度按可比口径计算。

# 9－11 金融机构人民币信贷收支情况

单位:万元

| | 2010 | 2011 |
|---|---|---|
| 各项存款合计 | 32 358 448 | 38 335 471 |
| 单位存款 | 10 861 878 | 21 884 124 |
| 个人存款 | | 14 880 995 |
| 储蓄存款 | 12 959 451 | 14 801 626 |
| 保证金存款 | | 439 |
| 结构性存款 | | 78 930 |
| 财政性存款 | 580 740 | 980 766 |
| 临时性存款 | | 100 806 |
| 委托存款 | 138 267 | 163 573 |
| 其他存款 | 2 192 151 | 325 207 |
| 各项贷款合计 | 23 592 799 | 29 178 762 |
| 短期贷款 | 6 417 978 | 7 261 536 |
| 个人贷款及透支 | 689 170 | 909 305 |
| 单位普通贷款及透支 | 5 392 809 | 5 888 186 |
| 普通并购贷款 | | |
| 银团贷款 | 550 871 | 13 950 |
| 贸易融资 | 208 329 | 441 596 |
| 境外筹资转贷款 | | 8 500 |
| 中长期贷款 | 16 275 358 | 19 721 700 |
| 个人贷款 | 1 539 026 | 2 001 166 |
| 单位普通贷款 | 14 185 310 | 16 969 720 |
| 普通并购贷款 | | |
| 银团贷款 | 550 871 | 750 747 |
| 贸易融资 | 150 | 67 |
| 信托贷款 | | |
| 融资租赁 | 156 911 | 844 093 |
| 委托贷款 | | |
| 票据融资 | 742 019 | 1 350 731 |
| 各项垫款 | 534 | 534 |

注:本表数据统计机构口径包括中国工商银行、中国农业银行、中国银行、中国建设银行、交通银行、招商银行、兰州银行、浦发银行。

# 9－12 金融机构人民币信贷收支表一

单位:万元

| | 2012 | 2013 |
|---|---|---|
| 各项存款 | 45 892 564 | 55 228 650 |
| 单位存款 | 26 365 051 | 32 269 278 |
| 活期存款 | 13 806 316 | 16 793 153 |
| 定期存款 | 7 572 234 | 8 352 861 |
| 通知存款 | 1 073 772 | 1 363 730 |
| 保证金存款 | | 3 797 981 |
| 个人存款 | 17 712 064 | 21 176 559 |
| 储蓄存款 | 17 431 811 | 20 348 324 |
| 保证金存款 | 3 425 | 4 546 |
| 结构性存款 | 276 828 | 823 689 |
| 财政性存款 | 1 072 597 | 839 649 |
| 临时性存款 | 107 636 | 92 216 |
| 委托存款 | 227 509 | 340 454 |
| 其他存款 | 407 707 | 510 495 |
| 金融债卷 | 398 390 | 598 416 |
| 中长期借款 | | 103 288 |
| 应付及暂收款 | 1 274 744 | 1 714 055 |
| 应付利息 | 530 715 | 747 254 |
| 同业往来 | 1 463 497 | 438 111 |
| 系统内资金往来 | | |
| 外汇买卖 | 49 929 | 207 044 |
| 结售汇 | 49 471 | 201 028 |
| 各项准备 | 890 798 | 1 298 549 |
| 贷款损失准备 | 779 919 | 1 168 527 |
| 所有者权益 | 2 168 543 | 3 125 569 |
| 实收资本 | 1 304 807 | 1 650 305 |
| 其他 | －5 721 443 | －10 580 783 |

# 9－12 金融机构人民币信贷收支表二

| | 2012 | 2013 |
|---|---|---|
| 各项贷款 | 36 728 523 | 47 177 122 |
| 境内贷款 | 36 728 462 | 46 786 345 |
| 短期贷款 | 9 835 047 | 14 478 835 |
| 个人贷款及透支 | 1 576 271 | 2 568 541 |
| 个人消费贷款 | 241 005 | 403 926 |
| 单位普通贷款及透支 | 7 541 378 | 10 873 065 |
| 经营贷款 | 7 458 193 | 10 765 478 |
| 固定资产贷款 | 71 009 | 85 271 |
| 普通并购贷款 | | |
| 银团贷款 | 24 700 | 6 900 |
| 贸易融资 | 687 197 | 1 030 329 |
| 境外筹资转贷款 | 5 500 | |
| 中长期贷款 | 23 088 349 | 28 548 248 |
| 个人贷款 | 2 595 035 | 3 426 488 |
| 个人消费贷款 | 1 836 056 | 2 434 819 |
| 单位普通贷款 | 19 489 566 | 23 210 392 |
| 经营贷款 | 2 726 742 | 3 434 102 |
| 固定资产贷款 | 46 762 824 | 19 776 291 |
| 普通并购贷款 | | 423 065 |
| 银团贷款 | 1 003 681 | 1 403 786 |
| 贸易融资 | 67 | 7 |
| 境外筹资转贷款 | | 84 509 |
| 融资租赁 | 1 791 344 | 2 599 266 |
| 票据融资 | 2 013 200 | 1 143 253 |
| 贴现 | 2 013 200 | 1 143 253 |
| 各项垫款 | 522 | 16 743 |
| 境外贷款 | 61 | 390 777 |
| 有价证券 | 1 358 653 | 1 625 040 |
| 股权及其他投资 | 808 962 | 837 935 |
| 应收及预付款 | 393 168 | 702 553 |
| 应收利息 | 200 831 | 278 761 |
| 同业往来 | 244 602 | 215 102 |
| 系统内资金往来 | 5 900 655 | 332 731 |
| 金银占款 | | |
| 外汇买卖 | 59 620 | 206 790 |
| 结售汇 | 57 335 | 200 781 |
| 固定资产 | 703 296 | 790 636 |
| 库存现金 | 174 102 | 220 791 |
| 投资性房地产 | 45 441 | 24 199 |

注:因 2012 年金融机构人民币信贷收支表项目指标口径发生变化,无法与上年进行比较。

# 主要统计指标解释

**财政收入** 指国家财政参与社会产品分配所取得的收入，是实现国家职能的财力保证。财政收入所包括的内容几经变化，目前主要包括：

（1）各项税收：包括增值税、营业税、消费税、土地增值税、城市维护建设税、资源税、城市土地使用税、印花税、个人所得税、企业所得税、关税、农牧业税和耕地占用税等。

（2）专项收入：包括征收排污费收入、征收城市水资源费收入、教育费附加收入等。

（3）其他收入：包括基本建设贷款归还收入、基本建设收入、捐增收入等。

（4）国有企业亏损补贴：这项为负收入，冲减财政收入。

**财政支出** 国家财政将筹集起来的资金进行分配使用，以满足经济建设和各项事业的需要，主要包括：

（1）一般公共服务支出：反映政府提供一般公共服务的支出。

（2）外交支出：反映政府外交事务支出。包括外交行政管理，驻外机构、对外援助、国际组织、对外合作与交流、外界勘界联检等方面的支出。人大、政协、政府及所属各总部门（除国家领导人、外交部门）的出国费、招待费列相关功能科目。不在本科目反映。

（3）国防支出：反映政府用于现役部队、国防后备力量、国防动员等方面的支出。

（4）公共安全支出：反映政府维护社会公共安全方面的支出。有关事务包括武装警察、公安、国家安全、检察、法院、司法行政、监狱、劳教、国家保密。

（5）教育支出：反映政府教育事务支出。有关具体事务包括教育行政管理、学前教育、小学教育、初中教育、普通高中教育、普通高等教育、初等职业教育、中专教育、技校教育、职业高中教育、高等职业教育、广播电视教育、留学生教育、特殊教育、干部继续教育、教育机关服务等。

（6）科学技术支出：反映用于科学技术方面的支出。

（7）文化体育与传媒支出：反映政府在文化、文物、体育、广播影视、新闻出版等方面的支出。

（8）社会保障和就业支出：反映政府在社会保障与就业方面的支出。有关事项包括社会保障和就业管理事务、民政管理事务、财政对社会保险基金的补助、补充全国社会保障基金、行政事业单位离退休、企业关闭破产补助、就业补助、城市居民最低生活保障、其他城镇社会救济、自然灾害生活救助、红十字事务等。

（9）社会保险基金支出：反映政府由社会保险基金列支的各项支出，包括基本养老保险基金支出、失业保险基金支出、基本医疗保险基金支出、工伤保险基金支出等。特别说明：在将社会保险基金包括在内的统计政府支出时，应将财政对社会保险基金的补助以及由财政承担的社会保险缴款予以扣除，以免重复计算。

（10）医疗卫生支出：反映政府医疗卫生方面的支出。具体包括医疗卫生管理事务支出、医疗服务支出、医疗保障支出、疾病预防控制支出、卫生监督支出、妇幼保健支出、农村卫生支出等。

（11）环境保护支出：反映政府环境保护支出。具体包括：环境保护管理事务支出、环境监测与监察支出、污染治理支出、自然生态保护支出、天然林保护工程支出、退牧还草支出、已垦草原退耕还草支出等。

（12）城乡社区事务支出：反映政府城乡社区事务支出。具体包括：城乡社区事务管理支出、城乡社区规划与管理支出、城乡社区公共设施支出、城乡社区住宅支出、城区社区环境卫生支出、建设市场管理与监督支出等。

（13）农林水事务：反映政府农林水事务支出。具体包括：农林支出、林业支出、水利支出、扶贫支出、农业综合开发支出等。

（14）交通运输：反映政府交通运输方面的支出。包括公路运输支出、水路运输支出、铁路运输支出、民用航空运输支出等。

（15）工业商业金融等事务支出：反映政府工业、商业、金融等事务支出。具体包括：采掘业支出、制造业支出、建筑业支出、电力支出、邮政电信支出、旅游业支出、涉外发展支出、粮油事务支出、商业流通事务支出、安全生产支出、国有资产监管支出、中小企业发展支出、清洁生产支出等。

（16）其他支出：反映不能划分到上述功能科目的其他政府支出。

（17）转移性支出：反映政府的转移支付以及不同性质资金之间的调拨支出。

**信贷资金**　指金融机构以信用方式积聚和分配的货币资金。金融机构信贷资金的来源有各项存款、对国际金融机构负债、流通中货币、银行自有资金及当年结益等；信贷资金的运用有各项贷款、黄金占款、外汇占款、财政借款及在国际金融机构中的资产等。

**存款**　指企业、机关、团体或居民根据资金必须收回的原则，把货币资金存入银行或其他信用机构保管并取得一定利息的一种信用活动形式。根据存款对象的不同可划分为企业存款、财政存款、机关团体存款、基本建设存款、城镇储蓄存款、农村存款等科目。它是银行信贷资金的主要来源。

**贷款**　指银行或其他信用机构根据资金必须归还的原则，按一定利率，为企业、个人等提供资金的一种信用活动形式。我国银行贷款分为流动资金贷款、固定资产贷款、城乡个体工商户贷款以及农业贷款等科目。

# 十、劳动、工资

# 10－1 城镇非私营单位从业人员劳动报酬和在岗职工工资

（2013 年） 单位：万元

| | 单位从业人员劳动报酬 | 在岗职工工资 | | | |
|---|---|---|---|---|---|
| | | | 国有单位 | 城镇集体单位 | 其他 |
| **工资总额** | **3076059** | **2959643** | **1577672** | **70794** | **1311177** |
| **按隶属关系分** | | | | | |
| #中央、省属 | 1929008 | 1857721 | 1065347 | 22172 | 770202 |
| 市属 | 1147051 | 1101922 | 512325 | 48622 | 540975 |
| **按国民经济行业分组** | | | | | |
| 农、林、牧、渔业 | 3959 | 3851 | 3656 | 195 | |
| 采矿业 | 78787 | 78787 | | 45 | 78742 |
| 制造业 | 639618 | 631760 | 112289 | 14805 | 504666 |
| 电力、燃气及水的生产和供应业 | 115796 | 114886 | 69844 | 167 | 44875 |
| 电力、热力的生产与供应业 | 93928 | 93359 | 68849 | 167 | 24343 |
| 燃气生产和供应业 | 10282 | 9989 | | | 9989 |
| 水的生产和供应业 | 11586 | 11538 | 995 | | 10543 |
| 建筑业 | 627849 | 569168 | 229816 | 27573 | 311779 |
| 房屋建筑业 | 355907 | 334933 | 146487 | 10929 | 177517 |
| 批发和零售业 | 92908 | 91721 | 10322 | 3569 | 77830 |
| 批发业 | 42656 | 42187 | 8139 | 1980 | 32068 |
| 零售业 | 50252 | 49534 | 2183 | 1589 | 45762 |
| 交通运输、仓储和邮政业 | 93568 | 91186 | 30262 | 3561 | 57363 |
| 道路运输业 | 56556 | 54561 | 2832 | 2686 | 49043 |
| 住宿和餐饮业 | 41038 | 38602 | 10548 | 1585 | 26469 |
| 住宿业 | 27449 | 26392 | 10136 | 1556 | 14700 |
| 餐饮业 | 13589 | 12210 | 412 | 29 | 11769 |
| 信息传输、计算机服务和软件业 | 41045 | 40900 | 19949 | | 20951 |
| 电信和其他信息传输服务业 | 35990 | 35863 | 18174 | | 17689 |
| 金融业 | 148073 | 146928 | 51986 | 8007 | 86935 |
| 房地产业 | 67673 | 62772 | 8965 | 522 | 53285 |
| 租赁和商务服务业 | 43089 | 29189 | 15586 | 5604 | 7999 |
| 科学研究、技术服务和地质勘察业 | 196089 | 194906 | 164657 | 242 | 30007 |
| #研究与试验发展 | 64879 | 64458 | 61759 | 181 | 2518 |
| #专业技术服务业 | 113459 | 112779 | 85507 | 36 | 27236 |
| 水利、环境和公共设施管理业 | 51881 | 47600 | 46716 | | 884 |
| 居民服务和其他服务业 | 5141 | 5117 | 3322 | 779 | 1016 |
| 教育 | 374705 | 369560 | 368073 | 201 | 1286 |
| 卫生和社会工作 | 134973 | 130655 | 125926 | 3939 | 790 |
| #卫生 | 132507 | 128255 | 123526 | 3939 | 790 |
| 文化、体育和娱乐业 | 42791 | 42424 | 36124 | | 6300 |
| 新闻和出版业 | 13014 | 12891 | 7815 | | 5076 |
| 广播、电视、电影和影视录音制作业 | 13783 | 13756 | 12947 | | 809 |
| 文化艺术业 | 11718 | 11508 | 11454 | | 54 |
| 公共管理、社会保障和社会组织 | 277076 | 269631 | 269631 | | |

注：不包括铁路民航

# 10－2 城镇非私营市属单位从业人员劳动报酬和在岗职工工资

（2013 年）　　单位：万元

| | 单位从业人员劳动报酬 | 在岗职工工资 | 国有单位 | 城镇集体单位 | 其他 |
|---|---|---|---|---|---|
| **工资总额** | **1147051** | **1101922** | **512325** | **48622** | **540975** |
| **按国民经济行业分组** | | | | | |
| 农、林、牧、渔业 | | | | | |
| 采矿业 | 417 | 417 | | 45 | 372 |
| 制造业 | 160693 | 159013 | 5584 | 14443 | 138985 |
| 电力、热力、燃气及水生产和供应业 | 39985 | 39079 | 4280 | | 34799 |
| 电力、热力生产和供应业 | 18342 | 17773 | 3506 | | 14267 |
| 燃气生产和供应业 | 10282 | 9989 | | | 9989 |
| 水的生产和供应业 | 11361 | 11317 | 774 | | 10543 |
| 建筑业 | 170635 | 153143 | 1276 | 20120 | 131748 |
| #房屋建筑业 | 99165 | 87147 | 50 | 9799 | 77297 |
| 批发和零售业 | 60800 | 59932 | 3611 | 1852 | 54470 |
| 批发业 | 19076 | 18756 | 2009 | 368 | 16379 |
| 零售业 | 41724 | 41176 | 1602 | 1484 | 38091 |
| 交通运输、仓储和邮政业 | 60331 | 58234 | 3006 | 1482 | 53746 |
| #道路运输业 | 53315 | 51370 | 1488 | 840 | 49043 |
| 住宿和餐饮业 | 34903 | 32934 | 2097 | 818 | 30019 |
| 住宿业 | 21781 | 21192 | 1684 | 789 | 18718 |
| 餐饮业 | 13122 | 11742 | 413 | 29 | 11301 |
| 信息传输、软件和信息技术服务业 | 7592 | 7574 | 1570 | | 6004 |
| #电信、广播电视和卫星传输服务 | 4679 | 4661 | 648 | | 4013 |
| 金融业 | 31160 | 30971 | 4121 | 1645 | 25204 |
| 房地产业 | 57990 | 54587 | 6563 | 506 | 47518 |
| 租赁和商务服务业 | 13957 | 12930 | 6924 | 2757 | 3249 |
| 科学研究、技术服务业 | 24913 | 24699 | 14586 | 36 | 10076 |
| #研究和试验发展 | 2336 | 2324 | 2324 | 0 | 0 |
| #专业技术服务业 | 16696 | 16549 | 6436 | 36 | 10076 |
| 水利、环境和公共设施管理业 | 45434 | 41162 | 40534 | 0 | 628 |
| 居民服务、修理和其他服务业 | 2419 | 2419 | 702 | 779 | 939 |
| 教育 | 177107 | 176256 | 174335 | 201 | 1720 |
| 卫生和社会工作 | 53526 | 49967 | 45650 | 3939 | 379 |
| #卫生 | 51783 | 48274 | 43957 | 3939 | 379 |
| 文化、体育和娱乐业 | 12944 | 12817 | 11699 | | 1118 |
| #新闻和出版业 | 2282 | 2282 | 2282 | | |
| #广播、电视、电影和影视录音制作业 | 3333 | 3326 | 2624 | | 702 |
| #文化艺术业 | 6053 | 5942 | 5887 | | 54 |
| 公共管理、社会保障和社会组织 | 192247 | 185789 | 185789 | | |

# 10－3 城镇非私营单位从业人员平均劳动报酬和在岗职工平均工资

（2013 年）

单位：元

| | 单位从业人员平均劳动报酬 | 在岗职工平均工资 | | | |
|---|---|---|---|---|---|
| | | | 国有单位 | 城镇集体单位 | 其他 |
| **职工平均工资** | **46621** | **48017** | **52375** | **34370** | **44514** |
| **按隶属关系分** | | | | | |
| #中央、省属 | 53965 | 55127 | 58584 | 44588 | 51061 |
| 市属 | 39348 | 40939 | 47442 | 32924 | 36951 |
| 按国民经济行业分组 | | | | | |
| 农、林、牧、渔业 | 34520 | 36157 | 36483 | 30968 | |
| 采 矿 业 | 55270 | 55270 | | 20273 | 55324 |
| 制 造 业 | 51396 | 51807 | 61096 | 44181 | 50358 |
| 电力、热力、燃气及水生产和供应业 | 65584 | 66848 | 76266 | 43816 | 56164 |
| 电力、热力生产和供应业 | 68391 | 69407 | 77134 | 43816 | 54252 |
| 燃气生产和供应业 | 68775 | 74824 | | | 74824 |
| 水的生产和供应业 | 47737 | 48074 | 42879 | | 48630 |
| 建筑业 | 39859 | 40313 | 45423 | 34192 | 37779 |
| #房屋建筑业 | 37243 | 38021 | 43196 | 32143 | 34958 |
| 批发和零售业 | 33470 | 33785 | 33274 | 18649 | 35166 |
| 批发业 | 38346 | 38672 | 36388 | 27534 | 40321 |
| 零售业 | 30209 | 30503 | 25223 | 13303 | 32274 |
| 交通运输、仓储和邮政业 | 38347 | 39186 | 39028 | 34504 | 39604 |
| #道路运输业 | 38663 | 39388 | 39718 | 33125 | 39781 |
| 住宿和餐饮业 | 26059 | 28449 | 31993 | 25202 | 27449 |
| 住宿业 | 31120 | 31215 | 32675 | 25349 | 31020 |
| 餐饮业 | 19616 | 23876 | 21154 | 19200 | 23999 |
| 信息传输、软件和信息技术服务业 | 41061 | 41164 | 38452 | | 44127 |
| #电信、广播电视和卫星传输服务 | 42728 | 42806 | 37824 | | 49507 |
| 金融业 | 66323 | 67152 | 76699 | 69260 | 62337 |
| 房地产业 | 39441 | 42798 | 42836 | 26628 | 43048 |
| 租赁和商务服务业 | 26621 | 27485 | 28028 | 20694 | 34024 |
| 科学研究、技术服务业 | 58810 | 59405 | 63369 | 27828 | 44528 |
| #研究和试验发展 | 60544 | 61109 | 61617 | 26647 | 55094 |
| #专业技术服务业 | 59260 | 59814 | 67680 | 30167 | 43866 |
| 水利、环境和公共设施管理业 | 34671 | 37415 | 37610 | 0 | 29365 |
| 居民服务、修理和其他服务业 | 31542 | 31565 | 42639 | 24189 | 19542 |
| 教育 | 56204 | 57198 | 57543 | 32885 | 21990 |
| 卫生和社会工作 | 50262 | 52773 | 53438 | 41285 | 33042 |
| #卫生 | 50481 | 52987 | 53679 | 41285 | 33042 |
| 文化、体育和娱乐业 | 42072 | 42594 | 42800 | | 41449 |
| #新闻和出版业 | 40217 | 40048 | 38981 | | 41809 |
| #广播、电视、电影和影视录音制作业 | 45549 | 45852 | 45284 | | 57355 |
| #文化艺术业 | 42272 | 44129 | 44106 | | 49455 |
| 公共管理、社会保障和社会组织 | 48127 | 50713 | 50713 | | |

# 10－4 市属城镇非私营单位从业人员平均劳动报酬和在岗职工平均工资

（2013 年）　　单位：元

| | 单位从业人员平均劳动报酬 | 在岗职工平均工资 | 国有单位 | 城镇集体单位 | 其他 |
|---|---|---|---|---|---|
| **职工平均工资** | **39348** | **40939** | **47442** | **32924** | **36951** |
| **按国民经济行业分组** | | | | | |
| 农、林、牧、渔业 | | | | | |
| 采 矿 业 | 27222 | 27222 | | 20273 | 28389 |
| 制 造 业 | 37614 | 37966 | 28076 | 48678 | 37638 |
| 电力、热力、燃气及水生产和供应业 | 51908 | 54013 | 36088 | | 57528 |
| 电力、热力生产和供应业 | 47877 | 50093 | 34993 | | 56035 |
| 燃气生产和供应业 | 68775 | 74824 | | | 74824 |
| 水的生产和供应业 | 47796 | 48115 | 42049 | | 48630 |
| 建筑业 | 32033 | 32563 | 70889 | 32310 | 32432 |
| #房屋建筑业 | 32600 | 33110 | 36000 | 31642 | 33305 |
| 批发和零售业 | 30141 | 30463 | 27498 | 14238 | 31928 |
| 批发业 | 33597 | 33887 | 35061 | 22327 | 34144 |
| 零售业 | 28787 | 29122 | 21642 | 13063 | 31061 |
| 交通运输、仓储和邮政业 | 37629 | 38469 | 32459 | 30881 | 39139 |
| #道路运输业 | 38372 | 39053 | 34126 | 21531 | 39781 |
| 住宿和餐饮业 | 26256 | 29173 | 29828 | 23699 | 29313 |
| 住宿业 | 32812 | 32865 | 33157 | 23903 | 33366 |
| 餐饮业 | 19717 | 24256 | 21154 | 19200 | 24403 |
| 信息传输、软件和信息技术服务业 | 50543 | 50900 | 44336 | | 52949 |
| #电信、广播电视和卫星传输服务 | 50415 | 50995 | 35599 | | 54822 |
| 金融业 | 59591 | 59754 | 55618 | 48246 | 61459 |
| 房地产业 | 38526 | 41404 | 40289 | 26497 | 41815 |
| 租赁和商务服务业 | 19985 | 20774 | 19153 | 17845 | 30536 |
| 科学研究、技术服务业 | 46891 | 47579 | 49210 | 30167 | 45492 |
| #研究和试验发展 | 59587 | 60508 | 60508 | | |
| #专业技术服务业 | 45630 | 45994 | 46944 | 30167 | 45492 |
| 水利、环境和公共设施管理业 | 34383 | 37495 | 37489 | | 37855 |
| 居民服务、修理和其他服务业 | 23765 | 23765 | 33246 | 24189 | 19359 |
| 教育 | 52267 | 52781 | 53371 | 32885 | 25747 |
| 卫生和社会工作 | 42290 | 45686 | 46468 | 41285 | 23818 |
| #卫生 | 42320 | 45736 | 46555 | 41285 | 23818 |
| 文化、体育和娱乐业 | 44773 | 45211 | 45842 | | 39519 |
| #新闻和出版业 | 36452 | 36452 | 36452 | | |
| #广播、电视、电影和影视录音制作业 | 40645 | 40759 | 37586 | | 59525 |
| #文化艺术业 | 53801 | 55168 | 55227 | | 49455 |
| 公共管理、社会保障和社会组织 | 47556 | 51145 | 51145 | | |

# 10－5 城镇非私营在岗职工平均工资及指数

| 年份 | 平均货币工资(元) | | | | 指数(上年＝100) | | | |
|---|---|---|---|---|---|---|---|---|
| | 合计 | 国有单位 | 城镇集体单位 | 其他单位 | 合计 | 国有单位 | 城镇集体单位 | 其他单位 |
| 1979 | 834 | 839 | 632 | | 110.32 | 107.56 | 109.34 | |
| 1980 | 872 | 912 | 674 | | 104.56 | 108.70 | 106.65 | |
| 1981 | 908 | 935 | 672 | | 104.13 | 102.52 | 99.70 | |
| 1982 | 939 | 972 | 683 | | 103.41 | 103.96 | 101.64 | |
| 1983 | 987 | 1025 | 707 | 562 | 105.11 | 105.45 | 103.51 | |
| 1984 | 1226 | 1256 | 994 | 665 | 124.21 | 122.54 | 140.59 | 118.33 |
| 1985 | 1388 | 1433 | 1088 | 829 | 113.21 | 114.09 | 109.46 | 124.66 |
| 1986 | 1562 | 1634 | 1105 | 1827 | 112.54 | 114.03 | 101.56 | 220.39 |
| 1987 | 1700 | 1773 | 1222 | 1831 | 108.83 | 108.51 | 110.59 | 100.22 |
| 1988 | 2010 | 2081 | 1531 | 2331 | 118.24 | 117.31 | 125.29 | 127.31 |
| 1989 | 2248 | 2332 | 1706 | 2472 | 111.84 | 112.06 | 111.43 | 106.05 |
| 1990 | 2507 | 2618 | 1866 | 2928 | 111.52 | 112.26 | 109.38 | 118.45 |
| 1991 | 2664 | 2799 | 2058 | 2746 | 106.26 | 106.91 | 110.29 | 93.78 |
| 1992 | 3031 | 3216 | 2289 | 3078 | 113.78 | 114.90 | 111.22 | 112.09 |
| 1993 | 3241 | 3434 | 2462 | 3109 | 106.93 | 106.78 | 107.56 | 101.01 |
| 1994 | 4618 | 4849 | 3588 | 5039 | 142.49 | 141.21 | 145.74 | 162.08 |
| 1995 | 5564 | 5776 | 4336 | 7785 | 120.49 | 119.12 | 120.85 | 154.49 |
| 1996 | 6188 | 6402 | 4981 | 8176 | 111.21 | 110.84 | 114.88 | 105.02 |
| 1997 | 6578 | 6820 | 5085 | 8712 | 106.30 | 106.53 | 102.09 | 106.56 |
| 1998 | 6828 | 6971 | 5785 | 7454 | 103.80 | 102.21 | 113.77 | 85.56 |
| 1999 | 7836 | 8071 | 6466 | 8031 | 114.76 | 115.78 | 111.77 | 107.74 |
| 2000 | 9147 | 9239 | 8622 | 9257 | 116.73 | 114.47 | 133.34 | 115.27 |
| 2001 | 10452 | 10608 | 8124 | 11266 | 114.27 | 114.82 | 94.22 | 121.70 |
| 2002 | 11861 | 12412 | 7558 | 11610 | 113.48 | 117.01 | 93.03 | 103.05 |
| 2003 | 13489 | 13860 | 9056 | 13664 | 113.73 | 111.67 | 119.82 | 117.69 |
| 2004 | 14854 | 15363 | 9289 | 13713 | 110.12 | 110.84 | 102.57 | 100.36 |
| 2005 | 16960 | 17839 | 11386 | 15209 | 114.18 | 116.12 | 122.58 | 110.91 |
| 2006 | 19090 | 21276 | 13598 | 16244 | 112.56 | 119.27 | 119.43 | 106.81 |
| 2007 | 22569 | 25081 | 13570 | 19666 | 118.22 | 117.88 | 99.79 | 121.07 |
| 2008 | 26118 | 28506 | 17547 | 22914 | 115.73 | 113.66 | 129.31 | 116.52 |
| 2009 | 28995 | 32260 | 20504 | 23393 | 111.02 | 113.17 | 116.85 | 102.09 |
| 2010 | 33966 | 36978 | 25891 | 28947 | 117.14 | 114.62 | 126.27 | 123.74 |
| 2011 | 38965 | 41816 | 31636 | 33858 | 114.72 | 113.08 | 122.19 | 116.97 |
| 2012 | 44492 | 48081 | 33889 | 38538 | 114.18 | 114.98 | 107.12 | 113.82 |
| 2013 | 48017 | 52375 | 34370 | 44514 | 107.92 | 108.93 | 101.42 | 115.51 |

# 10－6 市属城镇非私营单位在岗职工平均工资及指数

| 年份 | 平均货币工资(元) | | | | 指数(上年＝100) | | | |
|---|---|---|---|---|---|---|---|---|
| | 合计 | 国有单位 | 城镇集体单位 | 其他单位 | 合计 | 国有单位 | 城镇集体单位 | 其他单位 |
| 1979 | 683 | 843 | 593 | 0 | 100.74 | 118.90 | 103.31 | |
| 1980 | 801 | 827 | 725 | 0 | 117.28 | 98.10 | 122.26 | |
| 1981 | 792 | 818 | 724 | | 98.88 | 98.91 | 99.86 | |
| 1982 | 831 | 861 | 721 | | 104.92 | 105.26 | 99.59 | |
| 1983 | 874 | 861 | 675 | | 105.17 | 100.00 | 93.62 | |
| 1984 | 1084 | 1099 | 1044 | | 124.03 | 127.64 | 154.67 | |
| 1985 | 1138 | 1165 | 1066 | | 104.98 | 106.01 | 102.11 | |
| 1986 | 1295 | 1356 | 1129 | 1288 | 113.80 | 116.39 | 105.91 | |
| 1987 | 1402 | 1461 | 1231 | 1369 | 108.26 | 107.74 | 109.03 | 106.29 |
| 1988 | 1708 | 1770 | 1512 | 1940 | 121.83 | 121.15 | 122.83 | 141.71 |
| 1989 | 1862 | 1927 | 1649 | 2267 | 109.02 | 108.87 | 109.06 | 116.86 |
| 1990 | 2032 | 2108 | 1791 | 2301 | 109.13 | 109.39 | 108.61 | 101.50 |
| 1991 | 2206 | 2284 | 1972 | 2012 | 108.56 | 108.35 | 110.11 | 87.44 |
| 1992 | 2499 | 2608 | 2225 | 1922 | 113.28 | 114.19 | 112.83 | 95.53 |
| 1993 | 2552 | 2660 | 2265 | 2499 | 102.12 | 101.99 | 101.80 | 130.02 |
| 1994 | 3633 | 3759 | 3132 | 4709 | 142.36 | 141.32 | 138.28 | 188.44 |
| 1995 | 4261 | 4356 | 3854 | 5189 | 117.29 | 115.88 | 123.05 | 110.19 |
| 1996 | 4972 | 4974 | 3978 | 8583 | 116.69 | 114.19 | 103.22 | 165.41 |
| 1997 | 5186 | 5239 | 3800 | 9289 | 104.30 | 105.33 | 95.53 | 108.23 |
| 1998 | 5450 | 5572 | 3928 | 7805 | 105.09 | 106.36 | 103.37 | 84.02 |
| 1999 | 6871 | 6981 | 5435 | 8402 | 126.07 | 125.29 | 138.37 | 107.65 |
| 2000 | 7837 | 8035 | 5890 | 9619 | 114.06 | 115.10 | 108.37 | 114.48 |
| 2001 | 9591 | 10057 | 8138 | 8291 | 122.38 | 125.16 | 138.17 | 86.19 |
| 2002 | 10854 | 11953 | 7251 | 10321 | 113.17 | 118.85 | 89.10 | 124.48 |
| 2003 | 11769 | 12610 | 8327 | 11043 | 108.43 | 105.50 | 114.80 | 107.00 |
| 2004 | 12531 | 13951 | 8539 | 10976 | 106.47 | 110.63 | 102.55 | 99.39 |
| 2005 | 14123 | 15779 | 9934 | 11636 | 112.70 | 113.10 | 116.34 | 106.01 |
| 2006 | 15617 | 18437 | 11156 | 12508 | 110.58 | 116.85 | 112.30 | 107.49 |
| 2007 | 17873 | 19034 | 11262 | 15907 | 114.45 | 103.24 | 100.95 | 127.17 |
| 2008 | 21825 | 26659 | 12510 | 16824 | 122.11 | 140.06 | 111.08 | 105.76 |
| 2009 | 24328 | 28602 | 15020 | 19526 | 111.47 | 107.29 | 120.06 | 116.06 |
| 2010 | 27871 | 32087 | 16209 | 23088 | 114.56 | 112.18 | 107.92 | 118.24 |
| 2011 | 32522 | 36277 | 18658 | 28228 | 116.69 | 113.06 | 115.11 | 122.26 |
| 2012 | 37692 | 41654 | 21462 | 33529 | 115.90 | 114.82 | 115.03 | 118.78 |
| 2013 | 40939 | 47442 | 32924 | 36951 | 108.61 | 113.90 | 153.41 | 110.21 |

# 主要统计指标解释

**职工工资总额**　指各单位在一定时期内直接支付给本单位全部职工的劳动报酬总额。工资总额的计算原则应以直接支付给职工的全部劳动报酬为根据。各单位支付给职工的劳动报酬以及其他根据有关规定支付的工资，不论是计入成本的还是不计入成本的，不论是按国家规定列入计征奖金税项目的，还是未列入计征奖金税项目的，不论是以货币形式支付的还是以实物形式支付的，均包括在工资总额内。

**职工平均工资**　指企业、事业、机关单位的职工在一定时期内平均每人所得的货币工资额。它表明一定时期职工工资收入的高低程度，是反映职工工资水平的主要指标。计算公式为：

职工平均工资=报告期实际支付的全部职工工资总额/报告期全部职工平均人数

**城镇单位从业人员劳动报酬**　指各单位在一定时期内直接支付给本单位全部从业人员的劳动报酬总额。包括在岗职工工资总额和其他从业人员的劳动报酬总额。

# 十一、教育、科技及文化

# 11－1 平均每万人在校学生数

单位:人

| 年份 | 平均每万人口中在校学生数 | | |
|---|---|---|---|
| | 大学生 | 中学生 | 小学生 |
| 1957 | 63 | 196 | 1 184 |
| 1962 | 82 | 189 | 1 057 |
| 1965 | 63 | 258 | 1 585 |
| 1970 | 65 | 617 | 1 322 |
| 1975 | 40 | 747 | 1 618 |
| 1978 | 53 | 853 | 1 819 |
| 1979 | 58 | 790 | 1 778 |
| 1980 | 71 | 749 | 1 724 |
| 1981 | 82 | 643 | 1 577 |
| 1982 | 67 | 662 | 1 458 |
| 1983 | 70 | 699 | 1 297 |
| 1984 | 83 | 705 | 1 252 |
| 1985 | 100 | 720 | 1 197 |
| 1986 | 117 | 728 | 1 123 |
| 1987 | 117 | 692 | 1 057 |
| 1988 | 121 | 636 | 1 002 |
| 1989 | 118 | 560 | 981 |
| 1990 | 112 | 533 | 952 |
| 1991 | 108 | 525 | 925 |
| 1992 | 113 | 518 | 933 |
| 1993 | 132 | 484 | 900 |
| 1994 | 130 | 472 | 1 004 |
| 1995 | 144 | 484 | 1 029 |
| 1996 | 148 | 500 | 1 058 |
| 1997 | 153 | 507 | 1 083 |
| 1998 | 160 | 519 | 1 078 |
| 1999 | 186 | 544 | 1 042 |
| 2000 | 249 | 586 | 1 002 |
| 2001 | 308 | 634 | 961 |
| 2002 | 688 | 655 | 917 |
| 2003 | 660 | 682 | 877 |
| 2004 | 526 | 726 | 842 |
| 2005 | 580 | 688 | 810 |
| 2006 | 537 | 709 | 803 |
| 2007 | 546 | 687 | 794 |
| 2008 | 622 | 645 | 728 |
| 2009 | 674 | 628 | 684 |
| 2010 | 1 103 | 615 | 673 |
| 2011 | 1 158 | 580 | 646 |
| 2012 | 1 210 | 573 | 633 |
| 2013 | 1 468 | 562 | 631 |

## 11－2 各类学校基本情况

(2013 年)　　单位:人

| | 学校(所) | 毕业生数 | 招生数 | 在校学生数 | 教职工数 | #专任教师数 |
|---|---|---|---|---|---|---|
| **总计** | **1 302** | **270 415** | **293 750** | **1 000 208** | **69 610** | **54 645** |
| 普通高等学校 | 25 | 106 325 | 127 952 | 404 375 | 22 821 | 14 941 |
| 普通中等专业学校 | 42 | 19 597 | 19 849 | 62 639 | 3 891 | 2 525 |
| 中等技术学校 | 40 | | | | | |
| 中等师范学校 | 2 | | | | | |
| 普通中学 | 205 | 60 827 | 58 695 | 180 594 | 15 215 | 13 922 |
| 高中 | 64 | 25 237 | 23 461 | 74 681 | 5 798 | 9 008 |
| 初中 | 141 | 35 590 | 35 234 | 105 913 | 9 417 | 4 914 |
| 中等职业学校 | 15 | 3 693 | 2 488 | 8 554 | 784 | 692 |
| 技工学校 | | | | | | |
| 小学 | 607 | 35 421 | 35 507 | 202 753 | 14 635 | 14 225 |
| 特殊教育学校 | 4 | 57 | 54 | 419 | 130 | 107 |
| 幼儿园 | 383 | 23 594 | 30 270 | 67 103 | 6 224 | 4 259 |
| 成人中等专业学校 | 16 | 5 015 | 1 676 | 6 394 | 1 264 | 596 |
| 成人高等学院 | 5 | 2 937 | 2 596 | 6 928 | 569 | 396 |
| 民办高等院校 | 6 | 12 949 | 14 663 | 60 449 | 4 077 | 2 982 |

## 11－3 各类学校女生和女教师数

单位:人

| | 2007 | 2008 | 2009 | 2010 | 2011 | 2012 | 2013 |
|---|---|---|---|---|---|---|---|
| **女生数** | | | | | | | |
| 普通中学 | 103 684 | 101 116 | 98 886 | 96 392 | 91 122 | 89 978 | 88 235 |
| 职业中学 | 5 552 | 9 683 | 8 590 | 7 530 | 8 002 | 7 346 | 1 655 |
| 小学 | 117 373 | 109 625 | 103 369 | 101 854 | 97 821 | 95 288 | 94 906 |
| 女学生占学生总数(%) | | | | | | | |
| 普通中学 | 48.08 | 48.62 | 48.60 | 48.46 | 48.62 | 48.83 | 48.86 |
| 职业中学 | 62.03 | 62.01 | 59.84 | 56.43 | 56.6 | 56.89 | 53.96 |
| 小学 | 47.10 | 46.72 | 46.64 | 46.8 | 46.84 | 46.77 | 46.81 |
| **女教师** | | | | | | | |
| 普通中学 | 6 215 | 6 629 | 6 785 | 6 990 | 7 069 | 7 650 | 7 273 |
| 职业中学 | 434 | 541 | 550 | 528 | 525 | 473 | 172 |
| 小学 | 8 379 | 8 513 | 8 557 | 8 812 | 9 022 | 8 915 | 8 890 |
| 女教师占教师数(%) | | | | | | | |
| 普通中学 | 48.16 | 49.38 | 50.28 | 50.61 | 51.51 | 50.5 | 52.24 |
| 职业中学 | 60.44 | 57.98 | 57.96 | 58.8 | 54.92 | 53.57 | 47.12 |
| 小学 | 59.43 | 60.29 | 61.94 | 61.41 | 61.65 | 61.99 | 62.50 |

# 11-4 分县区学校基本情况

(2013 年) 单位：人

| | 兰州市 | 城关区 | 七里河区 | 西固区 | 安宁区 | 红古区 | 永登县 | 皋兰县 | 榆中县 | 兰州新区 |
|---|---|---|---|---|---|---|---|---|---|---|
| **小学** | | | | | | | | | | |
| 学校个数(个) | 607 | 83 | 85 | 51 | 18 | 34 | 126 | 35 | 134 | 41 |
| 在校学生数(个) | 202753 | 67944 | 33595 | 21021 | 12667 | 9228 | 21590 | 7001 | 22206 | 7501 |
| 招生数(人) | 35507 | 12158 | 6103 | 3651 | 2511 | 1606 | 3742 | 1126 | 3379 | 1231 |
| 毕业生数(人) | 35421 | 11129 | 5604 | 3859 | 2004 | 1634 | 3828 | 1230 | 4886 | 1247 |
| 专任教师数(人) | 14225 | 3226 | 2119 | 1540 | 731 | 902 | 2083 | 827 | 2235 | 562 |
| 小学学龄人口入学率(%) | 100.00 | 100.00 | 100.00 | 100.00 | 100.00 | 100.00 | 100.00 | 100.00 | 100.00 | 100.00 |
| **普通中学** | | | | | | | | | | |
| 学校个数(个) | 205 | 44 | 26 | 26 | 16 | 10 | 35 | 12 | 28 | 8 |
| 初中在校学生数(人) | 105913 | 33649 | 13686 | 11555 | 7926 | 4662 | 11887 | 4163 | 14584 | 3801 |
| 招生数(人) | 35234 | 11387 | 4666 | 3918 | 2688 | 1572 | 3706 | 1284 | 4771 | 1242 |
| 毕业生数(人) | 35590 | 10434 | 4505 | 3762 | 2754 | 1640 | 5137 | 1436 | 4498 | 1424 |
| 初中学龄人口入学率(%) | 100.00 | 100.00 | 100.00 | 100.00 | 100.00 | 100.00 | 100.00 | 100.00 | 100.00 | 100.00 |
| 高中在校学生数(人) | 74681 | 21486 | 8220 | 9680 | 4925 | 2899 | 10805 | 4484 | 9327 | 2855 |
| 招生数(人) | 23461 | 7423 | 2704 | 3212 | 1547 | 915 | 2927 | 910 | 2550 | 1273 |
| 毕业生数(人) | 25237 | 6734 | 2416 | 3108 | 1647 | 1009 | 4269 | 1968 | 3680 | 406 |
| 普通中学专任教师数(人) | 13922 | 3806 | 1626 | 1649 | 942 | 814 | 1828 | 914 | 1751 | 592 |
| **特殊教育学校** | | | | | | | | | | |
| 学校个数 | 4 | 2 | | | | | 1 | | 1 | |
| 在校学生数 | 419 | 355 | 6 | 15 | 18 | | 14 | | 11 | |
| 毕业生数 | 57 | 52 | 2 | 0 | 3 | | 0 | | 0 | |
| **幼儿园** | | | | | | | | | | |
| 园数(所) | 383 | 103 | 59 | 37 | 28 | 13 | 69 | 14 | 43 | 17 |
| 班数(个) | 2317 | 692 | 380 | 210 | 151 | 101 | 294 | 83 | 327 | 79 |
| 幼儿数(人) | 67103 | 21641 | 10546 | 5806 | 4527 | 3722 | 8012 | 2112 | 8227 | 2510 |
| 教职员工数（人） | 6624 | 2823 | 1238 | 908 | 571 | 266 | 481 | 135 | 50 | 152 |

# 11－5 科技成果情况

| | 1995 | 2000 | 2008 | 2009 | 2010 | 2011 | 2012 | 2013 |
|---|---|---|---|---|---|---|---|---|
| 基本情况(项) | 79 | 106 | 621 | 531 | 714 | 674 | 809 | |
| 鉴定项目数 | 14 | 41 | 523 | 465 | 704 | 674 | 709 | 501 |
| 登记项目数 | 14 | 41 | 621 | 531 | 714 | 659 | 809 | 479 |
| 奖励项目数 | 51 | 24 | 137 | 141 | | 156 | 136 | 59 |
| 成果水平(项) | 14 | 41 | 532 | 471 | 714 | 662 | 721 | |
| 国际领先 | | 2 | 19 | 6 | 9 | 11 | 11 | 2 |
| 国际先进 | | 3 | 81 | 94 | 111 | 121 | 132 | 34 |
| 国内领先 | 3 | 11 | 343 | 321 | 501 | 459 | 490 | 261 |
| 国内先进 | 5 | 16 | 87 | 49 | 91 | 71 | 77 | 68 |
| 其他 | 6 | 9 | 2 | 1 | 7 | 0 | 11 | 114 |
| 应用领域(项) | 13 | 21 | 160 | 204 | 273 | 181 | 190 | |
| 工业(交通、邮电、建筑、地质) | 9 | 15 | 71 | 57 | 74 | 58 | 49 | 101 |
| 农业(林、牧、渔) | 6 | 6 | 89 | 152 | 199 | 123 | 141 | 75 |

# 11－6 专利申请及授权情况

单位:项

| | 申请量 | | 授权量 | |
|---|---|---|---|---|
| | 2013 | 2012 | 2013 | 2012 |
| 总计 | 3 904 | 3 299 | 1 963 | 1 615 |
| 按种类分 | | | | |
| 发明专利 | 1 746 | 1 595 | 566 | 539 |
| 实用新型 | 1 934 | 1 578 | 1 283 | 985 |
| 外观设计 | 224 | 126 | 114 | 91 |
| 按对象分 | | | | |
| 大专院校 | 941 | 670 | 453 | 354 |
| 科研单位 | 579 | 521 | 246 | 236 |
| 工矿企业 | 937 | 864 | 739 | 550 |
| 机关团体 | 36 | 37 | 27 | 26 |
| 个人 | 1 411 | 1 207 | 498 | 449 |

## 11－7 图书、杂志、报刊出版数量

| | 2007 | 2008 | 2009 | 2010 | 2011 | 2012 | 2013 |
|---|---|---|---|---|---|---|---|
| 图书出版 | | | | | | | |
| 种数（种） | 1 282 | 1 282 | 1 301 | 1 311 | 1 350 | 1 410 | 2 906 |
| #出版（种） | 1 120 | 1 122 | 1 200 | 1 268 | 1 297 | 1 350 | 1 520 |
| 总印数（万册） | 7 591 | 7 593 | 8 890 | 9 260 | 9 502 | 9 350 | 6 573 |
| 总印张（千印张） | 473 125 | 473 165 | 598 160 | 612 100 | 613 510 | 612 820 | 573 771 |
| 杂志出版 | | | | | | | |
| 种数（种） | 132 | 132 | 134 | 134 | 135 | 134 | 133 |
| 总印数（万册） | 13 260 | 13 270 | 13 890 | 13 890 | 13 920 | 13 910 | 11 038 |
| 总印张（千印张） | 512 850 | 512 890 | 589 900 | 589 900 | 590 100 | 589 996 | 559 045 |
| 报纸出版 | | | | | | | |
| 种数（种） | 56 | 56 | 60 | 68 | 68 | 68 | 61 |
| 总印数（万份） | 35 575 | 35 596 | 41 000 | 48 686 | 48 720 | 48 700 | 51 548 |
| 总印张（千印张） | 776 250 | 776 295 | 8 431 000 | 924 000 | 924 600 | 924 650 | 1 103 325 |

## 11－8 文化事业基本情况

| | 1995 | 2000 | 2008 | 2009 | 2010 | 2011 | 2012 | 2013 |
|---|---|---|---|---|---|---|---|---|
| 文化事业机构数（个） | 30 | 28 | 24 | 24 | 16 | 16 | 31 | 31 |
| 文化部门 | 30 | 28 | 24 | 24 | 16 | 16 | 31 | 31 |
| 其他部门 | | | | | | | | |
| 文化事业人员数（人） | 735 | 1 159 | 569 | 1 187 | 1 187 | 1 187 | 1 113 | 1 113 |
| 文化部门 | | 1 159 | 569 | 1 187 | 1 187 | 1 187 | 1 113 | 1 113 |
| 其他部门 | | | | | | | | |
| 各类文化艺术事业单位数（个） | 30 | 28 | 24 | 24 | 16 | 16 | 31 | 31 |
| 文化馆、艺术馆 | 10 | 1 | 9 | 9 | 9 | 9 | 9 | 9 |
| 公共图书馆 | 9 | 1 | 9 | 9 | 8 | 8 | 8 | 8 |
| 博物馆 | 3 | 2 | 4 | 4 | 4 | 6 | 9 | 9 |
| 电影院 | 8 | 20 | 7 | 7 | 7 | 8 | 12 | 18 |
| 艺术表演场所 | 2 | 2 | 2 | 2 | 2 | 1 | 1 | 1 |
| 艺术表演团体 | 4 | 4 | 3 | 4 | 4 | 4 | 4 | 4 |

# 11－9 文化产业基本情况

| | 2010 | 2011 | 2012 | 2013 | 比上年增长(%) |
|---|---|---|---|---|---|
| 文化产业增加值(亿元) | 19.65 | 24.30 | 30.87 | 41.06 | 38.74 |
| 法人单位增加值(亿元) | 19.11 | 22.20 | 25.28 | 36.95 | 46.16 |
| 文化产业增加值占 GDP 比重(%) | 1.78 | 1.79 | 1.97 | 2.31 | 17.26 |
| 文化产业法人单位机构数(个) | 871 | 918 | 1 041 | 2 584 | 148.22 |
| 从业人员 | 22 856 | 30 526 | 29 060 | 46 491 | 59.98 |

# 11－10 广播电视事业基本情况

| | 2007 | 2008 | 2009 | 2010 | 2011 | 2012 | 2013 |
|---|---|---|---|---|---|---|---|
| 广播电台(座) | 1 | 1 | 1 | 1 | 1 | 1 | 1 |
| 中短波广播发射和转播台(座) | 1 | 1 | 1 | 1 | 1 | 1 | 1 |
| 中短波广播发射功率(千瓦) | 11 | 10 | 10 | 10 | 10 | 10 | 10 |
| 发射台及转播台(座) | 5 | 10 | 16 | 15 | 8 | 9 | 9 |
| 发射机功率(千瓦) | 11 | 28.6 | 24.445 | 26.31 | 25 | 28 | 28 |
| 节目(套) | 6 | 7 | 6 | 6 | 3 | 3 | 3 |
| 广播电台平均每日播出时间(时、分) | 12:40:00 | 21:00:00 | 12:10:00 | 12:10:00 | | | |
| 制作广播节目(小时) | | | | | | | |
| #新闻节目 | 2:10:00 | 2:20 | 2:00 | 2:00 | 2:50 | 2:20:00 | 2:40:00 |
| 专题节目 | 2:00 | 2:05 | 1:25 | 3:00:00 | 2:30:00 | 2:30:00 | 3:30:00 |
| 教育节目 | 0:50 | 0:50 | 0:18 | 5:00:00 | 1:00:00 | 1:00:00 | 1:00:00 |
| 文艺节目 | 4:00 | 4:05 | 0:41 | 4:00:00 | 8:00:00 | 8:00:00 | 8:00:00 |
| 服务节目 | 1:10 | 1:12 | 0:37 | 11:00:00 | 8:00:00 | 11:00:00 | 10:00:00 |
| 县广播电视台(座) | | 9 | 3 | 3 | 7 | | |
| 广播人口覆盖率(%) | 98.26 | 97 | 98.27 | 98.27 | 98.56 | 98.58 | 98.6 |
| 电视台(座) | 1 | 1 | 1 | | 1 | 1 | 1 |
| 发射台及转播台(座) | 7 | 10 | 7 | 8 | 1 | 1 | 9 |
| 发射机功率(千瓦) | 21.3 | 26.5 | 27.06 | 26.5 | 20 | 20 | 20 |
| 节目(套) | 7 | 9 | 9 | 8 | 4 | 4 | 4 |
| 电视台平均每日播出时间(时、分) | 76:55:00 | 20:00:00 | 11:23:00 | 11:00 | 24:00:00 | 24:00:00 | 19:00:00 |
| 制作电视节目(小时) | | | | | | | |
| #新闻节目 | 1:30 | 1:31 | 0:27 | 2:00:00 | 2:45:00 | 3:12:00 | 3:30:00 |
| 专题节目 | 1:01 | 1:01 | 0:14 | 3:00:00 | 1:05:00 | 1:07:00 | 1:05:00 |
| 教育节目 | | | | | | | |
| 文艺节目 | 0:50 | 0:52 | 0:03 | 4:00:00 | 0:50:00 | | 1:20:00 |
| 服务节目 | 0:45 | 0:46 | 0:06 | 11:00:00 | 2:35:00 | 3:00:00 | 2:50:00 |
| 电视人口覆盖率(%) | 98.4 | 97.5 | 98.54 | 98.55 | 98.55 | 98.55 | 98.55 |

注:文化、广播、电视资料由市文广局提供,统计口径为市属管理的单位。

# 主要统计指标解释

**普通高等学校**　指按照国家规定的设置标准和审批程序批准举办，通过国家统一招生考试，招收高中毕业生为主要培养对象，实施高等教育的全日制大学、独立设置的学院和高等专科学校、短期职业大学。

**成人高等学校**　指按照国家有关规定审批，招收通过全国成人高教统一招生考试的具有高中毕业或同等学历的在职从业人员，利用脱产、半脱产、业余或函授等多种形式对其实施高等学历教育，培养高等教育专科或本科毕业水平的专门人才，修业年限、课程设置和总学时数均按高等学历教育要求付诸实施的学校。包括广播电视大学、职工高等学校、农民高等学校、管理干部学院、教育学院、独立设置的函授学院等。

**小学学龄儿童入学率**　指调查范围内已入学学习的学龄儿童占校内外学龄儿童总数（包括弱智儿童，不包括盲聋哑儿童）的比重。计算公式为：

小学学龄儿童入学率＝已入学的小学学龄儿童数／校内外小学学龄儿童总数*100%

**科技活动**　指在自然科学、农业科学、医药科学、工程与技术科学、人文与社会科学领域（简称科学技术领域）中，与科技知识的产生、发展、传播和应用密切相关的有组织的活动。可分为研究与试验发展（R&D）、研究与试验发展成果应用及相关的科技服务三类活动。

**科技活动人员**　指直接从事科技活动、以及专门从事科技活动管理和为科技活动提供直接服务的人员。累计从事科技活动的实际工作时间占全年制度工作时间10%及以上的人员。（1）直接从事科技活动的人员包括：在独立核算的科学研究与技术开发机构、高等学校、各类企业及其他事业单位内设的研究室、实验室、技术开发中心及中试车间（基地）等机构中从事科技活动的研究人员、工程技术人员、技术工人及其它人员；虽不在上述机构工作，但编入科技活动项目（课题）组的人员；科技信息与文献机构中的专业技术人员；从事论文设计的研究生等。（2）专门从事科技活动管理和为科技活动提供直接服务的人员包括：独立核算的科学研究与技术开发机构、科技信息与文献机构、高等学校、各类企业及其他事业单位主管科技工作的负责人，专门从事科技活动的计划、行政、人事、财务、物资供应、设备维护、图书资料管理等工作的各类人员，但不包括保卫、医疗保健人员、司机、食堂人员、茶炉工、水暖工、清洁工等为科技活动提供间接服务的人员。

**科学家与工程师**　指科技活动人员中具有高、中级技术职称（职务）的人员和不具有高、中级的技术职称（职务）的大学本科及以上学历人员。

**专业技术人员**　指从事专业技术工作和专业技术管理工作的人员，即企事业单位中已经聘任专业技术职务从事专业技术工作和专业技术管理工作的人员，以及未聘任专业技术职务，现在专业技术岗位上工作的人员。包括工程技术人员，农业技术人员，科学研究人员，卫生技术人员，教学人员，经济人员，会计人员，统计人员，翻译人员，图书资料、档案、文博人员，新闻出版人员，律师、公证人员，广播电视播音人员，工艺美术人员，体育人员，艺术人员及企业政治思想工作人员，共十七个专业技术职务类别。

**科技活动经费筹集**　指从各种渠道筹集到的计划用于科技活动的经费，包括政府资金、企业资金、事业单位资金、金融机构贷款、国外资金和其他资金等。

**政府资金**　指从各级政府部门获得的计划用于科技活动的经费，包括科学事业费、科技三项费、科研基建费、科学基金、教育等部门事业费中计划用于科技活动的经费以及政府部门预算外资金中计划用于科技活动的经费等。

**企业资金**　指从自有资金中提取或接受其他企业委托的，科研院所和高校等事业单位接受企业委托获得的，计划用于科研和技术开发的经费。不包括来自政府、金融机构及国外的计划用于科技活动的资金。

**金融机构贷款**　指从各类金融机构获得的用于科技活动的贷款。

**科技活动经费内部支出**　指报告年内用于科技活动的实际支出包括劳务费、科研业务费、科研管理费，非基建投资购建的固定资产、科研基建支出以及其他用于科技活动的支出。不包括生产性活动支出、归还贷款支出及转拨外单位支出。

**劳务费**　指以货币或实物形式直接或间接支付给从事科技活动人员的劳动报酬及各种费用。包括各种形式的工资、津贴、奖金、福利、离退休人员费用、人民助学金等。

**固定资产购建费**　指报告年内使用非基建投资购建的固定资产和用于科研基建投资的实际支出额，即固定资产实际支出和科研基建投资实际完成额之和。固定资产是指长期使用而不改变原有实物形态的主要物资设备、图书资料、实验材料和标本以及其他设备和家具、房屋、建筑物。

**新产品**　指采用新技术原理、新设计构思研制、生产的全新产品，或在结构、材质、工艺等某一方面比原有产品有明显改进，从而显著提高了产品性能或扩大了使用功能的产品。既包括政府有关部门认定并在有效期内的新产品，也包括企业自行研制开发，未经政府有关部门认定，从投产之日起一年之内的新产品。

**文化事业机构**　指从事专业文化工作和为专业文化工作服务的独立建制的单位。不包括这些单位另外举办独立核算的其他机构和各部门的业余文化组织。

**艺术表演团体**　指从事戏曲、音乐、舞蹈、杂技等专业艺术表演，有独立帐户的单位，不包括半工半艺、半农半艺和民间职业剧团。

**电影放映单位**　指具有放映机器设备、固定或不固定的放映场所与专职或兼职的放映技术人员，经有关部门登记批准，经常为一定的观众对象放映电影的机构。包括经批准对外开放进行营业、并与电影发行放映管理机构分帐的专用放映单位和军委系统租片单位。

**艺术表演观众人数（人次）**　指售票、包场演出或民族地区免费演出的艺术表演观众人次数，不包括彩排审查和内部观摩演出的观看人次数。

**文化及相关产业**　指为社会公众提供文化、娱乐产品和服务的活动以及与这些活动有关联的活动集合。根据提供文化、娱乐产品和服务活动的属性特点，划分为公益性评议化活动和经营性文化活动两大类。

# 十二、卫生、司法

# 12－1 卫生机构数

单位:个

| 年份 | 总计 | 医院 | 卫生院 | 门诊部、所 | 专科防治所、站 | 卫生防疫机构 | 妇幼保健所、站 | 医学科学研究机构 |
|---|---|---|---|---|---|---|---|---|
| 1979 | 758 | 141 | 85 | 590 | 3 | 11 | 9 | 1 |
| 1980 | 787 | 141 | 85 | 620 | 2 | 11 | 9 | 1 |
| 1981 | 827 | 145 | 85 | 653 | 4 | 11 | 9 | 1 |
| 1982 | 842 | 145 | | 666 | 4 | 11 | 9 | 1 |
| 1983 | 870 | 145 | | 696 | 4 | 11 | 9 | 1 |
| 1984 | 881 | 146 | | 705 | 5 | 12 | 9 | 1 |
| 1985 | 839 | 116 | | 685 | 5 | 9 | 7 | 1 |
| 1986 | 874 | 119 | 86 | 713 | 7 | 10 | 7 | 1 |
| 1987 | 903 | 128 | 87 | 731 | 8 | 10 | 7 | 1 |
| 1988 | 848 | 121 | 86 | 682 | 8 | 10 | 7 | 1 |
| 1989 | 895 | 125 | 87 | 723 | 8 | 10 | 7 | 1 |
| 1990 | 874 | 130 | 86 | 697 | 8 | 11 | 8 | 1 |
| 1991 | 882 | 129 | 86 | 706 | 7 | 11 | 8 | 1 |
| 1992 | 875 | 133 | 70 | 695 | 7 | 11 | 8 | 1 |
| 1993 | 956 | 151 | 70 | 755 | 8 | 13 | 8 | 2 |
| 1994 | 955 | 164 | 86 | 741 | 8 | 14 | 8 | 2 |
| 1995 | 957 | 165 | 85 | 740 | 8 | 14 | 8 | 2 |
| 1996 | 233 | 177 | | 6 | 7 | 13 | 8 | 2 |
| 1997 | 243 | 179 | | 153 | 7 | 13 | 8 | 2 |
| 1998 | 242 | 174 | | 107 | 7 | 13 | 8 | 2 |
| 1999 | 241 | 170 | | 201 | 7 | 13 | 8 | 2 |
| 2000 | 241 | 170 | | 231 | 7 | 13 | 8 | 2 |
| 2001 | 238 | 171 | | 194 | 7 | 13 | 8 | 2 |
| 2002 | 286 | 94 | 84 | 57 | 4 | 11 | 10 | 2 |
| 2003 | 295 | 101 | 84 | 59 | 3 | 11 | 10 | 2 |
| 2004 | 295 | 100 | 80 | 62 | 3 | 11 | 10 | 2 |
| 2005 | 285 | 99 | 71 | 86 | 2 | 11 | 10 | 2 |
| 2006 | 290 | 97 | 71 | 58 | 2 | 12 | 10 | 2 |
| 2007 | 1646 | 91 | 69 | 51 | 2 | 12 | 10 | 2 |
| 2008 | 1456 | 91 | 69 | 46 | 2 | 11 | 10 | 2 |
| 2009 | 1534 | 90 | 69 | 39 | 2 | 11 | 10 | 2 |
| 2010 | 2257 | 94 | 69 | 34 | 2 | 11 | 10 | 2 |
| 2011 | 2362 | 96 | 71 | 30 | 2 | 11 | 10 | 2 |
| 2012 | 2359 | 98 | 68 | 31 | 2 | 11 | 10 | 2 |
| 2013 | 2288 | 98 | 67 | 30 | 2 | 11 | 10 | 2 |

# 12－2 卫生机构人数

单位:人

| 年份 | 总计 | 卫生技术人员 | #医生 | | | | 护师、护士 | 每千人口医生数 |
|---|---|---|---|---|---|---|---|---|
| | | | | 中医师 | 西医师 | 中、西医师 | | |
| 1979 | 18993 | 13754 | 5421 | 759 | 2448 | 2214 | 2657 | 2.58 |
| 1980 | 19769 | 14438 | 6083 | 820 | 3559 | 1704 | 2930 | 2.84 |
| 1981 | 20898 | 15727 | 6454 | 435 | 3887 | 2132 | 2696 | 2.99 |
| 1982 | 21657 | 16195 | 6581 | 437 | 3807 | 2337 | 2829 | 2.97 |
| 1983 | 22582 | 16810 | 6994 | 500 | 4108 | 2386 | 2924 | 3.14 |
| 1984 | 23170 | 17329 | 7106 | 480 | 4000 | 2493 | 3584 | 3.15 |
| 1985 | 21468 | 16009 | 6784 | 522 | 4005 | 2182 | 3398 | 2.97 |
| 1986 | 22244 | 16594 | 6916 | 486 | 4071 | 2261 | 3519 | 2.96 |
| 1987 | 23090 | 17547 | 7403 | 691 | 4361 | 2255 | 3745 | 3.12 |
| 1988 | 23448 | 17949 | 7405 | 850 | 5444 | 1111 | 4624 | 3.06 |
| 1989 | 23680 | 17832 | 7699 | 988 | 5646 | 941 | 4942 | 3.12 |
| 1990 | 24295 | 18655 | 8326 | 1240 | 5978 | 969 | 5162 | 3.31 |
| 1991 | 24911 | 18964 | 8403 | 1196 | 5980 | 1080 | 5214 | 3.3 |
| 1992 | 25476 | 19467 | 8790 | 1239 | 6257 | 1151 | 5586 | 3.4 |
| 1993 | 27343 | 20906 | 9432 | 1299 | 6731 | 1105 | 5995 | 3.61 |
| 1994 | 27615 | 20923 | 9351 | 1416 | 6635 | 1137 | 6123 | 3.52 |
| 1995 | 28085 | 21344 | 9585 | 1410 | 6753 | 1240 | 6321 | 3.54 |
| 1996 | 24102 | 17581 | 7197 | 1029 | 5304 | 755 | 5627 | 2.61 |
| 1997 | 24378 | 17622 | 7195 | 1002 | 5288 | 776 | 5510 | 2.57 |
| 1998 | 24145 | 17527 | 7143 | 968 | 5210 | 857 | 5563 | 2.16 |
| 1999 | 23699 | 17125 | 6926 | 964 | 5124 | 728 | 5572 | 3.23 |
| 2000 | 21958 | 16650 | 6860 | 960 | 5092 | 705 | 5579 | 2.96 |
| 2001 | 21849 | 16778 | 6903 | 916 | 5203 | 661 | 5809 | 1.93 |
| 2002 | 20600 | 16319 | 6604 | | | | 5996 | 2.19 |
| 2003 | 21138 | 16746 | 6818 | | | | 5980 | 2.24 |
| 2004 | 20989 | 16485 | 6703 | | | | 5876 | 2.75 |
| 2005 | 22387 | 18738 | 7951 | | | | 6922 | 2.58 |
| 2006 | 25353 | 20651 | 8801 | | | | 7310 | 2.82 |
| 2007 | 25778 | 20573 | 8890 | | | | 7361 | 2.78 |
| 2008 | 25419 | 20721 | 8971 | | | | 7427 | 2.79 |
| 2009 | 27312 | 22372 | 9440 | | | | 8269 | 2.92 |
| 2010 | 29769 | 24388 | 10060 | | | | 9195 | 3.11 |
| 2011 | 33448 | 26363 | 10745 | | | | 10230 | 2.97 |
| 2012 | 34558 | 27914 | 11308 | | | | 10943 | 3.07 |
| 2013 | 35326 | 28489 | 11349 | | | | 11595 | 3.12 |

# 12－3 卫生机构床位数

单位:张

| 年份 | 总计 | 医院 | 卫生院 | 疗养院、所 | 其他卫生事业机构 | 每千人口医院床位数 |
|---|---|---|---|---|---|---|
| 1979 | 9442 | 8975 | 697 | 100 | | 3.79 |
| 1980 | 9678 | 9117 | | 100 | 100 | 3.75 |
| 1981 | 9895 | 9197 | | 100 | 100 | 3.76 |
| 1982 | 10291 | 9678 | | 100 | 100 | 3.81 |
| 1983 | 10567 | 9780 | | 100 | 100 | 3.88 |
| 1984 | 10840 | 10056 | | 100 | 113 | 3.89 |
| 1985 | 9711 | 9199 | 648 | | 160 | 4.02 |
| 1986 | 10033 | 9395 | 621 | | 159 | 4.00 |
| 1987 | 10508 | 9874 | 627 | 113 | 162 | 4.16 |
| 1988 | 10921 | 10329 | 616 | | 150 | 1.27 |
| 1989 | 11303 | 10869 | 625 | 20 | 150 | 4.60 |
| 1990 | 11772 | 11181 | 645 | 30 | 150 | 4.50 |
| 1991 | 12450 | 11711 | 643 | 30 | 150 | 4.60 |
| 1992 | 12650 | 11990 | 693 | 30 | 150 | 4.90 |
| 1993 | 13552 | 12974 | | | | 5.20 |
| 1994 | 13743 | 13219 | 720 | | | 5.20 |
| 1995 | 14098 | 13467 | 855 | | 181 | 5.30 |
| 1996 | 13786 | 13589 | | | 170 | 4.90 |
| 1997 | 13857 | 13628 | | | 205 | 4.90 |
| 1998 | 14263 | 14113 | | | 150 | 5.90 |
| 1999 | 14192 | 13947 | | | 201 | 4.88 |
| 2000 | 14164 | 13862 | | | 195 | 4.80 |
| 2001 | 14373 | 14032 | | | 203 | 4.78 |
| 2002 | 14921 | 13720 | 1043 | | 52 | 4.56 |
| 2003 | 15366 | 14484 | 1060 | | 58 | 5.05 |
| 2004 | 16260 | 14484 | 1016 | | 58 | 4.32 |
| 2005 | 14825 | 13303 | 917 | | 871 | 4.79 |
| 2006 | 15658 | 13877 | 977 | | 965 | 5.00 |
| 2007 | 17045 | 13624 | 2260 | | | 4.27 |
| 2008 | 24207 | 13071 | 8149 | | | 4.06 |
| 2009 | 21873 | 13728 | 1113 | | | 4.24 |
| 2010 | 25498 | 15788 | 1128 | | | 4.35 |
| 2011 | 25411 | 17292 | 1152 | | | 4.76 |
| 2012 | 27545 | 18734 | 1202 | | | 5.16 |
| 2013 | 23614 | 20281 | 1160 | | | 5.57 |

## 12－4 医院、卫生院诊疗人次及入院人数

（2013 年）

| | 诊疗人次（万人次） | #门、急诊 | 入院人数（万人） | 每百诊次的入院人数（人） | 每百门、急诊次的入院人数（人） |
|---|---|---|---|---|---|
| **医院、卫生院合计** | **901.33** | **843.07** | **54.78** | **15.04** | **6.50** |
| 县及县以上医院合计 | 793.26 | 740.08 | 52.04 | 14.29 | 7.30 |
| #卫生部门 | 634.60 | 590.72 | 42.92 | 11.79 | 7.27 |
| 工业及其他部门 | | | | | |
| 集体所有制 | 35.97 | 34.00 | 0.33 | 0.09 | 0.97 |
| 其他医院 | 17.48 | 16.71 | 1.32 | 0.36 | 7.90 |
| 卫生院 | 108.07 | 102.99 | 2.75 | 0.76 | 2.67 |

## 12－5 各县区医院、卫生院基本情况

（2013 年）

| | 医院、卫生院（个） | 医院、卫生院床位数（张） | 医院、卫生院技术人员数（人） |
|---|---|---|---|
| **兰州市** | **165** | **21441** | **19835** |
| 城关区 | 41 | 10596 | 10780 |
| 七里河区 | 27 | 4791 | 3435 |
| 西固区 | 17 | 1674 | 1612 |
| 安宁区 | 7 | 495 | 363 |
| 红古区 | 10 | 951 | 954 |
| 永登县 | 26 | 1228 | 1117 |
| 皋兰县 | 8 | 376 | 424 |
| 榆中县 | 29 | 1330 | 1150 |

## 12－6 各县区卫生机构基本情况

（2013 年）

| | 卫生机构数（个） | #医院 | 卫生机构床位数（张） | 每千人口床位数（张） | 卫生机构技术人员（人） |
|---|---|---|---|---|---|
| **兰州市** | **2288** | **98** | **23614** | **6.48** | **28489** |
| 城关区 | 659 | 41 | 11128 | 3.06 | 15248 |
| 七里河区 | 354 | 20 | 5727 | 1.57 | 5212 |
| 西固区 | 178 | 9 | 1684 | 0.46 | 2170 |
| 安宁区 | 144 | 7 | 698 | 0.19 | 1020 |
| 红古区 | 97 | 6 | 1291 | 0.35 | 1379 |
| 永登县 | 367 | 8 | 1311 | 0.36 | 1425 |
| 皋兰县 | 115 | 1 | 442 | 0.12 | 564 |
| 榆中县 | 374 | 6 | 1333 | 0.37 | 1471 |

## 12－7 社会福利事业单位基本情况

（2013 年）

| | 院数（个） | 工作人员（人） | 床位（（张） | 收养人员（人） |
|---|---|---|---|---|
| **合计** | **10** | **526** | **1745** | **881** |
| 社会福利事业单位 | 10 | 526 | 1745 | 881 |
| 社会福利院 | 7 | 228 | 995 | 490 |
| 儿童福利院 | 1 | 176 | 500 | 257 |
| 社会福利精神病院 | 1 | 102 | 150 | 90 |
| 城镇集体办养老院 | 1 | 20 | 100 | 44 |

## 12－8 工会组织情况

| 年份 | 工会基层组织数(个) | 已建立工会组织的基层单位的职工与会员人数(万人) | | | | 工会专职干部人员数(人) |
|---|---|---|---|---|---|---|
| | | 职工人数 | #女职工 | 会员人数 | #女会员 | |
| 2001 | 1077 | 36.04 | | 34 | 14.81 | 848 |
| 2002 | 997 | 45.14 | 16.13 | 35 | 15.25 | 839 |
| 2003 | 2456 | 30.36 | 11.58 | 35 | 10.88 | 894 |
| 2004 | 648 | 24.08 | 10.80 | 34 | 10.20 | 864 |
| 2005 | 3850 | 37.90 | 14.86 | 36.21 | 13.89 | 1316 |
| 2006 | 2261 | 42.73 | 18.75 | 39.03 | 17.79 | 978 |
| 2007 | 2790 | 51.28 | 19.85 | 39.15 | 19.03 | 299 |
| 2008 | 3189 | 60.32 | 23.45 | 48.50 | 22.46 | 850 |
| 2009 | 2490 | 64.74 | 23.61 | 62.93 | 23.09 | 1020 |
| 2010 | 2949 | 69.09 | 26.73 | 68 | 26.44 | 696 |
| 2011 | 3819 | 69.99 | 27.98 | 69.06 | 27.68 | 1045 |
| 2012 | 4602 | 71.05 | 29.35 | 70.01 | 29.08 | 1153 |
| 2013 | 5022 | 75.35 | 29.94 | 73.78 | 29.80 | 1167 |

## 12－9 优抚救济对象得到国家抚恤、补助、救济人员情况

| | 2000 | 2008 | 2009 | 2010 | 2011 | 2012 | 2013 |
|---|---|---|---|---|---|---|---|
| 抚恤人数(人) | 82669 | 354 | 314 | 6244 | 7761 | 9 400 | 10 080 |
| 烈属定期抚恤人数 | 49258 | 141 | 142 | 121 | 122 | 117 | 115 |
| 牺牲病故定期抚恤人数 | | 94 | 172 | 144 | 130 | 130 | 138 |
| 革命伤残人员抚恤人数 | 847 | 2615 | 2263 | 2167 | 2130 | 2 172 | 2 314 |
| 优抚对象定补人数 | 2038 | | 4093 | 5 | | | |
| 在乡复员军人 | 348 | 653 | 1555 | 1302 | 779 | 716 | 629 |
| 在乡退伍军人 | 1955 | 1854 | 716 | 593 | 223 | 234 | 243 |
| 其他人员 | 578 | | 387 | 1912 | 4377 | 6 031 | 6 641 |
| 社会救济对象(万人) | | 173641 | 171968 | 208353 | 208744 | 203 472 | 313 624 |
| 临时救济对象(万人次) | 14.94 | | | 16019 | 8761 | 8 067 | 7 798 |
| 农村五保对象(人) | | 2947 | 3997 | 3887 | 4132 | 4 121 | |
| 集中供养五保户 | 123732 | 241 | 214 | 265 | 282 | 286 | 315 |
| 精减退职老职工救济人数(人) | | | | | | | |
| 享受40%救济(人) | | | | | | | |
| 救济灾民人数(万人) | | 19.43 | 8.17 | 8.17 | 24.80 | 18.00 | 10.70 |
| #灾民生活救济费支出(万元) | | 2153.80 | 1595.00 | 1115 | 1494.00 | 1 910.00 | 1 906 |

## 12－10 各县区城乡居民最低生活保障情况

（2013 年）　　单位：人

| | 城镇低保人数（人） | # 传统“三无”对象 | 城镇保障资金（万元） | 农村低保人数（人） | 农村保障资金（万元） |
|---|---|---|---|---|---|
| **兰州市** | **92051** | **744** | **31677.36** | **100143** | **13042.83** |
| 城关区 | 17717 | 208 | 7284.77 | 959 | 293.00 |
| 七里河区 | 23393 | 97 | 7578.48 | 3390 | 474.65 |
| 西固区 | 12425 | 46 | 4209.69 | 3442 | 533.93 |
| 安宁区 | 8258 | 24 | 2667.65 | | |
| 红古区 | 16561 | 41 | 5362.26 | 2678 | 326.36 |
| 永登县 | 4290 | 17 | 1438.02 | 33173 | 4675.94 |
| 皋兰县 | 4405 | 193 | 1552.10 | 12591 | 1513.20 |
| 榆中县 | 5002 | 118 | 1584.39 | 43910 | 5225.75 |

## 12－11 各县区城镇社区服务网络情况

（2013 年）

| | 城镇社区服务设施数（个） | 社区工作人员数（人） | 城镇便民利民服务网点（个） | 社区服务志愿者组织数（个） | 社区服务志愿者人数（人） |
|---|---|---|---|---|---|
| **兰州市** | **353** | **7672** | **1326** | **1086** | **23699** |
| 城关区 | 123 | 1579 | | 131 | 1310 |
| 七里河区 | 63 | 2391 | 207 | 270 | 11371 |
| 西固区 | 72 | 1986 | 468 | 432 | 5040 |
| 安宁区 | 59 | 1043 | | 147 | 2111 |
| 红古区 | 22 | 304 | 525 | 57 | 1690 |
| 永登县 | 11 | 215 | 115 | 24 | 1363 |
| 皋兰县 | 3 | 63 | 1 | 21 | 757 |
| 榆中县 | | 97 | 10 | 4 | 57 |

# 12－12 律师、公证及调解基本情况

| | 2006 | 2007 | 2008 | 2009 | 2010 | 2011 | 2012 | 2013 |
|---|---|---|---|---|---|---|---|---|
| **公证情况** | | | | | | | | |
| 公证处(个) | 9 | 9 | 9 | 9 | 9 | 9 | 9 | 9 |
| 公证员(人) | 45 | 38 | 76 | 59 | 72 | 81 | 95 | 91 |
| #取得公证员资格 | 31 | 34 | 32 | 38 | 34 | 35 | 35 | 31 |
| 办理国内公证(件) | 11253 | 13020 | 15428 | 17203 | 19277 | 19367 | 21 150 | 17 800 |
| #民事 | 5798 | 6792 | 8250 | 9457 | 10916 | 12347 | 12 785 | 11 550 |
| 经济合同 | 5455 | 6228 | 7178 | 7746 | 8361 | 7020 | 8 365 | 6 250 |
| 办理涉外公证(件) | 4093 | 5520 | 5853 | 5413 | 5823 | 6783 | 5 943 | 5 300 |
| **人民调解工作** | | | | | | | | |
| 司法助理员(人) | 99 | 116 | 255 | 269 | 170 | 295 | 289 | 268 |
| 调解委员会(个) | 2049 | 2049 | 2080 | 3081 | 1923 | 1937 | 1 992 | 1 996 |
| 调解人员(人) | 10523 | 11933 | 11678 | 11698 | 9536 | 10761 | 11 390 | 11 570 |
| 调解纠纷(件) | 6328 | 4986 | 5559 | 5964 | 9236 | 16580 | 23 794 | 17 517 |
| **律师工作** | | | | | | | | |
| 律师事务所(个) | 57 | 55 | 60 | 68 | 74 | 85 | 90 | 90 |
| 律师人员(人) | 460 | 468 | 500 | 568 | 630 | 650 | 750 | 763 |
| #专职 | 435 | 443 | 469 | 535 | 595 | 611 | 699 | 715 |
| 兼职 | 25 | 25 | 31 | 33 | 35 | 39 | 51 | 48 |

# 主要统计指标解释

**医院** 指设有固定床位，能收容病人住院并能为病人提供医疗、护理服务的医疗机构，包括县及县以上医院、农村乡卫生院和其他医院三部分。医院按所属性质不同分为卫生部门、工业及其他部门和集体经济单位三类。县及县以上医院按业务性质不同分为综合医院和专科医院。

**卫生技术人员** 指卫生事业机构支付工资的全部职工中现任职务为卫生技术工作的专业人员，包括中医师、西医师、中西医结合高级医师、护师、中药师、西药师、检验师、其他技师、中医士、西医生、护士、助产士、中药剂士、西药剂士、检验士、其他技士、其他中医、护理员、中药剂员、西药剂员、检验员和其他初级卫生技术人员。

**医生** 指经卫生部门审查合格，从事医疗工作的专业人员。分为中医医生和西医医生。包括卫生技术人员中的中医师、西医师、中西医结合高级医师、中医士、西医士和其他中医。

**社会福利事业单位** 指集中收养社会孤老、残、幼的机构，包括由民政部门管理的社会福利院、儿童福利院、精神病人福利院和城镇集体举办的福利院及农村集体举办的敬老院。

**社会福利事业单位收养人数** 包括民政部门管理和城镇、农村集体举办的社会福利事业单位中收养的老人、少年儿童、缺乏生活自理能力的残疾人员和精神病人。

**社会福利企业单位** 指以安置城镇有一定劳动能力的盲、聋、哑和肢体残疾人员就业为目的，享受国家减免税待遇的国有或集体企业。包括福利工厂、福利商业和服务业、假肢厂和安置农场等单位。

**律师** 指受聘参加法律顾问处工作，担任法律顾问、刑（民）事代理人、刑事辩护人，办理非诉讼事件、解答法律询问，代写法律事务文书等主要从事律师业务的专职法律工作者和兼职律师。

**公证人员** 指在国家公证机关依法办理公证事务的司法人员，包括公证员、助理公证员和在公证处工作的其他人员。

**办理公证文书** 指公证处在一定时期内办结的公证文书件数。公证文书按司法部规定或批准的格式制作，包括国内公证和涉外公证两部分。国内公证分为经济合同公证和民事法律关系公证两大类。

**调解人员** 指在人民调解委员会担负调解民间一般民事纠纷和轻微违法行为引起纠纷的工作人员，包括调解委员会的委员和调解小组的调解员。

**调解民间纠纷** 指调解委员会依照法律规定，根据自愿原则，用说服教育的方法调解民间发生的有关民事权利和义务的争执，促成当事双方达到协议和谅解，解决纠纷。包括婚姻家庭纠纷，财产权益纠纷等，不包括法院受理调解的民事案件数。

**离休、退休、退职人员**　指正式办理了离休、退休、退职手续，并享受相应的离休、退休、退职待遇的人员。

**保险福利费用**　指企业、事业、机关单位在工资以外实际支付给职工和离休、退休、退职人员个人以及用于集体的劳动保险和福利费用。

# 十三、人民生活

# 13-1 人民物质文化生活情况

| | 1995 | 2007 | 2008 | 2009 | 2010 | 2011 | 2012 | 2013 |
|---|---|---|---|---|---|---|---|---|
| **就业** | | | | | | | | |
| 每一农村劳动力负担人数(人) | 2.00 | 2.00 | 2.00 | 1.74 | 2.00 | 2.00 | 2.15 | 1.50 |
| 每一城镇就业者负担人数(人) | 1.87 | 2.14 | 1.97 | 2.02 | 1.99 | 2.22 | 2.13 | 2.14 |
| 城镇登记失业率(%) | 2.60 | 3.20 | 2.80 | 3.09 | 3.12 | 2.72 | 1.63 | 0.00 |
| **收入** | | | | | | | | |
| 农村居民家庭人均纯收入(元) | 1 142.00 | 3 103.00 | 3 503.00 | 4 001.04 | 4 587.00 | 5 252.00 | 6 224 | 7 114.08 |
| 城镇居民人均可支配收入(元) | 3 539.00 | 10 271.18 | 11 677.00 | 12 760.66 | 14 062.00 | 15 953.00 | 18 442.76 | 20 766.76 |
| 从业人员人均劳动报酬(元) | 5 564.00 | 22 152.00 | 25 849.00 | 28 569.00 | 33 340.00 | 37 754.00 | 43 658 | 46 621 |
| **人均消费水平(元)** | | | | | | | | |
| 全体居民 | 3 265.00 | 8 171.00 | 8 757.00 | 9 343.00 | 10 267.00 | 11 802.00 | 12 041 | |
| 农村居民 | 1 663.00 | 4 134.00 | 4 553.00 | 4 829.00 | 5 136.00 | 5 922.00 | 6 063 | |
| 城镇居民 | 4 714.00 | 10 785.00 | 11 293.00 | 12 026.00 | 13 321.00 | 14 794.00 | 14 167.9 | 15 748.61 |
| **储蓄** | | | | | | | | |
| 城乡居民年底储蓄存款余额(亿元) | 137.16 | 710.52 | 907.10 | 1 089.97 | 1 295.95 | 1 480.16 | 1 743.18 | 2 021.56 |
| 平均每人储蓄存款余额(元) | 5 113 | 22 452 | 28 278 | 32 763 | 40 052 | 45 781 | 54 067 | |
| **住房面积(平方米)** | | | | | | | | |
| 农村平均每人居住面积 | 17.21 | 22.37 | 22.90 | 24.26 | 25.00 | 24.00 | 31 | 33.99 |
| 城市平均每人使用面积 | 8.81 | 17.00 | 17.63 | 17.76 | 18.46 | 18.42 | 19.08 | 22.45 |
| **交通** | | | | | | | | |
| 城市每万人拥有出租车(辆) | 53.00 | 32.00 | 17.51 | 20.25 | 20.38 | 20.84 | 20.95 | |
| 城市每万人拥有公共车辆(辆) | 3.00 | 10.00 | 12.00 | 10.24 | 10.21 | 10.31 | 11.95 | |
| **城市公用事业** | | | | | | | | |
| 自来水普及率(%) | 96.90 | 98.61 | 96.36 | 96.25 | 94.96 | 94.61 | | |
| 用气普及率(%) | 41.90 | 68.03 | 68.23 | 82.11 | 89.37 | 88.98 | 88.71 | 90.10 |
| 人均公共绿地面积(平方米) | 3.02 | 8.29 | 9.47 | 8.09 | 8.63 | 8.70 | 8.88 | 10.46 |
| **文化** | | | | | | | | |
| 城镇每百户有彩色电视机(台) | 87.00 | 114.00 | 107.00 | 107.00 | 108.33 | 104.65 | 105.33 | 99.73 |
| 农村每百户有彩色电视机(台) | 39.00 | 97.69 | 111.00 | 111.00 | 112.16 | 111.81 | 105.12 | 111.14 |
| 广播综合人口覆盖率(%) | 98.00 | 98.26 | 97.00 | 98.27 | 98.27 | 98.56 | 98.58 | 98.6 |
| 电视综合人口覆盖率(%) | 97.00 | 98.40 | 97.50 | 98.54 | 98.55 | 98.55 | 98.55 | 98.55 |
| **教育** | | | | | | | | |
| 学龄儿童入学率(%) | 99.80 | 99.84 | 99.99 | 99.99 | 99.99 | 99.99 | 99.99 | 99.99 |
| 每万人口中在校大学生数(人) | 144.00 | 546.00 | 622.00 | 674.00 | 704.00 | 808.00 | 1 210 | 1 468 |
| **卫生** | | | | | | | | |
| 每千人有医院病床数(张) | 5.30 | 4.27 | 4.06 | 4.24 | 4.35 | 4.76 | 5.16 | 5.57 |
| 每千人有医生数(人) | 3.54 | 2.78 | 2.79 | 2.92 | 3.11 | 2.97 | 3.07 | 3.12 |

## 13－2 城镇居民家庭生活基本情况

| 年份 | 每一城市就业者负担人数(人) | 城镇居民人均生活费收入(元) | 城镇居民人均可支配收入(元) | 城镇居民人均消费性支出(元) | #食品 | 人均居住面积(平方米) |
|---|---|---|---|---|---|---|
| 1979 | | 378.00 | | 356.40 | | |
| 1980 | 1.94 | 488.08 | | 413.52 | 237.36 | |
| 1981 | 1.74 | 487.80 | | 463.68 | 253.92 | |
| 1982 | 1.71 | 514.20 | | 476.28 | 273.60 | |
| 1983 | 1.70 | 530.40 | | 513.00 | 301.80 | |
| 1984 | 1.69 | 636.84 | | 594.60 | 345.60 | |
| 1985 | 1.75 | 731.28 | | 705.48 | 368.88 | |
| 1986 | 1.76 | 862.56 | | 820.68 | 428.28 | |
| 1987 | 1.78 | 942.96 | | 914.76 | 474.24 | |
| 1988 | 1.76 | 1 142.76 | | 1 240.92 | 592.92 | |
| 1989 | 1.79 | 1 322.04 | | 1 249.80 | 693.60 | |
| 1990 | 1.79 | 1 431.60 | | 1 238.16 | 703.68 | |
| 1991 | 1.84 | 1 660.20 | | 1 479.12 | 818.76 | 8.07 |
| 1992 | 1.80 | 1 883.04 | 2 027.85 | 1 606.92 | 884.40 | 8.26 |
| 1993 | 1.74 | 2 280.36 | 2 462.58 | 2 029.20 | 1 031.76 | 8.18 |
| 1994 | 1.87 | 2 873.28 | 3 085.44 | 2 625.96 | 1 396.68 | 8.68 |
| 1995 | 1.87 | 3 278.28 | 3 539.92 | 3 118.20 | 1 677.00 | 8.81 |
| 1996 | 1.98 | 3 565.34 | 3 804.41 | 3 307.47 | 1 752.06 | 8.90 |
| 1997 | 2.17 | | 3 906.48 | 3 196.66 | 1 694.04 | 10.33 |
| 1998 | 2.22 | | 4 553.86 | 3 567.21 | 1 776.16 | 10.77 |
| 1999 | 2.04 | | 5 127.50 | 4 505.61 | 1 914.41 | 13.60 |
| 2000 | 1.72 | | 5 850.17 | 5 047.60 | 1 926.57 | 12.10 |
| 2001 | 1.56 | | 6 324.68 | 5 238.47 | 2 004.06 | 12.19 |
| 2002 | 2.05 | | 6 554.74 | 5 688.24 | 2 097.67 | 14.51 |
| 2003 | 2.04 | | 7 094.29 | 5 679.21 | 2 175.57 | 15.04 |
| 2004 | 1.81 | | 7 683.24 | 6 483.06 | 2 449.55 | 15.67 |
| 2005 | 2.02 | | 8 529.12 | 7 180.55 | 2 569.86 | 16.69 |
| 2006 | 2.14 | | 9 417.63 | 7 468.95 | 2 662.32 | 17.98 |
| 2007 | 1.97 | | 10 271.18 | 8 049.75 | 3 013.61 | 17.00 |
| 2008 | 2.02 | | 11 676.77 | 9 033.70 | 3 429.79 | 17.63 |
| 2009 | 1.99 | | 12 760.66 | 9 653.36 | 3 696.28 | 17.76 |
| 2010 | 2.05 | | 14 061.84 | 10 930.39 | 4 244.25 | 18.46 |
| 2011 | 2.22 | | 15 952.57 | 12 352.09 | 4 714.47 | 18.42 |
| 2012 | 2.13 | | 18 442.76 | 14 167.90 | 5 281.28 | 19.08 |
| 2013 | 2.14 | | 20 766.76 | 15 748.61 | 5 691.50 | 22.45 |

注:2002 年以后人均居住面积口径为使用面积,1997 年后取消城市居民人均生活费收入指标。

## 13－3 城镇居民家庭收入情况

单位:元/人

| | 1995 | 2008 | 2009 | 2010 | 2011 | 2012 | 2013 |
|---|---|---|---|---|---|---|---|
| **家庭总收入** | **3 539.94** | **12 319.04** | **13 683.62** | **15 228.14** | **17 313.98** | **19 823.45** | **22 060.72** |
| #人均可支配收入 | 3 539.92 | 11 676.77 | 12 760.66 | 14 061.84 | 15 952.57 | 18 442.76 | 20 766.76 |
| 工薪收入 | 2 514.17 | 8 012.27 | 8 992.39 | 9 623.8 | 11 037.25 | 12 457.39 | 13 746.88 |
| 工资及补贴收入 | 2 467.05 | 7 772.89 | 8 765.4 | 9 263.72 | 10 432.66 | 12 201.85 | 13 628.55 |
| 其他劳动收入 | 50.12 | 239.38 | 226.99 | 360.08 | 604.59 | 255.54 | 118.33 |
| 经营净收入 | 26.61 | 485.05 | 486.04 | 350.12 | 663.36 | 864.84 | 991.53 |
| 财产性收入 | 44.33 | 37.9 | 44.56 | 87.48 | 228.18 | 432.99 | 532.33 |
| 利息收入 | 34.80 | 17.27 | 25.49 | 36.11 | 17.56 | 28.27 | 38.97 |
| 股息与红利收入 | 7.50 | 0.69 | 0.36 | 14.63 | 0.2 | 0.21 | 5.58 |
| 出租房屋收入 | 2.03 | 19.87 | 18.71 | 35.47 | 194.24 | 400.23 | 479.90 |
| 知识产权收入 | | | | | 6.72 | | 0.14 |
| 其他财产性收入 | | | | | 8.91 | 4.29 | 6.59 |
| 转移性收入 | 901.98 | 3 783.82 | 4 160.63 | 5 166.74 | 5 385.19 | 6 068.23 | 6 786.98 |
| 养老金或离退休金 | 740.31 | 3 417.11 | 3 816.04 | 4 753.55 | 4 925.55 | 5 473.51 | 6 031.71 |
| 社会赧济收入 | | 91.55 | 105.77 | 118.79 | 114.08 | 143.04 | 63.83 |
| 赡养收入 | 74.39 | 28.74 | 36.92 | 40.08 | 83.38 | 79.98 | 139.01 |
| 捐赠收入 | 24.34 | 148.56 | 113.65 | 155.98 | 177.02 | 253.39 | 77.13 |
| 出售财物收入 | 0.28 | | | 2.99 | 23.35 | 0.16 | 0.14 |
| 借贷收入 | 611.28 | 2 224.72 | 2 196.59 | 5 963.94 | 4 189.45 | 7 329.23 | 1 268.14 |
| 提取储蓄存款 | 506.40 | 2 168.54 | 2 108.31 | 5 890.93 | 4 026.01 | 6 399.28 | 1 175.45 |
| 借入款 | 92.47 | 33.66 | 47.34 | 47.38 | 71.7 | 478.32 | 81.20 |

## 13－4 城镇居民家庭支出情况

单位:元/人

| | 1995 | 2008 | 2009 | 2010 | 2011 | 2012 | 2013 |
|---|---|---|---|---|---|---|---|
| **家庭总支出** | **3 555.40** | **10 765.59** | **11 852.16** | **13 459.10** | **15 882.49** | **19 301.41** | **19 377.46** |
| 消费支出 | 3 118.24 | 9 033.70 | 9 653.36 | 10 930.39 | 12 352.09 | 14 167.90 | 15 748.61 |
| #服务性消费支出 | | 2 474.47 | 2 591.94 | 2 837.86 | 3 213.91 | 3 739.78 | |
| 购房与建房支出 | 205.09 | 28.92 | 50.23 | 7.30 | 517.55 | 2 063.35 | 628.79 |
| 转移性支出 | 236.59 | 1 143.93 | 1 290.56 | 1 459.73 | 1 711.59 | 1 802.72 | 1 856.83 |
| 交纳的个人收入税 | 0.02 | 21.92 | 12.28 | 47.29 | 30.58 | 38.55 | 51.73 |
| 捐赠支出 | 144.15 | 844.34 | 1 033.24 | 1 072.97 | 1 214.44 | 1 394.42 | 1 255.46 |
| 购买彩票 | | 3.38 | 3.95 | 0.81 | 5.05 | 4.65 | 4.94 |
| 赡养支出 | 73.73 | 209.77 | 193.60 | 253.27 | 324.36 | 264.35 | 227.31 |
| 各种非储蓄性保险性支出 | 0.20 | 44.88 | 31.77 | 36.89 | 107.87 | 80.78 | 268.16 |
| 财产性支出 | | 0.19 | 9.07 | 5.80 | 30.50 | 13.24 | 47.17 |
| 社会保障支出 | | 558.86 | 848.94 | 1 055.90 | 1 270.76 | 1 254.19 | 1 096.05 |
| 借贷支出 | 495.39 | 3 465.27 | 3 728.96 | 7 580.92 | 5 155.83 | 7 332.78 | 2 068.55 |

# 13－5 城镇居民家庭分组收入情况

（2013 年）　　单位：元/人

| | 低收入户 | 较低收入户 | 中间收入户 | 较高收入户 | 高收入户 |
|---|---|---|---|---|---|
| **家庭总收入** | **10 463.32** | **15 971.07** | **21 602.13** | **28 085.60** | **42 921.68** |
| 可支配收入 | 9 612.40 | 15 040.65 | 20 416.87 | 26 654.17 | 40 410.04 |
| #工薪收入 | 7 762.14 | 11 617.77 | 13 296.17 | 15 796.55 | 24 549.52 |
| 工资及补贴收入 | 7 649.37 | 11 456.88 | 13 112.24 | 15 796.55 | 24 429.81 |
| 其他劳动收入 | 112.77 | 160.89 | 183.93 | | 119.71 |
| 经营净收入 | 356.54 | 644.25 | 662.86 | 1 415.50 | 2 435.46 |
| 财产性收入 | 1 127.28 | 799.09 | 205.57 | 98.43 | 130.46 |
| 利息收入 | 23.00 | 9.55 | 56.08 | 4.85 | 125.96 |
| 出租房屋收入 | 1 098.60 | 781.91 | 125.25 | 93.58 | －31.91 |
| 知识产权收入 | | 0.61 | | | |
| 转移性收入 | 1 217.36 | 2 909.96 | 7 437.53 | 10 775.12 | 15 806.25 |
| 养老金或离退休金 | 675.42 | 2 381.96 | 6 771.14 | 9 954.70 | 14 319.55 |
| 社会救济收入 | 240.07 | 24.48 | | | |
| 保险收入 | | | | | |
| 赡养收入 | 15.92 | 48.54 | 267.73 | 45.25 | 412.40 |
| 捐赠收入 | 5.00 | 7.09 | 6.19 | 179.38 | 265.71 |
| 亲友搭伙费 | | | | | |
| 其他转移性收入 | 159.63 | 254.69 | 240.73 | 410.45 | 511.76 |
| 出售财物收入 | 0.44 | 0.01 | | 0.16 | |
| 出售住房收入 | | | | | |
| 借贷收入 | 578.76 | 432.76 | 1 132.96 | 1 047.66 | 4 030.84 |
| 提取储蓄存款 | 547.43 | 424.43 | 960.75 | 909.33 | 3 873.27 |
| 借入款 | 20.83 | 0.00 | 158.69 | 114.13 | 157.56 |
| 收回借出款 | 3.12 | 8.33 | 13.52 | 5.73 | |
| 收回储蓄性保险本 | | | | | |
| 住房贷款 | | | | | |

# 13－6 城镇居民家庭分组支出情况

（2013 年） 单位：元/人

| | 低收入户 | 较低收入户 | 中间收入户 | 较高收入户 | 高收入户 |
|---|---|---|---|---|---|
| **家庭总支出** | **10 868.24** | **14 491.33** | **17 638.31** | **24 509.73** | **36 271.78** |
| 消费支出 | 9 331.99 | 12 289.86 | 14 663.55 | 18 892.33 | 28 722.75 |
| #服务性消费支出 | | | | | |
| 食品 | 3 757.84 | 4 697.40 | 5 567.95 | 7 313.56 | 8 468.03 |
| 衣着 | 1 193.98 | 1 352.58 | 1 810.71 | 2 161.38 | 3 424.31 |
| 家庭设备用品及服务 | 645.57 | 790.44 | 855.75 | 1 007.22 | 3 034.36 |
| 医疗保健 | 523.06 | 837.91 | 1 249.36 | 1 291.23 | 2 382.70 |
| 交通和通信 | 737.83 | 1 329.78 | 1 488.12 | 1 867.91 | 3 785.05 |
| 教育文化娱乐服务 | 1 112.55 | 1 627.65 | 1 790.71 | 2 502.84 | 2 243.77 |
| 居住 | 1 162.51 | 1 255.91 | 1 327.19 | 2 034.27 | 3 756.14 |
| 杂项商品和服务 | 198.65 | 398.18 | 573.76 | 713.91 | 1 628.39 |
| 购房与建房支出 | | | 405.92 | 1 855.85 | 1 390.03 |
| 购房 | | | 405.92 | 1 855.85 | 1 390.03 |
| 建房 | | | | | |
| 转移性支出 | 843.41 | 1 403.27 | 1 555.93 | 2 538.74 | 3 717.26 |
| 交纳的个人收入税 | 41.70 | 2.43 | 24.90 | 37.51 | 191.88 |
| 捐赠支出 | 516.68 | 796.49 | 1 048.37 | 2 121.49 | 2 348.20 |
| 购买彩票 | 3.05 | 3.37 | 15.42 | 0.38 | 2.12 |
| 赡养支出 | 133.12 | 226.96 | 280.55 | 101.30 | 457.78 |
| #在外就学子女费用 | 45.58 | 110.84 | 100.00 | 48.71 | 109.23 |
| 各种非储蓄性保险支出 | 125.30 | 327.04 | 147.34 | 241.27 | 596.48 |
| 其他转移性支出 | 23.57 | 46.98 | 39.35 | 36.79 | 120.80 |
| 财产性支出 | 0.00 | 0.00 | 4.28 | 1.63 | 301.09 |
| 社会保障支出 | 692.84 | 798.20 | 1 008.62 | 1 221.18 | 2 140.63 |
| 借贷支出 | 912.96 | 469.42 | 1 489.16 | 2 481.64 | 6 522.32 |

# 13－7 城镇居民家庭人均全年购买商品量

（2013 年） 单位:公斤/人

| | 低收入户 | 较低收入户 | 中间收入户 | 较高收入户 | 高收入户 |
|---|---|---|---|---|---|
| 大米 | 20.65 | 26.39 | 30.71 | 28.40 | 33.23 |
| 面粉 | 39.90 | 33.19 | 39.14 | 37.32 | 43.14 |
| 食用植物油 | 11.74 | 13.30 | 14.97 | 15.02 | 18.01 |
| 猪肉 | 10.70 | 10.88 | 14.53 | 15.99 | 20.89 |
| 牛肉 | 1.73 | 2.82 | 3.03 | 3.20 | 4.20 |
| 羊肉 | 1.39 | 1.84 | 2.41 | 2.44 | 3.74 |
| 鸡 | 2.52 | 3.71 | 2.84 | 3.87 | 4.06 |
| 鸭 | 0.04 | 0.07 | 0.16 | 0.14 | 0.37 |
| 鲜蛋 | 6.71 | 9.36 | 10.54 | 11.31 | 11.86 |
| 鱼 | 3.02 | 4.51 | 4.55 | 5.37 | 6.28 |
| 虾 | 0.19 | 0.28 | 0.41 | 0.85 | 1.05 |
| 鲜菜 | 82.16 | 98.61 | 99.99 | 119.70 | 125.73 |
| 白酒 | 0.96 | 1.27 | 1.74 | 3.48 | 3.86 |
| 果酒 | 0.08 | 0.22 | 0.24 | 0.31 | 0.16 |
| 啤酒 | 2.16 | 4.21 | 4.42 | 4.22 | 4.31 |
| 碳酸饮料 | | | | | |
| 瓶装饮用水 | | | | | |
| 鲜果 | 31.87 | 40.21 | 43.89 | 51.51 | 53.61 |
| 鲜瓜 | 5.62 | 7.10 | 7.75 | 9.09 | 9.46 |
| 糕点 | 1.83 | 2.69 | 3.08 | 5.42 | 4.57 |
| 鲜乳品 | 15.84 | 17.05 | 17.31 | 20.78 | 25.92 |
| 服装（件） | | | | | |
| 水（吨） | 15.64 | 26.16 | 32.30 | 42.54 | 48.91 |
| 电（千瓦时） | 518.94 | 472.00 | 517.79 | 675.86 | 635.44 |

# 13－8 城镇居民家庭消费品每百户拥有量

（2013 年）

| | 低收入户 | 较低收入户 | 中间收入户 | 较高收入户 | 高收入户 |
|---|---|---|---|---|---|
| 摩托车（辆） | 2.00 | 4.00 | 4.00 | 1.00 | 3.00 |
| 助力车（辆） | 6.00 | 4.00 | 4.00 | 2.00 | 1.00 |
| 家用汽车（辆） | 5.00 | 2.00 | 8.00 | 3.00 | 12.00 |
| 洗衣机（台） | 72.00 | 72.00 | 72.00 | 71.00 | 74.75 |
| 电冰箱（台） | 61.00 | 68.00 | 73.00 | 69.00 | 74.75 |
| 彩色电视机（台） | 71.00 | 75.00 | 75.00 | 74.25 | 78.75 |
| 家用电脑（台） | 18.00 | 30.00 | 38.00 | 38.00 | 58.00 |
| 组合音响（套） | 3.00 | 4.00 | 14.00 | 8.00 | 10.00 |
| 摄像机（架） | 2.00 | 1.00 | 5.00 | 10.00 | 12.00 |
| 照相机（架） | 6.00 | 15.00 | 30.00 | 27.00 | 45.75 |
| 钢琴（架） | | | | | |
| 其他中高档乐器（件） | | 1.00 | 4.00 | 4.00 | 4.00 |
| 微波炉（台） | 25.00 | 30.00 | 47.00 | 51.00 | 60.75 |
| 空调器（台） | 3.00 | 1.00 | 9.00 | 10.00 | 19.00 |
| 淋浴热水器（台） | 44.00 | 38.00 | 58.00 | 53.00 | 59.00 |
| 消毒碗柜（台） | 1.00 | 0.00 | 1.00 | 3.00 | 6.00 |
| 洗碗机（台） | | | | | 1.00 |
| 健身器材（套） | | | 3.00 | 2.00 | 2.00 |
| 固定电话（部） | 23.00 | 35.00 | 41.00 | 39.00 | 47.00 |
| 移动电话（部） | 128.00 | 148.00 | 136.00 | 128.25 | 142.50 |
| 接入互联网的移动电话（部） | 16.00 | 23.00 | 31.00 | 27.00 | 49.00 |
| 接入有线电视网络的电视机（台） | 39.00 | 44.00 | 50.00 | 58.00 | 60.75 |
| 接入互联网的计算机（台） | 11.00 | 22.00 | 27.00 | 28.00 | 44.00 |

## 13－9 城镇居民家庭人均全年购买的主要商品数量

| | 1995 | 2000 | 2008 | 2009 | 2010 | 2011 | 2012 | 2013 |
|---|---|---|---|---|---|---|---|---|
| 粮食（千克） | 101.81 | 79.88 | | | 93.73 | 80.39 | 81.21 | 86.12 |
| 鲜菜（千克） | 133.06 | 186.66 | 114.60 | 116.76 | 134.96 | 123.85 | 123.73 | 102.85 |
| 食用植物油（千克） | 8.40 | 9.28 | 12.78 | 12.65 | 12.26 | 10.54 | 11.28 | 14.28 |
| 猪肉（千克） | 15.14 | 14.54 | 11.21 | 12.98 | 13.79 | 13.05 | 15.46 | 14.02 |
| 牛羊肉（千克） | 2.82 | 4.19 | 4.21 | 53.51 | 5.05 | 4.00 | 3.50 | 5.12 |
| 家禽（千克） | 3.33 | 4.28 | 3.32 | 3.52 | 3.82 | 5.61 | 5.63 | 4.70 |
| 鲜蛋（千克） | 9.19 | 9.12 | 9.74 | 9.77 | 9.97 | 9.85 | 10.66 | 9.69 |
| 水产品（千克） | 5.82 | 4.85 | 4.37 | 4.77 | 5.09 | 4.47 | 4.48 | 5.68 |
| 酒（千克） | 3.91 | 5.71 | 3.41 | 4.40 | 4.86 | 4.96 | 6.27 | 6.05 |
| 服装（件/人） | 4.69 | 6.11 | 6.55 | 7.84 | 8.03 | 7.74 | 8.12 | |
| 衣着材料（元/人） | 62.35 | 23.40 | 14.54 | 16.28 | 17.74 | 16.66 | 14.64 | 8.35 |
| 鞋类（双） | 2.38 | 2.61 | 2.56 | 2.87 | 2.73 | 2.81 | 2.98 | 2.58 |

## 13－10 城镇居民家庭平均每百户年底耐用消费品拥有量

| | 1995 | 2000 | 2008 | 2009 | 2010 | 2011 | 2012 | 2013 |
|---|---|---|---|---|---|---|---|---|
| 家用电脑（台） | | 28.00 | 41.58 | 42.86 | 46.00 | 60.47 | 65.00 | 48.53 |
| 钢琴（台） | | 18.00 | 1.32 | 1.33 | 1.33 | 1.00 | 2.33 | |
| 微波炉（台） | | 48.00 | 46.86 | 53.82 | 54.33 | 50.50 | 52.33 | 57.00 |
| 空调器（台） | | 9.00 | 8.58 | 6.64 | 6.00 | 7.97 | 10.67 | 11.20 |
| 自行车（辆） | 496.00 | 518.00 | | | | | | |
| 电风扇（台） | 156.00 | 215.00 | | | | | | |
| 洗衣机（台） | 272.00 | 288.00 | 95.38 | 97.34 | 98.00 | 96.35 | 97.67 | 96.47 |
| 电冰箱（台） | 223.00 | 256.00 | 90.43 | 93.69 | 94.67 | 92.36 | 95.00 | 92.20 |
| 彩色电视机（台） | 262.00 | 441.00 | 106.93 | 107.31 | 108.33 | 104.65 | 105.33 | 99.73 |
| 影碟机（台） | | 121.00 | | | | | | |
| 录音机（台） | 30.00 | 131.00 | | | | | | |
| 照相机（台） | 92.00 | 138.00 | 25.08 | 28.57 | 28.00 | 25.58 | 29.33 | 33.00 |
| 汽车（台） | | | 2.31 | 1.66 | 2.33 | 6.31 | 8.00 | 8.00 |

## 13－11 农村居民家庭基本情况

| | 1995 | 2000 | 2008 | 2009 | 2010 | 2011 | 2012 | 2013 |
|---|---|---|---|---|---|---|---|---|
| 调查户数(户) | 849 | 655 | 1 020 | 1 020 | 1 020 | 550 | 550 | 422 |
| 平均每户常住人口(人) | 4.86 | 4.44 | 4.18 | 4.14 | 4.14 | 3.97 | 3.95 | 4.03 |
| 平均每户整半劳动力(人) | | 2.91 | 2.72 | 2.75 | 2.77 | | | 2.79 |
| 平均每个劳动力负担人口(含本人)(人) | 2 | 2 | 2 | 2 | 2 | | | 1.50 |
| 平均每人年总收入(元) | 1 603 | 2 569 | 4 371 | 4 905 | 5 567 | 6 271 | 7 598 | 8 732.82 |
| 平均每人年纯收入(元) | 1 143 | 2 005 | 3 502 | 4 001 | 4 587 | 5 252 | 6 224 | 7 114.08 |
| 平均每人年现金收入(元) | 1 245 | 1 973 | 3 710 | 4 349 | 4 904 | 5 823 | 7 010 | 8 436.93 |
| 平均每人年总支出(元) | 1 615 | 2 046 | 3 769 | 4 255 | 4 740 | 5 572 | 6 687 | 8 276.90 |
| 平均每人全年现金支出(元) | 1 204 | 1 703 | 3 252 | 3 690 | 4 130 | 5 211 | 6 387 | 7 918.05 |

## 13－12 农村居民家庭生活基本情况

| 年份 | 人均纯收入(元) | 人均生活费支出(元) | 人均居住面积(平方米) |
|---|---|---|---|
| 1979 | 92.17 | 79.17 | |
| 1980 | 96.03 | 82.17 | |
| 1981 | 99.38 | 91.10 | |
| 1982 | 107.55 | 88.31 | |
| 1983 | 181.60 | 142.75 | 5.56 |
| 1984 | 261.27 | 201.45 | 10.22 |
| 1985 | 352.77 | 269.54 | 9.93 |
| 1986 | 385.85 | 333.10 | 11.97 |
| 1987 | 411.65 | 356.64 | 13.29 |
| 1988 | 461.00 | 412.41 | 14.00 |
| 1989 | 490.00 | 452.46 | 14.10 |
| 1990 | 563.00 | 460.39 | 17.20 |
| 1991 | 603.00 | 521.48 | 15.70 |
| 1992 | 650.00 | 531.16 | 17.40 |
| 1993 | 723.00 | 575.83 | 16.27 |
| 1994 | 882.00 | 748.20 | 16.52 |
| 1995 | 1 142.00 | 1 121.29 | 17.21 |
| 1996 | 1 366.00 | 1 219.00 | 17.40 |
| 1997 | 1 563.00 | 1 190.00 | 18.12 |
| 1998 | 1 738.00 | 1 168.87 | 19.59 |
| 1999 | 1 923.66 | 1 137.29 | 16.91 |
| 2000 | 2 005.00 | 1 409.97 | 17.21 |
| 2001 | 2 134.00 | 1 444.24 | 16.59 |
| 2002 | 2 268.00 | 1 494.02 | 16.69 |
| 2003 | 2 397.63 | 1 540.08 | 24.74 |
| 2004 | 2 550.00 | 1 872.00 | 20.34 |
| 2005 | 2 712.69 | 1 693.49 | 22.32 |
| 2006 | 2 898.31 | 2 136.65 | 21.94 |
| 2007 | 3 102.64 | 2 420.03 | 22.37 |
| 2008 | 3 502.73 | 2 842.78 | 22.90 |
| 2009 | 4 001.04 | 3 317.33 | 24.26 |
| 2010 | 4 587 | 3 686 | 25 |
| 2011 | 5 252 | 4 331 | 24 |
| 2012 | 6 224 | 5 019 | 31 |
| 2013 | 7 114.08 | 6 186.26 | 33.99 |

# 13－13 农村住户总收入

单位:元

| | 1995 | 2000 | 2008 | 2009 | 2010 | 2011 | 2012 | 2013 |
|---|---|---|---|---|---|---|---|---|
| **总收入** | **1 602.61** | **2 568.79** | **4 371.03** | **4 904.8** | **5 567.00** | **6 271.00** | **7 597.87** | **8 732.82** |
| 工资性收入 | 307.58 | 731.89 | 1 677.53 | 1 947.46 | 2 226.00 | 2 642.90 | 3 316.22 | 3 815.07 |
| #在非企业组织中的劳动收入 | 72.43 | 308.20 | 345.28 | 339.34 | 366.00 | 284.01 | 354.46 | |
| 在本地企业中得到的收入 | 201.47 | 270.20 | 786.56 | 993.97 | 1 183.00 | 1 790.23 | 2 211.61 | |
| 外出从业收入 | | 105.83 | 545.69 | 614.16 | 678.00 | 568.67 | 750.15 | |
| 家庭经营收入 | 1 206.98 | 1 653.66 | 2 286.55 | 2 482.48 | 2 767.00 | 2 964.24 | 3 432.82 | 3 614.40 |
| 农业收入 | 709.05 | 929.62 | 1 695.3 | 1 787.12 | 1 985.00 | 2 149.00 | 2 578.75 | 2 507.07 |
| 林业收入 | 7.12 | 1.30 | 6.66 | 7.21 | 13.00 | 31.62 | 42.38 | 16.52 |
| 牧业收入 | 173.47 | 121.21 | 237.93 | 278.81 | 314.00 | 147.87 | 158.16 | 310.16 |
| 渔业收入 | | | 1.02 | 1.32 | | | 0.06 | 0.44 |
| 工业收入 | 12.16 | 25.32 | 6.47 | 9.94 | 16.00 | 5.32 | | |
| 建筑业收入 | 29.59 | 99.65 | 17.32 | 24 | 398.00 | 33.23 | 11.53 | 29.59 |
| 运输业、邮电业收入 | 71.86 | 155.44 | 151.9 | 150.73 | 176.00 | 223.28 | 271.61 | 228.66 |
| 批发和零售贸易、餐饮业收入 | 50.74 | 44.18 | 93.4 | 111.88 | 105.00 | 224.46 | 287.74 | 412.30 |
| 社会服务业收入 | 22.51 | 39.60 | 25.35 | 42.37 | 47.00 | 82.80 | 40.84 | 73.35 |
| 其它家庭经营收入 | 129.33 | 229.64 | 41.63 | 56.8 | 53.00 | 56.83 | 36.70 | 36.30 |
| 转移性收入 | 61.93 | 83.38 | 198.66 | 250.68 | 291.00 | 331.36 | 434.63 | 689.71 |
| 财产性收入 | 26.13 | 99.86 | 208.28 | 224.18 | 283.00 | 333.30 | 414.20 | 613.64 |
| 平均每人纯收入 | 1 143.00 | 2 005.02 | 3 502.73 | 4 001.04 | 4 587.00 | 5 252.13 | 6 224.32 | 7 114.08 |
| 工资性收入 | 307.58 | 731.89 | 1 677.53 | 1 947.46 | 2 226.00 | 2 642.90 | 3 316.22 | 3 815.07 |
| 在非企业组织劳动得到收入 | 72.43 | 308.20 | 345.28 | 339.34 | 366.00 | 284.01 | 354.46 | |
| 在本乡地域劳动得到收入 | 201.47 | 270.20 | 786.56 | 993.97 | 1 183.00 | 1 790.23 | 2 211.61 | |
| 外出从业得到收入 | | 105.83 | 545.69 | 614.16 | 678.00 | 568.67 | 750.15 | |
| 家庭经营纯收入 | | 1 068.13 | 1 429.29 | 1 589.63 | 1 806.00 | 1 963.50 | 2 067.67 | 2 171.16 |
| 第一产业纯收入 | | 702.72 | 1 138.03 | 1 259.7 | 1 430.00 | 1 453.45 | 1 690.04 | 1 664.60 |
| 第二产业纯收入 | | 98.84 | 17.65 | 24.39 | 41.00 | 25.53 | 9.30 | 2.27 |
| 第三产业纯收入 | | 266.57 | 273.61 | 305.54 | 334.00 | 484.52 | 368.33 | 504.29 |
| 财产性纯收入 | | 97.08 | 208.28 | 224.18 | 283.00 | 331.36 | 414.20 | 613.64 |
| 转移性纯收入 | | 75.91 | 187.62 | 239.76 | 272.00 | 314.77 | 426.24 | 514.21 |
| 现金纯收入 | | | 3 027.31 | 3 666.2 | 4 182.00 | 4 966.54 | 5 824.06 | 6 893.89 |
| 实物纯收入 | | | 475.42 | 334.83 | 406.00 | 286.00 | 400.25 | 220.19 |

# 13－14 农村住户总支出

单位:元

| | 1995 | 2000 | 2008 | 2009 | 2010 | 2011 | 2012 | 2013 |
|---|---|---|---|---|---|---|---|---|
| **总支出** | **1 615.08** | **2 045.87** | **3 769.08** | **4 254.63** | **4 740.00** | **5 572.00** | **6 686.70** | **8 276.90** |
| 家庭经营费用支出 | 388.99 | 432.74 | 736.69 | 747.71 | 811.00 | 798.00 | 1 072.21 | 1 172.97 |
| 农业生产支出 | 261.87 | 277.75 | 524.46 | 515.65 | 558.00 | 620.00 | 734.35 | 814.13 |
| 林业生产支出 | 2.13 | 1.04 | 6.18 | 5.08 | 8.00 | 20.00 | 30.23 | 16.40 |
| 牧业生产支出 | 68.69 | 60.29 | 171.43 | 181.97 | 204.00 | 69.00 | 108.15 | 164.33 |
| 渔业生产支出 | 0 | 0.84 | 0.05 | 0.10 | | | 0.03 | 1.00 |
| 工业生产支出 | 0.97 | 2.36 | 0.21 | 0.23 | | | | |
| 建筑业生产支出 | 2.81 | 23.77 | 4.88 | 8.29 | 8.00 | 13.00 | 2.14 | 3.08 |
| 运输业、邮电业支出 | 31.54 | 53.63 | 23.82 | 22.53 | 25.00 | 24.00 | 62.68 | 41.90 |
| 批发和零售贸易、餐饮业支出 | 6.88 | 3.09 | 2.48 | 3.30 | 3.00 | 42.00 | 120.70 | 95.83 |
| 社会服务业支出 | 4.1 | 3.88 | 0.98 | 0.93 | 2.00 | 3.00 | 7.78 | 8.65 |
| 其他家庭经营支出 | 9.93 | 5.31 | 2.12 | 7.24 | 1.00 | 6.00 | 6.02 | 0.78 |
| 购置生产性固定资产支出 | 49.9 | 63.52 | 62.69 | 64.95 | 85.00 | 78.00 | 101.46 | 461.96 |
| 缴纳税金 | 22.15 | 10.75 | 0.75 | 2.32 | | 1.00 | 0.12 | |
| 生活消费支出 | 1 108.63 | 1 409.97 | 2 842.78 | 3 317.33 | 3 686.00 | 4 331.00 | 5 018.93 | 6 186.26 |
| 财产性支出 | | 2.78 | 2.21 | 11.66 | 5.00 | | 8.91 | 0.98 |
| 转移性支出 | 37.91 | 110.84 | 122.57 | 106.49 | 152.00 | 364.00 | 485.08 | 445.10 |

# 13－15 农村居民家庭平均每人生活消费支出

单位:元

| | 1995 | 2000 | 2008 | 2009 | 2010 | 2011 | 2012 | 2013 |
|---|---|---|---|---|---|---|---|---|
| **生活消费支出** | **1 108.63** | **1 409.97** | **2 842.78** | **3 317.33** | **3 686** | **4 331** | **5 018.93** | **6 186.26** |
| **按消费类别分** | | | | | | | | |
| 食品 | 662.42 | 611.96 | 1 284.87 | 1 405.63 | 1 624 | 1 831 | 2 052.16 | 2 374.44 |
| 其他食品 | | 115.37 | 138.05 | 162.87 | 199 | 216 | 256.30 | 246.56 |
| 在外饮食 | | 36.48 | 151.37 | 176.8 | 196 | 220 | 274.42 | 292.65 |
| 衣着 | | 105.63 | 203.53 | 245.09 | 305 | 413 | 476.14 | 526.39 |
| 居住 | | 236.62 | 432.17 | 539.44 | 622 | 695 | 931.95 | 1 196.14 |
| 家庭设备用品及服务 | | 63.69 | 109.89 | 180.15 | 197 | 267 | 318.36 | 366.78 |
| 医疗保健 | | 119.41 | 208.09 | 234.82 | 250 | 452 | 382.50 | 536.74 |
| 交通和通讯 | | 55.43 | 266.01 | 308.34 | 290 | 367 | 423.95 | 542.39 |
| 文教娱乐用品及服务 | | 170.48 | 303.4 | 341.63 | 334 | 215 | 339.48 | 467.47 |
| 其他商品和服务 | | 46.74 | 34.82 | 62.22 | 63 | 90 | 94.40 | 175.92 |
| #商品性支出 | | 7.47 | 16.6 | 33.77 | 38 | 69 | 71.89 | 125.94 |
| 服务支出 | | 39.27 | 7.05 | 9.26 | 25 | 21 | 22.51 | 49.45 |
| 货币性消费 | 721.44 | 1 141.94 | 2 449.99 | 2 900.76 | 3 256 | 4 030 | 4 760.18 | 5 888.10 |
| 食品 | 297.13 | 360.97 | 892.25 | 989.09 | 1 194 | 1 531 | 1 794.17 | 2 084.81 |
| 衣着 | | 105.61 | 203.53 | 245.09 | 305 | 413 | 476.14 | 525.67 |
| 居住 | | 219.62 | 432.11 | 539.42 | 622 | 695 | 931.19 | 1 193.44 |
| 家庭设备用品及服务 | | 63.67 | 109.87 | 180.14 | 197 | 267 | 318.36 | 364.21 |
| 医疗保健 | | 119.41 | 208.09 | 234.82 | 250 | 452 | 382.50 | 536.03 |
| 交通通讯 | | 55.43 | 266.01 | 308.34 | 290 | 367 | 423.95 | 542.39 |
| 文教娱乐用品及服务 | | 170.48 | 303.4 | 341.63 | 334 | 215 | 339.48 | 466.17 |
| 其他商品及服务 | | 46.74 | 34.72 | 62.22 | 63 | 90 | 94.40 | 175.39 |
| #商品性支出 | | 7.47 | 16.5 | 33.77 | 38 | 69 | 71.88 | 125.94 |
| 服务支出 | | 39.27 | 18.23 | 28.45 | 25 | 21 | 22.51 | 49.45 |

# 13－16 农村居民家庭平均每人生活消费支出构成

单位:%

| | 1995 | 2000 | 2008 | 2009 | 2010 | 2011 | 2012 | 2013 |
|---|---|---|---|---|---|---|---|---|
| **生活消费支出** | **100.00** | **100.00** | **100.00** | **100.00** | **100.00** | **100.00** | **100.00** | **100.00** |
| **按消费类别分** | | | | | | | | |
| 食品 | 59.75 | 43.40 | 45.20 | 42.37 | 44.06 | 42.27 | 40.89 | 38.38 |
| 其他食品 | | 18.85 | 4.86 | 4.91 | 5.40 | 4.99 | 5.11 | 3.99 |
| 在外饮食 | | 5.96 | 5.32 | 5.33 | 5.32 | 5.08 | 5.47 | 4.73 |
| 衣着 | | 7.49 | 7.16 | 7.39 | 8.27 | 9.54 | 9.49 | 8.51 |
| 居住 | | 16.78 | 15.20 | 16.26 | 16.87 | 16.05 | 18.57 | 19.34 |
| 家庭设备用品及服务 | | 4.52 | 3.87 | 5.43 | 5.34 | 6.16 | 6.34 | 5.93 |
| 医疗保健 | | 8.47 | 7.32 | 7.08 | 6.78 | 10.44 | 7.62 | 8.68 |
| 交通和通讯 | | 3.93 | 9.36 | 9.29 | 7.87 | 8.47 | 8.45 | 8.77 |
| 文教娱乐用品及服务 | | 12.09 | 10.67 | 10.30 | 9.06 | 4.96 | 6.76 | 7.56 |
| 其他商品和服务 | | 3.31 | 1.22 | 1.88 | 1.71 | 2.07 | 1.88 | 2.84 |
| #商品性支出 | | 0.53 | 0.58 | 1.02 | 1.03 | 1.59 | 1.43 | 2.04 |
| 服务支出 | | 2.79 | 0.25 | 0.28 | 0.68 | 0.49 | 0.45 | 0.80 |
| 货币性消费 | 100.00 | 100.00 | 100.00 | 100.00 | 100.00 | 100.00 | 100.00 | 100.00 |
| 食品 | 41.19 | 31.61 | 36.42 | 34.10 | 36.67 | 37.99 | 37.69 | 35.41 |
| 衣着 | | 9.25 | 8.31 | 8.45 | 9.37 | 9.54 | 10.00 | 8.93 |
| 居住 | | 19.23 | 17.64 | 18.60 | 19.10 | 16.05 | 19.56 | 20.27 |
| 家庭设备用品及服务 | | 5.58 | 4.48 | 6.21 | 6.05 | 6.16 | 6.69 | 6.19 |
| 医疗保健 | | 10.46 | 8.49 | 8.10 | 7.68 | 10.44 | 8.04 | 9.10 |
| 交通通讯 | | 4.85 | 10.86 | 10.63 | 8.91 | 8.47 | 8.91 | 9.21 |
| 文教娱乐用品及服务 | | 14.93 | 12.38 | 11.78 | 10.26 | 4.96 | 7.13 | 7.92 |
| 其他商品及服务 | | 4.09 | 1.42 | 2.14 | 1.93 | 2.07 | 1.98 | 2.98 |
| #商品性支出 | | 0.65 | 0.67 | 1.16 | 1.17 | 2.07 | 1.51 | 2.14 |
| 服务支出 | | 3.44 | 0.74 | 0.98 | 0.77 | 0.49 | 0.47 | 0.84 |

## 13－17 农村居民家庭平均每人主要消费品消费量

| | 1995 | 2000 | 2008 | 2009 | 2010 | 2011 | 2012 | 2013 |
|---|---|---|---|---|---|---|---|---|
| 粮食(原粮)(千克) | 196.80 | 216.24 | 200.4 | 182.45 | 182.45 | 147.96 | 150.52 | 138.63 |
| 蔬菜(千克) | 110.07 | 35.64 | 41.44 | 62.43 | 62.43 | 53.12 | 41.47 | 59.49 |
| 食油(千克) | 14.26 | 5.46 | 6.21 | 5.45 | 5.45 | 7.65 | 8.21 | 10.69 |
| 猪牛羊肉(千克) | 17.88 | 12.56 | 13.14 | 16.64 | 18.84 | 13.94 | 11.68 | 16.10 |
| 家禽(千克) | 1.01 | 0.21 | 1.31 | 1.42 | 1.42 | 1.80 | 1.86 | 2.07 |
| 蛋及蛋制品(千克) | 3.72 | 2.03 | 3.47 | 3.23 | 3.23 | 4.18 | 4.96 | 4.73 |
| 鱼虾(千克) | 0.88 | 0.56 | 1.05 | 0.96 | | 0.97 | 1.08 | 0.92 |
| 食糖(千克) | 0.86 | 1.08 | 4.35 | 1.2 | 1.20 | 0.97 | 1.32 | 2.06 |
| 酒(千克) | 3.55 | 4.96 | 6.14 | 7.49 | 7.49 | 8.04 | 9.17 | 7.87 |

## 13－18 农村居民家庭平均每百户年底耐用消费品拥有量

| | 1995 | 2000 | 2008 | 2009 | 2010 | 2011 | 2012 | 2013 |
|---|---|---|---|---|---|---|---|---|
| 自行车(辆) | 131.22 | 150.96 | 104.41 | 104.22 | | 76.83 | 75.77 | 23.46 |
| 空调机(台) | | | 2.16 | 1.86 | 1.57 | 1.70 | 0.90 | 0.95 |
| 洗衣机(台) | 48.60 | 66.60 | 90.20 | 96.27 | 96.67 | 96.21 | 98.58 | 89.34 |
| 家用电冰箱(台) | 4.86 | 8.88 | 37.54 | 44.02 | 40.78 | 56.08 | 66.65 | 62.80 |
| 摩托车(辆) | 4.86 | 4.44 | 30.20 | 32.94 | 39.22 | 32.62 | 40.66 | 44.08 |
| 黑白电视机(台) | 63.18 | 48.84 | 10.88 | 4.41 | 4.51 | 1.30 | 0.95 | |
| 彩色电视机(台) | 24.30 | 62.16 | 111.37 | 110.59 | 112.16 | 111.81 | 105.12 | 111.14 |
| 影碟机(台) | | 28.70 | 46.67 | 44.61 | | 32.34 | 25.35 | |
| 中高档乐器(台) | | | 1.08 | 1.08 | | 0.06 | 0.97 | 0.24 |
| 照相机(架) | 4.86 | 4.44 | 9.02 | 11.47 | 6.76 | 6.00 | 7.09 | 2.37 |

## 13－19 农村居民家庭平均每户年末生产性固定资产原值

单位:元

| | 1995 | 2000 | 2008 | 2009 | 2010 | 2011 | 2012 | 2013 |
|---|---|---|---|---|---|---|---|---|
| **合计** | **2 037** | **5 473** | **7 512** | **8 869** | **9 311** | | | |
| #役畜、产品畜 | 468 | 620 | 965 | 1 267 | 1 213 | 329 | 471 | 573.60 |
| 大中型铁木农具 | 146 | 289 | 297 | 291 | 435 | 484 | 478 | 744.81 |
| 农林牧渔业机械 | 262 | 1 498 | 2 529 | 2 628 | 2 588 | 2 618 | 2 723 | 4 240.45 |
| 工业机械 | 32 | 141 | 66 | 19 | 12 | | | |
| 运输机械 | 796 | 1 133 | 694 | 1 085 | 1 035 | 1 245 | 2 884 | 2 142.86 |

## 13－20 农村居民家庭平均每百户拥有主要生产性固定资产数量

| | 1995 | 2000 | 2008 | 2009 | 2010 | 2011 | 2012 | 2013 |
|---|---|---|---|---|---|---|---|---|
| 汽车(辆) | 1.88 | 4.05 | 2.65 | 3.43 | 2.16 | 2.88 | 5.19 | |
| 大中型拖拉机(台) | 2.12 | 1.05 | 2.35 | 3.04 | 7.16 | 5.24 | 6.88 | 4.03 |
| 小型和手扶拖拉机(台) | 18.61 | 32.70 | 33.33 | 34.02 | 35.1 | 25.86 | 28.56 | 46.45 |
| 机动脱粒机(台) | 0.59 | 0.45 | 2.55 | 0.88 | 0.69 | 1.15 | 5.88 | 5.21 |
| 胶轮大车(辆) | 4.48 | 16.26 | 1.96 | 2.06 | 1.47 | 4.82 | 2.04 | |
| 农用水泵(台) | 0.24 | 1.60 | 4.22 | 4.02 | 4.22 | 1.64 | 2.83 | |
| 役畜(头) | 25.44 | 36.00 | 20.29 | 21.86 | 24.8 | 8.57 | 7.59 | 3.55 |
| 产品畜(头) | 8.24 | 9.12 | 29.22 | 25.59 | 30.88 | 15.87 | 19.45 | 60.19 |

## 13－21 农村住户建房和居住情况

| | 1995 | 2000 | 2008 | 2009 | 2010 | 2011 | 2012 | 2013 |
|---|---|---|---|---|---|---|---|---|
| **建房情况（户均）** | | | | | | | | |
| 年内新建房屋面积（平方米） | 1.35 | 2.99 | 1.4 | 2.82 | 1.33 | 0.4 | 2.90 | 0.83 |
| 年内新建房屋价值（元） | 406.35 | 430.54 | 968.23 | 1 688.5 | 892.74 | 290.42 | 2 214.24 | 1 314.29 |
| #砖木结构面积（平方米） | | 1.08 | 0.71 | 1.7 | 1.01 | 0.23 | 1.27 | |
| 钢筋混凝土结构面积（平方米） | | 1.78 | 0.68 | 1.04 | 0.23 | 0.17 | 1.61 | 0.83 |
| **居住情况（户均）** | | | | | | | | |
| 年末住房面积（平方米） | 77.47 | 83.94 | 112.21 | 100.44 | 97.77 | 108.03 | 125.28 | 147.36 |
| #砖木结构面积（平方米） | 26.68 | 41.78 | 46.65 | 48.93 | 51.05 | 42.13 | 57.93 | 45.25 |
| 钢筋混凝土结构面积（平方米） | 4.33 | 22.40 | 49.94 | 33.91 | 33.40 | 59.32 | 54.27 | 82.71 |
| 年末住房价值（元） | 6270 | 6622 | 47196 | 41281 | 40645 | 66214 | 102511 | 133599 |
| **人均指标** | | | | | | | | |
| 平均每人年末住房面积（平方米） | 17.21 | 17.21 | 22.9 | 24.26 | 24.00 | 27 | 31.41 | 33.99 |
| 平均每人年内新建房屋面积（平方米） | 0.28 | 0.65 | 0.33 | 0.68 | 0.66 | 0.4 | 0.72 | 0.21 |

## 13－22 各县区家庭户的住房面积

（2013 年）

| | 调查户住户（户） | 调查户人数（人） | 人均住房建筑面积（平方米/人） | #钢混面积 |
|---|---|---|---|---|
| **兰州市** | **422** | **1 700.25** | **33.99** | **20.53** |
| 城关区 | 38 | 133.25 | 47.95 | 45.25 |
| 七里河区 | 43 | 184.00 | 24.59 | 14.64 |
| 西固区 | 41 | 134.50 | 45.65 | 29.37 |
| 安宁区 | 10 | 44.00 | 65.23 | 65.23 |
| 红古区 | 40 | 162.00 | 42.35 | 38.02 |
| 永登县 | 80 | 336.75 | 25.40 | 14.74 |
| 皋兰县 | 80 | 317.00 | 33.17 | 4.55 |
| 榆中县 | 90 | 388.75 | 30.72 | 17.48 |

# 13－23 各县区农民人均纯收入

单位：元/人

| | 2005 | 2008 | 2009 | 2010 | 2011 | 2012 | 2013 |
|---|---|---|---|---|---|---|---|
| **兰州市** | **2 713** | **3 503** | **4 001** | **4 587** | **5 252** | **6 224** | **7 114.08** |
| 城关区 | 7 373 | 9 759 | 10 942 | 12 381 | 14 176 | 16 274 | 18 431.35 |
| 七里河区 | 4 274 | 5 450 | 6 108 | 6 905 | 7 899 | 9 558 | 10 824.68 |
| 西固区 | 4 727 | 6 018 | 6 741 | 7 587 | 8 702 | 10 128 | 11 466.30 |
| 安宁区 | 4 732 | 6 158 | 6 961 | 7 869 | 9 034 | 10 514 | 11 963.48 |
| 红古区 | 4 630 | 5 904 | 6 615 | 7 480 | 8 505 | 10 155 | 11 484.58 |
| 永登县 | 2 071 | 2 692 | 3 106 | 3 524 | 4 053 | 4 900 | 5 642.37 |
| 皋兰县 | 2 113 | 2 790 | 3 207 | 3 705 | 4 275 | 5 083 | 5 757.73 |
| 榆中县 | 1 866 | 2 392 | 2 748 | 3 156 | 3 582 | 4 263 | 4 909.74 |

# 主要统计指标解释

**城镇居民家庭总收入**　指被调查城市居民家庭调查户中生活在一起的所有家庭成员在调查期得到的工资性收入、经营性收入、财产性收入、转移性收入的总和，不包括出售财物和借贷收入。

**城镇居民家庭可支配收入**　指被调查的城市居民家庭可用于最终消费支出和其它非义务性支出以及储蓄的总和，即居民家庭可以用来自由支配的收入。它是家庭总收入扣除经营性支出、交纳的个人所得税、个人交纳的社会保障费以及调查户的记账补贴后的收入。

**城市居民家庭消费性支出**　指被调查的城市居民家庭用于本家庭日常生活的全部支出，包括食品、衣着、居住、家庭设备用品及服务、医疗保健、交通和通信、娱乐教育文化服务、其它商品和服务八大类等。包括用于赠送的商品或服务。不包括罚没、丢失款和缴纳的各种税款（如个人所得税、牌照税、房产税等），也不包括个体劳动者生产经营过程中发生的各项费用。

**城镇居民家庭全部收入**　指被调查城市居民家庭全部实际收入，包括经常或固定得到的收入和一次性收入。不包括周转性收入，如提取银行存款、向亲友借款、收回借出款以及其他各种暂收款。

**农村居民家庭纯收入**　指农村常住居民家庭总收入中，扣除从事生产和非生产经营费用支出、缴纳税款和上交承包集体任务金额以后剩余的，可直接用于进行生产性、非生产性建设投资、生活消费和积蓄的那一部分收入。农村居民家庭纯收入包括从事生产性和非生产性的经营收入，在外人口寄回带回和国家财政救济、各种补贴等非经营性收入；既包括货币收入，又包括自产自用的实物收入。但不包括向银行、信用社和向亲友借款等属于借贷性的收入。

**农村居民家庭生活消费支出**　指农村常住居民家庭用于日常生活的全部开支，是反映和研究农民家庭实际生活消费水平高低的重要指标。

# 十四、市州主要经济指标

# 14－1 地区生产总值

（2013 年） 单位:万元

| | 地区生产总值 | 第一产业 | 第二产业 | 第三产业 | 地区生产总值构成 | 第一产业 | 第二产业 | 第三产业 |
|---|---|---|---|---|---|---|---|---|
| 兰州市 | 1 776.28 | 49.12 | 820.42 | 906.74 | 100 | 2.76 | 46.19 | 51.05 |
| 平凉市 | 341.92 | 77.10 | 146.58 | 118.23 | 100 | 22.55 | 42.87 | 34.58 |
| 嘉峪关市 | 226.30 | 3.86 | 171.20 | 51.23 | 100 | 1.71 | 75.65 | 22.64 |
| 金昌市 | 252.83 | 16.59 | 183.20 | 53.10 | 100 | 6.56 | 72.46 | 21.00 |
| 白银市 | 464.50 | 55.01 | 253.55 | 155.92 | 100 | 11.84 | 54.59 | 33.57 |
| 天水市 | 456.30 | 86.90 | 174.50 | 195.00 | 100 | 19.04 | 38.24 | 42.74 |
| 酒泉市 | 642.70 | 77.79 | 340.89 | 223.97 | 100 | 12.10 | 53.04 | 34.85 |
| 张掖市 | 336.90 | 93.10 | 120.30 | 123.50 | 100 | 27.63 | 35.71 | 36.66 |
| 武威市 | 381.18 | 89.20 | 166.17 | 125.82 | 100 | 23.40 | 43.59 | 33.01 |
| 定西市 | 252.22 | 78.07 | 64.58 | 109.57 | 100 | 30.95 | 25.60 | 43.44 |
| 陇南市 | 249.50 | 61.63 | 73.97 | 113.90 | 100 | 24.70 | 29.65 | 45.65 |
| 庆阳市 | 606.07 | 80.29 | 377.90 | 147.84 | 100 | 13.25 | 62.35 | 24.39 |
| 临夏州 | 167.30 | 33.53 | 45.00 | 88.81 | 100 | 20.04 | 26.90 | 53.08 |
| 甘南州 | 108.90 | 24.56 | 28.55 | 55.79 | 100 | 22.55 | 26.22 | 51.23 |

# 14－2 地区生产总值指数

(上年＝100)　　　　　　　　　　　　(2013 年)

| | 地区生产总值 | 第一产业 | 第二产业 | 第三产业 |
|---|---|---|---|---|
| 兰州市 | 13.4 | 5.8 | 13.5 | 13.6 |
| 平凉市 | 11.3 | 6.6 | 12.6 | 12.5 |
| 嘉峪关市 | 15.3 | 6.3 | 16.4 | 10.3 |
| 金昌市 | 15.3 | 6.7 | 16.2 | 13.2 |
| 白银市 | 12.8 | 6.5 | 15.2 | 10.8 |
| 天水市 | 11.5 | 6.5 | 15.3 | 10.1 |
| 酒泉市 | 12.3 | 6.2 | 15.0 | 10.0 |
| 张掖市 | 11.8 | 6.5 | 14.8 | 12.5 |
| 武威市 | 12.8 | 6.8 | 16.4 | 12.4 |
| 定西市 | 11.3 | 6.8 | 15.8 | 11.3 |
| 陇南市 | 11.7 | 6.6 | 16.8 | 10.8 |
| 庆阳市 | 14.5 | 6.6 | 16.6 | 13.0 |
| 临夏州 | 14.5 | 6.9 | 15.9 | 16.7 |
| 甘南州 | 10.0 | 6.5 | 12.9 | 9.9 |

# 14－3 工业、投资、消费主要指标

单位:亿元、%

| | 规模以上工业增加值 | | 固定资产投资总额 | | 社会消费品零售总额 | |
|---|---|---|---|---|---|---|
| | 2013 年 | 增长 | 2013 年 | 增长 | 2013 年 | 增长 |
| 兰州市 | 575.13 | 14.2 | 1 316.86 | 27.42 | 843.87 | 14.7 |
| 平凉市 | 102.47 | 11.8 | 442.84 | 26.52 | 136.22 | 14.2 |
| 嘉峪关市 | 161.18 | 16.6 | 102.97 | 31.01 | 37.98 | 14.3 |
| 金昌市 | 155.91 | 16.7 | 201.71 | 27.16 | 57.64 | 15.0 |
| 白银市 | 195.13 | 16.0 | 352.02 | 31.38 | 135.75 | 14.8 |
| 天水市 | 103.27 | 16.3 | 442.88 | 25.91 | 200.00 | 14.8 |
| 酒泉市 | 221.75 | 16.0 | 829.74 | 25.99 | 140.10 | 14.6 |
| 张掖市 | 70.50 | 16.1 | 227.00 | 29.32 | 105.95 | 14.5 |
| 武威市 | 98.24 | 17.0 | 450.01 | 28.79 | 117.46 | 14.8 |
| 定西市 | 25.53 | 19.0 | 413.31 | 25.80 | 82.64 | 14.4 |
| 陇南市 | 40.16 | 19.1 | 438.84 | 27.31 | 64.58 | 14.3 |
| 庆阳市 | 331.86 | 16.5 | 797.29 | 26.99 | 146.54 | 14.7 |
| 临夏州 | 18.70 | 16.2 | 216.79 | 28.30 | 53.48 | 15.0 |
| 甘南州 | 12.95 | 10.2 | 174.94 | 19.35 | 29.94 | 14.1 |

# 14－4 财政收入、城乡人民收入

单位:元、%

| | 公共财政预算收入 | | 城镇居民人均可支配收入 | | 农民人均纯收入 | |
|---|---|---|---|---|---|---|
| | 2013 年 | 增长 | 2013 年 | 增长 | 2013 年 | 增长 |
| 兰州市 | 124.52 | 20.04 | 20 767 | 12.6 | 7 114 | 14.29 |
| 平凉市 | 22.62 | 21.17 | 17 304 | 11.6 | 4 767 | 13.1 |
| 嘉峪关市 | 18.34 | 21.00 | 24 295 | 10.4 | 12 352 | 12.3 |
| 金昌市 | 15.87 | 19.13 | 25 904 | 11.2 | 8 863 | 12.4 |
| 白银市 | 24.11 | 20.63 | 20 664 | 11.5 | 5 140 | 14.3 |
| 天水市 | 41.69 | 18.43 | 16 892 | 11.3 | 4 386 | 13.5 |
| 酒泉市 | 26.70 | 26.07 | 22 389 | 11.6 | 10 851 | 12.5 |
| 张掖市 | 16.7 | 32.06 | 15 877 | 10.3 | 8 465 | 12.8 |
| 武威市 | 18.35 | 26.57 | 17 368 | 12.8 | 6 963 | 13.5 |
| 定西市 | 17.05 | 30.05 | 15 723 | 10.1 | 4 085 | 13.1 |
| 陇南市 | 21.48 | 34.14 | 15 555 | 10.5 | 3 536 | 14.5 |
| 庆阳市 | 63.73 | 20.00 | 18 761 | 12.6 | 4 888 | 14.7 |
| 临夏州 | 11.53 | 27.17 | 12 617 | 10.4 | 3 626 | 14.5 |
| 甘南州 | 9.34 | 38.30 | 15 395 | 10.2 | 4 090 | 13.3 |

# 十五、全国主要指标对比

# 15 -1 土地面积与人口

单位:平方公里、万人

| | 土地面积 | 全市总人口 | #市区人口 | 年平均人口 |
|---|---|---|---|---|
| **直辖市** | | | | |
| 北京 | 16411 | 1316.3 | | 1306.88 |
| 上海 | 6341 | 1425.1 | | |
| 天津 | 11917 | 1003.97 | 821.7 | 998.59 |
| 重庆 | 82269 | 3358.42 | | |
| **省会城市** | | | | |
| 兰州 | 13086 | 321.43 | 201.41 | 321.48 |
| 西安 | 10097 | 806.9 | | 801.46 |
| 西宁 | | | | |
| 银川 | 9025.38 | | | |
| 乌鲁木齐 | 13787.9 | 262.93 | 256.76 | 260.37 |
| 成都 | 12121 | 1187.99 | | 1180.67 |
| 贵阳 | 8034 | 379.09 | 227.86 | 376.81 |
| 昆明 | 21012.54 | 546.79 | | |
| 呼和浩特 | 17186.1 | 233.96 | 124.56 | 232.14 |
| 南宁 | | | | |
| 石家庄 | | 951.8 | 248.1 | |
| 沈阳 | 12860 | 727.11 | 524.59 | 725.95 |
| 哈尔滨 | 53068 | 995.2 | 473.6 | |
| 长春 | | 752.67 | | |
| 海口 | 2304.84 | 163.23 | | 162.41 |
| 杭州 | 16596 | 706.61 | 450.82 | 703.57 |
| 济南 | 8177 | 613.23 | | |
| 福州 | 11968 | 665.49 | 194.76 | 660.38 |
| 广州 | 7434 | 832.3 | | |
| 南京 | 6587.02 | 643.09 | | 640.79 |
| 南昌 | 7402 | 510.1 | | |
| 太原 | 6988 | 367.95 | 285.43 | 366.9 |
| 合肥 | 11445 | 711.5 | 240.78 | 711.02 |
| 郑州 | 7446.2 | 731.47 | 285.01 | 749.03 |
| 长沙 | | | | |
| 武汉 | 8494.41 | 822.05 | 822.05 | 821.88 |
| **其他城市** | | | | |
| 大连 | 12574 | 591.45 | 301.24 | 590.88 |
| 宁波 | 9816 | 580.1 | | |
| 厦门 | 1573.16 | 196.78 | 196.78 | 193.85 |
| 青岛 | 11282 | - | | |
| 深圳 | 1996.78 | 310.47 | 310.47 | 299.05 |
| 无锡 | 4627.46 | 472.2 | | |
| 苏州 | 8488 | 653.8 | | |
| 威海 | 5797 | | | |

注:人口数为户籍人口。

# 15－2 地区生产总值

单位:亿元、%

| | 地区生产总值 | | 第一产业增加值 | |
|---|---|---|---|---|
| | 2013 年 | 增长 | 2013 年 | 增长 |
| **直辖市** | | | | |
| 北京 | 19500.6 | 7.7 | 161.8 | 3.0 |
| 上海 | 21602.1 | 7.7 | 129.3 | -2.9 |
| 天津 | 14370.2 | 12.5 | 188.5 | 3.7 |
| 重庆 | 12656.69 | 12.3 | 1002.68 | 4.7 |
| **省会城市** | | | | |
| 兰州 | 1776.28 | 13.4 | 49.12 | 5.8 |
| 西安 | 4884.13 | 11.1 | 217.76 | 4.8 |
| 西宁 | 978.50 | 14.1 | 36.1 | 5.1 |
| 银川 | 1273.50 | 10 | 55.7 | 3.8 |
| 乌鲁木齐 | 2400.00 | 15 | 27 | 6.2 |
| 成都 | 9108.89 | 10.2 | 353.17 | 3.6 |
| 贵阳 | 2085.42 | 16 | 81.52 | 6.3 |
| 昆明 | 3415.31 | 12.8 | 175.27 | 6.8 |
| 呼和浩特 | 2710.39 | 10 | 134.72 | 5.3 |
| 南宁 | 2803.50 | 10.3 | 349.9 | 4.8 |
| 石家庄 | 4863.60 | 9.5 | 488.7 | 3 |
| 沈阳 | 7158.57 | 8.8 | 335.52 | 4.7 |
| 哈尔滨 | 5017.00 | 9 | 587.1 | 8.6 |
| 长春 | 5003.20 | 8.3 | 332 | 3.5 |
| 海口 | 904.60 | 9.9 | 58.5 | 6.3 |
| 杭州 | 8343.52 | 8 | 265.42 | 1.5 |
| 济南 | 5230.20 | 9.6 | 284.7 | 3.9 |
| 福州 | 4678.50 | 11.5 | 402.26 | 4.6 |
| 广州 | 15420.10 | 11.6 | 228.9 | 2.7 |
| 南京 | 8011.78 | 11 | 204.64 | 3.4 |
| 南昌 | 3336.00 | 10.7 | | |
| 太原 | 2412.87 | 8.1 | 38.73 | 3.2 |
| 合肥 | 4672.91 | 11.5 | 247.21 | 3.2 |
| 郑州 | 6201.85 | 10 | 146.96 | 3.2 |
| 长沙 | 7153.10 | 12 | 291.2 | 3 |
| 武汉 | 9051.27 | 10 | 335.4 | 4.5 |
| **其他城市** | | | | |
| 大连 | 7650.79 | 9.3 | 477.59 | 5.8 |
| 宁波 | 7128.87 | 8.1 | 276.35 | -1.2 |
| 厦门 | 3018.16 | 9.4 | 25.99 | 0.2 |
| 青岛 | 8006.60 | 10 | 352.41 | 2.1 |
| 深圳 | 14500.23 | 10.5 | 5.25 | -19.8 |
| 无锡 | 8070.2 | 9.3 | 148.5 | 3 |
| 苏州 | 13015.7 | 9.6 | 214.5 | 3 |
| 威海 | 2549.69 | 10.8 | 203.47 | 4.3 |

15－2 续表

| | 第二产业增加值 | | #工业增加值 | | 第三产业增加值 | |
|---|---|---|---|---|---|---|
| | 2013 年 | 增长 | 2013 年 | 增长 | 2013 年 | 增长 |
| **直辖市** | | | | | | |
| 北京 | 4352.3 | 8.1 | 3536.9 | 7.8 | 14986.5 | 7.6 |
| 上海 | 8027.8 | 6.1 | 7236.7 | 6.3 | 13445.1 | 8.8 |
| 天津 | 7276.7 | 12.7 | 6678.6 | 12.8 | 6905 | 12.5 |
| 重庆 | 6 397.92 | 13.4 | 5249.65 | 13.1 | 5256.09 | 12 |
| **省会城市** | | | | | | |
| 兰州 | 820.42 | 13.5 | 614.45 | 14.1 | 906.74 | 13.6 |
| 西安 | 2 117.66 | 13.9 | 1484.63 | 14.5 | 2548.71 | 9.3 |
| 西宁 | 514.50 | 18 | 440.8 | 18.3 | 427.9 | 9.7 |
| 银川 | 687.80 | 11.8 | 524.1 | 12 | 530 | 8.3 |
| 乌鲁木齐 | 930.00 | 14.8 | 794 | 14.7 | 1443 | 15.3 |
| 成都 | 4 181.49 | 12.2 | 3493.08 | 13 | 4574.23 | 8.8 |
| 贵阳 | 848.64 | 18.6 | 608.32 | 16.8 | 1155.26 | 14.6 |
| 昆明 | 1 537.11 | 13.2 | 1100.06 | 11.4 | 1702.93 | 13.1 |
| 呼和浩特 | 866.74 | 14.5 | 690.35 | 16.4 | 1708.93 | 7.9 |
| 南宁 | 1 110.90 | 14.6 | 820.6 | 14.8 | 1342.7 | 8.1 |
| 石家庄 | 2 359.50 | 9.8 | 2099.5 | 10.6 | 2015.4 | 10.4 |
| 沈阳 | 3 709.25 | 10.1 | 3348.55 | 10 | 3113.8 | 7.6 |
| 哈尔滨 | 1 743.90 | 9 | 1191.9 | 9.5 | 2986 | 9 |
| 长春 | 2 658.70 | 9.4 | 2222.2 | 10 | 2012.5 | 7.8 |
| 海口 | 217.00 | 8.9 | 144.7 | 6 | 629.1 | 10.5 |
| 杭州 | 3 661.98 | 7.4 | 3246.67 | 7.8 | 4416.12 | 9 |
| 济南 | 2 053.20 | 10.1 | 1690.6 | 10.6 | 2892.3 | 9.7 |
| 福州 | 2 133.60 | 13.2 | 1654.51 | 13.2 | 2142.63 | 10.8 |
| 广州 | 5 227.40 | 9.2 | 4754.9 | 9.9 | 9963.8 | 13.3 |
| 南京 | 3 450.58 | 11.1 | 2997.63 | 11.1 | 4356.56 | 11.3 |
| 南昌 | 1850.49 | 11.9 | 1398.6 | 11.7 | 1328.3 | 9.8 |
| 太原 | 1 052.08 | 10.6 | 772.27 | 10.1 | 1322.06 | 6.1 |
| 合肥 | 2 583.75 | 12.9 | 2053.57 | 14.1 | 1841.95 | 10.6 |
| 郑州 | 3 470.52 | 10.4 | 3101.38 | 10.3 | 2584.37 | 9.6 |
| 长沙 | 3 947.00 | 12.5 | 3352.3 | 13 | 2915 | 12.1 |
| 武汉 | 4 396.17 | 10.3 | 3645.32 | 10.3 | 4319.7 | 10 |
| **其他城市** | | | | | | |
| 大连 | 3 891.95 | 7.1 | 3438.54 | 7.2 | 3281.25 | 12.5 |
| 宁波 | 3741.72 | 8.2 | 3378.0 | 8.4 | | |
| 厦门 | 1 434.79 | 11.1 | 1212.17 | 11.9 | 1557.38 | 7.7 |
| 青岛 | 3 641.39 | 10.2 | 3248.44 | 10.4 | 4012.8 | 10.5 |
| 深圳 | 6 296.84 | 9 | 5889.05 | 9.3 | 8198.14 | 11.7 |
| 无锡 | 4207.4 | 8.7 | | 9 | | 10.3 |
| 苏州 | 6849.6 | 7.5 | 6370.4 | 7.5 | 5951.6 | 12.7 |
| 威海 | 1 312.93 | 10.5 | 1174.42 | 10.7 | 1033.29 | 12.5 |

# 15-3 规模以上工业企业主要指标

单位:亿元、%

| | 工业总产值 | | 规模以上工业增加值 | | 工业产品产销率 |
|---|---|---|---|---|---|
| | 2013 年 | 增长 | 2013 年 | 增长 | |
| **直辖市** | | | | | |
| 北京 | 17209.3 | 6.9 | - | 8.0 | |
| 上海 | 32088.9 | 4.4 | 6769.6 | 6.6 | |
| 天津 | 26400.4 | 13.1 | | 13 | |
| 重庆 | 15 824.86 | 14.5 | | 13.6 | 97.9 |
| **省会城市** | | | | | |
| 兰州 | 2416.20 | 16.8 | 575.1 | 14.2 | 95.02 |
| 西安 | 4 479.62 | 16.5 | 1265.64 | 15.4 | 96.2 |
| 西宁 | | | 380.38 | 18.3 | |
| 银川 | 1 909.20 | 15.6 | 492.16 | 12.4 | 97.8 |
| 乌鲁木齐 | 2 372.53 | | 699.81 | 13.5 | 95.3 |
| 成都 | 9 171.20 | 16.8 | 2 917.6 | 13.4 | 98.4 |
| 贵阳 | 2 011.13 | 18.2 | 550.98 | 16 | 91.3 |
| 昆明 | 3 179.62 | 7 | 906.51 | 11 | 97.6 |
| 呼和浩特 | | | | 18.1 | |
| 南宁 | | | 777.52 | 16.6 | |
| 石家庄 | | | 1747.8 | 11 | |
| 沈阳 | 13 678.26 | 7.7 | 3 522.2 | 10 | 98.5 |
| 哈尔滨 | 3399.3 | | 767.1 | 11.1 | |
| 长春 | 9 228.00 | 9.9 | 2 103.3 | 10.2 | |
| 海口 | 504.97 | | 133.81 | 6.0 | 98.7 |
| 杭州 | 13 592.30 | 4.6 | 2 523.88 | 8 | 99.4 |
| 济南 | | | - | 11.3 | 97.5 |
| 福州 | 6 786.33 | 14.4 | 1665.39 | 13.7 | |
| 广州 | 1731.02 | 12.9 | 4430.88 | 10.2 | |
| 南京 | 12 647.14 | 10.3 | 2 842.83 | 11.2 | 98.6 |
| 南昌 | | | 1159.48 | 12.9 | |
| 太原 | 2 656.78 | 4.6 | 770.94 | 10.1 | 97.3 |
| 合肥 | 7 618.07 | | 1 907.4 | 14.4 | 96.8 |
| 郑州 | 12 153.52 | 13.2 | 2 857.72 | 11.3 | 98.4 |
| 长沙 | 8289.1 | 18.4 | 2653.28 | 14.0 | |
| 武汉 | 10 394.07 | 18 | 3 113.3 | 11.7 | 97.1 |
| **其他城市** | | | | | |
| 大连 | | | 3243.5 | 10.2 | |
| 宁波 | 12795 | 5.6 | 2291.2 | 8.0 | |
| 厦门 | 4 716.21 | 13.1 | 1 153.63 | 12.1 | 99 |
| 青岛 | 15 512.68 | 10.6 | | | 98.2 |
| 深圳 | 22 177.91 | 6.6 | 5 695 | 9.6 | 98.2 |
| 无锡 | 14 876.33 | 2.4 | 3 057.34 | 7 | |
| 苏州 | 30392.9 | 4.1 | 6172.6 | 7.8 | |
| 威海 | 6 003.10 | 6.7 | 1 127.45 | 4.6 | 98.3 |

# 15－4 规模以上工业企业主要效益指标

单位：亿元、%

| | 企业数(个) | 亏损企业数(个) | 工业经济效益综合指数(%) | 利润总额 | |
|---|---|---|---|---|---|
| | | | | 2013 年 | 增长 |
| **直辖市** | | | | | |
| 北京 | 3641 | | | | |
| 上海 | 9647 | | | | |
| 天津 | – | | | | |
| 重庆 | 5237 | 531 | 257.8 | 878.43 | 42.5 |
| **省会城市** | | | | | |
| 兰州 | 390 | 116 | 202.9 | 20.75 | －24.91 |
| 西安 | 1002 | 185 | 247.1 | 181.82 | |
| 西宁 | | | | | |
| 银川 | 351 | 80 | | 90.58 | 20.4 |
| 乌鲁木齐 | 347 | 99 | 172.9 | 144.94 | －17.4 |
| 成都 | 3248 | 394 | | 617.4 | 5.1 |
| 贵阳 | 469 | 98 | | 113.07 | 2.6 |
| 昆明 | 925 | | 366 | 164.04 | 1.9 |
| 呼和浩特 | | | | | |
| 南宁 | | | | | |
| 石家庄 | | | | | |
| 沈阳 | 4068 | 244 | 391.3 | 760 | 4 |
| 哈尔滨 | | | | | |
| 长春 | 1109 | 119 | | 753.2 | 14.4 |
| 海口 | 155 | 37 | | 27.46 | |
| 杭州 | 5977 | 926 | | 818.96 | 7.9 |
| 济南 | 1678 | 167 | 244 | 252 | |
| 福州 | | | | | |
| 广州 | | | | | |
| 南京 | 2783 | 431 | | 979.1 | 35.1 |
| 南昌 | | | | | |
| 太原 | 460 | 173 | 226.6 | 12.13 | －44 |
| 合肥 | 2329 | 175 | 338.4 | 503.41 | |
| 郑州 | 2763 | 178 | | 948.2 | 7.3 |
| 长沙 | | | | | |
| 武汉 | | | | 476.4 | 21.8 |
| **其他城市** | | | | | |
| 大连 | | | | | |
| 宁波 | 6827 | | | | |
| 厦门 | 1668 | 359 | 205.5 | 234.53 | |
| 青岛 | 4917 | 486 | 488 | 895.68 | 21.5 |
| 深圳 | 5797 | 1259 | | 1284.29 | 18.3 |
| 无锡 | 5255 | | 246.3 | 833.47 | －3.5 |
| 苏州 | | | | | |
| 威海 | 1631 | 114 | 260.7 | 344.87 | 11.9 |

## 15－5 固定资产投资

单位:亿元、%

| | 固定资产投资总额 | | #城镇固定资产投资额 | | 房地产开发投资额 | |
|---|---|---|---|---|---|---|
| | 2013 年 | 增长 | 2013 年 | 增长 | 2013 年 | 增长 |
| **直辖市** | | | | | | |
| 北京 | 7032.20 | 8.8 | 6352.6 | 8.5 | 3483.4 | 10.5 |
| 上海 | 5647.8 | 7.5 | | | 3835.1 | 17.9 |
| 天津 | 10121.21 | 14.1 | 9528.09 | 14.2 | 2018.88 | 13.7 |
| 重庆 | 11205.03 | 19.5 | 9789 | 15.7 | 3012.78 | 20.1 |
| **省会城市** | | | | | | |
| 兰州 | 1316.86 | 27.42 | 1030.05 | 27.14 | 286.81 | 28.43 |
| 西安 | 5134.56 | 21 | 73.15 | －26.4 | 1595.64 | 24.5 |
| 西宁 | 925.44 | 32.1 | | | | |
| 银川 | 1149.00 | 25.1 | 1061.92 | 24.5 | 330.81 | 20 |
| 乌鲁木齐 | 1271.59 | 25.9 | 1262.41 | 25.9 | 271.43 | 25.5 |
| 成都 | 6501.10 | 10.4 | | | 2110.3 | 11.7 |
| 贵阳 | 3030.38 | 22.1 | 2903.95 | 20.9 | 983.09 | 8.2 |
| 昆明 | 2931.50 | 25 | | | 1291.71 | 40.5 |
| 呼和浩特 | 1504.83 | 15.6 | 1504.83 | 15.6 | 581.68 | 29.8 |
| 南宁 | 2432.69 | 23.7 | | | | |
| 石家庄 | 4186.20 | 20 | | | 928.1 | 11.7 |
| 沈阳 | 6383.90 | 13.5 | 6042.3 | 12.9 | 2184 | 12.4 |
| 哈尔滨 | 4940.00 | 25.1 | | | 849.7 | 10.1 |
| 长春 | 3408.40 | 20 | | | 613.6 | －5.6 |
| 海口 | 649.33 | 27.2 | | | 256.4 | |
| 杭州 | 4263.87 | 14.5 | | | 1853.28 | 16 |
| 济南 | 2638.30 | 20.7 | | | 721.17 | 8.7 |
| 福州 | 3869.84 | 18.5 | 3834.22 | 18.5 | 1264.79 | 30.1 |
| 广州 | 4454.55 | 18.5 | | | 1579.7 | 15.3 |
| 南京 | 5265.55 | 12.4 | | | 1120.18 | 10.3 |
| 南昌 | 2909.76 | 21.6 | | | 406.1 | 17.9 |
| 太原 | 1670.74 | 26.5 | | | 635.85 | 14.5 |
| 合肥 | 4707.99 | 23.1 | 4537.5 | 22.9 | 1105.81 | 21 |
| 郑州 | 4509.30 | 22.9 | 4400.2 | 23.6 | 1445.3 | 32 |
| 长沙 | 4593.39 | 20.1 | | | 1153.6 | 11.8 |
| 武汉 | 6001.96 | 19.3 | 5974.53 | 19.1 | 1905.6 | 21 |
| **其他城市** | | | | | | |
| 大连 | 6478.10 | 15.2 | 5843.61 | 15.4 | 1710.36 | 22.5 |
| 宁波 | 3422.95 | 18.0 | | | 1123.1 | 27 |
| 厦门 | 1347.54 | 1.1 | 1337.26 | 1.1 | 531.8 | 2.5 |
| 青岛 | 5027.90 | 21.1 | | | 1048.5 | 12.7 |
| 深圳 | 2501.01 | 14 | 2501.01 | 14 | 1231.67 | 32.9 |
| 无锡 | 4015.77 | 18.2 | | | 1128.91 | 15.9 |
| 苏州 | 588.39 | 18.1 | | | 1475.8 | 16.8 |
| 威海 | 1923.71 | 20.5 | 1526.66 | 16.2 | 411.81 | 12.5 |

## 15－6 社会消费品零售总额与职工工资

单位:亿元、元、%

| | 社会消费品零售总额 | | 居民消费价格总指数 | 在岗职工年人均工资 | |
|---|---|---|---|---|---|
| | 2013 年 | 增长 | | 2013 年 | 增长 |
| **直辖市** | | | | | |
| 北京 | 8375.10 | 8.7 | 103.3 | 93997 | 10.2 |
| 上海 | | | | | |
| 天津 | | | 103.1 | 68864 | 10.7 |
| 重庆 | 4511.77 | 14 | 102.7 | | |
| **省会城市** | | | | | |
| 兰州 | 843.87 | 14.7 | 103.5 | 48017 | 7.92 |
| 西安 | 2548.02 | 14 | 102.7 | 50797 | 10.8 |
| 西宁 | 365.07 | 15 | | 49558 | 12.4 |
| 银川 | 348.06 | 12.2 | 103.5 | 57112 | 5.24 |
| 乌鲁木齐 | 970.05 | 16.3 | 103.5 | 54965 | 9.9 |
| 成都 | 3752.90 | 13.1 | 103.1 | 58778 | 18.4 |
| 贵阳 | 785.66 | 15 | 103.2 | 50817 | 18.3 |
| 昆明 | 1702.30 | 14 | 103.9 | | |
| 呼和浩特 | 1142.36 | 11.8 | 103.8 | 48635 | 9.5 |
| 南宁 | 1450.84 | 14 | | 48188 | 10.9 |
| 石家庄 | 1949.4 | 13.8 | | 43137 | 8.74 |
| 沈阳 | 3186.09 | 13.7 | 102.5 | 52462 | 5.1 |
| 哈尔滨 | 2728.30 | 13.9 | 102.1 | 47209 | 13 |
| 长春 | 1970.04 | 13.2 | 103 | 51564 | 11.4 |
| 海口 | 490.05 | 12.6 | 102.9 | 46175 | 13.2 |
| 杭州 | 3531.17 | 13 | 102.5 | 63664 | 12.8 |
| 济南 | 2743.35 | 13.4 | 102.8 | | |
| 福州 | 2681.72 | 15.6 | 102.6 | 53333 | 10.9 |
| 广州 | 6882.85 | 15.2 | | 69692 | 9.32 |
| 南京 | 3504.17 | 13.8 | 102.7 | | |
| 南昌 | 1270.01 | 13.7 | | 46330 | |
| 太原 | 1281.46 | 13.5 | 103.1 | 51035 | 6.1 |
| 合肥 | 1480.84 | 14.8 | 102.7 | 55006 | 8.4 |
| 郑州 | 2586.40 | 13 | 102.8 | 44622 | 7.6 |
| 长沙 | 2801.97 | 14.1 | | 56381 | 10.8 |
| 武汉 | 3878.60 | 13 | 102.4 | 53745 | 9.8 |
| **其他城市** | | | | | |
| 大连 | 2526.5 | 13.6 | 102.5 | 60189 | 9.8 |
| 宁波 | 2635.71 | 13.3 | | 63150 | 12.5 |
| 厦门 | 974.51 | 10.5 | 102.3 | 55841 | 6.3 |
| 青岛 | 2904.30 | 13.3 | 102.5 | 55363 | 12.9 |
| 深圳 | 4433.59 | 10.6 | 102.7 | 62619 | 6.1 |
| 无锡 | 2740.92 | 12.9 | 102.1 | 60581 | |
| 苏州 | | | | | |
| 威海 | 1082.18 | 13.5 | 101.6 | 43671 | 12.6 |

# 15－7 进出口

单位:亿美元、%

| | 进出口总额(海关口径) | | 出口总额 | |
|---|---|---|---|---|
| | 2013 年 | 增长 | 2013 年 | 增长 |
| **直辖市** | | | | |
| 北京 | 4291.03 | 5.1 | 632.46 | 6.1 |
| 上海 | 4414.0 | 1.1 | 2042.4 | －1.2 |
| 天津 | 1285.28 | 11.2 | 490.25 | 1.5 |
| 重庆 | 687.04 | 29.1 | 467.97 | 21.3 |
| **省会城市** | | | | |
| 兰州 | 40.57 | 19.53 | 35.88 | 33.28 |
| 西安 | 179.82 | 38.2 | 84.76 | 16.1 |
| 西宁 | 12.41 | 32.9 | 7.79 | 17.6 |
| 银川 | 24.11 | 80.9 | 20.78 | 99.1 |
| 乌鲁木齐 | 77.98 | －25 | 63.99 | －20.6 |
| 成都 | 506.00 | 6.4 | 318.8 | 5 |
| 贵阳 | 63.18 | 25.1 | 55.79 | 32.4 |
| 昆明 | 174.22 | 20.8 | 104.1 | 83.1 |
| 呼和浩特 | 15.99 | －5.9 | 7.35 | －11.7 |
| 南宁 | 44.21 | 6.6 | 23.53 | －6.5 |
| 石家庄 | 140 | 8.1 | 71.2 | －3.0 |
| 沈阳 | 143.29 | 12.4 | 69.96 | 17.3 |
| 哈尔滨 | 65.40 | 40.3 | 29 | 53.4 |
| 长春 | 203.99 | 3.7 | 32.93 | 13.4 |
| 海口 | 51.01 | 21 | 18.85 | 4.8 |
| 杭州 | 650.71 | 5.5 | 447.66 | 8.5 |
| 济南 | 95.66 | 4.7 | 54.81 | －4.1 |
| 福州 | 314.29 | 11.9 | 193.37 | 6.8 |
| 广州 | 1188.88 | 1.5 | 628.06 | 6.6 |
| 南京 | 558.05 | 0.9 | 322.73 | 1.1 |
| 南昌 | 97.22 | 17.3 | 73.11 | 13.1 |
| 太原 | 91.63 | 8.2 | 52.95 | 24.8 |
| 合肥 | 181.90 | 3.1 | 118.99 | －12.7 |
| 郑州 | 427.49 | 19.3 | 250.66 | 23.7 |
| 长沙 | 98.33 | 13.8 | 61.66 | 13.2 |
| 武汉 | 217.52 | 6.9 | 119.43 | 11.1 |
| **其他城市** | | | | |
| 大连 | 688.23 | 7.3 | 374.37 | 7.9 |
| 宁波 | 1003.29 | 3.9 | 657.1 | 7.0 |
| 厦门 | 840.94 | 12.9 | 523.54 | 15.3 |
| 青岛 | 779.10 | 6.5 | 419.9 | 2.9 |
| 深圳 | 5373.59 | 15.1 | 3057.18 | 12.7 |
| 无锡 | 703.73 | －0.6 | 411.49 | －0.4 |
| 苏州 | 3033.5 | 1.2 | 1757.1 | 0.6 |
| 威海 | 171.50 | 0.2 | 107.02 | 0.5 |

# 15－8 财政收入与支出

单位:亿元、%

| | 地方财政总收入 | | #公共财政预算收入 | | 公共财政预算支出 | |
|---|---|---|---|---|---|---|
| | 2013 年 | 增长 | 2013 年 | 增长 | 2013 年 | 增长 |
| **直辖市** | | | | | | |
| 北京 | | | 3661.11 | 10.4 | 4170.21 | 13.2 |
| 上海 | | | | | | |
| 天津 | | | | | | |
| 重庆 | | | 1693.24 | 15.5 | 3062.28 | 12.7 |
| **省会城市** | | | | | | |
| 兰州 | 394.82 | －2.77 | 124.52 | 20.04 | 242.32 | 19.61 |
| 西安 | 902.8 | 19.9 | 501.98 | 26.5 | 729.81 | 22.1 |
| 西宁 | | | 67.11 | 22.5 | | |
| 银川 | | | 134.6 | 19 | 220.53 | 18.1 |
| 乌鲁木齐 | | | 301.9 | 19.8 | 353.2 | 19.5 |
| 成都 | 2809.80 | 19.2 | 898.5 | 16.6 | 1162.6 | 20.4 |
| 贵阳 | 563.76 | | 277.21 | 20.2 | 393.6 | |
| 昆明 | | | 450.75 | 19.1 | 585.75 | 11.5 |
| 呼和浩特 | | | 182.02 | 1.9 | | |
| 南宁 | | | 256.25 | 11.6 | | |
| 石家庄 | 648.3 | 11.3 | 315.2 | 15.8 | 522.9 | 12.7 |
| 沈阳 | | | 801 | 12 | 881.8 | 15.1 |
| 哈尔滨 | | | 402.3 | 13.4 | 709.8 | 11.7 |
| 长春 | 1077.59 | 16.2 | 381.8 | 12 | 633 | 13.9 |
| 海口 | 240.82 | | 86.73 | 15.1 | 132 | |
| 杭州 | 1734.98 | 6.6 | 945.2 | 9.9 | 855.7 | 8.8 |
| 济南 | 1747.60 | 8.5 | 482.1 | 13.9 | 522.3 | 12.2 |
| 福州 | | | 453.97 | 18.8 | | |
| 广州 | | | 1141.79 | 10.8 | 1384.7 | 8.9 |
| 南京 | 1591.59 | | 831.31 | 13.4 | 851.01 | 10.6 |
| 南昌 | 558 | 11.6 | 291.91 | 21.6 | 417.8 | 20.9 |
| 太原 | 495.57 | 9 | 247.33 | 14.7 | 319.11 | 15 |
| 合肥 | 768.27 | 10.7 | 413.97 | 6.3 | 630.89 | 10.2 |
| 郑州 | 1116.00 | 14.5 | 723.6 | 19.3 | 815.7 | 16.4 |
| 长沙 | 883.9 | 19.5 | 536.63 | 23.8 | 695.8 | 11.4 |
| 武汉 | 1730.65 | 13.1 | 978.52 | 18.1 | 1103.59 | 24.6 |
| **其他城市** | | | | | | |
| 大连 | | | 850.0 | 13.3 | 1083.54 | 21.6 |
| 宁波 | | | 792.81 | 9.3 | 939.9 | 13.5 |
| 厦门 | 825.10 | 11.6 | 490.6 | 16 | 516.74 | 11.7 |
| 青岛 | 2672.50 | 9.2 | 788.72 | 17.7 | 1014.23 | 32.4 |
| 深圳 | | | 1731.26 | 16.8 | 1690.2 | 7.7 |
| 无锡 | 1228.35 | | 710.91 | 8 | 711.49 | 9.7 |
| 苏州 | | | 1331.0 | 10.5 | 1212.7 | 8.9 |
| 威海 | 479.98 | 13.9 | 195.22 | 13.4 | 263.99 | 8 |

# 15-9 金融

单位：亿元、%

| | 金融机构存款余额 | | #城乡储蓄存款余额 | | 金融机构贷款余额 | |
|---|---|---|---|---|---|---|
| | 2013 年 | 增长 | 2013 年 | 增长 | 2013 年 | 增长 |
| **直辖市** | | | | | | |
| 北京 | 87990.60 | 6386.9 | 23086.41 | 1497.1 | 40463.87 | 3953.3 |
| 上海 | 65037.5 | 8.5 | 20486.3 | 6.6 | 39748.6 | 8.7 |
| 天津 | 22684.6 | 15 | 7612.3 | 8.1 | 19453.3 | 11.6 |
| 重庆 | 22202.10 | 17.3 | 9866.12 | 16.5 | 17381.55 | 14.9 |
| **省会城市** | | | | | | |
| 兰州 | 5499.15 | 19.83 | 2021.56 | 15.97 | 4407.71 | 20.01 |
| 西安 | 13763.19 | 13.5 | 5357.05 | 11.9 | 10023.63 | 16.1 |
| 西宁 | | | | | | |
| 银川 | 2340.93 | 11 | 1015.22 | 12.6 | 2660.62 | 16.4 |
| 乌鲁木齐 | 5590.19 | 16.5 | 1894.47 | 10.6 | 3922.02 | 21.4 |
| 成都 | 23662.00 | 16.1 | 8152 | 15.6 | 17618 | 12.6 |
| 贵阳 | 5742.09 | | 1827.14 | | 4177.93 | |
| 昆明 | 10085.36 | 14 | 3355.28 | 12.9 | 9148.63 | 12 |
| 呼和浩特 | 4437.99 | 16.6 | 1414.62 | 13.8 | 4273.09 | 15.3 |
| 南宁 | | | | | | |
| 石家庄 | 8607.80 | 12.6 | 4157.6 | 11.3 | 4512 | 12.5 |
| 沈阳 | 11437.20 | 11.3 | 4765.5 | 10.3 | 8867.1 | 12.9 |
| 哈尔滨 | 8488.20 | 15.3 | 3593.6 | 8.2 | 6275.9 | 12.9 |
| 长春 | 7808.31 | 18.6 | 3107.16 | 12.2 | 6453.35 | 12.6 |
| 海口 | | | | | | |
| 杭州 | 22174.71 | 10.1 | 6408.52 | 5.2 | 19350.7 | 7 |
| 济南 | 10808.10 | 10.4 | 3267.8 | 13 | 7812.5 | 5.4 |
| 福州 | 8720.26 | | | | 7738.74 | |
| 广州 | 32850.6 | 12.9 | 12254.0 | 8.6 | 20173 | 10.4 |
| 南京 | 18050.82 | 11.9 | 4955.76 | 10.9 | 13791.06 | 12 |
| 南昌 | 6624.6 | 15.7 | 2051.2 | 10.7 | 5464.2 | 14.4 |
| 太原 | 9819.68 | 10.3 | 3307.99 | 9.4 | 7111.87 | 11.4 |
| 合肥 | 8232.58 | 19 | 2355.77 | 13.9 | 7054.99 | 14.3 |
| 郑州 | 12450.50 | 18 | 4475.3 | 16.4 | 9342.3 | 11.5 |
| 长沙 | | | | | | |
| 武汉 | 14915.69 | 13.7 | 5421.8 | 14.7 | 14701.18 | 11 |
| **其他城市** | | | | | | |
| 大连 | 11481.74 | 11.2 | 4483.77 | 7.8 | 9108.55 | 12.1 |
| 宁波 | 12740.5 | 9.8 | 4562.4 | 9.3 | 1249.3 | 10.3 |
| 厦门 | 5984.51 | 15.8 | 1900.3 | 13.1 | 5138.25 | 12.6 |
| 青岛 | 10969.60 | 15.7 | 4141 | 10.3 | 8861 | 11.2 |
| 深圳 | 29830.99 | 15.1 | 9289.37 | 10.7 | 19803.58 | 14.1 |
| 无锡 | 11205.78 | 8.9 | 4086.84 | 9.5 | 8108.14 | 8.6 |
| 苏州 | 20037.6 | 13.5 | 6408.3 | 10.7 | 15495.2 | 13.2 |
| 威海 | 334.37 | 16.9 | 1336.69 | 10.8 | 1512.13 | 13.3 |

# 15－10 城乡人民收入与支出

单位:元、%

| | 城镇居民人均可支配收入 | | 城镇居民人均消费性支出 | | 农民人均纯收入 | |
|---|---|---|---|---|---|---|
| | 2013 年 | 增长 | 2013 年 | 增长 | 2013 年 | 增长 |
| **直辖市** | | | | | | |
| 北京 | 40321 | 10.6 | 26275 | 9.3 | 18337 | 11.3 |
| 上海 | 43851 | 9.1 | | | 19208 | 10.4 |
| 天津 | 32658 | 10.2 | 21849.69 | 9.1 | 15405 | 13.5 |
| 重庆 | 25216 | 9.8 | 17813.86 | 7.5 | 8331.97 | 12.8 |
| **省会城市** | | | | | | |
| 兰州 | 20767 | 12.6 | 15749 | 11.2 | 7114 | 14.29 |
| 西安 | 33100 | 10.4 | 23848 | 11.3 | 12930 | 13 |
| 西宁 | 19444 | 10.3 | 13607 | 12.3 | 9004 | 15.4 |
| 银川 | 23776 | 10 | 16844 | 5.2 | 9036 | 12 |
| 乌鲁木齐 | 21304 | 12.2 | 15548 | 12.8 | 11496 | 14.6 |
| 成都 | 29968 | 10.2 | 20362 | 6.9 | 12985 | 12.9 |
| 贵阳 | 23376 | | 17995 | 14.5 | 9592 | 13 |
| 昆明 | 28354 | 12.3 | 17514.77 | | 9273 | 15.3 |
| 呼和浩特 | 12736 | 12.1 | 23074 | 9.4 | 12736 | 12.1 |
| 南宁 | 24817 | 10 | | | 7685 | 13.4 |
| 石家庄 | 25274 | 9.7 | | | 10066 | 12.6 |
| 沈阳 | 29074 | 10 | 22252 | 11.2 | 14467 | 10.9 |
| 哈尔滨 | 25197 | 12 | 18729.3 | | 10800.4 | 14.1 |
| 长春 | 26034 | 13.3 | 21928.9 | 22.8 | | |
| 海口 | 24461 | 9.5 | 16855.56 | | 9155 | 12.6 |
| 杭州 | 39310 | 10.1 | 24833 | 10.3 | 18923 | 11.2 |
| 济南 | 35648 | 9.5 | 21666.9 | 8.2 | 13247.6 | 12.4 |
| 福州 | 32265 | 9.8 | 21695 | 8.3 | 12910 | 12.3 |
| 广州 | 42066 | 10.5 | 33153 | 8.7 | 18887 | 12.5 |
| 南京 | 39881 | 9.8 | 25647 | 9.2 | 16531 | 11.8 |
| 南昌 | 26151 | 10.8 | 17944 | 3.1 | 10806 | 11.1 |
| 太原 | 24000 | 11 | 14338 | | 11288 | 12 |
| 合肥 | 28083 | 10.4 | 20475 | 9.2 | 10352 | 14 |
| 郑州 | 26615 | 9.8 | 18672 | 12.4 | 14009 | 11.8 |
| 长沙 | 33662 | 10.5 | 22346 | | 19713 | 12.6 |
| 武汉 | 29821 | 10.2 | 20157.32 | 7.1 | 12713.46 | 13.6 |
| **其他城市** | | | | | | |
| 大连 | 30238 | 9.8 | 22516 | 10.3 | 17717 | 10.8 |
| 宁波 | 41729 | 10.1 | 24685 | 6.0 | 20534 | 11.1 |
| 厦门 | 41360 | 10.1 | 26864 | 7.8 | 15008 | 11.5 |
| 青岛 | 35227 | 9.6 | 22060 | 8.2 | 15731 | 12.4 |
| 深圳 | 44653 | 9.6 | 28812 | 7.8 | 20534 | 11.1 |
| 无锡 | 38999 | 9.4 | 25392 | 9.1 | 20587 | 11.2 |
| 苏州 | 41143 | 9.6 | | | 21578 | 11.2 |
| 威海 | 31442 | 9.8 | 20127 | 8.5 | 15582.11 | 11.6 |